长江三峡工程文物保护项目报告 乙种第二十八号

"十三五"国家重点出版物出版规划项目

奉节营盘包墓地

重庆市文物局 重庆市移民局 编

科学出版社

内 容 简 介

2003~2005年，南京大学历史系考古专业受重庆市三峡文物保护办公室委托对三峡库区奉节营盘包墓地进行抢救性发掘，共发掘墓葬55座，其中战国墓3座，两汉墓43座，宋墓5座，时代不明4座。本报告以墓葬为单位，全面、详细介绍了营盘包墓地55座墓葬的形制结构、埋葬情况、出土器物等所有考古材料，并对汉墓出土器物、汉墓分期、墓地所反映的埋葬习俗和文化性质等进行了初步的专题研究。该墓地以汉墓为主，墓葬从战国晚期延续到东汉晚期，基本无缺环，为研究峡江地区战国文化向汉文化的转变、汉墓断代分期、汉文化发展演变等提供重要资料。5座宋墓规格虽小也极具地方特色。

本书可供考古学、历史学、文博界研究人员和高等院校相关专业师生阅读、参考。

图书在版编目(CIP)数据

奉节营盘包墓地 / 重庆市文物局，重庆市移民局编. —北京：科学出版社，2016.9

（长江三峡工程文物保护项目报告. 乙种第二十八号）

ISBN 978-7-03-049683-6

Ⅰ.①奉⋯ Ⅱ.①重⋯②重⋯ Ⅲ.①墓群-发掘报告-奉节县 Ⅳ.①K878.85

中国版本图书馆CIP数据核字（2016）第203342号

责任编辑：李 茜 / 责任校对：张凤琴
责任印制：肖 兴 / 封面设计：陈 敬

科学出版社 出版
北京东黄城根北街16号
邮政编码：100717
http://www.sciencep.com

中国科学院印刷厂 印刷
科学出版社发行 各地新华书店经销

*

2016年9月第 一 版　　开本：A4（880×1230）
2016年9月第一次印刷　　印张：15　插页：33
字数：425 000

定价：320.00元

（如有印装质量问题，我社负责调换）

Reports on the Cultural Relics Conservation
in the Three Gorges Dam Project
B(site report) Vol.28

"13th Five-Year Plan" National Key Publications Publishing and Planning Project

The Yingpanbao Burial Site in Fengjie, Chongqing

Cultural Relics and Heritage Bureau of Chongqing
&
Resettlement Bureau of Chongqing

Science Press

长江三峡工程文物保护项目报告

重庆库区编委会

主　任　谭家玲
副主任　甘宇平　余远牧
编　委　谭家玲　甘宇平　余远牧　汪　俊　郭　翔　蒋又一
　　　　　　幸　军　彭　亮　陈　顺　王川平　程武彦　刘豫川

重庆市人民政府三峡文物保护专家顾问组

张　柏　俞伟超　谢辰生　吕济民　黄景略　罗哲文　黄克忠
苏东海　徐光冀　徐文彬　夏正楷　庄孔韶　王川平　李　季
张　威　刘曙光　高　星

长江三峡工程文物保护项目报告
乙种第二十八号

《奉节营盘包墓地》编委会

主　编

刘兴林

副　主　编

陈厚清　张之恒

项目承担单位

南京大学历史学院考古文物系

奉节县白帝城文物管理所

本项目同时得到南京大学人文基金的支持

目 录

第一章 墓地位置和发掘概述 ………………………………………………………………（1）

　第一节 地理环境与历史沿革 ……………………………………………………………（1）

　　一、墓地位置及周边环境 ………………………………………………………………（1）

　　二、历史沿革 ……………………………………………………………………………（3）

　第二节 发掘缘起和发掘经过 ……………………………………………………………（4）

　第三节 地层堆积和墓葬分布 ……………………………………………………………（5）

第二章 墓地发掘资料 ………………………………………………………………………（8）

　第一节 战国墓葬 …………………………………………………………………………（8）

　第二节 汉代墓葬 …………………………………………………………………………（13）

　　一、土坑墓 ………………………………………………………………………………（13）

　　二、砖（石）室墓 ………………………………………………………………………（103）

　第三节 宋代墓葬 …………………………………………………………………………（143）

　　一、土坑墓 ………………………………………………………………………………（143）

　　二、砖室墓 ………………………………………………………………………………（144）

　第四节 不明年代的墓葬 …………………………………………………………………（150）

　第五节 地层中出土遗物 …………………………………………………………………（153）

第三章 器物分析和墓葬分期与年代 ………………………………………………………（157）

　第一节 陶器分析 …………………………………………………………………………（157）

　第二节 墓葬分期和年代 …………………………………………………………………（165）

　第三节 其他墓葬和地层遗物的年代归属 ………………………………………………（169）

　　一、非典型墓葬的年代 …………………………………………………………………（169）

　　二、宋代墓葬 ……………………………………………………………………………（170）

　　三、地层中的遗物 ………………………………………………………………………（170）

第四章 埋葬习俗与文化性质 ………………………………………………………………（171）

　第一节 墓地布局和埋葬习俗 ……………………………………………………………（171）

　　一、墓地布局 ……………………………………………………………………………（171）

　　二、埋葬习俗 ……………………………………………………………………………（173）

三、相关发现 …………………………………………………………（176）
　第二节　文化性质与意义 ………………………………………………（179）

附表　营盘包墓葬登记表 ………………………………………………（181）

附录　奉节桂井墓地发掘报告 …………………………………………（187）
　一、土坑墓 ………………………………………………………………（187）
　二、砖室墓 ………………………………………………………………（204）
　三、墓地时代和性质的初步分析 ………………………………………（210）
　附表　桂井墓葬登记表 …………………………………………………（214）

后记 ………………………………………………………………………（215）

插 图 目 录

图一　营盘包墓地周围地形图 …………………………………………………………（2）
图二　营盘包墓地位置示意图 …………………………………………………………（2）
图三　T13西壁剖面图 …………………………………………………………………（6）
图四　营盘包墓葬分布图 ………………………………………………………………（7）
图五　M5平、剖面图 ……………………………………………………………………（9）
图六　M5出土器物 ………………………………………………………………………（9）
图七　M5出土铜戈（M5∶5）拓片 …………………………………………………（10）
图八　M19平、剖面图 …………………………………………………………………（11）
图九　M19出土器物 ……………………………………………………………………（12）
图一○　M23平、剖面图及出土器物 …………………………………………………（13）
图一一　M6平、剖面图 ………………………………………………………………（15）
图一二　M6出土器物 …………………………………………………………………（16）
图一三　M6出土半两钱 ………………………………………………………………（17）
图一四　M7平、剖面图 ………………………………………………………………（18）
图一五　M7出土器物 …………………………………………………………………（19）
图一六　M8平、剖面图 ………………………………………………………………（19）
图一七　M8出土器物 …………………………………………………………………（20）
图一八　M9平、剖面图及出土遗物 …………………………………………………（22）
图一九　M11平、剖面图 ………………………………………………………………（23）
图二○　M11出土器物 …………………………………………………………………（24）
图二一　M12平、剖面图 ………………………………………………………………（25）
图二二　M12出土铁器 …………………………………………………………………（26）
图二三　M13平、剖面图 ………………………………………………………………（27）
图二四　M14平、剖面图 ………………………………………………………………（27）
图二五　M14出土器物 …………………………………………………………………（27）
图二六　M15平、剖面图 ………………………………………………………………（28）
图二七　M15出土器物 …………………………………………………………………（29）
图二八　M16平、剖面图 ………………………………………………………………（30）
图二九　M16出土陶器 …………………………………………………………………（32）
图三○　M16出土铜器 …………………………………………………………………（33）

图三一	M16出土的铜钱	（34）
图三二	M17平、剖面图	（35）
图三三	M17出土陶器	（36）
图三四	M18平、剖面图	（38）
图三五	M18出土陶罐	（39）
图三六	M18出土陶器	（41）
图三七	M18出土釉陶壶（M18∶7）	（43）
图三八	M18出土釉陶盒（M18∶25）	（43）
图三九	M18出土铜器和石黛板	（44）
图四〇	M18出土铜钱	（45）
图四一	M20平、剖面图	（47）
图四二	M20出土器物	（48）
图四三	M24平、剖面图	（49）
图四四	M24出土陶器	（50）
图四五	M25平、剖面图及出土器物	（51）
图四六	M25出土陶器	（52）
图四七	M26平、剖面图	（54）
图四八	M26出土陶器	（55）
图四九	M26出土铜钱	（56）
图五〇	M27平、剖面图	（58）
图五一	M27出土陶罐	（59）
图五二	M27出土器物	（60）
图五三	M27出土铜钱	（62）
图五四	M28平、剖面图及出土器物	（63）
图五五	M29平、剖面图及出土器物	（64）
图五六	M30平、剖面图	（65）
图五七	M30出土器物	（66）
图五八	M31平、剖面图	（67）
图五九	M31出土器物	（68）
图六〇	M32平、剖面图	（70）
图六一	M32出土陶器	（71）
图六二	M32出土器物	（72）
图六三	M33平、剖面图	（74）
图六四	M33出土器物	（75）
图六五	M35平、剖面图及出土器物	（76）
图六六	M36平、剖面图	（77）

图六七	M36出土器物	（78）
图六八	M37平、剖面图	（80）
图六九	M37出土器物	（81）
图七〇	M41平、剖面图	（82）
图七一	M41出土陶罐	（83）
图七二	M42平、剖面图	（84）
图七三	M42出土陶罐	（85）
图七四	M42出土器物	（86）
图七五	M42出土铜、铁器	（88）
图七六	M42出土器物拓片	（88）
图七七	M43平、剖面图及出土器物	（89）
图七八	M48平、剖面图	（90）
图七九	M48出土陶器	（91）
图八〇	M49平、剖面图及出土陶罐	（93）
图八一	M50平、剖面图	（94）
图八二	M50出土铜钱	（94）
图八三	M52平、剖面图	（96）
图八四	M52出土陶器	（97）
图八五	M52出土器物	（98）
图八六	M52出土铜钱	（100）
图八七	M53平、剖面图	（101）
图八八	M53出土陶器	（102）
图八九	ⅡM2平、剖面图	（102）
图九〇	ⅡM2出土铜器	（103）
图九一	M1平、剖面图	（104）
图九二	M4平、剖面图	（106）
图九三	M4出土陶器	（107）
图九四	M4出土陶器	（108）
图九五	M4出土器物	（109）
图九六	M4出土器物	（111）
图九七	M10平、剖面图	（112）
图九八	M10出土器物	（114）
图九九	M10出土器物	（115）
图一〇〇	M10填土中出土器物	（116）
图一〇一	M21平、剖面图	（117）
图一〇二	M21出土陶器	（118）

图一〇三	M21出土器物	（119）
图一〇四	M34平、剖面图	（120）
图一〇五	M34出土陶器	（121）
图一〇六	M34出土陶俑	（122）
图一〇七	M34填土中出土器物	（123）
图一〇八	M51平、剖面图	（126）
图一〇九	M51出土陶罐	（127）
图一一〇	M51出土器物	（128）
图一一一	M51出土器物	（130）
图一一二	M51出土模型明器	（131）
图一一三	M51出土的人物俑（立俑类型）	（133）
图一一四	M51出土陶俑	（134）
图一一五	M51出土器物	（135）
图一一六	M3平、剖面图	（136）
图一一七	M3出土器物	（137）
图一一八	ⅡM1平、剖面图	（139）
图一一九	ⅡM1出土器物	（140）
图一二〇	ⅡM1出土俑及模型明器	（141）
图一二一	汉墓花纹砖	（142）
图一二二	M40平、剖面图及出土器物	（143）
图一二三	M2平、剖面图	（144）
图一二四	M2出土铜钱	（144）
图一二五	M38平、剖面图	（145）
图一二六	M38出土器物	（146）
图一二七	M39平、剖面图及出土器物	（147）
图一二八	M46平、剖面图	（148）
图一二九	M46出土器物	（149）
图一三〇	M44平、剖面图	（150）
图一三一	M45平、剖面图	（151）
图一三二	M47平、剖面图及出土器物	（152）
图一三三	M22平、剖面图	（153）
图一三四	地层中出土器物	（154）
图一三五	地层中出土器物	（155）
图一三六	营盘包战国两汉墓出土的陶鼎	（158）
图一三七	营盘包汉墓出土的陶盒	（159）
图一三八	营盘包战国两汉墓出土的陶壶	（160）

图一三九	营盘包汉墓出土的陶盆和陶仓罐	（161）
图一四〇	营盘包汉墓出土陶甑	（162）
图一四一	营盘包汉墓出土的陶罐	（163）
图一四二	营盘包汉墓出土的陶罐	（165）
图一四三	营盘包墓地出土器物分期图	（插页）
图一四四	白马小学及附近墓葬分布图	（172）

附录　奉节桂井墓地发掘报告

图一	桂井墓地位置示意图	（187）
图二	桂井墓葬分布图	（188）
图三	M1平、剖面图	（189）
图四	M1出土器物	（190）
图五	M2平、剖面图及出土器物	（192）
图六	M3平、剖面图	（194）
图七	M3出土器物	（195）
图八	M4平、剖面图	（196）
图九	M4出土陶器	（197）
图一〇	M4出土的陶鼎足	（199）
图一一	M4出土陶器	（200）
图一二	M4出土器物	（202）
图一三	M6平、剖面图及出土器物	（203）
图一四	M7平、剖面图	（204）
图一五	M5平、剖面图	（205）
图一六	M5出土陶器	（206）
图一七	M5出土陶器	（208）
图一八	M5出土摇钱树座（M5∶11）	（209）
图一九	M5出土陶俑	（210）
图二〇	M5出土铜钱和银指环	（211）

彩 版 目 录

彩版一　　营盘包墓地发掘前
彩版二　　营盘包墓地工作场景
彩版三　　营盘包战国墓（M5）及出土器物
彩版四　　营盘包战国墓（M19）及出土器物
彩版五　　营盘包汉墓出土器物
彩版六　　营盘汉墓（M11）出土器物
彩版七　　营盘包汉墓及出土器物
彩版八　　营盘包汉墓（M18）及出土器物
彩版九　　营盘包汉墓及出土器物
彩版一〇　营盘包汉墓出土器物
彩版一一　营盘包汉墓（M4）出土器物
彩版一二　营盘包汉墓出土器物
彩版一三　营盘包汉墓（M51）及出土器物
彩版一四　营盘包汉墓及地层中出土器物
彩版一五　桂井战国墓出土器物
彩版一六　桂井汉墓（M5）出土摇钱树座

图版目录

图版一　营盘包战国墓（M5）出土器物
图版二　营盘包战国墓（M19）出土陶器
图版三　营盘包战国、汉代墓出土器物
图版四　营盘包汉墓出土器物
图版五　营盘包汉墓（M11）出土器物
图版六　营盘包汉墓出土器物
图版七　营盘包汉墓（M16）
图版八　营盘包汉墓（M16）出土器物
图版九　营盘包汉墓（M17）出土陶器
图版一〇　营盘包汉墓（M18）出土器物
图版一一　营盘包汉墓（M18）出土器物
图版一二　营盘包汉墓及出土器物
图版一三　营盘包汉墓（M26）及出土器物
图版一四　营盘包汉墓出土陶器
图版一五　营盘包汉墓（M27）及出土器物
图版一六　营盘包汉墓出土器物
图版一七　营盘包汉墓（M30）及出土器物
图版一八　营盘包汉墓（M31）出土器物
图版一九　营盘包汉墓（M32）出土器物
图版二〇　营盘包汉墓（M32）出土器物
图版二一　营盘包汉墓及出土器物
图版二二　营盘包汉墓（M37）及出土器物
图版二三　营盘包汉墓（M41）及出土器物
图版二四　营盘包汉墓（M42）
图版二五　营盘包汉墓（M42）出土器物
图版二六　营盘包汉墓出土器物
图版二七　营盘包汉墓
图版二八　营盘包汉墓出土陶器
图版二九　营盘包汉墓
图版三〇　营盘包汉墓（M52）出土陶器

图版三一　营盘包汉墓出土器物
图版三二　营盘包汉墓（M4）及出土器物
图版三三　营盘包汉墓（M4）出土陶器
图版三四　营盘包汉墓出土器物
图版三五　营盘包汉墓（M10）出土器物
图版三六　营盘包汉墓（M34）填土出土器物
图版三七　营盘包汉墓出土器物
图版三八　营盘包汉墓（M34）出土器物
图版三九　营盘包汉墓（M51）
图版四〇　营盘包汉墓（M51）出土器物
图版四一　营盘包汉墓出土器物
图版四二　营盘包汉墓出土器物
图版四三　营盘包汉墓出土器物
图版四四　营盘包宋墓出土器物
图版四五　营盘包地层出土器物
图版四六　桂井战国墓出土器物
图版四七　桂井战国墓出土器物
图版四八　桂井汉墓（M5）出土器物

第一章　墓地位置和发掘概述

第一节　地理环境与历史沿革

一、墓地位置及周边环境

奉节县地处四川盆地东部，位于长江三峡的西首，东邻巫山县，西连云阳县，北接巫溪县，南界湖北恩施市，长江横贯中部，地跨东经109°1′17″~109°45′58″，北纬30°29′19″~31°22′33″，全县辖区面积4087平方千米，居重庆市第二位。县域山地面积约占总面积的88.3%，地质地貌情况复杂，河流众多，沟壑纵横，境内溪河均属长江水系。长江流经县境41.5千米，流域面积大于50平方千米的河流有17条，较大的有草堂河、梅溪河等。梅溪河是奉节县长江的最大的一级支流，发源于巫溪县万顷池，在新县城附近入长江。这些河流径流丰富，水位季节变化大，中、上游落差大，具有山区河流的诸多特点。

历史上奉节曾为出川入川的要津咽喉，南宋时曾用铁链横锁长江瞿塘峡口以阻挡蒙古军队的出峡西上，现南岸桃子山边还遗有拴链的铁柱。奉节历史上既是地理形胜之地，又是川东、鄂西的商贸重镇。

奉节东与巫山县以长江支流大溪河为界，大溪河向西即进入瞿塘峡，峡长8千米，是长江三峡中最短也是最险的一个峡。向西出瞿塘峡口夔门，江面突见开阔，位于瞿塘峡口北岸的白帝山上的是著名的白帝城。溯江而上，两岸民居、市镇渐次增多，宝塔坪、奉节老县城都位于距白帝城不远的地方。营盘包墓群就地处重庆奉节县永安镇（原幸福乡）白马村，位于长江北岸的坡地之上（图一），西距奉节新县城（永安镇政府所在地）约3千米，东距奉节旧县城约2千米，与宝塔坪隔梅溪河相望，墓地中心地理坐标为北纬31°02′29″，东经109°30′13″，海拔为145~165米。这里的江边坡地虽然面积不大，但相对平缓，当地称白马滩，白马村因此得名，坡上布满民居、小学、水厂、田地和橘园，同夔门以西的长江两岸一样，是宜居的好地方，历史文化在这里有深厚的积淀（图二）。

奉节县境内汉墓群较多，永安镇及周边地区有宝塔坪汉墓群，位于县城东鱼复浦宝塔一带，目前对墓葬群进行了五次发掘，发现汉至六朝墓葬24座，以及大量唐宋、明代墓葬及遗迹。桂井墓地，位于重庆市奉节县桂井村，地处长江北岸的缓坡地带，西距奉节县城约3千米，东距老县城永安镇约2.5千米，共发掘战国中晚期至汉代的土坑墓6座，砖室墓1座，墓葬大部分未经盗扰。阴楼坪汉墓群，位于永安镇十里村东500米，分布在熊家包阴楼坪一带的山坡之上，使用三峡地区汉墓常见的几何纹、车轮纹花边墓砖，出土"货泉"、陶俑、陶罐、铁器、铜器等器物。张家湾汉墓群，位于长江南岸江南乡石榴村东500米处，数量不详，有券顶

图一　营盘包墓地周围地形图

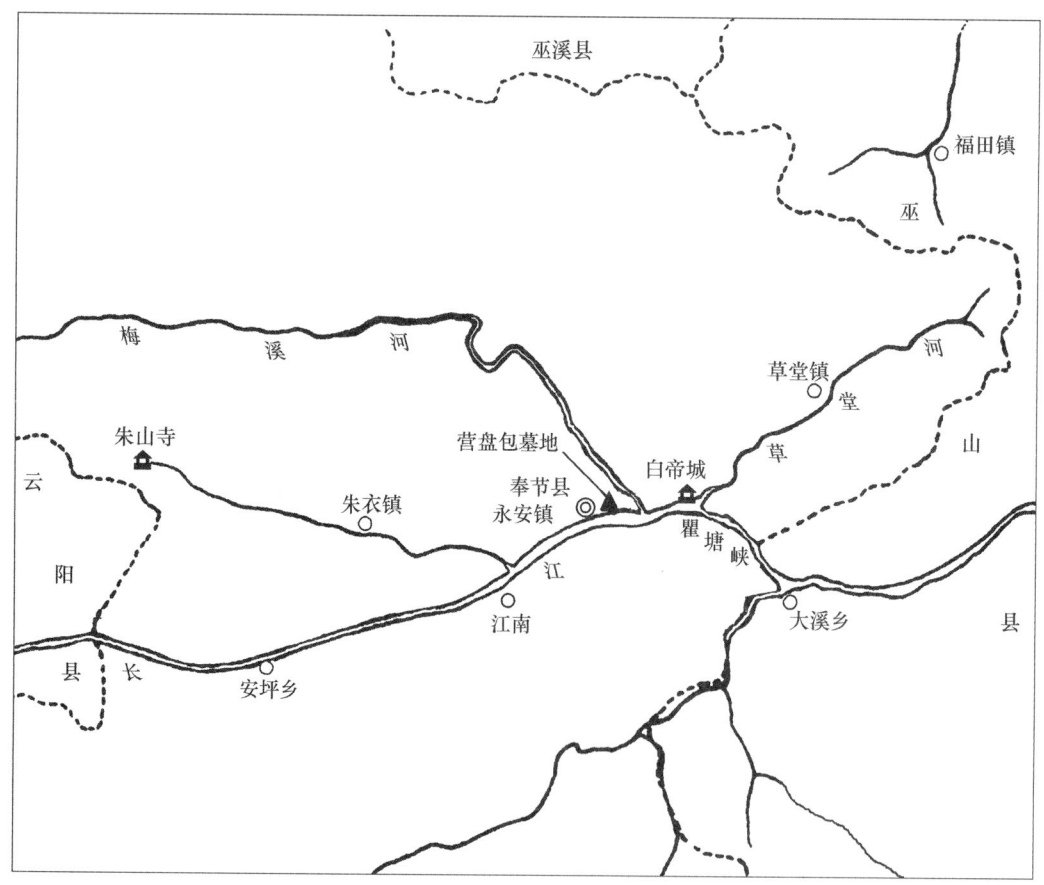

图二　营盘包墓地位置示意图

砖室墓，墓砖带"富""寿"及车轮纹，出土有陶罐等。陈家湾汉墓群，位于江南乡陈家村东300米处，墓葬分布在一、二组的大片土地中，数量不详，有券顶砖室墓，墓砖带有几何纹和车轮纹，出土陶罐、陶豆、陶鸡、陶犬、陶马、陶人俑和少量铜器等。

二、历史沿革

奉节古称鱼复，历代为路、府、州、郡治所。周初，其地为巴国的属国——夔子国的属地，周襄王十九年（前633年），楚灭夔，成为楚属庸国的鱼邑。据《史记·秦本纪》和《六国年表》，秦惠文王后元九年（前316年）巴与蜀灭国于秦。秦惠文王后元十一年（前314年）在巴地置巴郡，并在今奉节县城以东随置鱼复县。东汉建武元年（25年），公孙述据蜀称帝，建白帝城于白帝山。今白帝山在瞿塘口夔门外北岸，向西与赤甲山间有草堂河入江口相隔。明正德《夔州府志·古迹》载："赤甲山上有赤甲城，相传公孙述筑，即汉鱼复县基也。"《旧唐书·地理志》载："汉鱼复县，属巴郡，今奉节县北三里赤甲城是也。"宋夔州知府王十朋《赤甲》诗云："赤甲城连白帝城，子阳曾向此屯兵。区区版筑徒劳耳，尚赤由来是汉营。"可见赤甲城与白帝城相连。历史上赤甲山上赤甲城的位置尚待考证。

白帝城总面积5平方千米，城址平面呈亚腰形，东到原白帝村二组（今已在水下），西北至马岭山顶，南包括白帝山直抵瞿塘峡口，现残存东门和西门，城墙残存500余米，以条石拌石灰浆砌结，墙内残存皇殿台、洗马池等基址，据说以前到处可见汉代的绳纹板瓦和筒瓦残片，可见汉代文化在这里存在的情况。以后的沿革大致为：

蜀汉章武元年（221年），刘备筑永安宫，次年刘备败归白帝城，改鱼复为永安县。

西晋太康元年（280年），复名鱼复县。

西魏废帝三年（554年），改鱼复县名为人复县，隋开皇年间称民复县。

唐贞观二十三年（649年），为尊崇诸葛亮奉刘备"托孤寄命，临大节而不可夺"的品质而改名奉节县。

宋咸平四年（1001年），四川分为益州、梓州、利州、夔州四路，奉节属夔州路。

元世祖至元十四年（1277年），属夔州路，设总管府于白帝城。

明洪武四年（1371年），属夔州，洪武十四年（1381年）至清宣统三年（1911年）属夔州府。

清顺治元年（1644年）春，张献忠军陷夔州，奉节属大西农民政权。

民国元年（1912年）废除道制，奉节仍属夔州府，以后，先后隶属于川东道、四川省第九行政督察区。

1949年12月奉节县解放，奉节县人民政府成立，从1950年起奉节属四川省万县专区、万县地区、万县市。1997年3月重庆建直辖市，奉节直属重庆市。

原永安镇是奉节老县城所在地，位于新县城的东北方向，梅溪河口西侧，2002年随县城搬迁至今址。永安镇白马村营盘包墓地东距老县城约2千米，西距新县城3千米。

永安镇白马村除民居外，还有白马小学、白马自来水厂和私人盐厂。白马小学是一所公办小学，创建于1964年，建于白马滩营盘包南部距江边较近的地方，是营盘包墓的中心区，建校时由于对滩地进行了较大规模的平整，许多墓葬就在当时被破坏或引发盗掘。白马自来水厂位于营盘包西北部，成立于1982年底，隶属县城建局，日取水4000吨，安装输水管道2655米，与火电厂供水管道连接，是城内主要的供水系统，当年在建厂和在附近掘沟埋设管道时也破坏了一批汉墓，特别是水厂厂区下方，由于造蓄水池和打楼房地基时挖土较深，地下已无遗迹可寻。水厂之东、小学以北是私人盐厂和民居，盐厂为东西向大棚，其下有水厂输水管道，在挖废水管时可见当年埋设管道时挖残的汉墓。白马自来水厂、白马小学先后于2003年和2005年整体搬迁，二者都于2005年被拆除。

第二节　发掘缘起和发掘经过

墓地于1992年被发现，1993年由四川省考古研究所复查并试掘，试掘材料不详。据当地老乡介绍，20世纪80年代修滨江大道（奉朱公路）时，曾挖出一批青铜器和陶器（该公路通往旧县城，位于幸福中学南、盐厂和民居以北，后新县城建成后公路向上移到中学北边门口，原土路俗称"老公路"）。发掘前地表为柑橘树林和民居（彩版一，1），白马小学和白马水厂是最主要的建筑。一条由北向南通往江边的道路（北接）将墓地分为大、小营盘两部分。

1992年4月3日，七届全国人大五次会议通过了兴建长江三峡水利枢纽的决议。1994年4月，经国家文物局批准，成立了以中国历史博物馆馆长俞伟超为组长的"三峡工程库区文物保护规划组"，组织调查制定蓄水后淹没区文物的保护计划。蓄水前坝前水位约70米，三峡水库分期蓄水计划，2003年6月，坝前水位将涨至135米，2006年涨至156米，2009年三峡工程全部竣工，坝前水位将达175米。营盘包墓地海拔145~165米，大部分地段在145~150米，正是二期蓄水淹没区，地下文物需在2006年前抢救完毕。

二期蓄水以前，营盘包已经形成伸入长江的半岛形状，居民大部搬迁，但住屋仍为外乡人租住。墓地以南部靠近江边的白马小学为中心，地面可见汉墓花纹砖，江边断崖上有券顶砖墓暴露，小学以南的江边坡地和东北部，盗洞较多，由于历年的私人盗掘，墓地保存状况较差，砖室墓大多被盗。

受重庆三峡文物保护办公室委托，南京大学历史系考古专业于2003年10月组队进场实施发掘。根据海拔高度、地形情况和钻探掌握的墓葬分布状况，我们确定发掘区以水厂东至大冲沟（大塘沟）、盐厂南至江边，白马小学及其周围是中心地带，并对周边地带进行钻探和调查。根据当地居民习惯，以白马水厂以东、白马小学以西通向江边的公路为界，将墓地分为东、西两区，即Ⅰ区（大营盘）、Ⅱ区（小营盘），墓地编号：2003CFY，年号后分别为重庆、奉节、营盘包的拼音首字母。

田野发掘工作从10下旬开始，到11月底完成，历时49天，发掘面积2000平方米，清理墓葬13座（M1~M11、ⅡM1、M2），其中土坑墓7座，砖（石）室墓6座，包括战国墓1座、汉墓11座、宋墓1座，获得了一批有价值的文物，为研究三峡地区古文化的面貌、传播和影响增添了新的资料。参加本年度发掘的有：刘兴林（领队）、张之恒、陈厚清、魏女、夏晓伟、周俊、崔世平、王蒙、程少栋、钱常友、王海平、韩双林（彩版二，1）。

根据2003年度的发掘情况，我们向重庆三峡办申请追加下一年度的发掘并获批准，于2004年11月初进场发掘，至12月中旬历时38天。由于墓葬中心区白马小学尚未拆迁，我们只能在小学外围进行钻探发掘，没能按原定计划完成本年度的发掘任务。根据掌握的情况，发掘了8座墓葬（M12～M19），皆为土坑墓。参加本年度发掘的有：刘兴林（领队）、陈厚清、刘建安、王海平、韩光纯（彩版二，2）。

2005年8月，白马小学搬往新校址，将校舍包给社会闲杂人员拆卖。这些人在学校大门口挂起"白马养鸡场"的横幅，声称要养几栏鸡后再拆（彩版一，2）。他们的目的就是要关起门来挖墓。奉节县文管所闻讯后及时通知我们，我队于9月下旬在小学未拆迁时已进入现场。经县文化局、文管所和文物稽查队等多方协调、交涉甚至威慑，承包方慢慢放弃"养鸡"打算，同意拆除校舍。在他们的故意拖延中，我们在紧靠小学的后墙开始布方发掘，并强行进入校园钻探，就这样边拆边探边挖，从9月23日到12月30日，历时98天，结束了2004年度剩余任务和本年度的发掘任务。至此，营盘包墓地全部发掘完毕，其中清理属于2004年度计划的墓葬14座（M20～M33），有土坑墓12座，砖室墓2座。2005年度的计划发掘面积2000平方米，清理墓葬20座（M34～M53），其中土坑墓15座，砖室墓5座。参加本年度发掘的有：刘兴林（领队）、陈厚清、刘建安、陈刚、孙彦、刘芳芳、韩长明、王海平、王金亮、韩希林、吴静波、韩树军。

第三节　地层堆积和墓葬分布

通过钻探和考古发掘，我们弄清了白马村营盘包墓地的地层堆积和墓葬分布状况。

墓地地层堆积简单，大部分地区表土层下为近世扰乱层，扰乱层的厚度不一，有的地方厚达2米以上，而有的地方则缺失，墓葬直接叠压于耕土（表土）之下。白马小学校园地面有较厚的水泥或三合土层，校舍及附近民居地基，基槽内铺设石条或砖块，扰动土层甚厚，发掘时也需要首先用大铁锤砸破地面钻探，然后揭掉坚硬的表层，挖掉地基石块，发掘工作异常困难。

地面和扰乱层以下一般均为黄色生土，土坑墓均开口于近世扰乱层下，打破生土层。有的墓填土中发现鬲足、鼎足等商周时期的陶片，如M11墓坑内填土中包含较多的夹砂绳纹陶片，有鬲足等，有的可能早到商周时期。营盘包墓东边隔一条大冲沟（当地称池塘沟）是金家坪遗址，据说当年调查时曾发现商周时期陶片等，但2003年吉林大学考古队进行发掘时也未发现早期地层，发现遗迹仍以汉墓为主。结合营盘包汉墓在表土层或近世扰乱层下直接打破生土的现象分析，汉代人在这里遇到的早期地层堆积在以后的世事变迁中早已荡然无存了，并且以后的生产活动或雨水等自然力还可能破坏了生土的上部，所以这里的墓葬开口的高度大都不是它们埋葬时的原始高度。墓圹完整者埋藏也较深，多在2米以上，墓坑较浅的可能当时所处地势较高，后世破坏或冲刷较大，而墓坑较深的，其当时的地势则较为低平，后世破坏相对较小。

营盘包在后世的破坏除了自然力的冲刷，主要是人为的土地平整。白马小学在20世纪60年代初建校时，对营盘包进行大规模的平整，学校北部东西向两排教室在一高台之上，高台高出其南面的操场和操场南的一排东西向教室及西面的一排南北向教室的地面约1.5米，学校围墙南边为一陡坎，陡坎之下就是面向长江的斜坡。这说明白马小学建校时因地制宜，利用了原来的地势。高台地带只是将原来地面略加铲削加以利用，高台南侧边缘的土坑墓M37，墓底距地表5.4米，是营盘包墓地较深的一座墓。小学最北一排教室的山墙外的M6，坑口以上的覆土厚2.4米，墓底距地表7.2米。位于台上两排教室之间的M33是一座东汉砖室墓，墓的券顶已被破坏，按券顶砌筑的走向，其顶部应高出现地面0.5米左右，虽然墓是在宋代即已遭到破坏，墓内填满宋代瓷片等垃圾，现在墓顶的保存状况大致说明白马小学建设时对地面平整的情况。而位于高台之南、之西的低地，墓葬一般都较浅，大都不超过2米，说明这里在建校时受到较大的铲削和平整，最深的一座砖室墓M51墓底距券顶3.03米（其上的现代地基覆土尚有1米多），在最南一排教室之下，可见，该排教室及以北与高台之间的操场地带是铲削最多的地方。

营盘包墓地没有发现原生地层，墓地的地层情况以Ⅰ区T13西壁剖面为例（图三）：

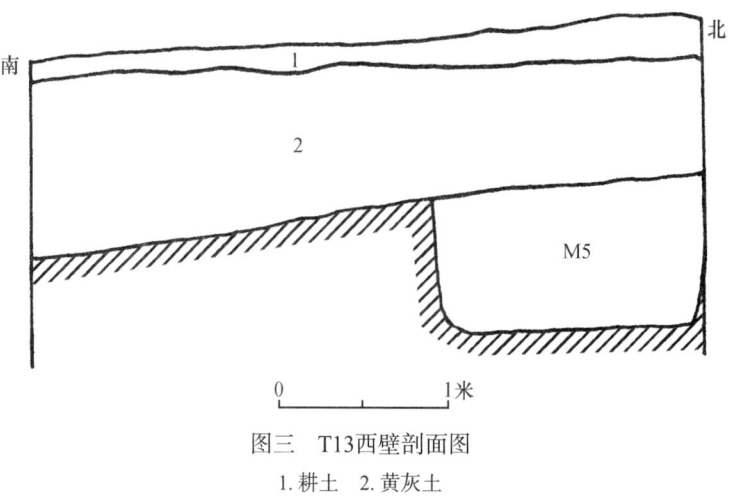

图三　T13西壁剖面图
1. 耕土　2. 黄灰土

第1层：表土，为灰黑色土，质地疏松，厚0.08～0.2米，地势自北向南倾斜，包含现代瓷片及砖块等。

第2层：黄灰色土，干硬，颗粒较细，厚0.52～0.8米，包含晚近陶片、瓦片及汉代花纹砖、陶纺轮等，该层为近代扰乱层。

第2层以下为生土，黄色，纯净，颗粒细。Ⅰ区南部地区、白马小学的南边、东边坡地上，生土中多夹杂白色料姜石，可以把料姜石当做生土出现的标志。有的地方就是凿破料姜石面挖墓坑的，所以坑口较易发现。个别地方（主要是坡地）在耕土层下即为黄色生土，地层单调，对于墓葬年代的判断没有任何意义，这种情况都是后世取土、冲刷等原因造成的。

虽然白马水厂、盐厂及其附近民居以北到奉朱公路都属营盘包墓地范围，但钻探后并无发现，只听说当年修公路或造房时挖到过墓。现存的墓地范围是白马水厂以东至池塘沟（沟东为金家坪遗址）、盐厂和水厂以南至江边。水厂正南中隔一片洼地当地称小营盘，发掘2座墓，1座土坑墓和1座砖室墓。水厂以东是自奉朱公路通往江边的土路，路东和盐厂以南是大营盘（Ⅰ区），发现墓葬52座，主要分布于盐厂南的柑橘树林、白马小学及其周围、小学东北到池塘沟的坡地，柑橘树林至白马小学之间50多米的地方均在取土中遭到破坏，未发现墓葬。墓葬分布没有体现出明显的规律，土坑墓与砖室墓杂次，偶有打破关系。宋代的几座小型砖室墓都发现于白马小学操场和小学南的坡地上（图四）。

白马水厂西边是2005年发掘的桂井墓地，发掘土坑墓6座，砖室墓1座，土坑墓的年代偏早，一般为战国晚期至西汉，居南部，砖室墓为东汉时期，居北部较高地点，在奉朱公路边上。不过在营盘包墓地看不出类似的早晚分布的规律。

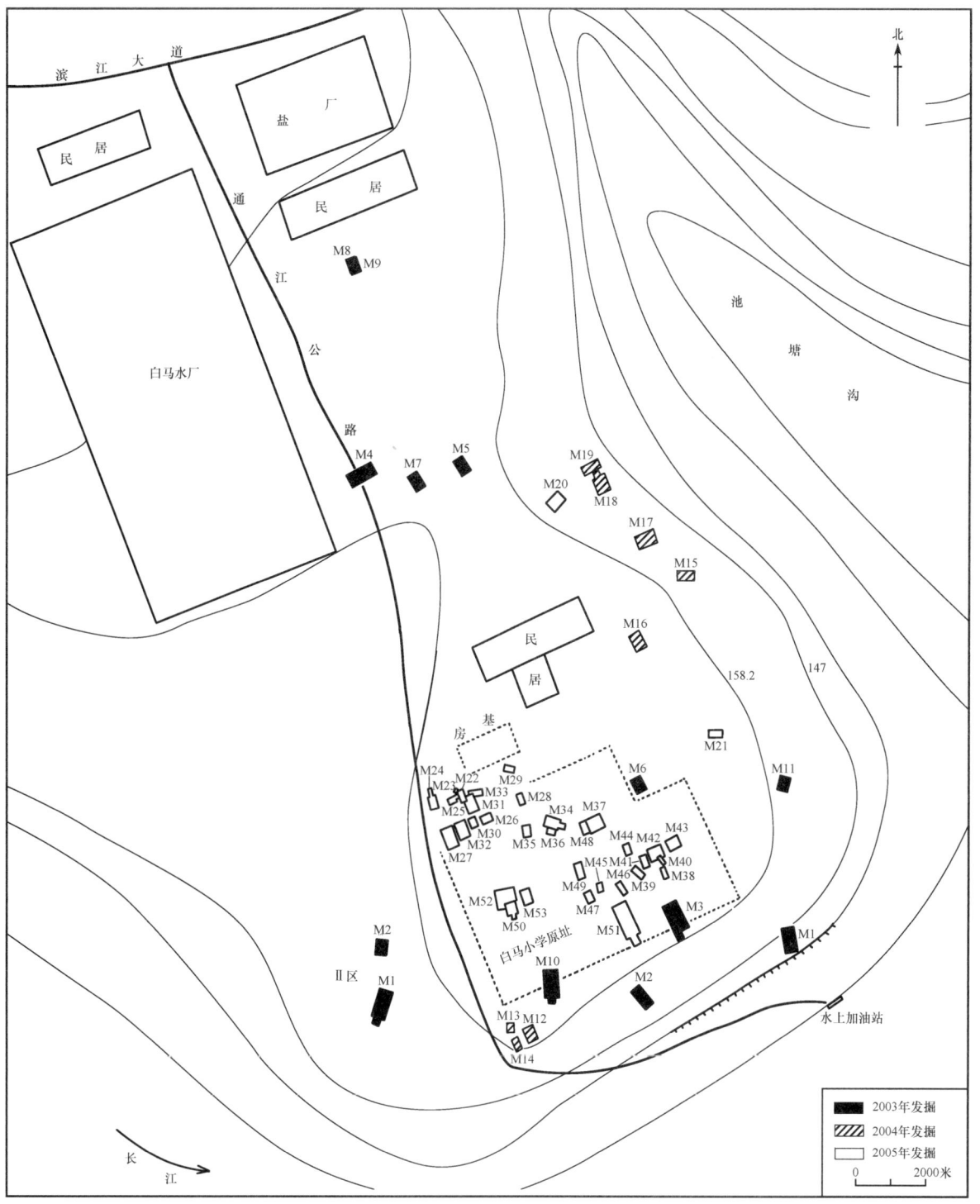

图四　营盘包墓葬分布图

第二章 墓地发掘资料

营盘包墓地共发掘墓葬55座，其中土坑墓42座，砖室墓13座，根据墓葬形制和出土器物，大致可以看出其时代集中于战国两汉、宋代和近代三个大的时期，另外还有几座没有随葬器物也无其他时代标志的小墓。这里以初步印象的时代早晚为序，将墓葬材料分为三个大的时期进行详细的介绍，无时代标志的墓单列一类。墓葬排列的先后并不代表相对早晚关系，具体分期问题参第三章。为方便行文，只对营盘包Ⅱ区两座墓标注区号，营盘包Ⅰ区墓葬只标墓号而省略区号。另外需要说明的是，在修复过中有两器并为一器者，只能销去一个器号，为了避免重新编号出现的混乱，我们仍以工地清理时所做的编号为准，这样一来就会偶有器号不连续的情况出现。

第一节 战国墓葬

本次发掘清理战国土坑墓3座，皆为小型长方形土坑墓，墓底可见棺椁痕迹，随葬器物较少，其中M5出土8件，M19出土7件，M23仅存1件。

（一）第5号墓（2003CFYM5）

M5位于墓地中段偏北，在白马小学和盐厂之间，柑橘林南部边缘地带，地表为橘树。墓葬开口于第二层下，墓口距地表0.7～0.9米。

1. 墓葬结构和埋葬情况

长方形土坑墓，方向325°，墓口长3.2～3.7、宽2.55～2.65、高1.2～1.7米，口大底小，底长3.2、宽2.2～2.3米。墓底东、西两侧留有生土二层台，二层台宽约0.4、高约0.05米。墓坑填土黄褐，内含少量灰点，较紧密，湿度大。坑壁自然脱落明显。人骨严重腐朽，仅存部分骨痕，可辨葬式为仰身直肢葬，头北脚南，长约1.7米。根据板灰痕迹，复原棺长约2.26、宽约0.65米。棺底南、北两端各有一条东西向枕木浅槽，长约1.5、宽约0.15米。墓主右侧随葬铜剑1件，同侧棺外有铜戈1件，铜矛3件，矛头方向与墓主头向一致，其中1件矛骹后连有木柲的黑色印痕，长约1.3米，柲端有一铁镎，脚端棺外有铜器盖1件，陶罐1件（图五；彩版三，1；图版一，1）。

2. 出土器物

（1）陶器　1件。

罐　1件。M5∶1，泥质黑皮陶，黑皮大部脱落，胎芯黄褐，烧造火候低，口外撇，高领，鼓腹，平底。器高15、口径11、底径8厘米（图六，1）。

（2）铜器　6件，其中兵器5件，器盖1件。

戈　1件。M5∶5，整体十字形，直援，弧状脊，中胡三穿，长方形直内，内中后部一圆穿。援本及胡部有一侧面虎纹，浅浮雕，虎头正视，张口吐舌，舌长过足，圆眼，耳向后斜立，凸出于戈面之上，尾上卷

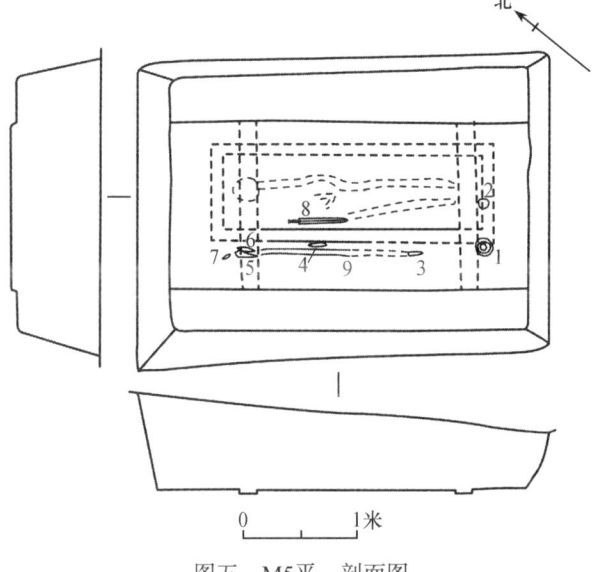

图五　M5平、剖面图
1. 陶罐　2. 铜器盖　3. 铁镦　4、6、7. 铜矛
5. 铜戈　8. 铜剑　9. 矜印痕

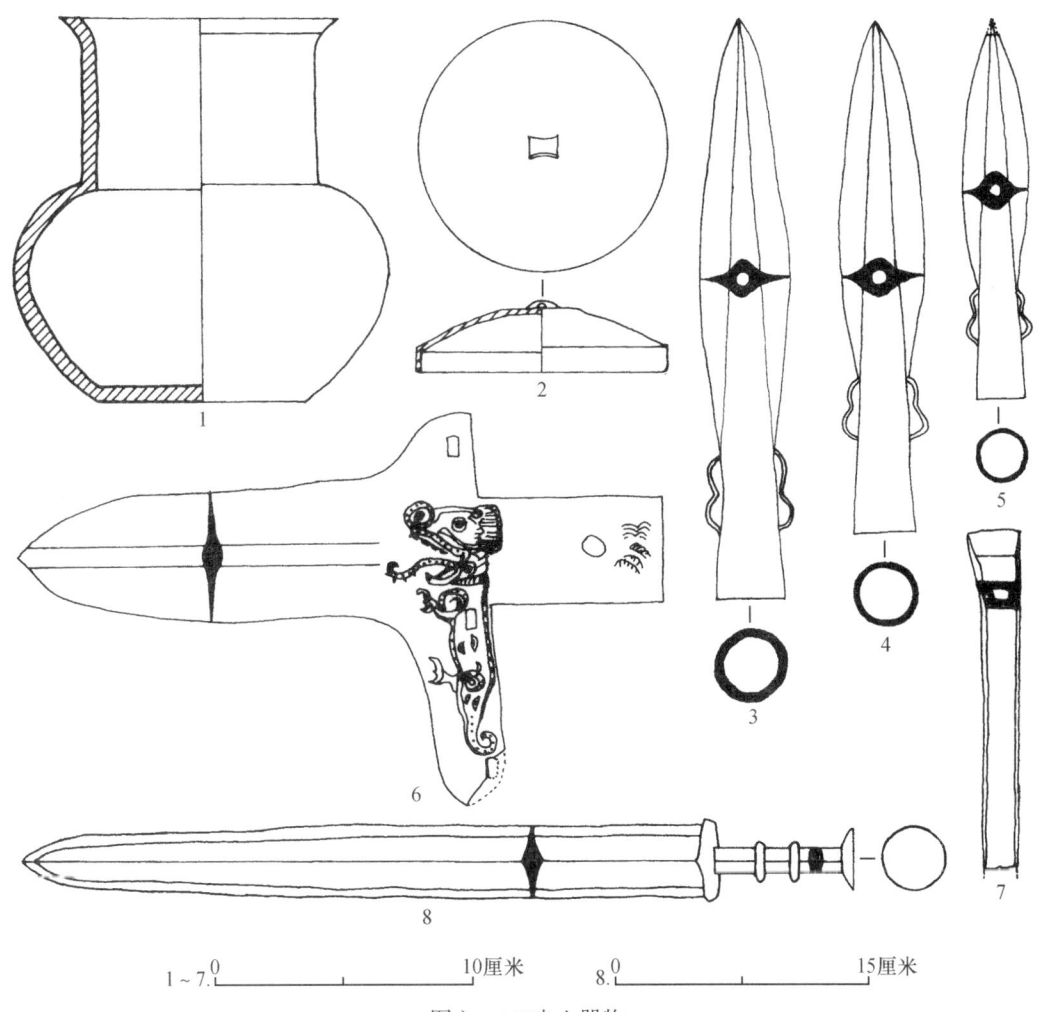

图六　M5出土器物
1. 陶罐（M5∶1）　2. 铜器盖（M5∶2）　3～5. 铜矛（M5∶6、M5∶4、M5∶7）
6. 铜戈（M5∶5）　7. 铁镦（M5∶3）　8. 铜剑（M5∶8）

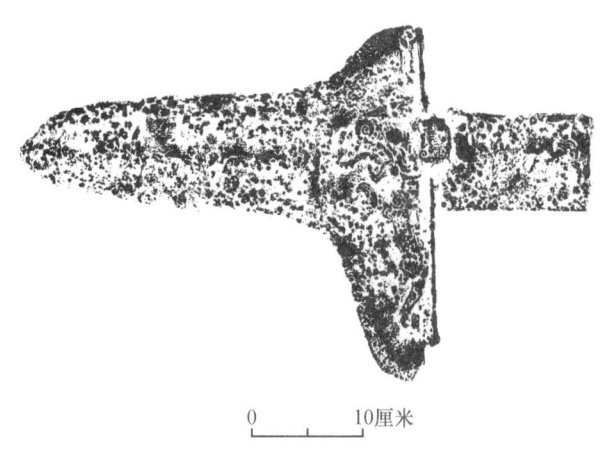

图七　M5出土铜戈（M5：5）拓片

（彩版三，3）。内尾端有波状和羽形符号，模糊不清，应为巴蜀符号。戈两面同一位置纹饰、符号同形。通长25.2、最大宽15.4厘米，内长6.9、宽4.2厘米（图六，6；图七；彩版三，2）。

矛　3件。大小不一，但形状基本一样，矛身柳叶形，叶刃锋利。棱形脊近圆，短骹，圆銎，骹两侧对称弓形纽，骹部有阴钱纹饰，锈蚀不清。M5：6，通长22.4、宽3.6、銎端径2.8厘米，是矛中最大的一件（图六，3；图版一，3），出土时有木或竹矜痕与之相连，矜痕长约1.32米，上面有红色漆皮，矜端接一铁镦（图五）。M5：4，通长19.7、宽3.5、銎径2.6厘米（图六，4；图版一，2）。M5：7，锋稍残。残长14.4、宽2.6、銎径2厘米（图六，5；图版一，4）。

剑　1件。M5：8，剑身中起脊，自锋向后一段微内收，形成类似束腰的效果，断面呈菱形，浅从。菱形剑格，茎断面椭圆形，圆形剑首，内凹。较厚重。通长49、宽4.8、中脊厚1厘米（图六，8；彩版三，4）。

器盖　1件。M5：2，直口方唇，盖面隆起，盖顶正中有一桥形纽，出土时覆于棺的后端，初疑为铜镜。残破严重，修复。直径10.4、高2.8、壁厚0.2厘米（图六，2）。

（3）铁器　1件。

镦　M5：3，出土时位于矛柲一端，长条状，断面呈梯形，锈蚀严重，尾端残。残长13、宽1.2~2.1厘米（图六，7；图版一，5）。

（二）第19号墓（2004CFYM19）

M19位于墓地东部陡坎之下面向池塘沟的斜坡西段，东距池塘沟水面约25米，地势西高东低。地表曾种植柑橘树，表土层较厚，墓口距地表0.25~0.4米。墓葬南与M18紧邻并打破M18墓道，西北距M20约8米。

1. 墓葬结构与埋葬情况

长方形竖穴土坑墓，开口于表土层下，距地表0.25~0.4米，方向243°，长3、宽1.7米，墓坑深3~4米。填土黄褐，较湿软。墓底中心一棺，棺痕长1.96、宽0.88米。单人仰身直肢，头向西面北，骨架保存状况差。棺内骨架北侧自腹部向脚端顺向排列敦、鼎、壶各2件，依次为陶敦、陶敦、陶鼎、陶壶、陶壶、陶鼎，右侧腰间置铁剑1把（图八；彩版四，1）。

2. 出土器物

（1）陶器　皆泥质灰陶，共6件，为鼎、敦、壶组合两套（彩版四，2）。

鼎 2件。带盖，盖、身子母口扣合。盖顶近平，圆折肩，盖顶中央和外围各一圈凸棱，外圈凸棱等距离立三个梯形实心纽，两长方形附耳微外撇。三柱足，微外撇。M19：3，直口圆唇，腹较深，圜底。口径13.4、腹径16.2、高15.8厘米（图九，1；图版二，1左）。M19：6，口微敛，方圆唇，圆折腹，腹消浅，圜底近平。口径13、腹径16、通高16.5厘米（图九，4；图版二，1右）。

敦 2件。身、盖合成圆球状，盖、身皆直口方唇，身下三云形支足，盖上三个同样的云形纽，较足稍小，上下两部分基本对称。器上隐约可见斑驳的红、白彩，纹饰难辨。M19：1，纽根部一道细凹弦纹。口径16.2、腹径17.6、通高19厘米（图九，2；图版二，2左）。M19：2，纽根和足根部各一道凹弦纹。口径16.5、腹径17.8、通高18.6厘米（图九，3；图版二，2右）。

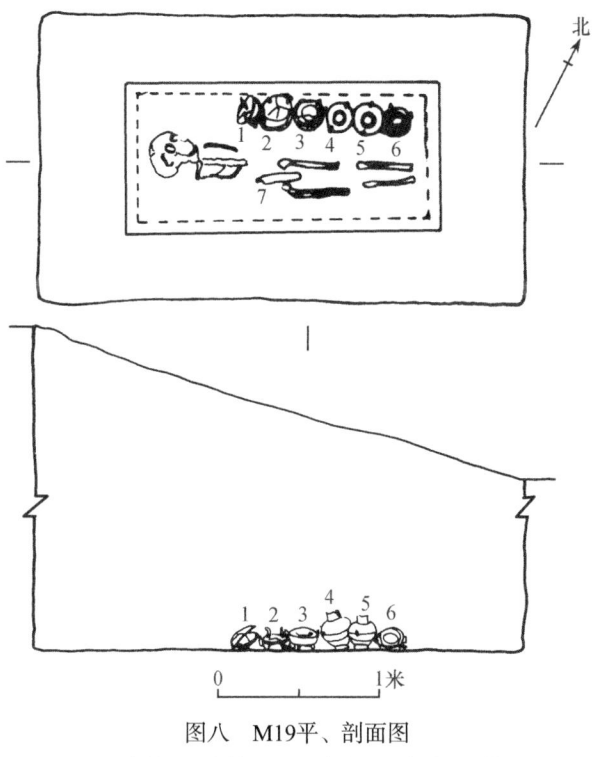

图八　M19平、剖面图
1、2.陶敦　3.陶鼎　4、5.陶壶　6.陶鼎　7.铁剑

壶 2件。侈口，方唇，长颈，溜肩，鼓腹，圈足。带盖，盖圆弧顶，子口，盖上三云纽。腹上部两侧各一耳，耳上穿孔很小。下腹部、耳部和颈、肩交界处各饰一道凹弦纹。器身出土时隐约可见斑驳彩色。M19：4，口径8.4、腹径18、底径11、高23.5、盖高3.6厘米（图九，5；图版二，3左）。M19：5，口径8.5、腹径17.8、底径11、高24.4、盖高3.6厘米（图九，6；图版二，3右）。

（2）铁器　1件。

剑　M19：7，剑身较宽而薄，柳叶形，无明显剑脊，扁平剑茎，茎末端残，上残存半个小孔。锈蚀严重，出土时剑身残存木鞘朽痕。宽4、茎宽1.2、通长27.8厘米（图九，7；图版三，1）。

（三）第23号墓（2004CFYM23）

M23位于墓地南部中段白马小学教室北墙外，墓葬南部被M22打破，西南紧邻M25，开口于表土层下，距地表0.4米。表土为建校时的垫土。

1. 墓葬结构和埋葬情况

长方形竖穴土坑墓，墓室大部分被M22打破至底部，东南角尚存。墓室残长0.68、宽0.76米，墓坑深尚有0.5米。墓底部东南角出土陶敦1件（图一〇）。

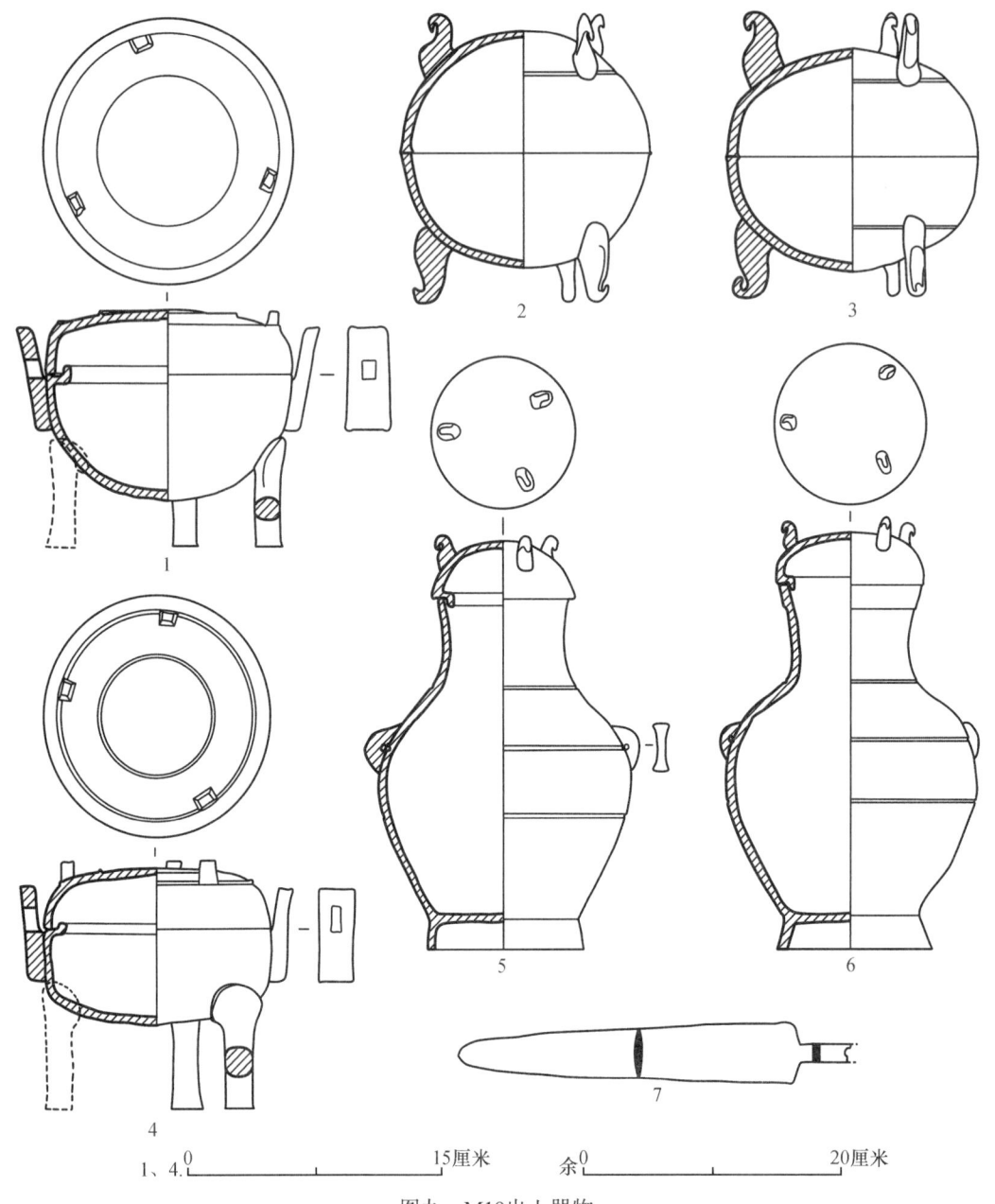

图九 M19出土器物

1、4.陶鼎（M19：3、M19：6） 2、3.陶敦（M19：1、M19：2） 5、6.陶壶（M19：4、M19：5） 7.铁剑（M19：7）

2. 出土器物

陶敦　1件。M23：1，泥质灰陶，直口方唇，整体呈圆球形，上下两部分对称，三云形足，盖上三纽，纽呈牛角形向上弯曲。盖顶纽部一周饰浅凹弦纹。口径16.4、高16.2厘米（图一〇，1；图版三，2）。

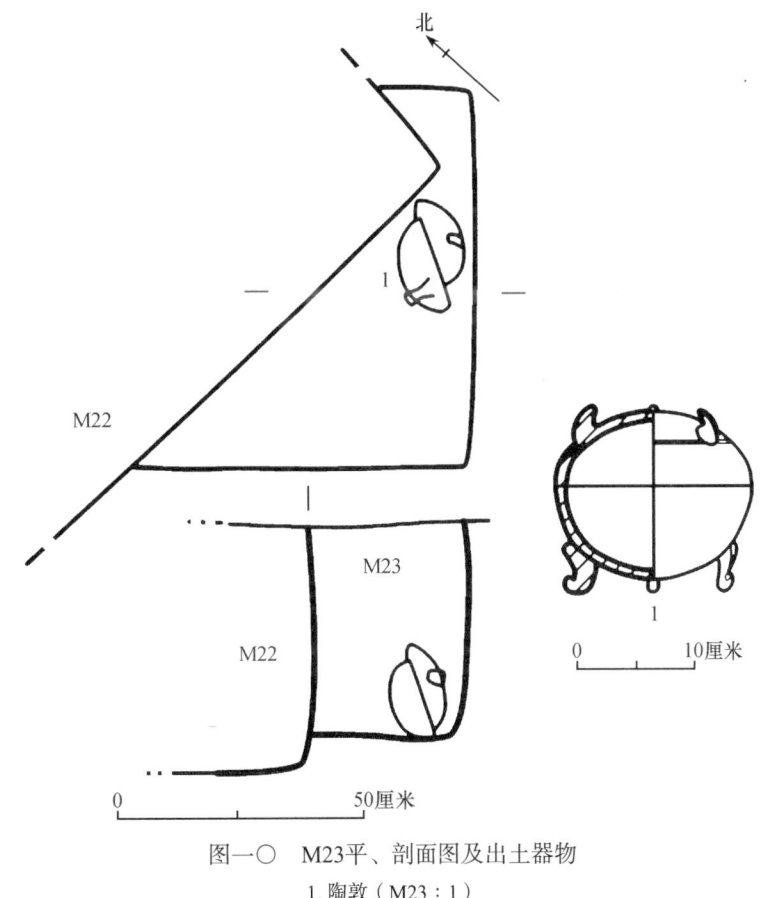

图一〇　M23平、剖面图及出土器物
1. 陶敦（M23∶1）

第二节　汉代墓葬

共发掘汉代墓葬43座，其中土坑墓35座，砖室墓7座，石室墓1座。砖室墓均遭破坏或盗扰，分布于白马小学及其周围，与土坑墓杂处。白马小学以北至盐厂之间无砖室墓。下面按土坑墓、砖室墓、石室墓的顺序介绍。

一、土　坑　墓

（一）第6号墓（2003CFYM6）

M6位于白马小学东山墙外侧T20内，墓向340°，开口于第3层下，墓口距地表2.3米。墓口上地层叠压情况为：

第1层：耕土层。

第2层：灰褐土，较疏松，包含现代砖块、瓦片，为造学校时填成，该层与其他地方不相连续。

第3层：黄褐土，明显较第2层硬，含近代砖瓦、瓷片等，相当于他处第2层。

1. 墓葬结构和埋葬情况

墓圹平面呈圆角长方形,口大底小,墓口长4.8、宽3.25米,底长3.3、宽2.5米,墓坑深4.9米,是该墓地规模最大和埋藏最深的一座土坑墓。墓内填土黄褐,干硬,有分层现象,说明填土经过夯实。距地表4.8米开始出现熟土二层台,台宽0.2~0.24米,高2.4米。二层台壁有木椁垮塌时留下的划痕,东、西壁各有两个凹槽,对称分布。槽宽0.3、槽底进深0.25、高1.4米,剖面呈直角三角形,可能为枕木或木椁凸出部分所形成。墓底多处有较厚的板灰,棺、椁结构不明,墓底西北部发现人骨痕迹一处,头向北,葬式无法判断。根据骨痕位置判断,器物主要置于棺左侧的椁中,铜剑放在右侧腰部,铜钱置于脚端棺外的椁内(图一一)。

2. 出土器物

随葬物品在棺木塌陷后破碎严重,出土有铜鼎、铜钫、铜剑、漆器铜附件、玉剑饰、陶罐、陶盆、陶甑、陶环、器盖等17件,铜钱173枚。

(1)陶器 8件。均素面无纹。

罐 3件。素面。M6:10,泥质灰陶,直口方唇,鼓腹,小平底,腹部一圈凹弦纹,胎较厚。口径8.2、底径4.2、高8.6厘米(图一二,9)。M6:7,泥质褐陶,直口方唇,扁腹,自腹部急内收至底,圜底。口径6.4、腹径11、高5.6厘米(图一二,12)。M6:4,泥质黑灰陶,平沿,口微敞,直颈,扁腹,圜底。手制,从外底所留痕迹看,圜底明显是粘接上去的,器形小而显厚重。口径5.4、高6、腹径8.8厘米(图一二,15)。

甑 1件。M6:13,泥质褐陶,敞口平沿,沿下一圈凹弦纹,类似束颈,弧腹,平底,底上圆孔12个。口径11.5、底径4.4、高5.2厘米(图一二,2)。

盆 1件。M6:11,泥质灰陶,直口平唇,上腹较直,慢收成圜底,器表有红色漆痕。口径10.4、高5.4厘米(图一二,5)。

器盖 1件。M6:12,泥质灰陶,直口方唇,盖顶布置3个桥形纽,盖内有较多的红色漆痕。口径21.7、高6厘米(图一二,8;图版三,6)。

环 1件。M6:9,夹砂灰陶,环体粗细均匀。内径4.5、外径6.2厘米(图一二,3;图版三,5)。

饰件 1件。M6:14,泥质灰陶,呈"U"形,开口处稍残,表面可见红彩。残长3.5、宽3.2厘米(图一二,4)。

(2)铜器 3件。为鼎、钫、剑各1件。

鼎 1件。M6:6,子母口,口沿外附耳,直口,下腹弧收成圜底,蹄足,有盖,盖弧顶,顶上3个鸟形纽。器壁极薄脆,出土时为碎片,复原。口径15.5、高13、两耳通宽22厘米,盖高4.4、口径18厘米(图一二,1;图版三,3)。

钫 1件。M6:5,高颈弧腹,圈足,器身一对铺首衔环,盖上4个鸟形纽对称布置。出土时破碎严重,修复。通高29、口沿边长8、圈足边长8.8厘米(图一二,14;图版三,4)。

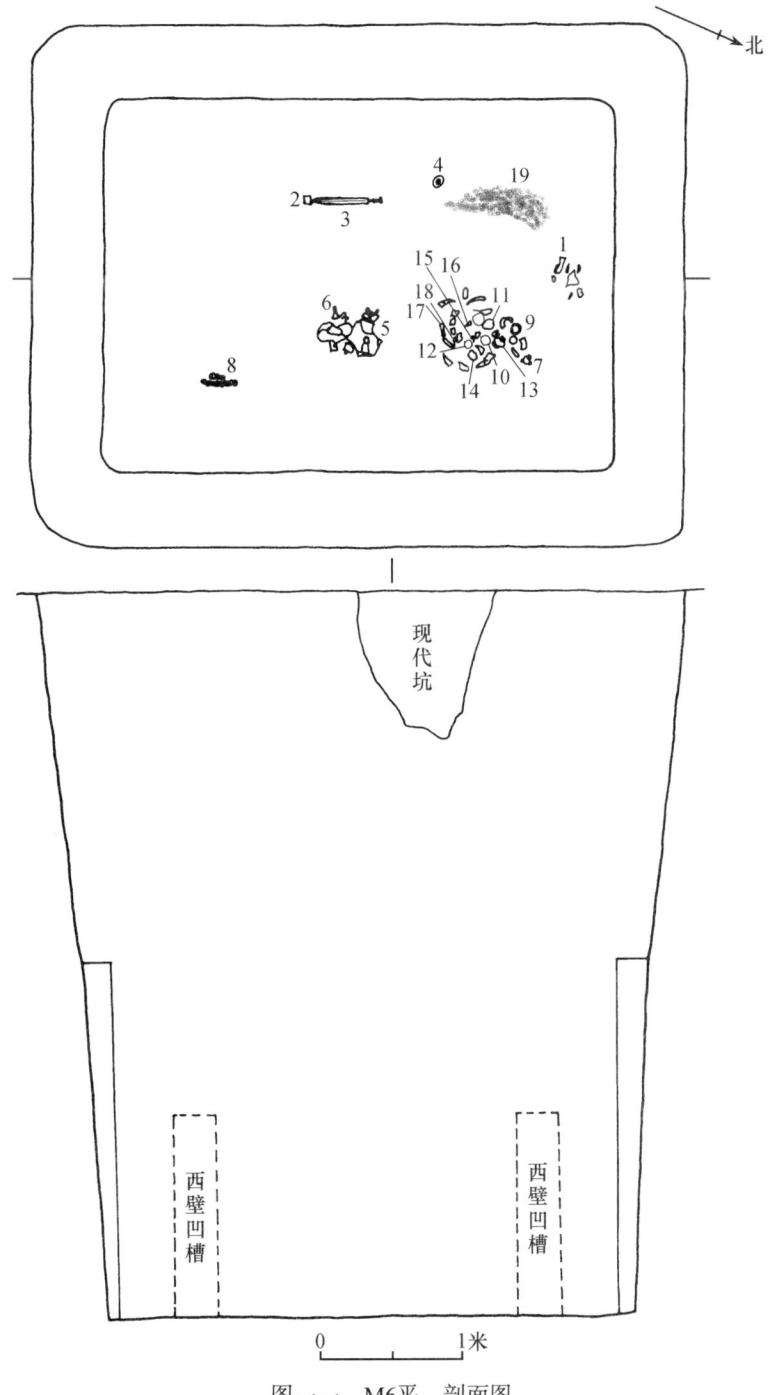

图一一 M6平、剖面图

1.玉璜 2.玉玭 3.铜剑 4、7、10、13.陶罐 5.铜钫 6.铜鼎 8.铜钱 9.陶环 11.陶盆 12.陶器盖 14.陶饰件 15.铜耳 16、18.铜纽 17.铜足 19.人骨痕迹

剑 1件。M6：3，剑身自锋以下11厘米处开始变宽，中脊凸起，断面呈菱形，剑格扁平，呈菱形，剑茎圆柱体，茎上有箍2道，剑首圆形内凹。通长45、脊宽0.8、首径3.3厘米（图一二，16；彩版五，1）。

（3）漆器 仅见漆器铜扣饰（附件）。

漆器附件 4件。仅见漆器（樽）铜附件捉手、足和盖纽等，共4件，为1件漆樽上残余

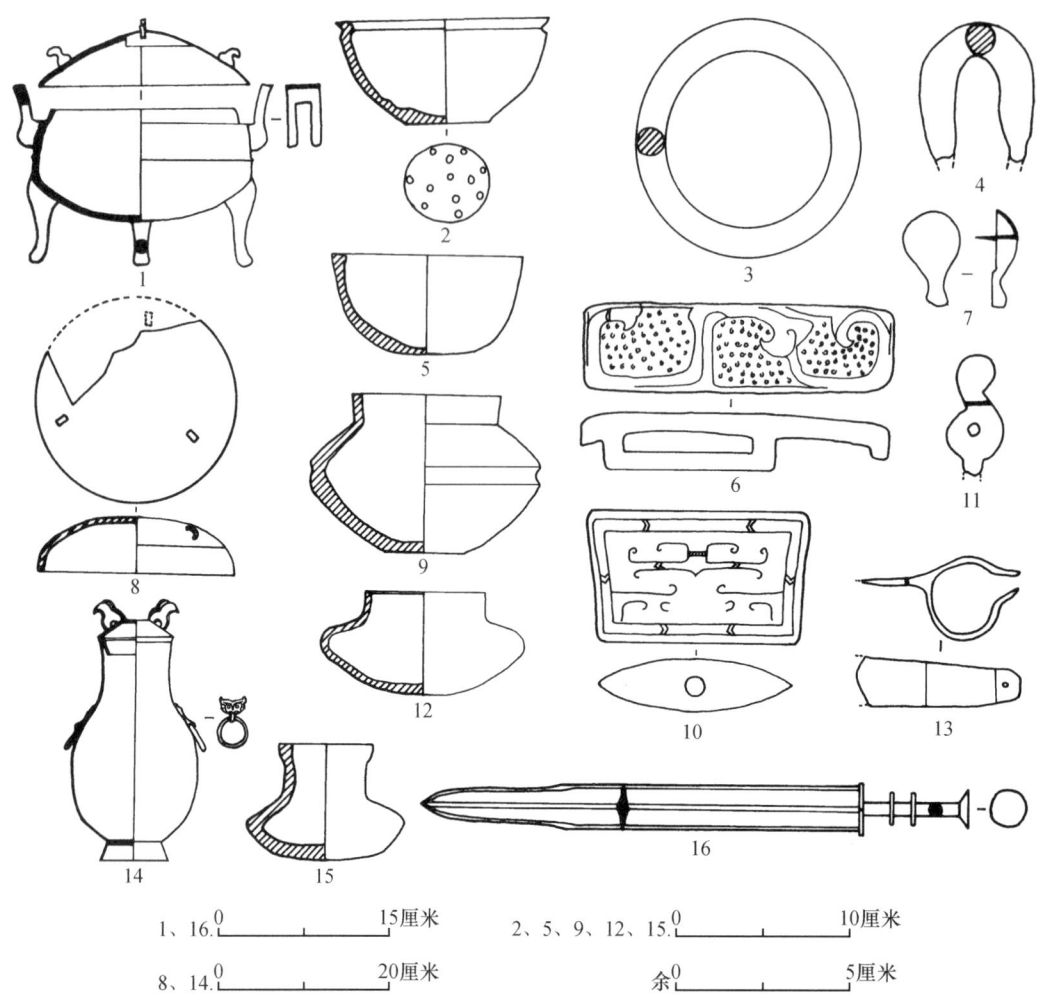

图一二 M6出土器物

1. 铜鼎（M6：6） 2. 陶甑（M6：13） 3. 陶环（M6：9） 4. 陶饰件（M6：14） 5. 陶钵（M6：11） 6. 玉剑璲（M6：1） 7. 铜足（M6：17） 8. 陶器盖（M6：12） 9、12、15. 陶罐（M6：10、M6：7、M6：4） 10. 玉珌（M6：2） 11. 盖纽（M6：16） 13. 铜捉手（M6：15） 14. 铜钫（M6：5） 16. 铜剑（M6：3）

之附件。捉手，1件，M6：15，一端有相对的2个小孔用于固定于漆器之上，一端微残。残长4.9、宽1.1、环部直径1.9厘米（图一二，13）。足，2件，形制同，蹄形。M6：17，高2.5厘米（图一二，7）。盖纽，1件，M6：16，略呈鸟形，有小圆孔1个，长3.2厘米（图一二，11）。

（4）铜钱 一组，编号M6：8，共173枚，均为半两钱，中夹有2枚铁钱，因锈结严重，无法与铜钱分开。M6：8-1，钱文规整，"半"字头圆折，无内郭，外轮细。直径2.3厘米（图一三，1）。M6：8-2，钱文稍宽，无内外郭。直径2.4厘米（图一三，2）。M6：8-3，"半"字头方折，"两"字左、右两竖划缺失。直径2.2厘米（图一三，3）。M6：8-4，周边、钱文不整，钱文大，笔画粗，无内外郭。直径2.6厘米（图一三，4）。

（5）玉器 2件，均为剑饰。

璲 1件。M6：1，状似带间佩饰璲，剑鞘饰玉，用以悬剑。青色间白，质软，璲面卷曲纹框架填以谷纹。长8.4、宽2.1厘米（图一二，10；彩版五，2）。

珌 1件。M6：2，剑鞘一端饰玉，出土于剑上端。外观梯形，横断面呈枣核形，灰白

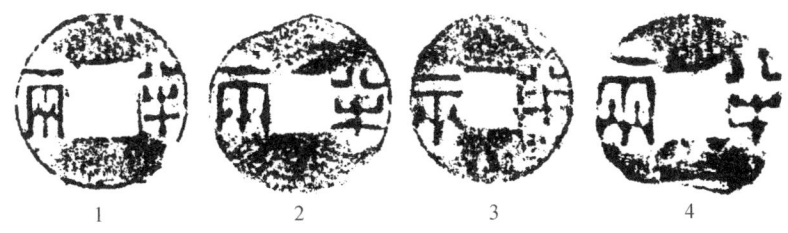

图一三　M6出土半两钱
1. M6:8-1　2. M6:8-2　3. M6:8-3　4. M6:8-4

色，中夹蓝色斑点，质软，窄端有孔，面饰左右对称阴刻兽面云纹，线条转折顺畅。高3.6、宽端宽6、窄端宽5.3、厚1.4、孔径0.9厘米（图一二，11；彩版五，3）。

（二）第7号墓（2003CFYM7）

M7位于白马水厂以东，M4、M5之间，M5以西8米，M4以东5米，开口于第2层下，打破生土。墓口距地表0.5～1米，墓室上半已遭破坏，西南角被现代坑打破。

1. 墓葬结构和埋葬情况

长方形竖穴土坑墓，方向325°，口、底同大，长3、宽2.6米，墓室高0.6～1.1米。南半部地势较低。有生土二层台，台宽0.24～0.34、高约0.1米。墓内填土灰褐色，较干硬。墓底人骨2具，已朽，直肢葬，西侧人骨长1.74米。棺木情况不明，仅留少许板灰，无法复原。出土青铜剑2把，墓主人身侧各1把，陶器6件，主要在西侧墓主近脚处。墓坑西南角为现代盗坑所扰，并未殃及墓室及随葬物品（图一四）。

2. 出土器物

M7出土器物虽少，但多完整，共8件。

（1）陶器　6件，皆素面，有罐2件，盆2件，甑1件，灶1件。

罐　2件。M7:4，泥质灰陶，口微敞，高颈，腹部扁圆，有一道不太清晰的凹弦纹，平底，器形整体宽扁。口径7.3、腹径11、底径5.6、高7厘米（图一五，5）。M7:2，泥质黑陶，直口平唇，短颈扁圆腹，最大腹径偏上，上腹有一对圆形器耳及一周凹弦纹，腹向下内收至小平底。口径7.8、腹径12、底径4.2、高6.4厘米（图一五，7）。

盆　2件。M7:5，泥质黑陶，平唇，弧腹，小平底，口沿下有凹弦纹一周，器内壁凹凸不平，留有轮制痕迹。口径10.2、底径3.6、高5.8厘米（图一五，2）。M7:6，泥质褐陶，直口平唇，腹斜内收，上腹有弦纹一道，小平底。口径11.6、底径3.5、高5.8厘米（图一五，4）。

甑　1件。M7:3，泥质黑陶，平唇，口沿下一圈凹弦纹，小平底，底上有小孔7个。口径11.8、底径3、高4.7（图一五，1）。

灶　1件。M7:8，泥质灰陶，长方形，3个灶眼，两大一小，小眼在台面一侧。侧面有半圆形灶门2个。长31、宽18.4、高9.6、胎厚0.8～1.2厘米（图一五，3）。

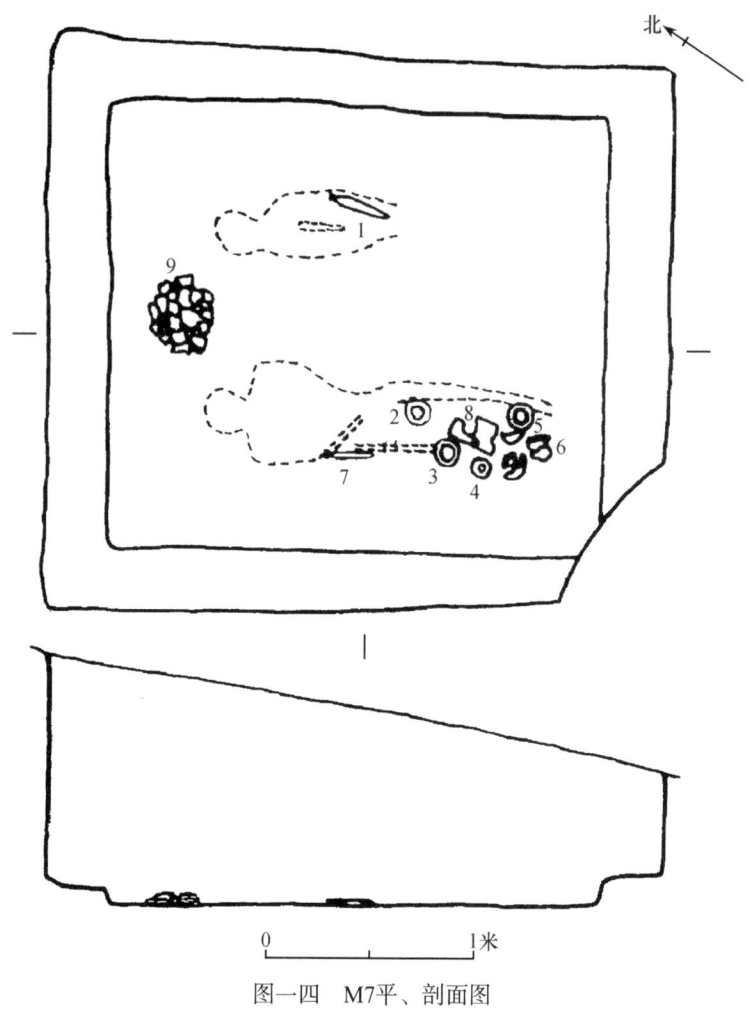

图一四 M7平、剖面图
1、7.铜剑 2、4.陶罐 3.陶甑 5、6.陶盆 8.陶灶 9.陶片

（2）铜器 2件，均为青铜剑。

剑 2件。M7：7，柳叶形，中起脊，断面呈菱形，剑茎扁平，有2个小孔。为典型的巴式剑。通长32.8、最宽3.8、脊厚1厘米（图一五，6；彩版五，5）。M7：1，扁圆脊，格纵剖面呈菱形，从锋至茎渐变宽，剑茎扁，剑首在茎之下，一端圆形，一端有凹槽，有长方孔贯穿，便于与剑茎相接、固定。通长23.2、茎宽1.8、剑首长3.6、直径3.8厘米（图一五，8；彩版五，4）。

（三）第8号墓（2003CFYM8）

M8位于白马水厂以东约15米，北距一酿酒作坊和民居约6米。开口于第2层（近代扰乱层）下。墓口距地表0.55～0.75米，打破M9。

1. 墓葬结构和埋葬情况

墓室上半已被破坏，下半保存完整，墓坑深仅0.4米。长方形竖穴土坑，墓向125°，长3.2、宽2.18米。墓内填土黄褐色，较干硬。墓底一侧发现人头骨痕迹及散乱牙齿，可判断为单人葬，头向南。东壁下发现朱红漆皮，可能为棺木痕迹。器物主要置于中部和人骨的脚端，头骨左上方发现一横置的筒瓦（图一六）。

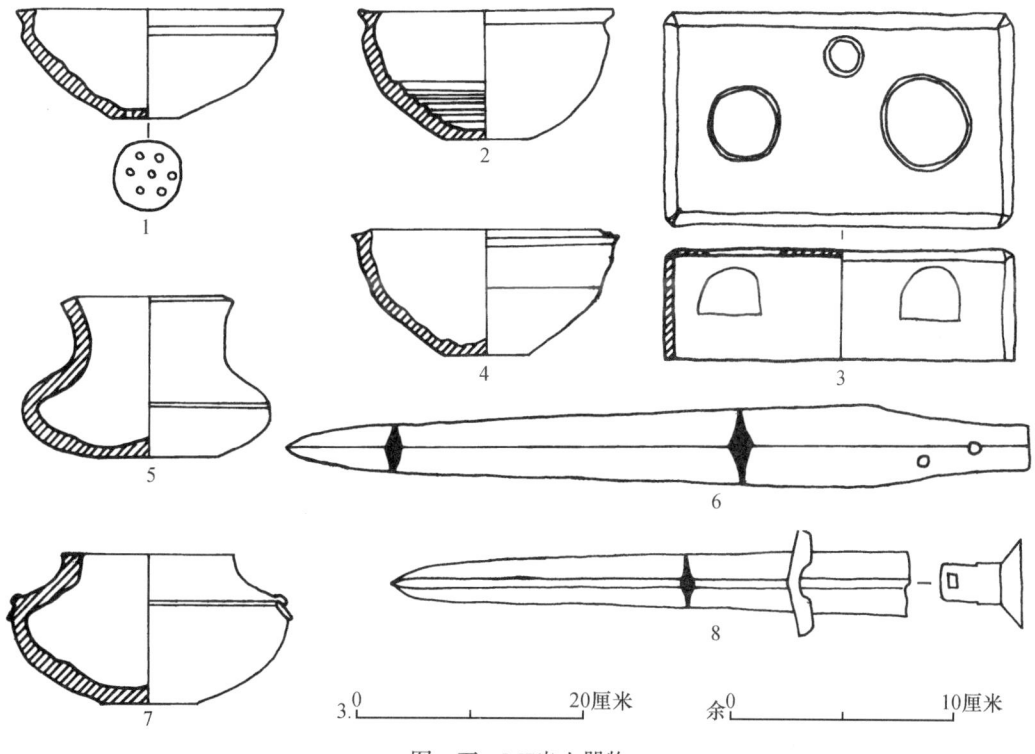

图一五 M7出土器物

1. 陶甑（M7:3） 2、4. 陶盆（M7:5、M7:6） 3. 陶灶（M7:8） 5、7. 陶罐（M7:4、M7:2）
6、8. 铜剑（M7:7、M7:1）

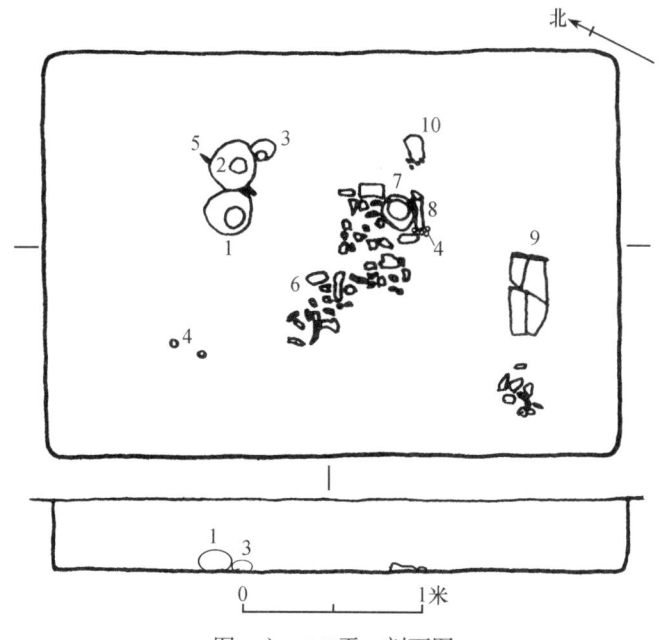

图一六 M8平、剖面图

1. 陶釜 2. 陶壶 3、7. 陶罐 4. 铜钱 5. 铁刀 6. 陶盆 8. 陶灶 9. 筒瓦 10. 头骨痕迹及牙齿

2. 出土器物

（1）陶器　7件。

罐　2件。M8：7，泥质黑皮陶，胎黄褐，大口，圆唇，扁圆腹，器形宽扁，小平底，肩部二道凸弦纹。口径15、底径7、高9.4厘米（图一七，1）。M8：3，泥质黑陶，直口方唇，短颈，上腹鼓，有二道凹弦纹，下腹斜内收，平底。口径10、底径10.6、高14.4厘米（图一七，4）。

盆　1件。M8：6，泥质黑灰陶，侈口圆唇，沿下收束，腹内收成小平底。口径13.4、底径5.4、高5.2厘米（图一七，7）。

壶　1件。M8：2，口部残失，泥质灰陶，细颈，鼓腹，肩部对称布置2个桥形纽，腹以上三周凹弦纹。圈足中段起棱，耳侧有对称小孔。残高24.5、底径15.4、腹径25.7厘米（图一七，2；图版四，2）。

釜　1件。M8：1，泥质灰陶，细颈小口，圆唇外翻，鼓腹圜底，上腹平列三道细绳纹，下腹布满杂乱的绳纹。口径11.1、高19.3、腹径27.6厘米（图一七，5；图版四，1）。

灶　1件。M8：8，泥质灰陶，长方形双眼灶，侧面对应有2个方形灶门。长28.8、宽16、高10.9，胎厚0.8~1.2厘米（图一七，3）。

筒瓦　1件。M8：9，泥质灰陶，饰绳纹，内有麻布纹。长42.7、宽14.7、头宽12.2厘米（图一七，6；图版四，3）。

（2）铜钱　五铢钱，36枚，出土于墓室西北及陶灶下面，直径2.6、穿径0.95厘米，可分

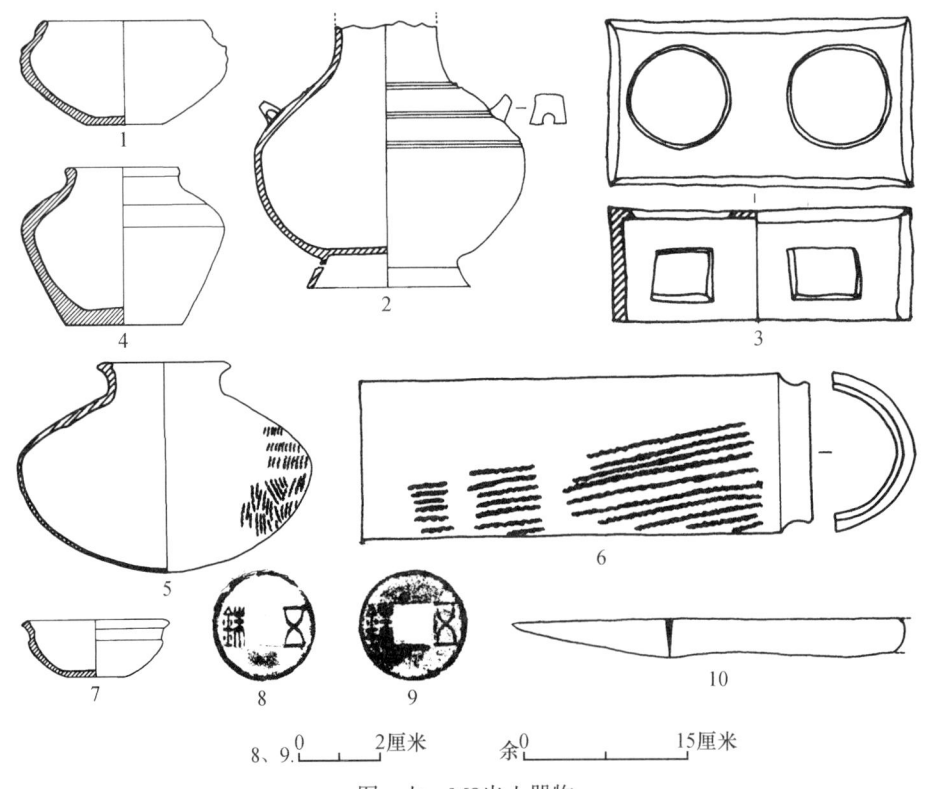

图一七　M8出土器物

1、4. 陶罐（M8：7、M8：3）　2. 陶壶（M8：2）　3. 陶灶（M8：8）　5. 陶釜（M8：1）　6. 陶筒瓦（M8：9）　7. 陶盆（M8：6）　8、9. 铜钱（M8：4-1、M8：4-2）　10. 铁刀（M8：5）

为二式。Ⅰ式，M8：4-1，穿上横郭，朱头方折，"五"字两笔曲交，与上下两笔相接处稍外放（图一七，8）；Ⅱ式，M8：4-2，无内郭，朱头圆折，"五"字两笔曲交，与上下两笔相接处稍内收（图一七，9）。

（3）铁器 1件。

刀 1件。M8：5，柄部残，刀背平直，自刀尖部向后渐变宽，至距刀尖约17厘米处又渐变窄，再至24厘米处变宽。残长37.2、最大宽3.6、刀背厚0.5厘米（图一七，10）。

（四）第9号墓（2003CFYM9）

M9位于白马水厂东约15米，北距一酿酒作坊约6米，上部被M8打破。二墓墓圹基本重合，填土也基本一样，均为黄褐土，有可能M8利用了M9上部墓圹。T17内揭掉耕土层后曾发现有陶罐等在一株橘树下，由于树根的保护，陶器基本完整。估计这里原是一座汉墓，但周围未见墓圹痕迹，应为植树时所破坏，由于植小树苗挖坑时并未触及这些陶器，使得它们得以保存下来。

1. 墓葬结构和埋葬情况

M9，长方形竖穴土坑墓，方向335°，口稍大于底，口长3.2、宽2.18米，底长3、宽2.12米，墓圹高2.6米，近底处有低矮的熟土二层台，高0.32米，墓坑东、西壁下宽3.2米，南、北壁下宽0.25米。墓内保存状况较差，仅见少许板灰，南、北两端各有一东西向枕木浅槽，墓底北端有骨头朽粉，中间肢骨一截，脚端发现铜鍪1个，鍪边有动物骨骼。另发现半两钱4枚（图一八）。

2. 出土器物

铜鍪 1件。M9：2，侈口，束颈，折腹，圜底，环状双耳，一大一小。口径13.8、高15.6厘米（图一八，2；图版四，4）。

半两钱 4枚，钱文模糊不清。M9：1，面无郭。直径2.4厘米（图一八，1）。

（五）第11号墓（2003CFYM11）

M11位于白马小学正东的坡地上，地势西高东低，朝向池塘沟的入江口。墓葬开口于耕土层下，打破生土，生土中含较多的料姜石。开口距地表0.3～0.4米。

1. 墓葬结构和埋葬情况

长方形土坑竖穴墓，方向345°。自口至底略有收分，墓口长3.8、宽2.7～3米，墓底长3.35、宽1.95～2.5米。坑壁规整，墓坑高2.4～3.5米。东南角可能为了避开较多的料姜石而向内弧，形成抹一角的长方形。坑内填土灰褐色，较疏松，包含较多的绳纹陶片，有的夹砂绳纹陶可能要早到商周时期。根据板灰痕迹复原棺长2.1、宽0.7米，内有人骨一具，可辨为仰身直

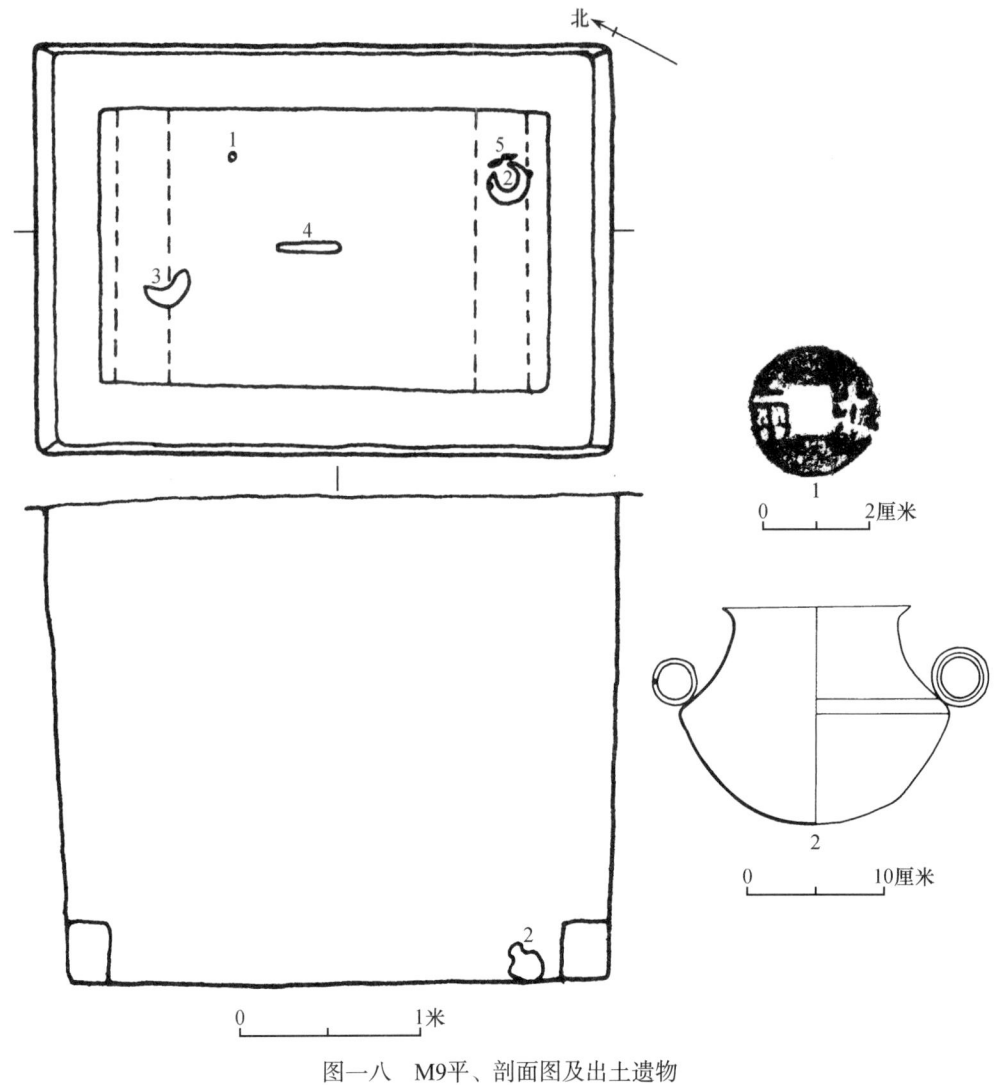

图一八 M9平、剖面图及出土遗物
1. 半两钱（M9：1） 2. 铜鍪（M9：2） 3. 头骨 4. 肢骨 5. 动物骨骼

肢。棺内人骨右侧有铜矛1件，骨锥1个。棺外器物南北向排列，有陶鼎、陶壶各2件，铜壶1件，铜鍪1件，鍪内铜勺1把，南端有一处类动物俑的堆积，黑皮，惜泥胎已呈粉末状，无法起取，亦不能辨别属性（图一九；图版五，1）。

2. 出土器物

（1）陶器 4件。

鼎 2件。泥质灰陶，子母口，带盖，盖为直口平唇，盖顶较平，饰两周凸弦纹，盖顶中心有1个紧贴盖面的小半环纽。附耳外撇，深腹圜底。盖及鼎身有带状红彩。M11：1，口径18.6、高21.9厘米（图二〇，1；彩版六，5）。M11：4，腹稍斜直。口径19、高21.7厘米（图二〇，4；图版五，2）。

壶 2件，皆泥质灰陶，细长颈，口微敞，方唇，肩上实心錾耳，最大径偏上，带盖，盖子母口，盖上3个尖状纽，盖上一圈红色彩绘，器身有不明显红色彩绘4～5周。M11：9，平

图一九 M11平、剖面图

1、4.陶鼎 2.铜鍪 3.铜勺 5.铜壶 6.铜矛 7.骨锥 8、9.陶壶 10.陶俑 11.人骨痕迹

底。口径8.8、底径8、通高25厘米（图二〇，2；图版五，3）。M11：8，圈足。口径8、底径8.5、通高24.8厘米（图二〇，5；彩版六，6）。

（2）铜器 4件。

壶 1件。M11：5，口微敞，平唇，高领束颈，鼓腹，最大径偏上。肩腹处有一对铺首衔环，腹上二道凹弦纹。高圈足，壶底有1个圆孔。带盖，盖顶3个鸟形纽。口径11、底径14、通高33.8厘米（图二〇，3；彩版六，1）。

鍪 1件。M11：2，侈口，束颈，圆折肩，圜底，肩下一道凸弦纹，两个环状耳一大一小。口径13.6、高14.6厘米（图二〇，7）。

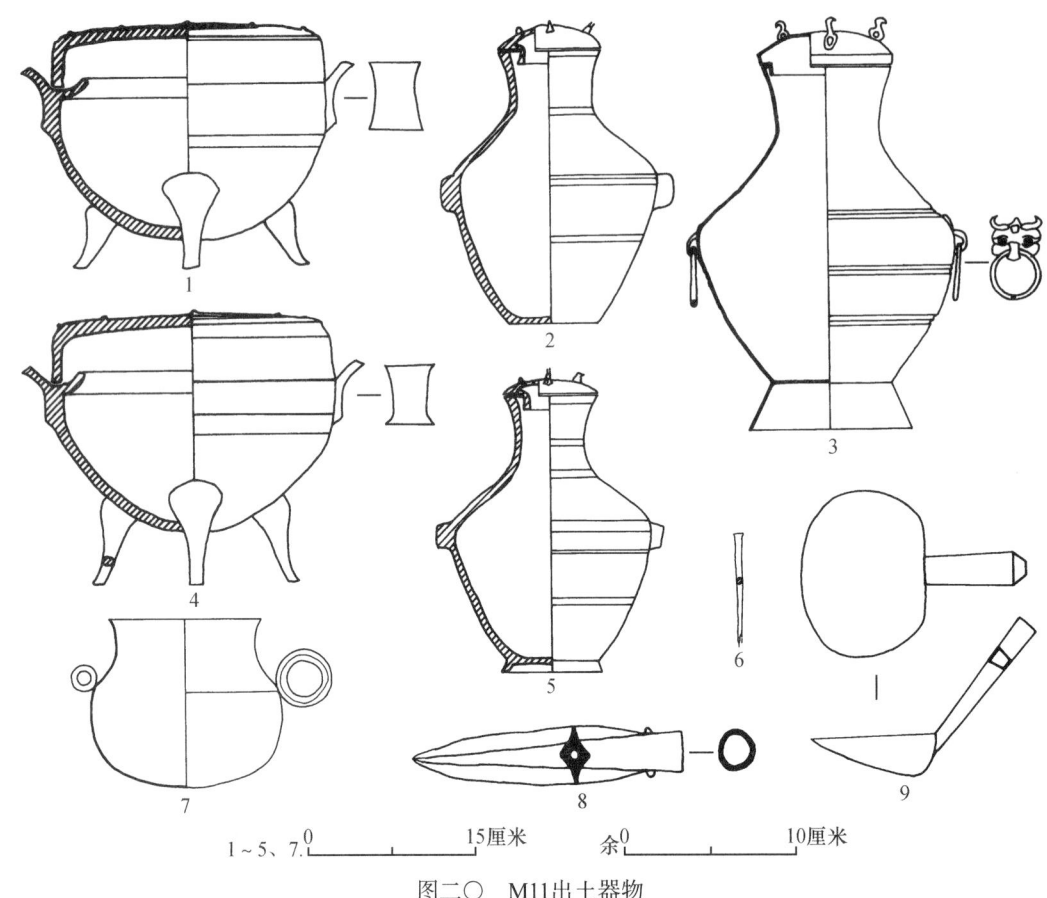

图二〇 M11出土器物

1、4. 陶鼎（M11∶1、M11∶4） 2、5. 陶壶（M11∶9、M11∶8） 3. 铜壶（M11∶5） 6. 骨锥（M11∶7）
7. 铜鍪（M11∶2） 8. 铜矛（M11∶6） 9. 铜勺（M11∶3）

矛　1件。M11∶6，短骹，宽叶弧形脊，骹两侧有尖圆形乳钉状纽。长15.2、宽3.3、銎径2.2厘米（图二〇，8；彩版六，3）。

勺　1件。M11∶3，勺头椭圆形，勺柄断面呈梯形，銎内残留腐朽木质。勺宽9.2、长7.2、深2.2、柄长8.5厘米（图二〇，9；彩版六，2）。

（3）骨器　1件。

M11∶7，骨锥，尖头稍残，粗端略呈钉头形，表面光滑。残长6.1、最大径0.6厘米（图二〇，6；彩版六，4）。

（六）第12号墓（2004CFYM12）

位于白马小学墙外西南方向，距小学南墙约8米。地表原为橘树、红薯等。开口于近代扰乱层（第2层）下，地表北高南低，墓口距地表0.3～1米。

1. 墓葬结构和埋葬情况

长方形土坑竖穴墓，方向335°。长3.2、宽2.5米，墓穴深4.4～4.7米。直壁，墓内填土黄褐，较硬。坑壁自然脱落明显。墓底存一木椁印痕，木棺无存。椁内东、西两侧发现骨灰，可判断为

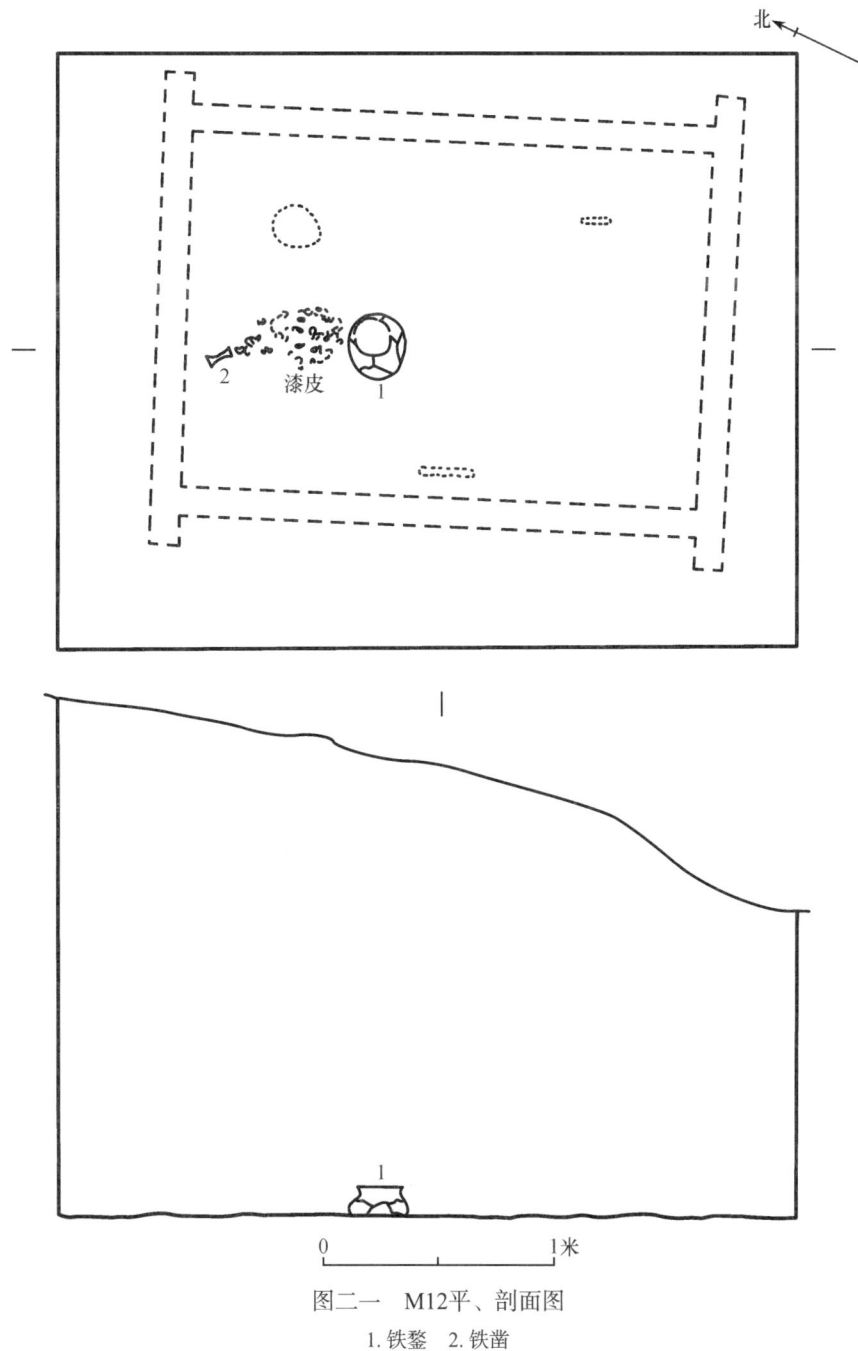

图二一 M12平、剖面图
1. 铁鍪 2. 铁凿

二人合葬，头向北。根据板灰痕迹，复原木椁长2.5、宽1.73米。椁内北部、骨痕之间出土铁鍪、铁凿各1件（图二一），铁鍪出土时锈蚀严重，无底。铁鍪、铁凿之间发现漆皮的痕迹。

2. 出土器物

铁鍪 1件。M12：1，敞口，高领，溜肩，鼓腹，肩、腹交接处有左右对称的两个环形耳，双耳饰索绚纹。锈蚀严重，仅口、颈部完整，耳以下部分残失。口径12.8、腹径21、残高14.5厘米（图二二，1）。

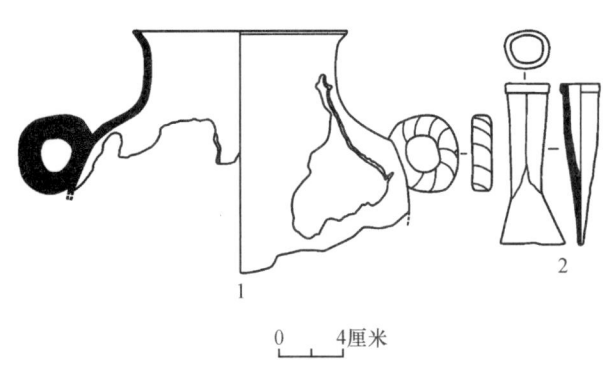

图二二　M12出土铁器
1. 錾（M12∶1）　2. 凿（M12∶2）

铁凿　1件。M12∶2，长条形，锻製，銎断面呈椭圆形，由铁皮卷包而成，向刃部方向逐渐内收，至凿身处向两侧渐宽，形成宽刃。通长9.6、銎长5.5、刃宽4厘米（图二二，2；图版四，5）。

（七）第13号墓（2004CFYM13）

在M12西北，两墓相距约4米，南与M14相距2米。地表为杂树丛。开口于近代扰乱层（第2层）下，墓口距地表0.6~0.8米。

墓葬结构和埋葬情况

长方形竖穴土坑墓，方向335°。长2.4、宽1.73米，墓穴深2.3米。坑壁规整，墓底长2.4、宽1.7米。墓内填土黄褐色，含灰土点，土质较硬。该墓被严重盗扰，盗洞从墓圹西北角直达墓底，然后顺墓底向南至墓圹南壁，并在南壁上挖进一个浅洞。墓底杂乱地散置十几块碎陶片，仅见一段人骨，未发现板灰痕迹（图二三）。

（八）第14号墓（2004CFYM14）

M14位于M13之南2米，地表原为杂树丛，开口于近代扰乱层（第2层）下，墓口距地表0.7米，南壁上部一东西向现代沟打破。

1. 墓葬结构和埋葬情况

长方形竖穴土坑墓，北距M13约2米，方向330°。长2.01、宽1.75米，墓穴深2.71米。坑壁规整，口底同大。墓内填土黄褐色，土质较硬。墓底中部发现棺木朽痕，人骨无存，出土铁鍪1件，铜钱1枚（图二四）。

2. 出土器物

（1）铁器　1件。

鍪　1件。M14∶1，锈甚，侈口，高领，束颈，溜肩，鼓腹圜底。肩、腹交界处大环耳一对。口径14.3、腹径20.4、高16.5厘米（图二五，1；图版四，6）。

（2）铜钱　1枚。M14∶2，半两钱，钱文模糊不清。背平素，狭穿。直径3.1、穿边0.8厘米（图二五，2）。

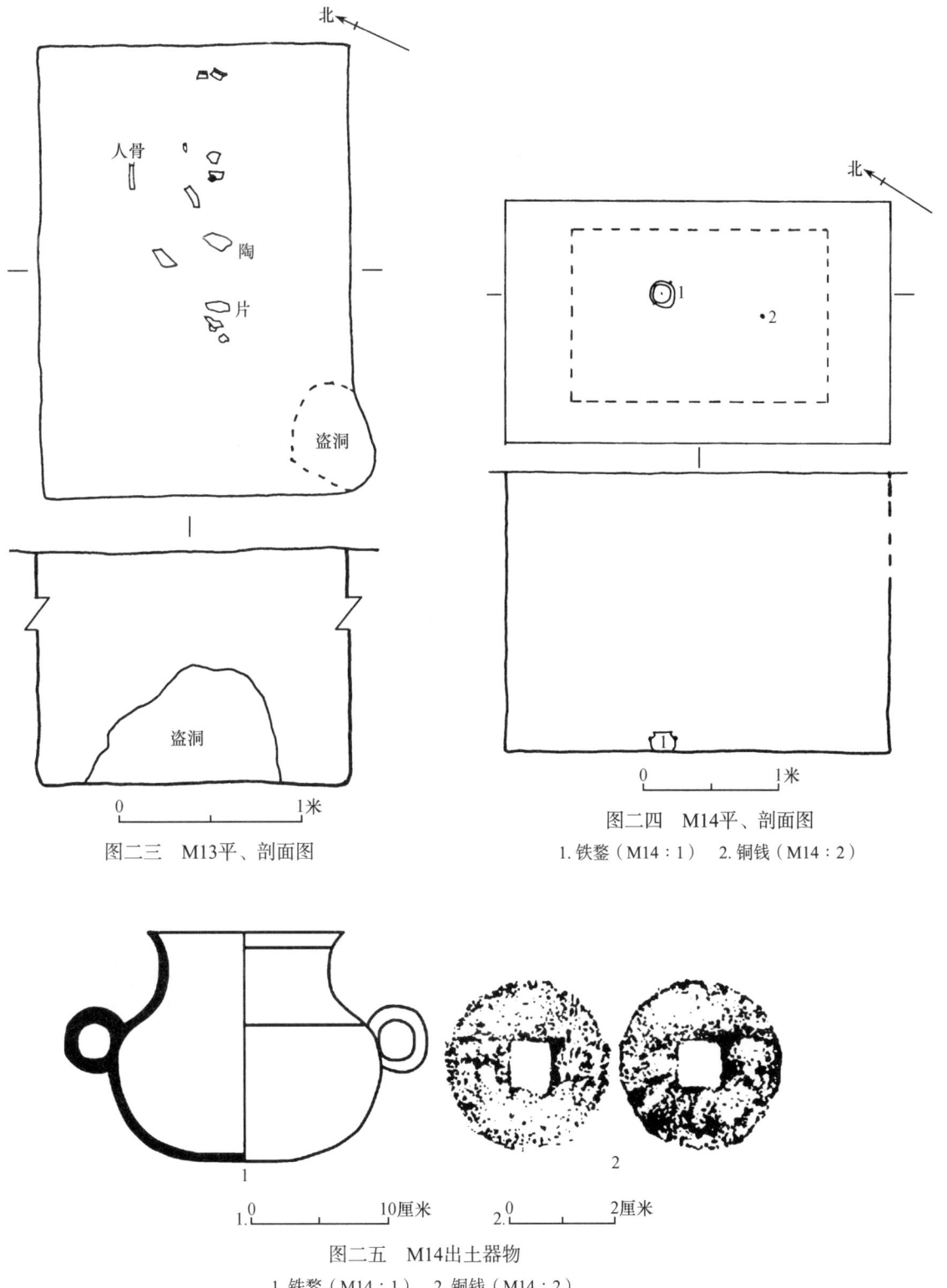

图二三 M13平、剖面图

图二四 M14平、剖面图
1. 铁鏊（M14∶1） 2. 铜钱（M14∶2）

图二五 M14出土器物
1. 铁鏊（M14∶1） 2. 铜钱（M14∶2）

（九）第15号墓（2004CFYM15）

M15位于墓地东北部，在营盘包台地东侧向南通向长江的冲沟池塘沟的西岸陡坡上，地表原为橘树、杂树等。东距水面约30米，墓口顺着斜坡西高东低，开口于表土层下，墓口距地表0.3~1.3米。

1. 墓葬结构和埋葬情况

长方形竖穴土坑墓，方向210°，墓口长3.05、宽1.65米，墓坑深1.7~2.3米。墓壁垂直，口底同大。填土较干而松，褐色。根据残存板灰痕迹复原木棺长2.1、宽0.9米。人骨保存极差，肢骨不完，仅见粉状骨灰痕，可辨明单人仰身直肢葬，头向西。据头骨眼窝形状判断应为男性。人骨腰部右侧出土短剑1把（图版五，4），右腿右边出陶罐1件，头骨右边出土铜镞1件。铜剑南侧有一片红色漆皮（图二六）。

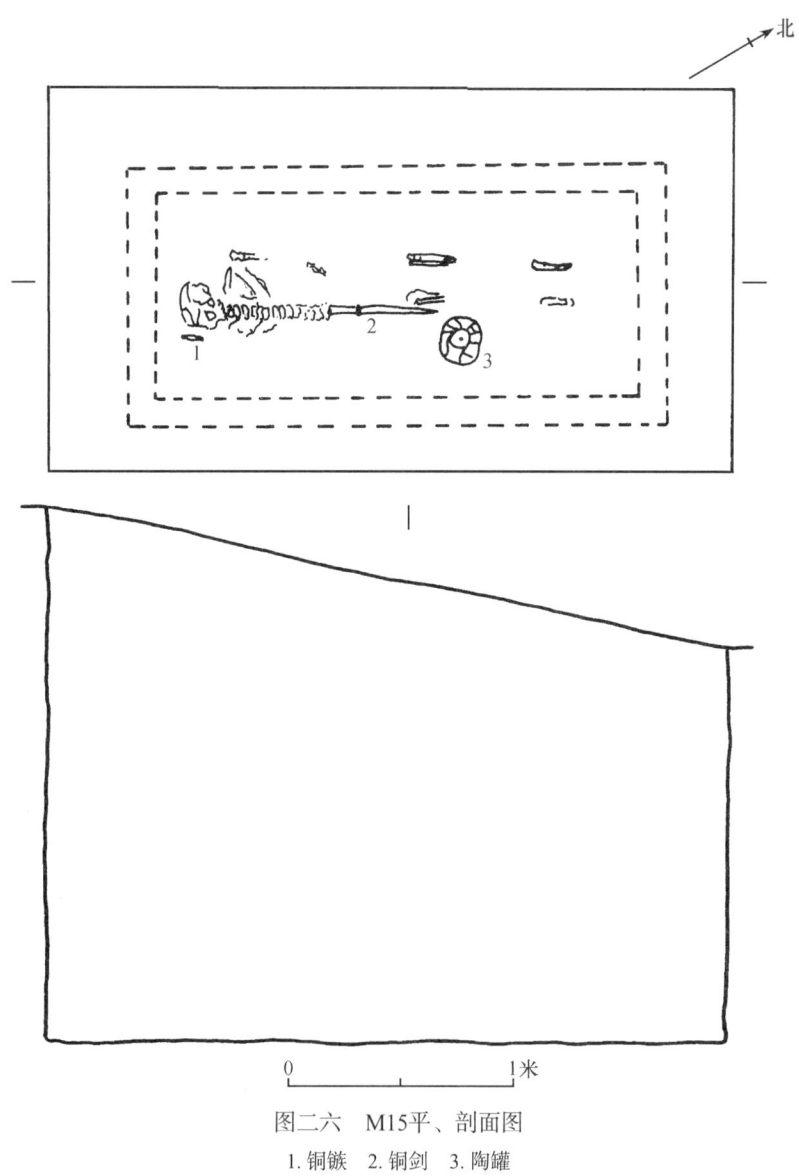

图二六 M15平、剖面图
1. 铜镞 2. 铜剑 3. 陶罐

2. 出土器物

（1）陶器 1件。

罐 1件。M15:3，泥质灰陶，侈口，平折沿，尖唇，高领，溜肩，鼓腹，大平底。腹部饰一周带状凹弦纹。口径8.5、腹径16.3、底径8.8、高13.3厘米（图二七，2）。

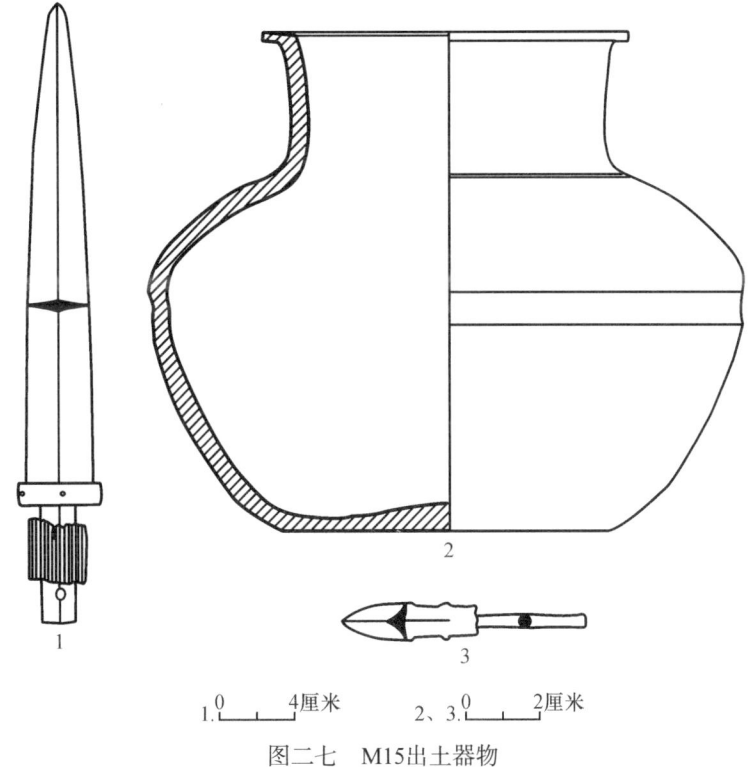

图二七　M15出土器物

1. 铜剑（M15∶2）　2. 陶罐（M15∶3）　3. 铜镞（M15∶1）

（2）铜器　2件

剑　1件。M15∶2，柳叶形，中间起脊，横断面呈棱形，自剑锋向后逐渐变宽，剑身、茎交接处有用两层竹片包裹木头做成的椭圆形格，中间的木头已腐朽。扁茎较厚，断面亦呈棱形，茎端上有一孔，出土时茎中段尚有夹缚在剑茎上的竹木片的残留物。剑身长25.5、剑茎长6.28、通长33厘米（图二七，1；图版六，1、2）。

镞　1件。M15∶1，三棱形，三面内凹，三条刃尖削锋利，铁铤，铤断面圆形。铤长4、通长6.7厘米（图二七，3；图版六，3）。

（一〇）第16号墓（2004CFYM16）

位于墓地东北部台地，东距民房1米，民房以东即为面向池塘沟的坡地，东北距M15约17米，地表为杂树。开口于表土层下，表土层厚达1.1米，为村民建房时的垫土。

1. 墓葬结构和埋葬情况

长方形竖穴土坑墓，方向155°，墓口长4.05、宽2.2米，墓高2.5米，直壁，填土灰黄，较松软，含细沙，上层含少量料姜石。墓底一椁二棺二人合葬，仰身直肢，二棺东西并排相错，东侧棺靠南，骨架头向南，并向西（内侧）歪，上肢弯向肋骨部，两臂置于胸前（图版七，2）。西侧棺靠北，骨架头向北，两手合于腹部。骨骼腐朽，初步判断，头向南者为女性，头向北者为男性。据牙齿咬合面磨损程度，经吉林大学魏东先生鉴定，男性年龄约在30岁左右，女性35～40

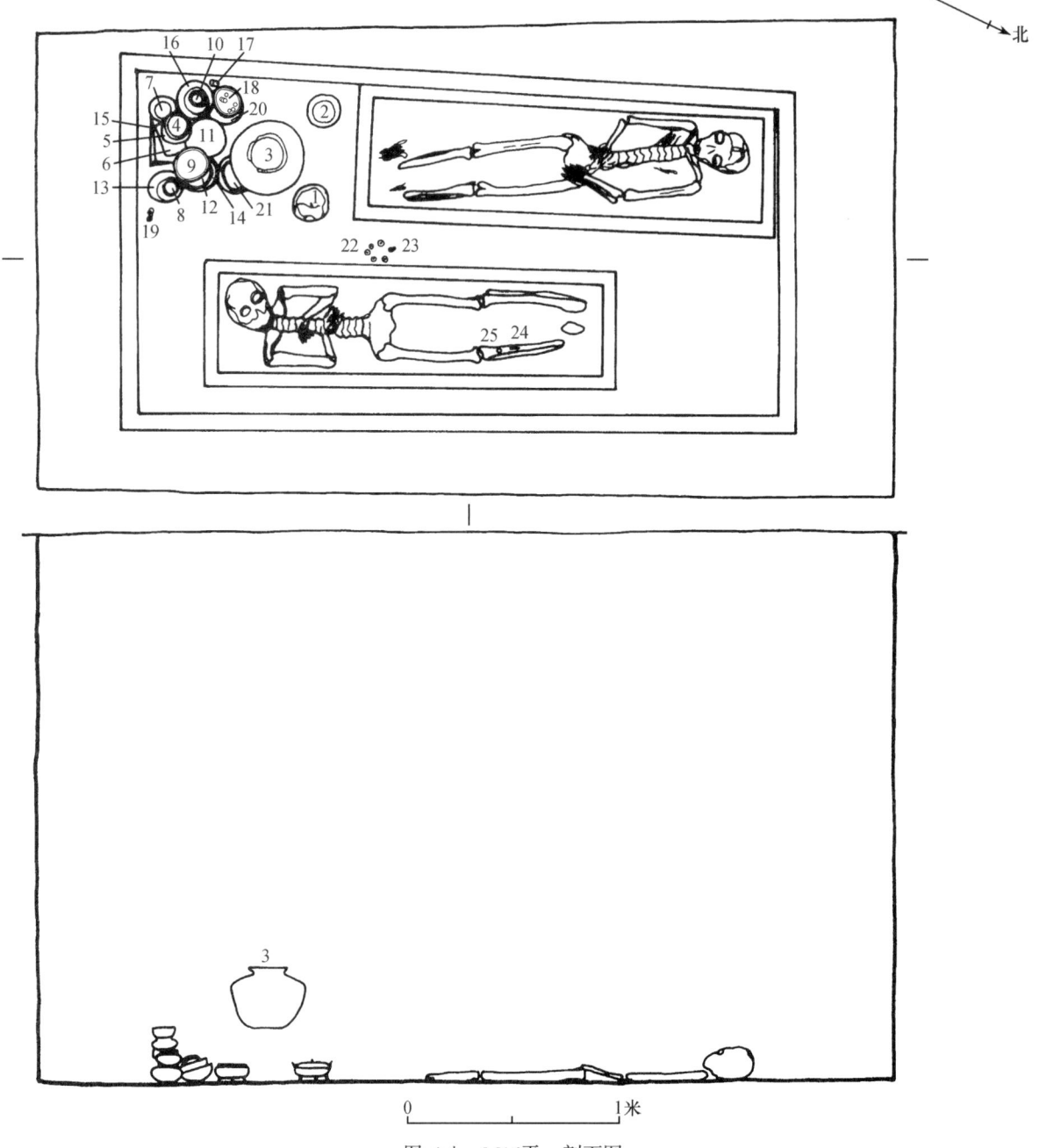

图二八 M16平、剖面图

1.陶鼎 2、3、5、7、8、10、13、16、19.陶罐 4、12、14.陶甑 6、15.陶灶 9、11.陶盆 17、18、22.铜钱 20.陶罐 21.陶盒 23.铜带钩 24.铜剑格 25.铜饰件

岁，牙齿有龋洞。两棺各在脚端棺外与椁之间留出一段空间，随墓器物全部出于西侧男性棺脚端的空间内，有陶器、小件铜器和铜钱等25件（组）。东侧女性棺脚端棺外的空间则空无一物（图二八；彩版七，1；图版七，1）。

2. 出土器物

（1）陶器 18件。

鼎 1件。M16：1，泥质灰陶，带盖，整体呈扁圆形。盖、身以子母口扣合。盖顶近平，正中有一扁平立纽，四周三小纽残缺，亦作扁平状。鼎身浅腹，口沿下至耳有一周削掉的薄层，然后再稍凸起平滑过渡至底，圜底近平，两附耳长方形，弧形外撇。三蹄足外撇。口径17厘米、腹径19.8、连耳宽25、通高15.5厘米（图二九，1；图版六，4）。

罐 9件，分五型。

A型 3件，泥质灰陶，无颈，鼓腹，广肩，圜底近平，器身扁圆。M16：2，口微敛，方唇，溜肩，肩、腹之间有一周凸棱，罐内放置有小动物的骨骼。口径11、腹径16、高6.8厘米（图二九，8；图版八，2）。M16：7，侈口，圆唇，肩、腹部贴附对称两系。口径7.2、腹径13、高5.3厘米（图二九，5）。M16：16，敛口，方唇，腹部略直，口径8.5、腹径15.5、高7.2厘米（图二九，11）。

B型 2件。直口方唇，短直领，鼓腹，圜底，器身扁圆，肩、腹部贴附对称两系。M16：10，泥质黑陶，口微侈，广肩，下腹部至底有修削痕。口径5.8、腹径11.6、高5.2厘米（图二九，15）。M16：20，泥质灰陶，溜肩，腹急收至底，腹外凸，器身扁，圜底近平。口径9.2、腹径14.3、高4.4厘米（图二九，16）。

C型 1件。M16：3，泥质灰陶，口微侈，平折沿，束颈，颈较长，广肩，鼓腹，大平底，底微内凹，肩部饰间断绳纹带，腹、底满饰绳纹。口径11、沿宽1.8、腹径31、高23.8厘米（图二九，2；图版六，5）。

D型 1件。M16：13，泥质红陶，敛口，平折沿，束颈，颈极矮，折肩，直腹，下部折收至小平底，口、底大小相近，器形上下对称。肩、腹交接和腹部折收处各有一道附加堆纹，两道附加堆纹间刻划一向右倾斜的"干"字形符号。口径6、腹径16.2、底径6、高9.8厘米（图二九，6；图版六，6）。

E型 2件。泥质灰陶，侈口，平折沿，尖圆唇，高领，折肩，小平底。M16：5，底近圜形，下腹部有修削痕，内有鱼骨。口径9、腹径17.2、底径5、高10.8厘米（图二九，12）。M16：8，内放置有鱼骨。口径8.1、腹径13.2、高8.1厘米（图二九，9）。

盆 2件。泥质灰陶，小平折沿微下斜，尖唇，斜弧腹，腹部一周凸棱，小平底。M16：9，口微敛，下腹部有修削痕。口径12.8、底径4、高4.7厘米（图二九，4）。M16：11，侈口。口径15.1、底径5、高6.7厘米（图二九，3）。

甑 3件。泥质灰陶，敛口，弧腹，圜底。M16：4，平沿尖唇，沿下至腹部正中较直，向下弧至底，底尖圆。底部正中7个箅孔。口径12.6、高6.2厘米（图二九，10）。M16：12，方唇，腹上部饰一道凹弦纹，底部6个小孔，器外残留朱砂痕。口径12、高5厘米（图二九，13）。M16：14，口沿下一道凹弦纹，底部正中6个圆形箅孔。口径13.1、高5厘米（图二九，7）。

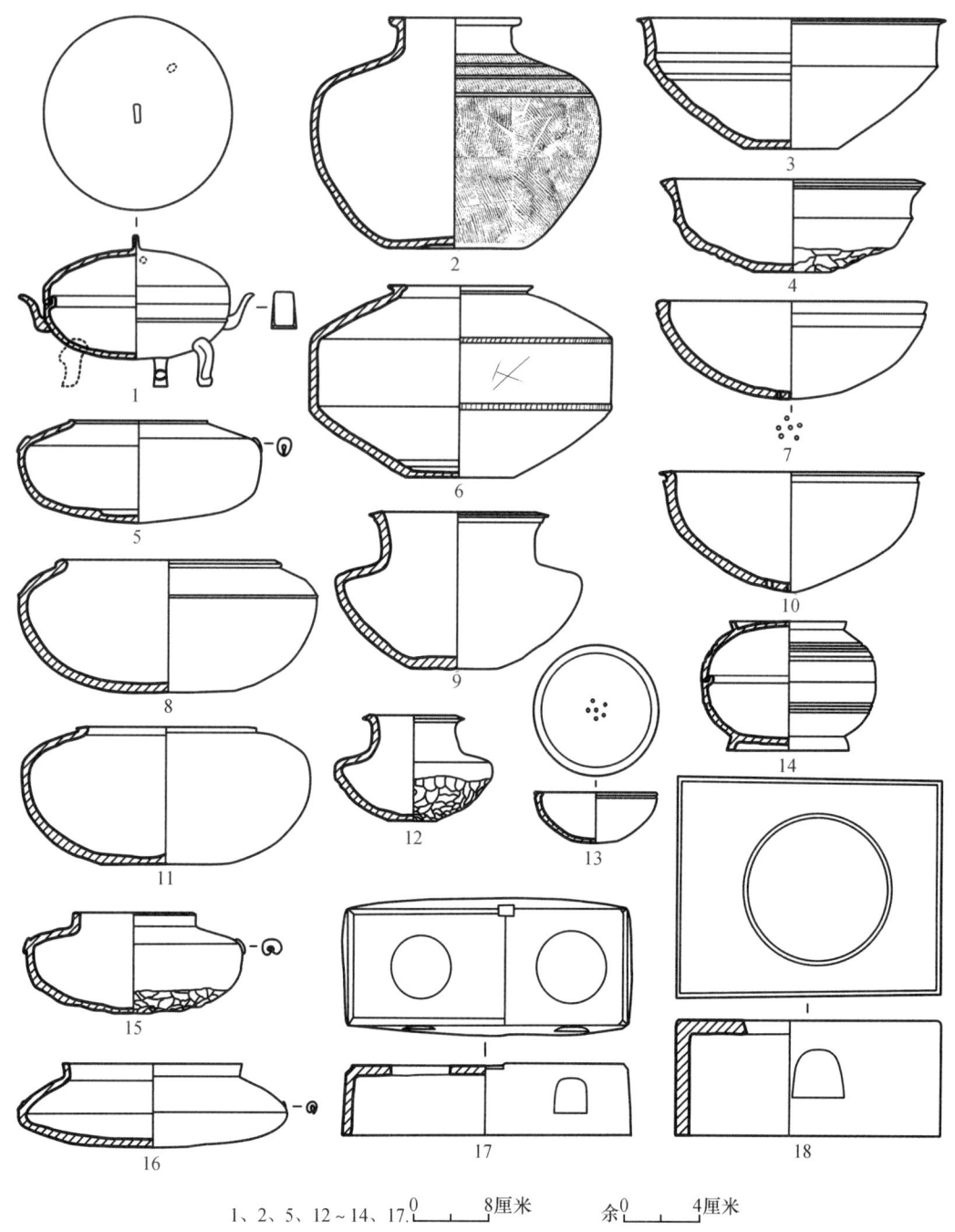

图二九 M16出土陶器

1. 鼎（M16:1） 2、5、6、8、9、11、12、15、16. 罐（M16:3、M16:7、M16:13、M16:2、M16:8、M16:16、M16:5、M16:10、M16:20） 3、4. 盆（M16:11、M16:9） 7、10、13. 甑（M16:14、M16:4、M16:12） 14. 盒（M16:21） 17、18. 灶（M16:15、M16:6）

盒 1件。M16:21，泥质灰陶。子母口，圆唇，盖方唇，圈底外侈，上下对称，整体呈扁球状，盖、身各饰三道凹弦纹，并残留模糊不清的彩绘，口径15.7、腹径18.6、底径13、通高13.4厘米（图二九，14；图版八，1）。

灶 2件。泥质灰陶，外形长方体，折角处皆抹平，圆角。有单眼灶和双眼灶两种。M16:6，灶面略呈梯形，有灶眼1个，孔径7.9~7.4厘米，外（上）大内（下）小，对应侧壁灶门1个。灶门拱形，平底，高2.5、底宽2.8厘米。灶长14、宽11~11.5厘米，高6厘米（图二九，18；图版八，3左）。M16：15，泥质灰陶，面侧边略外弧，灶面有2个灶眼，左边灶眼直径6.4、右边7.4厘米，灶眼上、下收分不明显，两灶眼对应侧壁2个灶门，灶门拱形顶。左侧灶门高3.2、底宽4厘米，右侧灶门高3.7、底宽3.4厘米。灶面后方中间偏右、灶的边缘有1个长方形的小孔，示意两灶眼共用的烟囱。灶面长30、宽12.1厘米，灶底长31、宽14.1厘米，高6.4厘米（图二九，17；图版八，3右）。

（2）铜器　3件。

带钩　1件。M16：23，鹅首，琵琶钩身，背椭圆形纽。身宽0.95、通长4厘米（图三〇，2；图版八，4右）。

剑格　1件。M16：24，菱形，中间长方形孔，孔长1.73、宽0.27厘米，孔上下两端内凹而不穿透。通长5.2、宽0.9、厚0.74厘米（图三〇，1；图版八，4左）。

饰件　1件。M16：25，黑色，残，为器物柄端的首部，圆形首附一残断的茎。首面有阴线纹的花纹或符号，不识。直径2、残高0.85厘米（图三〇，3）。

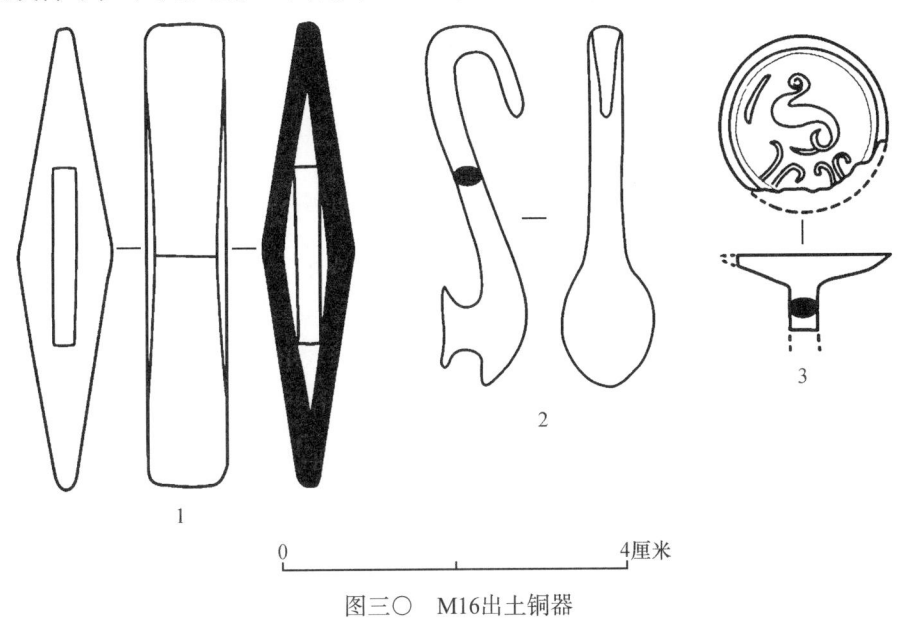

图三〇　M16出土铜器
1. 剑格（M16：24）　2. 带钩（M16：23）　3. 饰件（M16：25）

铜钱　53枚。有半两钱和五铢钱两种。

半两钱，47枚。根据有无外郭分为二型。

A型　38枚，面无内、外郭，背平素。制作粗糙，有的外缘连有浇铸时留下的浇口铜，俗称"灯笼钱"。钱文不清，写法亦不统一，"两"字有双山两（图三一，1、2）和十字两（图三一，3、4）。直径2.1~3.3、穿径0.7~1厘米。

B型　9枚。面有外郭，外郭较细，无内郭，背平素，"两"字有双山两（图三一，5、6）和十字两（图三一，7~9）。直径2.2~2.4、穿径0.7~0.9厘米。

五铢钱，6枚。面有外郭，无内郭，背有内外郭，形制、钱文较统一。有的穿上似有凸起星点。"五"字两笔曲交，朱头方折。直径2.5、穿径1.1厘米（图三一，10~13；图版八，5）。

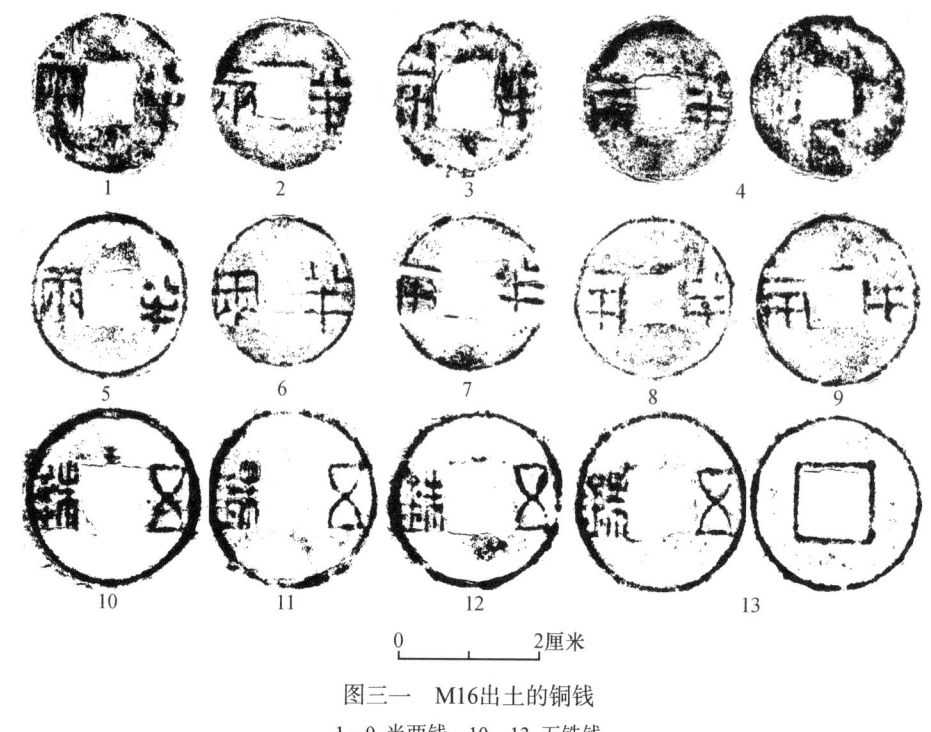

图三一　M16出土的铜钱
1~9.半两钱　10~13.五铢钱

（一）第17号墓（2004CFYM17）

M17位于墓地东北部面向东边冲沟池塘沟西岸的陡坡之上，北距M18约15米，南距M15约10米，东距冲沟水面约25米。墓口距地表0.3~0.6米。

1. 墓葬结构和埋葬情况

长方形竖穴土坑墓，方向210°，长4.05、宽2.3米，墓口顺着斜坡西高东低，墓坑深2.5~6.1米，墓内填土灰黄，细沙土，较松软。根据墓底灰痕迹推断为一椁一棺，椁的大小仅能容棺，仅见几截朽腐的人骨，可辨头向为南。由于填土疏松，墓坑较深，发掘时台阶留在西侧，待打台阶时发现压在台阶之下、距墓底0.5米高度有器物一排，在椁棺西侧靠墓壁顺向排列，计有鼎、盒、壶各2件（彩版七，2）。判断系置放棺椁后填土至此，再放置器物，填土由于椁板和墓壁挤压形成熟土二层台，没有明显的台面，其余三面都未发掘出二层台，故未作复原（图三二）。

2. 出土器物

陶器　共出土6件。

鼎　2件。泥质灰陶，带盖，盖顶中央扁平立纽衔环，环贴附于盖上，子母口，圆唇，两立耳斜外撇，腹较深，圜底，三蹄足稍外撇，器身整体球形。盖上两圈凸棱，腹部耳下一圈凸棱。对称长方形竖耳微外撇。腹部饰一道凸棱及凹弦纹，底部饰绳纹。上腹部及盖上涂有白地红黑彩绘，大部分脱落，模糊难辨。M17:1，盖顶近平，两圈凸棱使盖顶形成二层台面，口

第二章　墓地发掘资料　　35

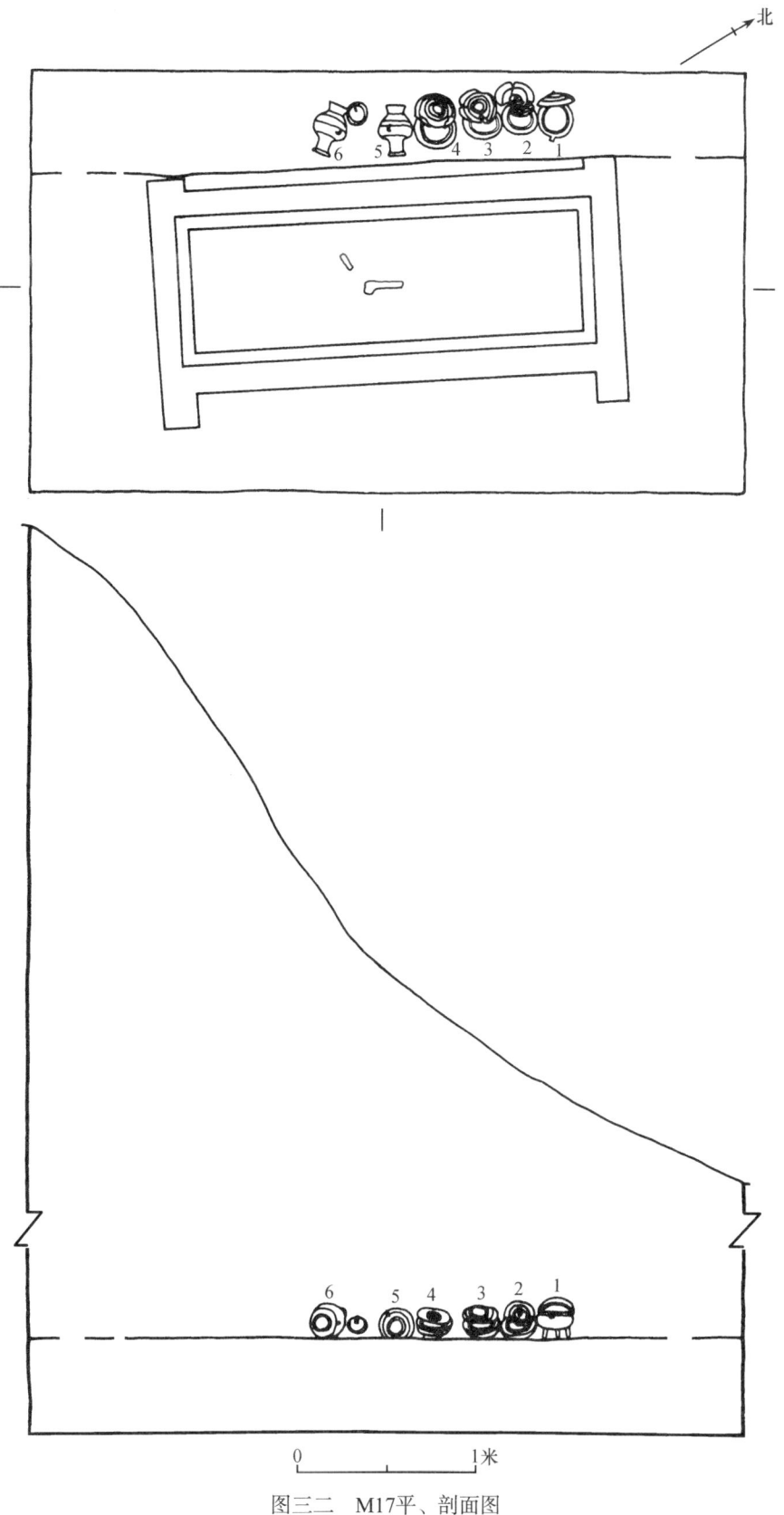

图三二　M17平、剖面图
1、2.陶鼎　3、4.陶盒　5、6.陶壶

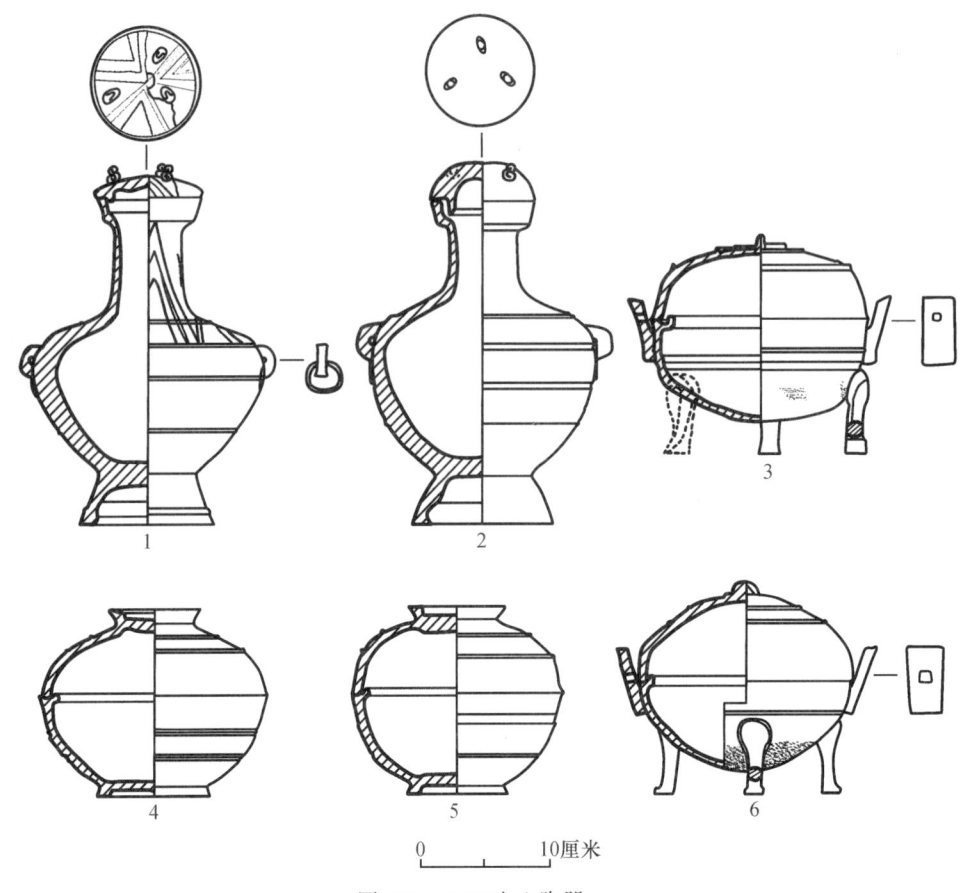

图三三　M17出土陶器
1、2.壶（M17∶5、M17∶6）　3、4.鼎（M17∶1、M17∶2）　5、6.盒（M17∶3、M17∶4）

径12.8、高16.5厘米（图三三，3；图版九，1左）。M17∶2，圜底尖圆，腹部凸棱不明显，鼎内有小动物骨骼。口径12.8、高16厘米（图三三，6；图版九，1右）。

盒　2件。泥质灰陶，子母口，圆唇，器身和器盖合成一圆球状，圈底，器盖和腹部各有两道凸棱，器外涂有彩绘，大部分脱落，模糊不清。M17∶3，口径、腹径17.7、底径9、高14厘米（图三三，4；图版九，2左）。M17∶4，口径13、腹径16.3、底径8、通高14厘米（图三三，5；图版九，2右）。

壶　2件。泥质灰陶，盘口，方唇，盖弧顶，三云纽，以子口扣于盘口之上。细长颈，最大颈在肩腹部，自肩以下急收至底，高圈足，喇叭形。腹部最宽处有对称饼状立纽，纽上穿细孔、连环，环贴附于器腹上。颈、肩部可见彩绘。M17∶5，广肩，肩部纽上饰两道凹弦纹，腹部一道凸弦纹，腹下部近圈足处一周凸棱，器盖、颈、肩部白地红、黑两色彩绘山峰形。口径7、腹径10.3、底径10.6、通高27.5厘米（图三三，1；图版九，3左）。M17∶6，溜肩，鼓腹，肩部一道凸弦纹，纽下沿腹部一道凹弦纹，腹部一道凸弦纹，腹下近圈足处一道凸棱。肩腹部隐约可见白地红、黑彩绘。口径8、腹径17.8、底径10.8、高27.4厘米（图三三，2；图版九，3右）。

（一二）第18号墓（2004CFYM18）

位于墓地东北部面向东边冲沟池塘沟西岸的陡坡上，地势从西北向东南倾斜。南距M15米，东距冲沟水面约米，与M19相邻，M19打破该墓墓道一角。距墓圹东南角不到0.1米有新鲜盗洞，该墓险些被盗。

1. 墓葬结构与埋葬情况

墓葬开口于表土层下，为带一斜坡墓道的土坑竖墓。墓口距地表0.25～0.4米，方向300°，长3.9、宽2.6米，斜坡墓道位于墓圹西端，偏于南侧。墓道长3、宽1.3米。墓坑深2.2～2.6米，墓道深2.19～2.23米。填土黄褐，较湿。墓底有宽0.14～0.3、高0.28米的生土二层台，墓道北壁亦有生土二层台与墓底二层台相接，该二台层又分二级逐渐增高，后端被M15打破，高度不明。墓道南壁下无二层台。墓底靠墓道一侧置一椁二棺，复原椁长约2.89、宽1.6米。二棺并列，北侧棺稍小。二人仰身直肢，头向西，保存状况差。随葬器物置于南边墓壁之下和两棺中段，南壁下一排器物压于椁和左侧棺的边上，有铜洗、铜釜及陶器多件，两棺中段器物压于墓主身、腹部位，有釉陶壶、盒等陶器，陶器下压一铜削。左侧墓主头骨右边有一陶罐。墓道与墓室相接处北侧出土一陶罐。除南壁下一排器物相对完整，其余皆破碎严重，有的明显属于一件器物的碎片或附件被分置在不同的地点，个别器物无法修复。铜钱分置于两棺之中，北侧棺内三处，编号M18：26、M18：27、M18：30，南侧棺内和脚端棺外各一处，编号M18：28、M18：29，皆为五铢钱。墓室后部椁外虽有较大空间，但无随葬品（图三四；彩版八，1）。

2. 出土器物

随葬器物有陶器、釉陶器、石器、铜器和铜钱。陶器经修复有36件，器类为罐、盆（钵）、壶、盒、甑、灶、熏炉等，以罐为主。铜器3件，为洗、釜、削各1件。石器是1件黛板。铜钱五组计95枚，皆为五铢钱。

（1）陶器 36件。皆为泥质灰陶，多素面，偶见少量弦纹和网格纹。

罐 19件。根据器形特征粗分为四型。

A型 14件。小口，束颈，鼓腹，大平底，侈口，圆唇，口沿外翻，短颈，广肩或溜肩。多数陶罐的肩部有二至三道凹弦纹，弦纹间饰网格纹带。有的以小盆为盖，盖敞口尖圆唇，斜折腹，小平底，腹部饰一至三道凹弦纹（图版一〇，1）。M18：1，圆唇，广肩，肩部饰二道凹弦纹，弦纹之间饰网格纹，器腹内壁有轮制遗留的凹凸弦纹。口径9.2、腹径17.2、底径11.8、高12.2厘米（图三五，1）。M18：12，广肩，肩部饰凹弦纹及网格纹。以盆为盖，盖腹部饰两道凹弦纹，器内壁有轮制痕迹。罐口径10.8、腹径24.5、底径15、高17.5厘米，盖口径13.5、底径5、高6.5厘米（图三五，5）。M18：6，圆肩，肩部饰凹弦纹及网格纹。口径8.5、腹径20、底径12、高13.3厘米（图三五，9）。M18：14，肩部饰一道凹弦纹，以盆为盖。罐口径9、腹径21、底径12.5、高12厘米，盖口径13.5、底径4.4、高4.2厘米（图三五，14）。

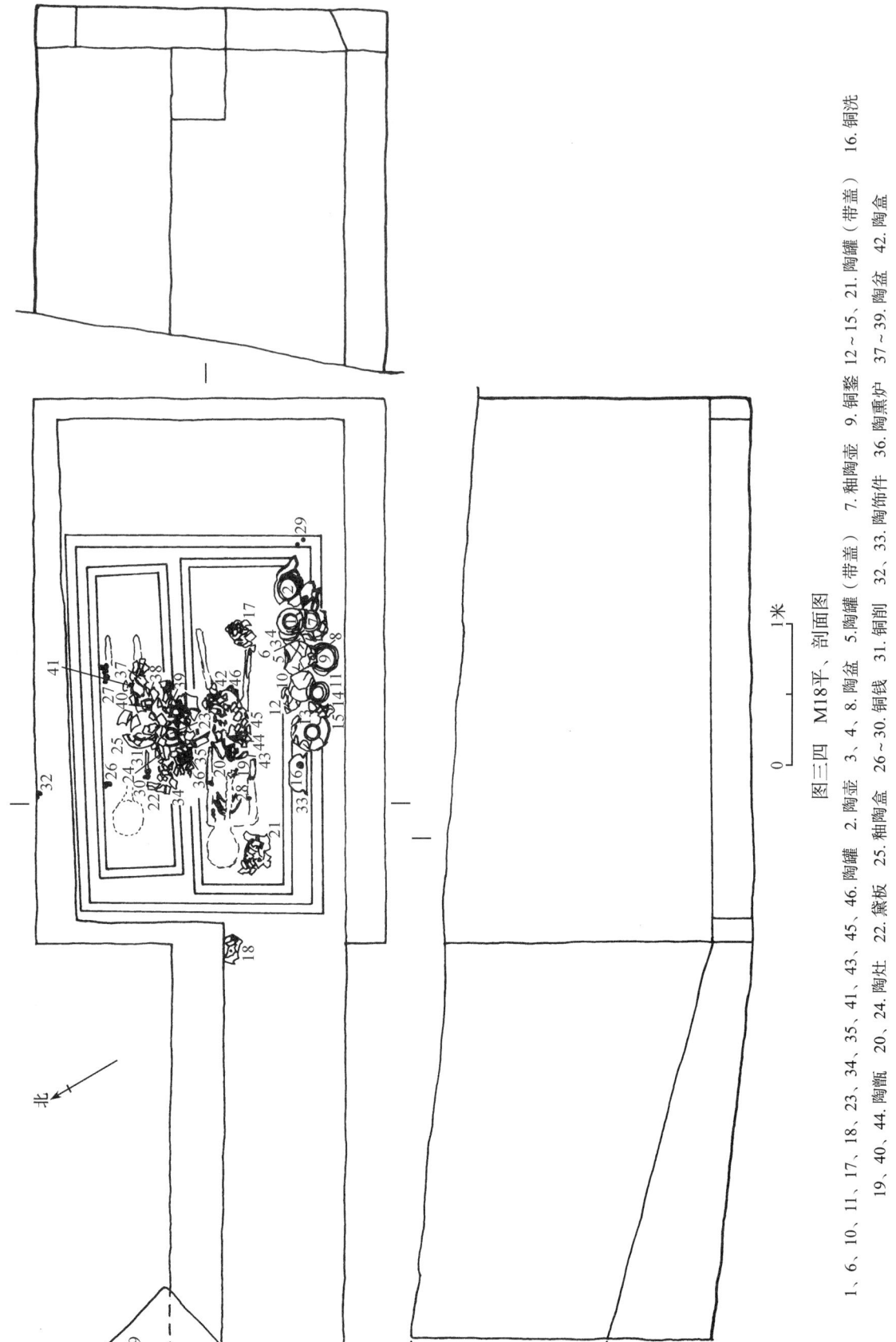

图三四 M18平、剖面图

1、6、10、11、17、18、23、34、35、41、43、45、46. 陶罐 2. 陶壶 3、4、8. 陶盆 5. 陶罐（带盖） 7. 釉陶壶 9. 铜鍪 12~15、21. 陶罐（带盖） 16. 铜洗 19、40、44. 陶甑 20、24. 陶灶 22. 黛板 25. 釉陶盒 26~30. 铜钱 31. 铜削 32、33. 陶饰件 36. 陶熏炉 37~39. 陶盆 42. 陶盒

M18：21，肩部饰两道凹弦纹，下腹部饰一道凹弦纹，弦纹以上腹部饰间断绳纹。以盆为盖。罐口径10、腹径23、底径14.5、高16厘米，盖口径13、底径5、高4.8厘米（图三五，16）。M18：35，肩部饰三道凹弦纹，弦纹间饰两条网格纹带。口径10.5、腹径24.2、底径16.2、高17.4厘米（图三五，2）。M18：13，肩部饰凹弦纹及网格纹。以盆为盖。罐口径8.5、腹径23.8、底径14.6、高15厘米，盖口径13.2、底径4.7、高4.5厘米（图三五，6）。M18：45，肩部饰凹弦纹及网格纹。口径9.8、腹径23.6、底径14.5、高15厘米（图三五，10）。M18：34，肩部饰凹弦文及网格纹。口径10、腹径23.5、底径12、高15.5厘米（图三五，15）。M18：41，肩部饰凹弦纹及网格纹。口径9.2、腹径19、底径11、高13.6厘米（图三五，17）。M18：10，肩部饰凹弦纹及网格纹。口径8.4、腹径22.4、底径12.4、高15.3厘米（图三五，3）。

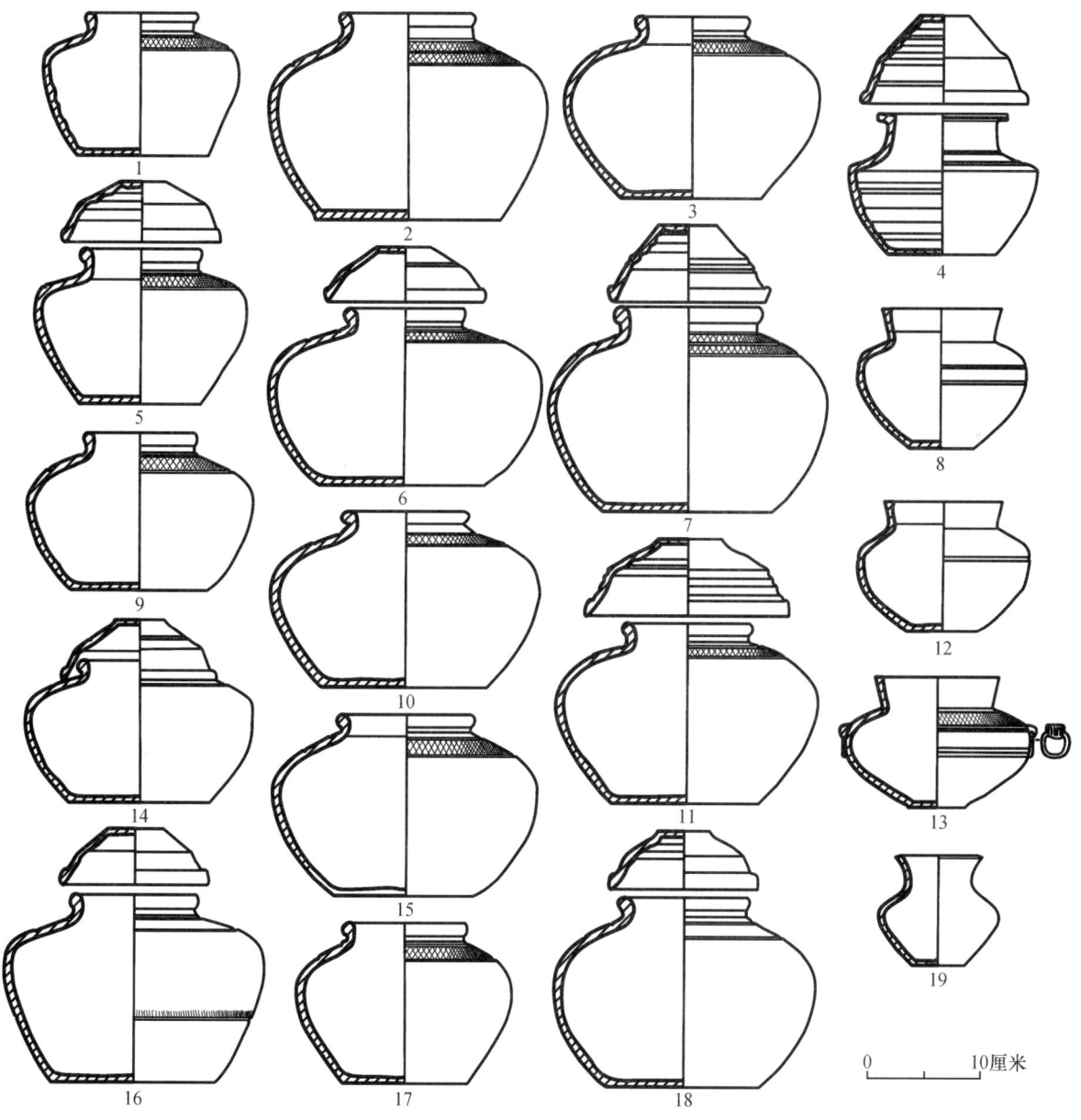

图三五　M18出土陶罐

1. M18：1　2. M18：35　3. M18：10　4. M18：17　5. M18：12　6. M18：13　7. M18：5　8. M18：43　9. M18：6　10. M18：45　11. M18：15　12. M18：11　13. M18：46　14. M18：14　15. M18：34　16. M18：21　17. M18：41　18. M18：18　19. M18：23

M18∶5，肩部饰三道凹弦纹，弦纹间饰两条网格纹带。以盆为盖，相对罐口，盖口径较小，仅可扣合在罐口沿上，盖腹部饰两道凹弦纹。罐口径10.8、腹径24.5、底径15、高17.5厘米，盖口径13.5、底径5、高6.5厘米（图三五，7）。M18∶15，肩部饰凹弦纹及网格纹。有盖，盖口径较大，与罐口似不相配套。罐口径9.5、腹径23、底径13、高15.4厘米，盖口径17、底径5.7、高6.5厘米（图三五，11）。M18∶18，肩部仅饰两道凹弦纹。以盆为盖。罐口径10、腹径23、底径13.6、高16厘米，盖口径13、底径4.5、高5厘米（图三五，18）。

B型　1件。M18∶17，敛口，宽平斜折沿，长颈，斜折肩，腹弧收至大平底，沿外一道凹弦纹，颈、肩交接处和肩部各饰一道凹弦纹，器腹内壁有明显轮制痕迹，凹凸不平。以盆为盖，盖侈口尖圆唇，斜折腹，腹较深，内壁有明显轮制痕，小平底。罐口径9、腹径16.6、底径9.6、高12厘米，盖口径13.6、底径4.4、高7.5厘米（图三五，4；图版一〇，3）。

C型　3件。广口微敛，方唇，高折颈向外斜直至口，溜肩，鼓腹，小平底（图版一〇，2）。M18∶11，腹部饰一道凹弦纹。口径9.1、腹径15、底径6、高11厘米（图三五，12）。M18∶43，腹部饰二道凹弦纹。口径9、腹径14.9、底径5.6、高11.7厘米（图三五，8）。M18∶46，侈口，方唇，腹外凸，腹急斜收至底，底更小，口底直径对比明显。肩部饰凹弦纹及网格纹带，腹部饰两道凹弦纹，肩、腹之间对称器耳附环，环贴附于器腹。口径9.8、腹径16.3、底径5、高11厘米（图三五，13）。

D型　1件。M18∶23，敞口，尖唇，束颈，溜肩，鼓腹，平底，最大腹径在肩、腹交接处，下部斜收至底，素面无纹。口径6.8、腹径10.5、底径4.5、高9.3厘米（图三五，19）。

壶　1件。M18∶2，盘口，方唇，长颈，溜肩，球形腹，圈足，器形整体粗短。肩部两侧贴附对称铺首衔环。带盖，盖圆弧顶，子口内敛，圆唇，扣合于盘口之内。盖顶中央一扁形立纽，周围三纽缺失。肩部和肩、腹交接部以及下腹部各饰二道凹弦纹。圈足中部一道凸弦纹。口径14.2、腹径31.6、底径18.6、通高40厘米，盖口径13.5、腹径15.3、高7.7厘米（图三六，1；图版一〇，4）。

盆　6件。根据器底大小和腹部特征分为两型。

A型　5件。敞口，尖圆唇，斜折腹，小平底，口底大小对比十分明显，腹上饰一或二道凹弦纹，内壁有一道道轮制痕迹。大小相近，形制与图三五的罐盖一致，应亦属罐盖类。M18∶3，折腹下饰两道凹弦纹。口径13.4、底径4.2、高5.3厘米（图三六，3）。M18∶4，腹下部饰一道凹弦纹。口径13.8、底径4、高5.4厘米（图三六，4）。M18∶37，腹部饰一道凹弦纹。口径14、底径4、高5.5厘米（图三六，5）。M18∶39，折腹上部饰一道凹弦纹。口径13、底径4.2、高5厘米（图三六，8）。M18∶38，折腹下部饰一道凹弦纹。口径16.3、底径5、高6.5厘米。

B型　1件。M18∶8，侈口，折沿外翻，尖唇，圆弧腹，平底稍大，口、底直径对比不强烈，腹下部饰一道凹弦纹。口径13.5、底径5.5、高7厘米（图三六，2）。

甑　3件。M18∶19，敞口，斜折沿，尖唇，斜弧腹，小平底，底上无规律分布圆形箅孔10个。腹上部饰一道凹弦纹。口径13、底径15、高6.5厘米（图三六，9）。M18∶44，形制与M18∶19近，斜折腹，平底微内凹。腹部饰一道凹弦纹，底上分布11个箅孔。口径

图三六　M18出土陶器

1. 壶（M18：2）　2~4、5、8. 盆（M18：8、M18：3、M18：4、M18：37、M18：39）　6、7、9. 甑（M18：40、M18：44、M18：19）　10. 盒盖（M18：42）　11. 熏炉（M18：36）　12. 饰件（M18：33）　13、14. 灶（M18：20、M18：24）

14、底径5.6、高6.6厘米（图三六，7）。M18：40，敞口，平折沿，弧腹，平小底，底上分布4个箅孔，中间一孔较小，3个大孔等距离分布于四周。口径12.8、底径4.5、高6.2厘米（图三六，6）。

盒　1件。仅存器盖。M18：42，直口方唇，折肩直腹，短圈足形盖纽。腹部饰二道凹弦纹。口径19、底径11、高8厘米（图三六，10）。

熏炉　1件。M18：36，身、盖子母口扣合。炉身直口方唇，折肩折腹，腹斜直至短柄，圈足，圆折肩。炉盖尖顶，上部自尖顶十字刻划至中部，四区阴线刻划层峦形，中部和近口沿处各饰一道凹弦纹，弦纹之间有一圈长方镂孔，共有14个。口径10.5、最大腹径14.8、炉高11.7、底径12.8、通高21.3厘米（图三六，11；图版一一，3）。

灶　2件。弧边长方体双眼双灶门。灶眼圆形，上大下小，自灶面略向下向内倾斜，灶门拱形。M18：20，灶面与底同大，灶面右壁略向内斜。左侧灶眼直径7厘米，右侧灶眼直径9厘米。灶门高4.6、底边5.5厘米。灶长31～32.2、宽14～16、高10厘米（图三六，13）。M18：24，面大底小，侧面呈梯形。两灶眼直径，左侧10.1、右侧11厘米，灶面后部偏右有一小圆孔代表烟囱，直径2.5厘米。灶门高6、底边6.1厘米（图三六，14；图版一一，4）。

饰件　2件，为插在器盖上的云形纽，卷曲成"S"形，下端连榫头。M18：32，榫头长2、通高6.8厘米。M18：33，榫头长2.6、通高7.8厘米（图三六，12）。

（2）釉陶器　2件。从两棺中段出土陶片中修复釉陶壶、盒各1件，通体黄褐釉，夹砂，陶胎较硬（彩版八，2）。

壶　1件，M18：7，内侧口、颈相交处稍有弯折，略具盘口，直口方唇，长颈，溜肩鼓腹，假圈足，足、腹交界处内凹形成一圈折线，肩部堆塑对称铺首衔环。弧顶盖，盖顶中央隐约凸起一盖纽，纽外一圈凸起的小圆点，盖上满饰花纹，盖与壶身以子母口扣合（图版一一，1）。口沿下2厘米处饰浅凹弦纹二道，肩上和腹中部各饰浅凹弦纹三道，弦纹之间有刻划和堆塑动物、云气纹，阴纹刻划的云气纹间，分上下两层布置凸起的动物、人物，形成宽7.5厘米的装饰带。纹饰带上层自左而右依次为：铺首衔环两侧两个相向的同体型的奔兽；一人骑马右向奔驰，前方一大鸟展翅正向骑马人走来；大鸟后方一狮形兽，头顶火焰形冠，张口前驱；二人相向作搏击状，左边一人持剑状物，右边一人徒手；铺首衔环两侧相向的奔兽；熊作人立状，舞臂张口向右，与右方一张口前驱的有翼虎形兽相呼应；虎形兽后一奔鹿；奔鹿后面又是二人相向搏击。下层为猴、鹿相间，一律向左奔驱。整个画面以左向为前。盖上纹饰以枝蔓和云气为地纹，阳纹，主纹为绕纽分布的龙、虎、熊和朱雀，龙、虎间有一手持仙草的羽人，周围布置八只奔兽，有奔鹿等（图版一一，2）。口径13.7、底径16.8、腹径30、高37.6、加盖高41.3、盖口径15.2厘米（图三七）。

盒　1件，M18：25，盖、身子母口扣合，盖折肩，身折腹，腹近直，尖圆唇。高圈足。盖纽浅盘状。盖肩、腹及器身腹部满饰花纹，以云纹为地，皆阳纹，堆塑动物、人物纹为主纹。盖纽外围一周饰虎、熊、狮、朱雀等动物6个，虎、狮作奔跑状，熊四肢展开舞动，狮间有羽人1个。外围饰鹿、猴等小型兽12个，猴作漫步状，其余作奔跑状。盖身饰奔兽、狩猎纹，有向左奔跑的猛虎，头向左侧置的四肢张开的熊，右边一人骑奔马回首射向熊，右边与马头相对一奔虎，虎右依次两奔兽，后边的奔兽下方一漫步的猴，再向右为人物骑马射熊同前，马前一人相向迈步而来，人后为有翼虎形奔兽，虎后并列一大一小两个向右的奔兽，奔兽对面是向左的奔虎，虎后一头向左侧置的熊。器身花纹，自左向右依次为：人物骑马回首射熊，熊直立舞动前肢张口面向射箭者，熊和马之间上方有一奔鹿；马右方两个向左的有翼虎形奔兽，一前一后；右方上边一小猴，下边一奔鹿；再向右为一展翅向前的朱雀；朱雀右上方一小猴；

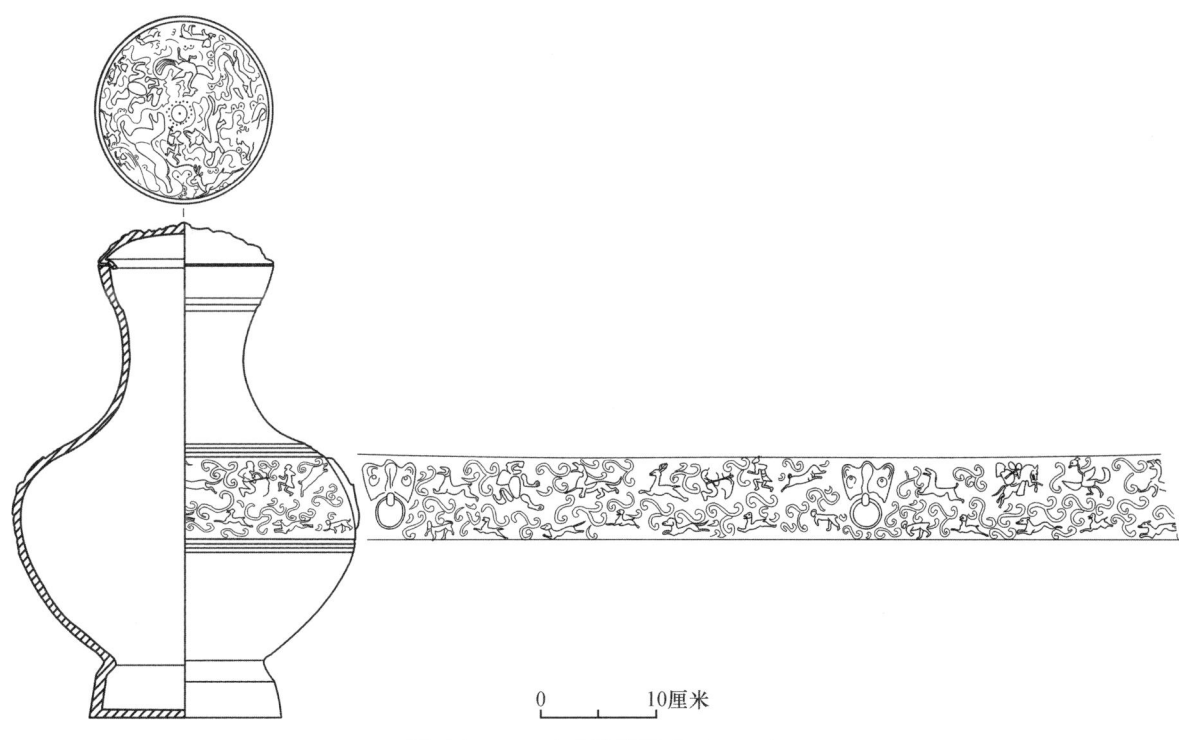

图三七　M18出土釉陶壶（M18∶7）

向后为一奔兽，奔兽右上方为一向右的小奔兽；向右一右向奔兽，奔兽右上方一小猴；向右一熊正面立，展肢，面向右与一小人作搏击状；小人后为一左向奔虎，虎右上方一小猴；再向右为一人骑马回首射箭，马前一小人向马伸臂；再向右为人物骑马回首射熊，熊形象同前，人熊之间的上方一向右奔跑的小兽，马前一小人。盒盖身和器身的画面都以射熊为中心内容，盒身与盖身画面不同的是，熊作正面而立，而非作倒地侧置。奔跑的猛兽和漫步的小猴装点画面并渲染着气氛，布置在画面上部或下部边缘。口径17.4、腹径20.7、底径11、高18.8、盖纽直径9.6厘米（图三八）。

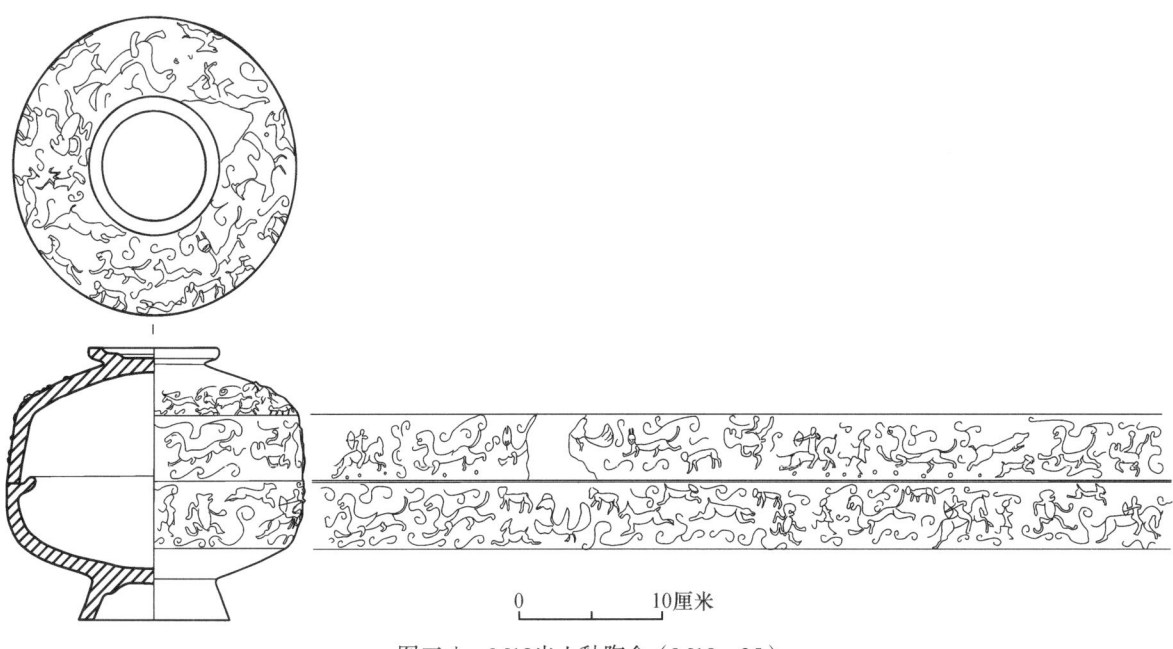

图三八　M18出土釉陶盒（M18∶25）

（3）石器　1件。

黛板　1件。M18：22，黑色，细砂岩，长方形，两面光滑平整，一角残。长15、宽5.7、厚0.5厘米（图三九，4）。

（4）铜器　3件。

洗　1件。M18：16，折沿上斜，束颈折肩，鼓腹，大平底，腹上对称两个大环耳。该器出土时因墓中的自然积压略有变形。口径24、腹径24.2、底径16.5、高13.5厘米（图三九，1；图版——，5）。

鍪　1件。M18：9，侈口，束颈，折肩，鼓腹，圜底，腹部单环耳，耳为索辫形，腹中部有细凸弦纹一道穿过环耳。铜鍪外有烟炱。口径23、腹径26.6、高15.5厘米。鍪内置一铜釜，釜口沿与鍪口沿紧贴并锈结在一起，已残缺过甚，无法起取，未作编号。口径10厘米，复原高度10.1厘米（图三九，3；图版——，6）。

削　1件。M18：31，环形首，刀身直而长，刃前端斜弧至刀背，形成刀尖。出土时器表粘连木鞘痕迹。刀背厚0.4、通长25.3厘米（图三九，2）。

（5）铜器

五铢钱　95枚。出土于五个位置，属于北侧稍小棺的三组，编号M18：26、M18：27、M18：30，属于南侧棺的两组，编号M18：28、M18：29，皆朱头方折，面有内郭，背有内、外郭。为整理方便，按组描述。

M18：26，6枚，外郭较宽。M18：26-1，"五"字交笔微曲，字体较瘦长。直径2.56厘米（图四〇，1）。M18：26-2，"五"字交笔弯曲，上、下两横连于外郭。直径2.58厘米（图四〇，2）。M18：26-3，穿上横郭，"五"字两笔曲交，与上、下两横交接处近于垂直。直径2.6厘米（图四〇，3）。

M18：27，64枚，外郭细而不匀，"五"字交笔弯曲。直径2.4~2.5厘米。M18：27-1，穿上横郭，"五"字上下两横连于外郭。直径2.42厘米（图四〇，4）。M18：27-2，同前，直径

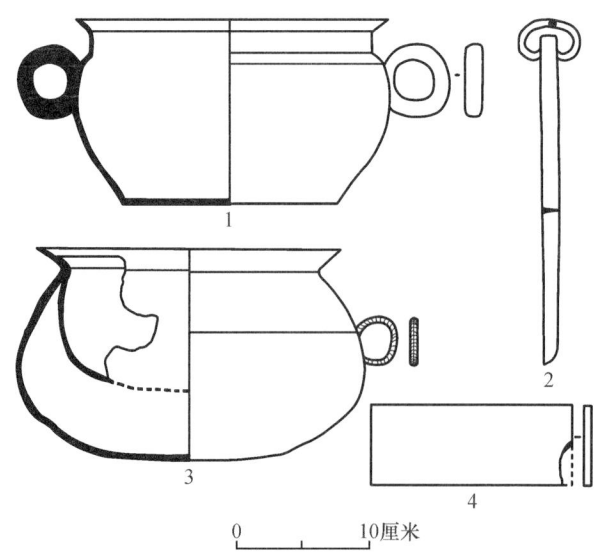

图三九　M18出土铜器和石黛板
1. 铜洗（M18：16）　2. 铜削（M18：31）　3. 铜鍪（M18：9）　4. 石黛板（M18：22）

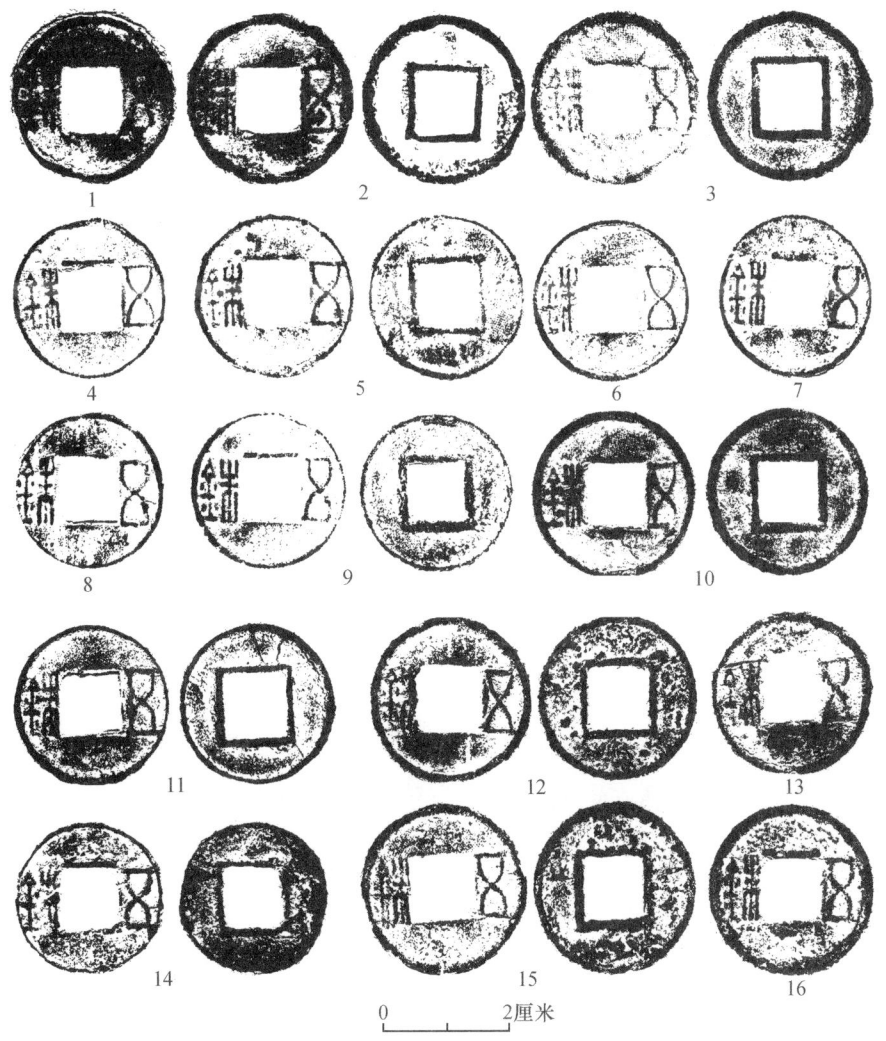

图四〇　M18出土铜钱

1. M18∶26-1　2. M18∶26-2　3. M18∶26-3　4. M18∶27-1　5. M18∶27-2　6. M18∶27-3　7. M18∶27-4　8. M18∶27-5　9. M18∶27-6　10. M18∶30-1　11. M18∶30-2　12. M18∶29-1　13. M18∶29-2　14. M18∶29-3　15. M18∶28-1　16. M18∶28-2

2.46厘米（图四〇，5）。M18∶27-3，"五"字曲交，朱头明显高于金旁。直径2.5厘米（图四〇，6）。M18∶27-4，朱头高于金旁，"五"字与上下两横相接处略见内收。直径2.41厘米（图四〇，7）。M18∶27-5，一侧郭至细，与金旁紧靠，"五"字同前。直径2.42厘米（图四〇，8）。M18∶27-6，穿上横郭，"五"字与上下两横相接处，内侧上笔垂直，外侧上、下微内收。直径2.4厘米（图四〇，9）。

M18∶30，12枚。M18∶30-1，外郭较宽，"五"字交笔缓曲，上下横连于外郭。直径2.6厘米（图四〇，10）。M18∶30-2，外郭不匀，一边较细，"五"字与上下两横相接处垂直。直径2.45厘米（图四〇，11）。

M18∶28，9枚。M18∶28-1，"五"字曲交，金头锐角三角形。直径2.6厘米（图四〇，15）。M18∶28-2，外郭较宽，穿上横郭，"五"字与上下两横相接处略见垂直。直径2.6厘米（图四〇，16）。

M18∶29，4枚。M18∶29-1，外郭较宽，"五"字斜交。直径2.54厘米（图四〇，

12）。M18∶29-2，"五"字曲交，朱头外伸。高于金旁。直径2.51厘米（图四〇，13）。M18∶29-3，磨郭钱，"五"字曲交，与上下横相接处内收。直径2.35厘米（图四〇，14）。

（一三）第20号墓（2005CFYM20）

M20位于墓地东北部池塘沟西岸陡坎下的斜坡上，东距M18、M19约9米，墓葬西北角坐标N31°02′14.6″，E109°30′15.5″。地势西高东低，以西有一排护坡石。该处坡度相对平缓，地表种有红薯，耕土层出土乾隆通宝钱。耕土层下一层垫土，墓葬开口于该层之下。

1. 墓葬结构和埋葬情况

长方形竖穴土坑墓，墓口距地表0.4～0.9米，方向250°。墓口东西长4、南北宽2.8～3米，东端稍窄。墓壁略内收，墓底长3.5、2.6米。墓内填土灰黄，稍带沙性，西半边较干硬，东半边较黏湿，应为西陡东缓，东部集雨水较多的缘故。墓圹底部熟土二层台环绕椁周清晰可见，呈黄褐色，质坚硬，与填土区别明显，高0.6米。墓底一椁一棺，单人葬，头向西，肢体只存几枚牙齿和右边一段腿骨，可判断仰身直肢葬。据灰白色板灰痕迹，复原椁长2.7、1.92米，棺长2.1米。随葬品共8件，其中陶罐1件置于二层台西北角，紧靠墓西壁。铜鼎、铜扣饰位于棺椁之间的西南角，铁削、铜印压在铜镜背上，置于墓主头部右侧，带钩置于头部左侧，玉塞及2枚铜串珠位于头部正上方（图四一）。

2. 出土器物

出土器物不多，共10件，类型齐全，有陶器、铜器、铁器、漆器、玉石器。铜器中的铜鼎残缺破碎严重，未能修复，漆器无存，仅见铜扣饰。

（1）陶器 1件。

罐 1件。M20∶1，平折沿，沿宽1.8厘米，尖唇，束颈，圆折肩，大鼓腹，圜底内凹。自肩以下至圜底满饰绳纹，纹饰清晰。口径15.5、腹径33.5、底径8、高28厘米（图四二，1；图版一二，3）。

（2）铜器 有铜镜、带钩、铜珠、铜印、扣饰，铜鼎残甚未能修复。

铜镜 1件。M20∶5，锈蚀破碎严重，镜体较薄，只拼对未修复。桥形纽，已残断，背饰一圈细弦纹，其余无法辨认。镜体局部残留织物痕迹。直径14.7厘米（图四二，3）。

带钩 1件。M20∶6，鹅首，首上目、鼻清晰，长颈弯曲，首至颈中段截面半圆形，以下扁平状，至腹部渐宽，整体呈螳螂形。腹中段凸起立体动物形装饰，镶绿松石。自该装饰向后复为扁平状，左右两边各套装一条透雕龙形装饰，可以拆合。腹部动物形饰的前、后两端各一长0.5厘米的支柱，背部一帽形纽。通体鎏银，龙形饰和带纽鎏金。通长17.2厘米（图四二，4；彩版九，1）。

串珠 2枚。形制大小一致。M20∶8，两头细中间粗，圆折鼓腹，其中一头向内束再向外折至鼓腹。中间有穿孔。直径0.8、高0.9厘米（图四二，6）。

图四一　M20平、剖面图

1.陶罐　2.铜扣饰　3.铜鼎　4.铁削　5.铜镜　6.铜带钩　7.玉塞　8.铜串珠　9.铜印　10.料珠

印　1枚。M20∶9，印面正方形，背呈二级台阶内收，半圆纽。印文为篆文"赞印"二字。边长1.1厘米（图四二，7；彩版一〇，6）。

（3）铁器　1件。

削　1件。M20∶4，环首，削身为厚厚的铁锈包裹，断为三截，削尖残失。局部残存有鞘痕，并有织物包裹的痕迹。残长14.3厘米（图四二，9）。

（4）漆器　1件。

漆樽铜扣饰　1组。M20∶2，为漆器樽的附件，有器盖下沿的铜箍，器底铜箍附三足，器盖上的"S"形云纽2个，附于器身中段的捉手1件。除足、纽和耳，箍皆残破。云纽"S"形，通长6.2厘米。足呈蹄形，高2.8厘米。鋬手圆形仅容一指，前端有插入器壁的上下两个端头，残，后端带一略呈弧形的抓手，残长7.4厘米。据铜箍复原漆樽腹径11厘米（图四二，2）。

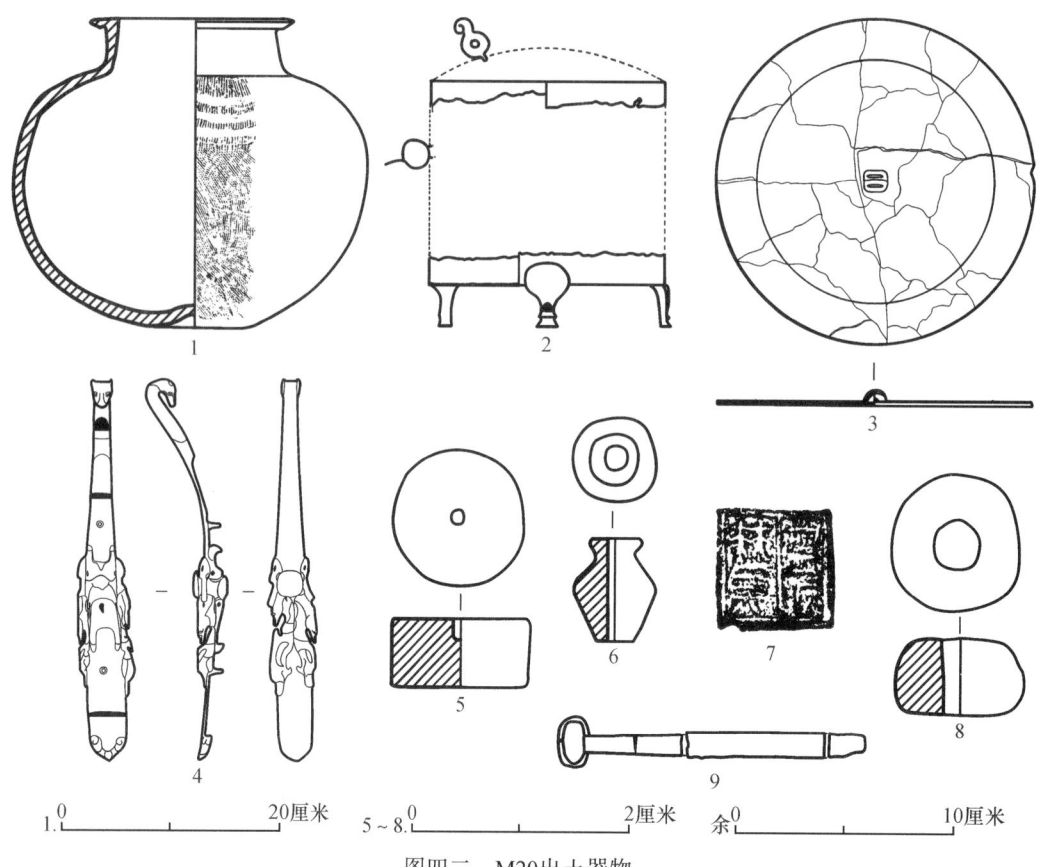

图四二　M20出土器物

1. 陶罐（M20∶1）　2. 铜扣饰（M20∶2）　3. 铜镜（M20∶5）　4. 铜带钩（M20∶6）　5. 玉塞（M20∶7）
6. 铜串珠（M20∶8）　7. 铜印（M20∶9）　8. 料珠（M20∶10）　9. 铁削（M20∶4）

（5）玉石器　2件。

塞　1件。M20∶7，整体呈圆柱形，中有一小孔未通。因出土于墓主头骨上方，暂定为塞耳或鼻的玉塞。直径1.3、高0.6厘米（图四二，5）。

料珠　1枚。M20∶10，土灰色，扁形珠状，中有穿孔，微残，粗糙无光，有多处砂眼。直径1.2、高0.7厘米（图四二，8）。

（一四）第24号墓（2005CFYM24）

M24位于墓地南部中段白马小学教室北墙外，东距M22、M23约6米。墓葬开口于表土层下，建造小学校时在此处垫有很厚的土，墓口距地表0.7米。

1. 墓葬结构和埋葬情况

长方形竖穴土坑墓，带墓道，平面呈"甲"字形，方向345°。墓道在墓圹北边，偏于一侧，长2、宽1米，墓道底与墓室平。墓壁平直，墓室长2.7、宽2.54、深1.7米。据板灰分布，墓底仅存一椁，椁方形，长、宽分别为2.42米，近墓道一边因受挤压变形。椁中有残留几处棺灰，但无法复原棺的具体位置和大小。人骨无存，葬式不明。随葬品均为陶器，共12

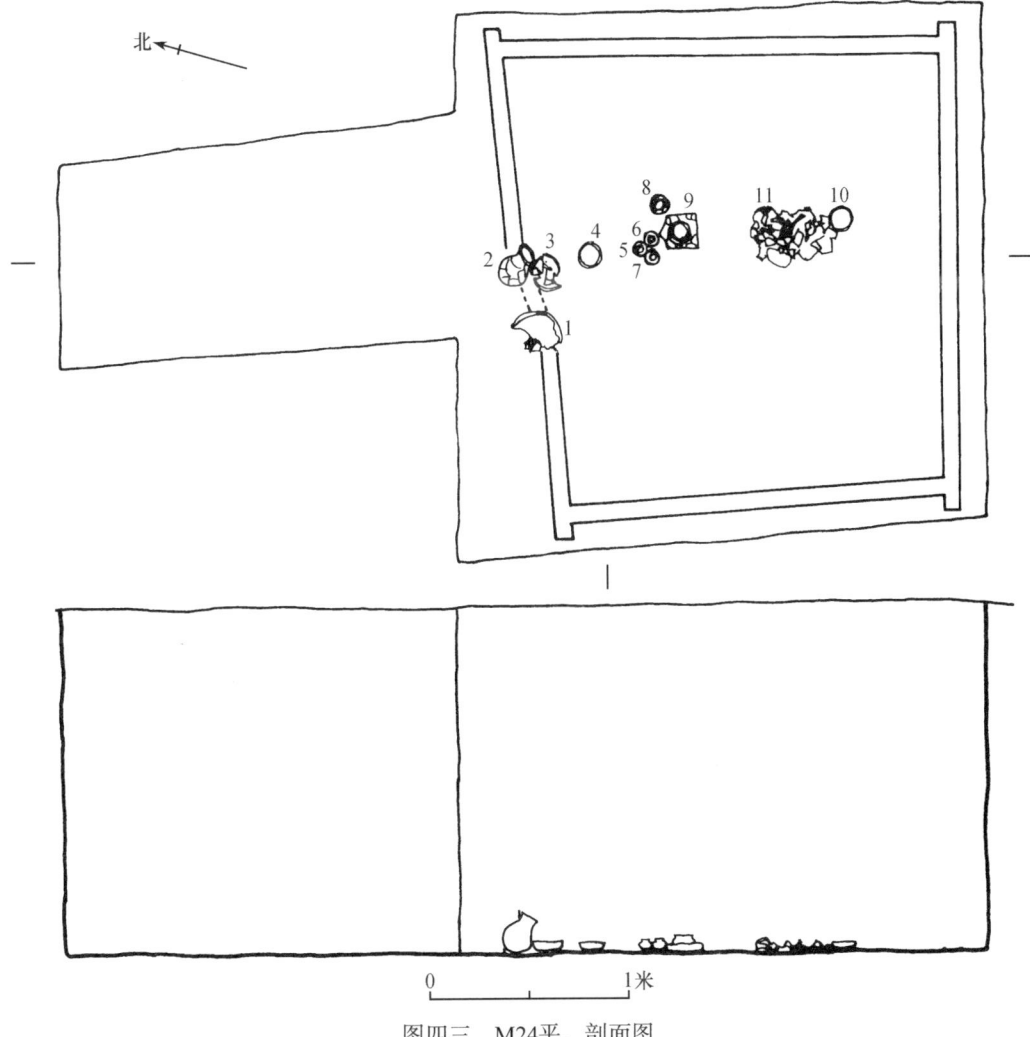

图四三　M24平、剖面图
1、2、5~8、12.陶罐　3.陶器盖　4、10.陶盘　9.陶甗　11.陶器盖

件，置于椁内中部，大致呈南北一线布置，据此可判断该墓为一椁二棺，随葬品在两棺之间（图四三；图版一二，1）。

2. 出土器物

出土器物只有陶器一种，皆为泥质灰陶，陶色略有差别。共12件，其中1件残缺过多，未能修复。

陶罐　6件。分五型。

A型　3件。直口方唇，短直颈，鼓腹，最大腹径在中部，大平底。M24：5，颈微束，口稍大于底。口径6.5、底径5.5、腹径10、高5.5厘米（图四四，2）。M24：7，口小于底。口径4.8、底径5.6、腹径9.1、高4.6厘米（图四四，7）。M24：8，口稍小于底。口径5.4、底径4.6、高6厘米（图四四，1）。

B型　1件。M24：1，颈以上残。肩近平，圆折肩，最大径在肩、腹交接处，自肩以下斜收至底，大平底。底径7、腹径11、残高4.5厘米（图四四，4）。

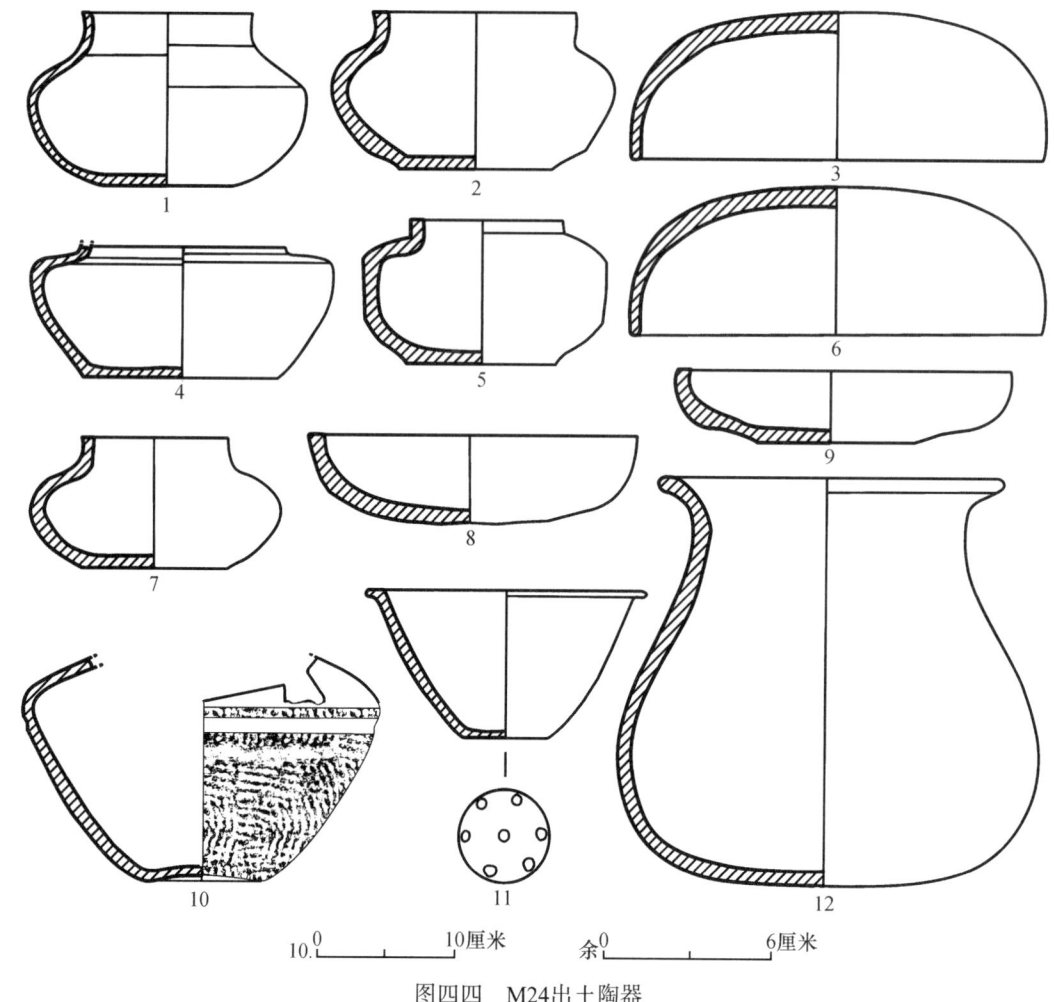

图四四　M24出土陶器

1、2、4、5、7、10、12.罐（M24：8、M24：5、M24：1、M24：6、M24：7、M24：12、M24：2）
3、6.器盖（M24：3、M24：11）　8、9.盘（M24：10、M24：4）　11.甑（M24：9）

C型　1件。M24：6，短直颈，直口方唇，斜肩，直腹，折肩、折腹，腹下部折收至大平底。肩、腹交界和下腹折收处各有掐纹一周。口径4.7、底径5.5、腹径8.7、高5厘米（图四四，5）。

D型　1件。M24：12，上部残。广肩，折肩斜收至底，最大径在肩部，底内凹。肩以下至底饰粗绳纹，上腹部抹凹弦纹一周，将绳纹分为上、下两部分。腹径25.8、底径9、残高15.2厘米（图四四，10）。

E型　1件。M24：2，侈口，圆唇，束颈，近垂腹，大圜底。下腹及底部拍印横向粗绳纹。口径10.8、腹径15、高14.1厘米（图四四，12；图版一二，2）。

盘　2件。泥质黑皮陶，陶胎灰色。M24：4，方唇，口微敛，小平底。器形不整，器底偏于一边。口径10.5、底径5.5、高2.6厘米（图四四，9）。M24：10，直口方唇，底不明显，为刮削成近圜底。因与M24：4陶色一致，而与器盖类陶色不同，归入陶盘。口径11、高3厘米（图四四，8）。

甑　1件。M24：9，泥质灰褐陶，敞口，小平沿，斜腹，小平底，底部有7个箅孔，中心1个，周边等距离分布6个。口径8.6、底径3.2、高5.2厘米（图四四，11）。

器盖　2件。泥质灰陶，弧腹，M24∶3，盖顶近平，尖圆唇。口径14、高5.1厘米（图四四，3）。M24∶11，口微敛，盖顶弧平。口径14、高5.3厘米（图四四，6）。

（一五）第25号墓（2005CFYM25）

M25位于墓地南部中段白马小学教室北墙外，墓道被M22打破。开口于第1层垫土下，距地表0.75米。

1. 墓葬结构和埋葬情况

长方形竖穴土坑墓，带墓道，墓道偏于一侧，平面呈刀把形，方向225°。墓道长1.6、宽1.1米，墓道东北角被M22打破。墓道底与墓室平，墓圹长2.66、宽1.8米、高0.7～0.77米。填土中出土豆柄、鬲足、鼎足等。葬具一椁一棺，棺痕无存。椁长2.2、宽1.64米，椁内靠南壁残存骨架1具，可辨为仰身直肢，头西脚东。椁内西北角尚有骨渣一处，似为头骨碎片，基本可以确定，该墓为二人合葬，头向一致。葬品均为陶器，置于南侧骨架的脚端、头侧和腿骨之上（图四五）。

2. 出土器物

随葬器物皆为陶器，有罐、器盖。

罐　4件。器形各有特点，差别较大。M25∶1，泥质灰陶，口、底部残失。丰肩，圆折肩，鼓腹，腹部饰绳纹。腹径20.7、残高12.2厘米（图四六，1）。M25∶2，夹砂灰陶，侈口，圆唇，束颈，圆鼓腹，小口，大平底。上腹部饰两道凹弦纹。口径9.6、腹径19.7、高13.5

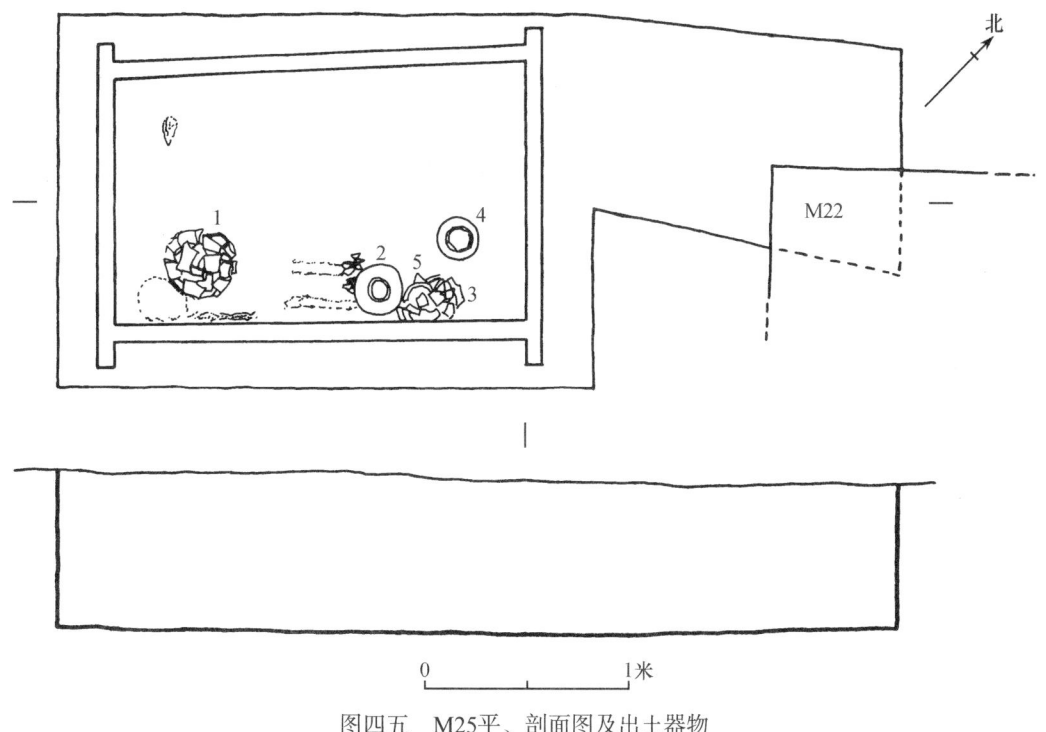

图四五　M25平、剖面图及出土器物
1～4.陶罐　5.陶器盖

厘米（图四六，2；图版一四，5）。M25：3，泥质灰陶，侈口，宽平沿，尖唇，束颈，折肩，肩近平，鼓腹，圜底。腹部及底饰细绳纹。口径10.6、腹径20.1、高15厘米（图四六，4；图版一四，6）。M25：4，泥质红陶，侈口，尖唇，束颈，鼓腹，圜底。腹部及底饰细绳纹。口径14.3、腹径20.5、高16.5厘米（图四六，5）。

器盖　1件。M25：5，泥质灰陶，直口尖圆唇，圆弧顶，顶部有4个小孔，十字对称分布。该器与釜类迥异，因暂定为器盖。口径13.3、高4.8厘米（图四六，3）。

（一六）第26号墓（2005CFYM26）

M26位于白马小学北面一排教室房址之下，西北距M22约6米，距M31只有2米，东距M30不足2米。地表为修建校舍所垫的混凝土，土质坚硬，呈灰褐色，水泥地面。发掘时需先揭掉水泥面，墓口距地表0.8米，北边中部被一近代墓打破，但未扰及墓底。

1. 墓葬结构和埋葬情况

长方形竖穴土坑墓，方向240°，墓口长3、宽2.8米，墓壁垂直，口底同大，墓圹深3米。据板灰分布，墓底一椁二棺，两棺东西向置于椁内南部，南北并列。复原椁长2.6、宽2.52米，南边的棺长2、宽0.68米，北棺长2.12、宽0.58～0.74米。骨架均腐朽，南侧棺内骨架保存相对较好，北侧较差，皆为仰身直肢葬，头向西。椁北部空间内偏西放置随葬器物。随葬器物破碎严重，杂乱堆积置于椁内，大体呈东西向置放成几排，有陶器、铜钱等。棺内未发现葬品（图版一三，1）。

另外在椁内东北角放置有牛肋骨数根，西北角放置人头骨1个及肢骨3根，无葬具，肢骨间发现五铢钱2枚（M26：1），疑为从他处迁来合葬之捡骨葬。

距地表深2.1米处开始发现椁板灰痕和椁四周由于椁板和墓壁的挤压形成的熟土二层台，宽0.09～0.18米，东边椁与坑壁间隙大，二层台也较宽。二层台内侧皆贴有较厚的板灰，

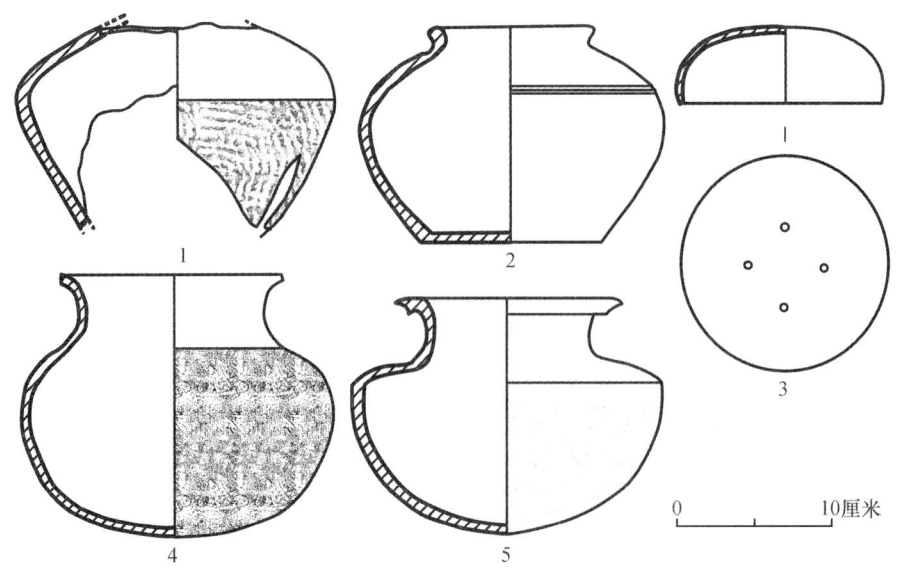

图四六　M25出土陶器

1、2、4、5.罐（M25：1、M25：2、M25：3、M25：4）　3.器盖（M25：5）

最厚处厚0.06米。台高约1.7米，这也就是椁的原始高度。发掘中二层台因较疏松无法保留（图四七）。

2. 出土器物

出土器物有陶器26件（图版一三，2）和铜钱1组。

（1）陶器　皆为泥质灰陶，有罐、盆、甑、盒、壶、灶，有一陶盂无法修复。器物以罐为主，可分为陶仓罐和圜底罐两类。

仓罐　11件。分两型。

A型　9件。小口，宽沿，尖唇，无颈，折肩弧腹，大平底，器形较矮，带线盘形盖，盖直口方唇，弧顶。M26：3，口径9、底径11.8、肩径17.5、高11.7、带盖通高14.5、盖径12、高3.2厘米（图四八，1）。M26：4，下腹有制胎时修抹成的一道道凸棱。口径9、底径13.2、肩径16.5、高12、带盖通高14、盖径14.8、高3.2厘米（图四八，4）。M26：11，盖缺失，器腹有抹痕。口径8.2、底径12.4、肩径16.5、高11.5厘米（图四八，8；图版一四，2）。

B型　2件。斜方唇，广口折肩，无颈，近直腹，大平底，口底大小相近。带浅盘形盖，盖方唇，折肩，弧顶，与罐肩径同大，扣合在肩上，盖合后整体呈桶形。腹上部二道凹弦纹。M26：9，口径13、底径15.1、高15.5、盖高3.5、盖径18、加盖通高17.7厘米（图四八，3；图版一四，1）。

圜底罐　4件。圜底，据口、颈特征分为三型。

A型　2件。小口平折，扁圆腹，圜底，底部有稀疏细绳纹，不甚清晰。M26：12，口径7、腹径15、高9.7厘米（图四八，5）。M26：17，小口平折沿，沿微向下斜，形成尖唇。口径7、腹径13.5、高8.5厘米。

B型　1件。M26：8，大口高直领，口沿内斜形成尖唇，腹部三圈凹弦纹，圜底，扁圆腹。口径9.5、腹径12.8、高8.5厘米（图四八，7）。

C型　1件。M26：16，广口，侈口尖唇，长颈微束，腹部不明显，颈、腹交接处一周凸棱，以下为腹部，腹高仅4.5厘米。圜底近平。器形类釜而口大腹小。口径12.5、腹径14.5、高9.5厘米（图四八，9）。

盆　4件。小平底。据口沿情况分为二型。

A型　3件。侈口尖圆唇，沿外圆凸。M26：19，口径12、底径7、高5.2厘米（图四八，12）。M26：20，口径12、底径5.7、高4.8厘米。M26：25，口径11.8、底径5、高4.2厘米。

B型　1件。M26：21，侈口尖圆唇，沿下一周内凹，向下弧收至小平底，腹较深。口径13.6、底径7、高7厘米（图四八，13）。

壶　1件。M26：2，侈口方唇，长束颈，圆鼓腹，肩两侧贴附对称两个铺首衔环，圈足。肩、腹部各有二道凹弦纹，颈、肩及腹多处发现斑驳的红色。口径14.5、腹径30.6、底径5.7、高34厘米（图四八，11；图版一四，4）。

盒　2件。敛口尖圆唇，腹壁稍直，上下对称，以子母口扣合，盖直口方唇。圈足。盖和腹部各有一圈凹弦纹。M26：10，口径16.5、底径13厘米，盖径19.5、底径11厘米，通高16厘

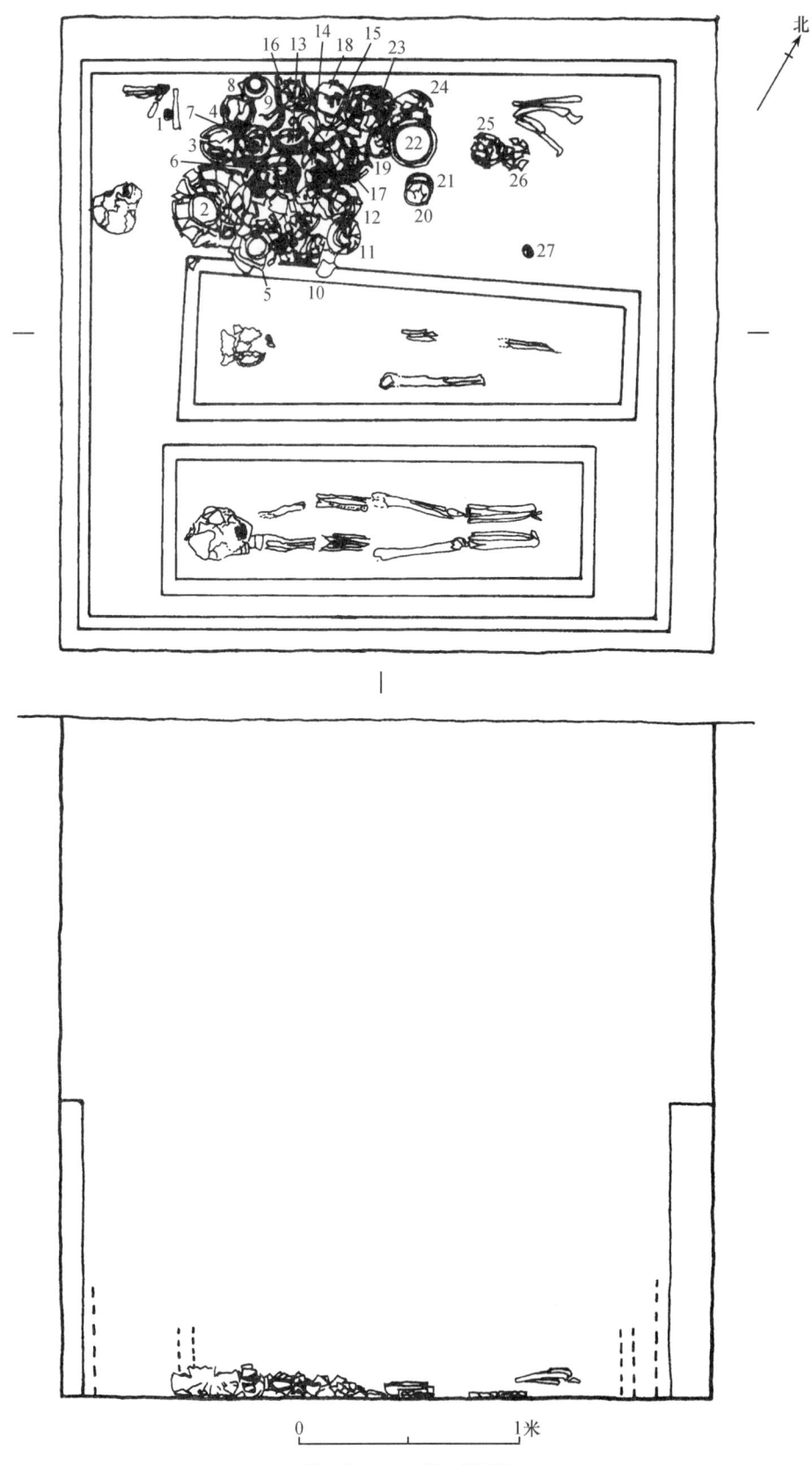

图四七 M26 平、剖面图

1、27. 铜钱　2~4、6、8、9、11、12、15~18、23、24. 陶罐　5、10、22. 陶盒　7. 陶灶　13. 陶甑　14. 陶盂　19~21、25、26. 陶钵

图四八　M26出土陶器

1、3~5、7~9.罐（M26:3、M26:9、M26:4、M26:12、M26:8、M26:11、M26:16）　2.甑（M26:7）　6、10.盒（M26:5、M26:10）　11.壶（M26:2）　12、13.盆（M26:19、M26:21）　14.灶（M26:7）

米（图四八，10；图版一四，3）。M26:5，陶盒盖。直口方唇，折肩，圈足形纽。饰两道凹弦纹。口径18.5、盖纽径10.2、高6.7厘米（图四八，6）。

甑　2件。盆形，尖唇，沿下一周内凹，大口小平底，底上带箅孔。腹较深。M26:7，底上有6个小孔，中间1个，5个分布于四周。口径15、高8、底径5厘米（图四八，2）。M26:13，腹稍浅，底有5个小孔，中间1个，4个分布于四周。口径13.6、底径4.5、高6.7厘米。

灶　1件。M26：7，长方体，灶面圆形有灶眼2个，对应侧边2个圆形灶门。左边灶眼直径9、右边灶眼直径11.5厘米，两灶眼之间靠后方一小圆孔，示意烟道。灶门呈上大下小不规则圆形。出土时右边灶眼上放置一陶甑（M26：13）。长39、宽18、高8.8厘米（图四八，14）。

（2）铜钱　12枚。五铢钱，面无内郭，其中1枚残。按出土位置分为两组。M26：1，2枚。外郭较细，"五"字斜交，瘦长，"铢"字模糊不清。M26：1-1，穿上横郭。直径2.5、穿边1.1厘米（图四九，1）。M26：1-2，直径2.45厘米（图四九，2）。M26：27，10枚。外郭稍宽，朱头方折。直径2.5厘米。M26：27-1、2，穿上横郭，"五"字斜交（图四九，3、4）。M26：27-3，穿上横郭，"五"字曲交，朱头外展（图四九，5）。M26：27-4～8，"五"字曲交（图四九，6～10）。M26：27-9，"五"字曲交，与上、下两横交接处微内收（图四九，11）。M26：27-10，"五"字曲交，面有四决纹（图四九，12）。

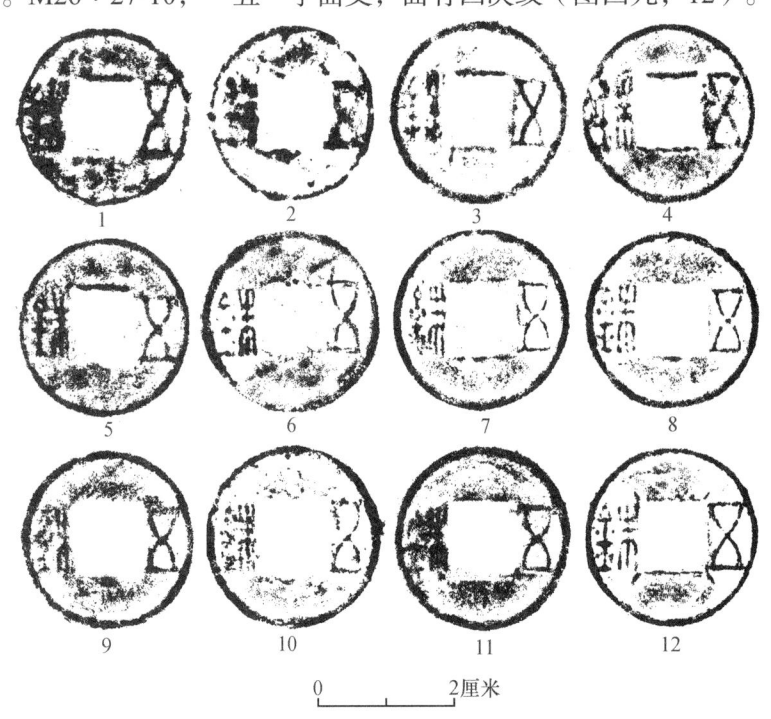

图四九　M26出土铜钱

1. M26：1-1　2. M26：1-2　3. M26：27-1　4. M26：27-2　5. M26：27-3　6. M26：27-4　7. M26：27-5　8. M26：27-6
9. M26：27-7　10. M26：27-8　11. M26：27-9　12. M26：27-10

（一七）第27号墓（2005CFYM27）

M27位于白马小学西侧南北向教室的北端，与M31东西并列，东距M31仅1米，距M26约4米，墓葬西北角坐标N31°02′12.7″，E109°30′15.4″。地表为校舍拆除后的建筑垃圾、水泥地面，水泥面下叠压石子、三合土，墓葬开口于建筑基槽和水泥地面下的垫土之下，距地表0.45米。破碎水泥层和挖墙基槽长条石的工作费时费力。向下渐变松软，夹杂较多炭烬及少量瓦片、碎砖块、青花瓷片等，也属建校时的垫土。

1. 墓葬结构和埋葬情况

长方形土坑竖穴墓，方向336°，墓口南北长5.5、东西宽3.4米，直壁，墓深1.7米。墓内填土黄褐，干硬，似经夯打，但未发现夯层、夯窝。墓底四周留有宽0.08~0.34、高0.05米的生土二层台，东西长边二层台宽，南北两端较窄。墓底中间从南向北并列八棺，每棺内都有一具骨架的残迹。二层台下尚有间断板灰痕迹，复原椁长5.2、宽2.8米，板厚0.1米，是一大型木椁。将椁内棺木由南而北编号1~8，1号长0.9、宽0.56米，2号长1.85、宽0.56米，3号长1.82、宽0.56厘米，4号长1.82、宽0.56米，5号长1.82、宽0.56米，6号长1.86、宽0.62米，7号长1.9、宽0.52米，8号长2.13、宽0.58米，棺板厚0.04~0.05米。人骨架已朽成粉状，头向西者为1、3、4、5、8号棺内骨架，头向朝东者有2、7号棺内骨架，6号棺内人架残缺过甚头向不能判别。可辨为仰身直肢葬。南部1~5号紧靠在一起，6、7、8三棺间留有间隙，7、8号棺之间的空隙最大，随葬陶器多数置于7、8号棺之间偏于7号棺一侧（一半压在7号棺内北侧），6号棺内南侧，破碎不堪，本同属一件器物的碎片并不在一起，几乎看不到成形器，不像是原地挤压所致。3号棺内骨架上发现铜钱，4号棺发现铜钱和一研磨棒，1~3号棺内则未发现任何葬品（图五○；图版一五，1）。

2. 出土器物

出土器物主要为陶器，修复35件，另有铁器1件，铜钱4组，研磨棒1件。

（1）陶器

陶器以罐、盆为主，泥质灰陶，素面为主，个别器饰有绳纹。罐类器形式多样，按陶罐、圜底罐（图版一五，2）、仓罐、桶形罐进行分类描述。

罐　7件，泥质灰陶。分二型。

A型　2件。侈口，尖唇，宽沿，沿面微弧，束颈，颈稍长，折肩弧腹，大平底，素面无纹。M27：4，沿宽1.2、口径10、底径10.5、腹径17.1、高11.4厘米（图五一，1）。M27：8，沿宽1.5、口径10、底径10.4、腹径15.7、高10厘米（图五一，5）。

B型　5件。侈口，圆唇，短束颈，鼓腹，大平底，肩上抹一道浅凹弦纹，弦纹上一圈网格纹宽带。M27：9，器形欠规整，口向一边倾斜，一边高一边低。口径10.5、底径11、腹径18.1、高11.5厘米（图五一，8）。M27：10，口径10.5、底径11、腹径18.5、高11.4厘米（图五一，9）。M27：11，口径10.5、底径11、腹径18.5、高11.4厘米。M27：13，口径10.5、底径10.8、腹径18、高11厘米（图五一，12）。M27：24，肩上只有一圈浅凹弦纹而无网格纹带。口径10.5、底径10.5、肩径18.6、高11.5厘米（图五一，13）。

圜底罐　4件，泥质灰陶，分三型。

A型　3件。折沿宽平，尖唇，直口，短直颈较细，折颈，广肩，圆折腹，圜底，饰绳纹。M27：7，沿微下斜，腹大而扁圆，短颈鼓腹圜底，自肩中部至底饰纵向绳纹，肩至腹中部在绳纹间抹压四道宽凹弦纹，形成绳纹带。沿宽2、口径10、腹径31.2、高18.5厘米（图五一，

图五〇 M27平、剖面图

1、2、12、21、23.铜钱 3、4、7~14、16、19.陶罐 5.铜甑 6.陶盒 15.陶仓罐 17.陶壶 18.铁鼎 20.陶灶 22.研磨棒

3）。M27∶16，器形较小，腹至底饰细绳纹，绳纹不甚清晰。沿宽1.8、口径11.5、腹径21.2、高14.5厘米（图五一，10）。M27∶19，沿面微弧凸，腹至底饰细绳纹，绳纹不甚清晰。沿宽2.1、口径11.5、肩径22.5、高15.5厘米（图五一，14）。

B型 2件。直口，尖唇，高直颈，折肩，鼓腹，圜底。腹部饰二道凹弦纹。M27∶25，口径10.5、直颈高2.7、腹径15.4、高10.5厘米（图五一，6）。M27∶26，腹扁圆，圜底近平，腹上饰二道凹弦纹。出土时置于灶上。口径10.9、直颈高3、腹径15.7、高9.7厘米（图五一，2）。

C型 1件。M27∶17，器形较小，敛口，圆唇，短领，溜肩，鼓腹，圜底近平。器残，仅剩口沿和底部残片，残缺过甚，无法修复。口径2.8、腹径7.4、高5.7厘米（图五一，7）。

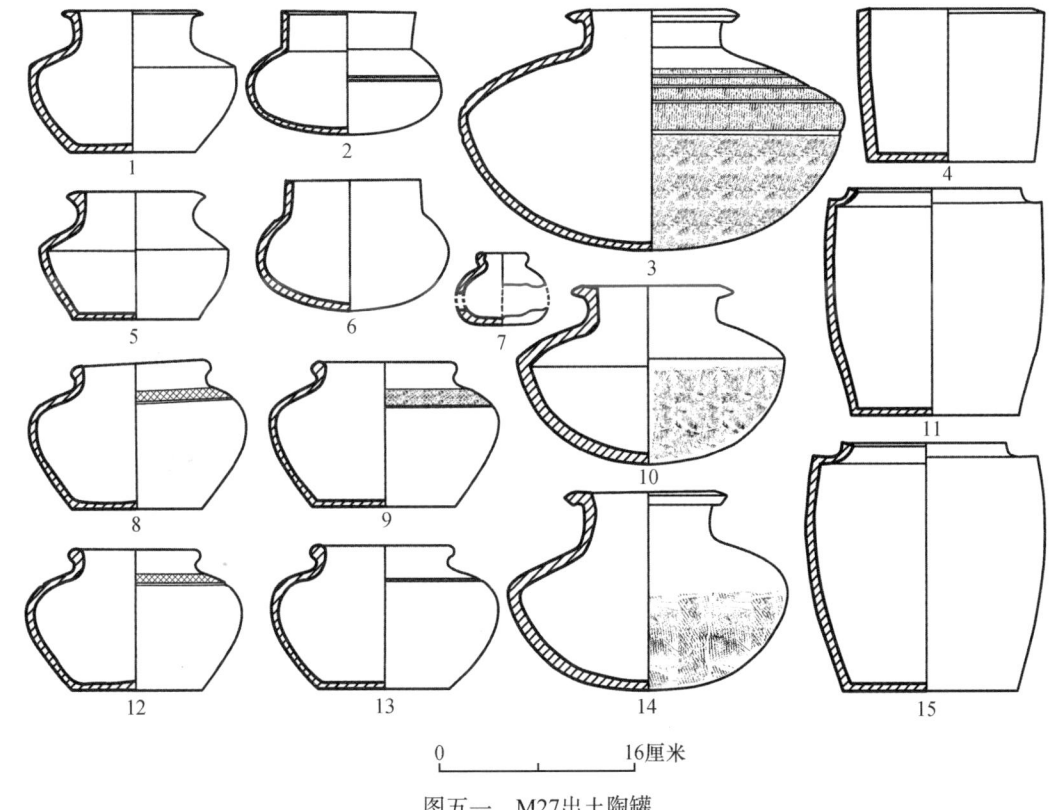

图五一　M27出土陶罐

1. M27∶4　2. M27∶26　3. M27∶7　4. M27∶27　5. M27∶8　6. M27∶25　7. M27∶17　8. M27∶9　9. M27∶10
10. M27∶16　11. M27∶15　12. M27∶13　13. M27∶24　14. M27∶19　15. M27∶14

仓罐　2件。泥质灰陶，沿向内斜，尖唇，无颈，折肩，腹微弧，口底大小相近。应有盖，盖缺失。M27∶14，口径13.5、腹径19.3、底径14.6、高20厘米（图五一，15；图版一六，1）。M27∶15，口径15.5、腹径18.3、底径15.5、高18厘米（图五一，11；图版一六，2）。

桶形罐　1件。M27∶27，泥质黑皮陶，斜沿，沿向外侧下微斜，尖唇，器壁近直，较厚重，壁厚0.9厘米。桶形，似量器。器壁内外黑皮脱落殆尽，露出灰色陶胎。口径13.7、底径13.5、高12厘米（图五一，4；图版一六，3）。

盆　12件。泥质灰陶，皆为小型明器，制作粗糙。根据口沿和器腹形状粗分为三型。

A型　4件。附沿尖唇，小平底，器壁有明显的泥条盘筑痕迹，器腹形成较明显的上下两段。M30∶30，口径16.6、底径5.5、高5.8厘米（图五二，3）。M27∶31，口径17、底径5、高.8.6厘米。M27∶36，口径16.2、底径4.5、高6.4厘米。M27∶41，口径16、底径4.8、高6厘米（图五二，4）。

B型　7件。附沿尖唇，小平底，器腹较平滑地弧至器底。M27∶32，口径16.5、底5.5、高6.8厘米。M27∶33，口径11.9、底径3.7、高5.1厘米（图五二，9）。M27∶34，口径13.5、底径5、高5.3厘米。M27∶37，口径12、底径4.5、高6.6厘米（图五二，5）。M27∶38，口径14、底径4.3、高5.4厘米（图五二，8）。M27∶39，口径13.5、底4、高5.5厘米。M27∶40，口径13.7、底径4.2、高5.5厘米。

C型　1件。M27∶35，斜沿，沿向内向下倾斜，尖唇，沿下内凹，弧腹，饼底。腹饰二道凹弦纹。口径14、底径5.5、高6.8厘米（图五二，11）。

壶　1件。M27∶3，泥质灰陶。口、颈残失，未能修复。溜肩，鼓腹，圈足，肩部有两对称梯形实心纽，肩中部和器耳部饰四道凹弦纹，圈足外一道凸弦纹。腹径24、底径15.6、残高14.8厘米（图五二，1）。

壶盖　1件。M27∶28，泥质灰陶。方唇，子母口，圆弧顶。为碎片修复而成，原器未见，不能确定是否与M27∶35一体。口径12、高5.5厘米（图五二，2）。

盒　1件。M27∶6，泥质灰陶，由上下两部分对称组成，子母口扣合。卷沿圆唇，折腹，圈足。盖直口方唇，折肩，盖腹两道凹弦纹，盖纽略小于圈足。口径14.8、腹径17.8、底径10.3、高15厘米（图五二，6；图版一六，4）。

甑　2件。泥质灰陶，斜折沿，尖唇，沿下一圈内凹，腹中部一圈凸弦纹，圜底，底上5个小孔呈梅花状分布。M27∶5，口径15.5、高6.9厘米（图五二，7）。M27∶29，口径16、高7.5

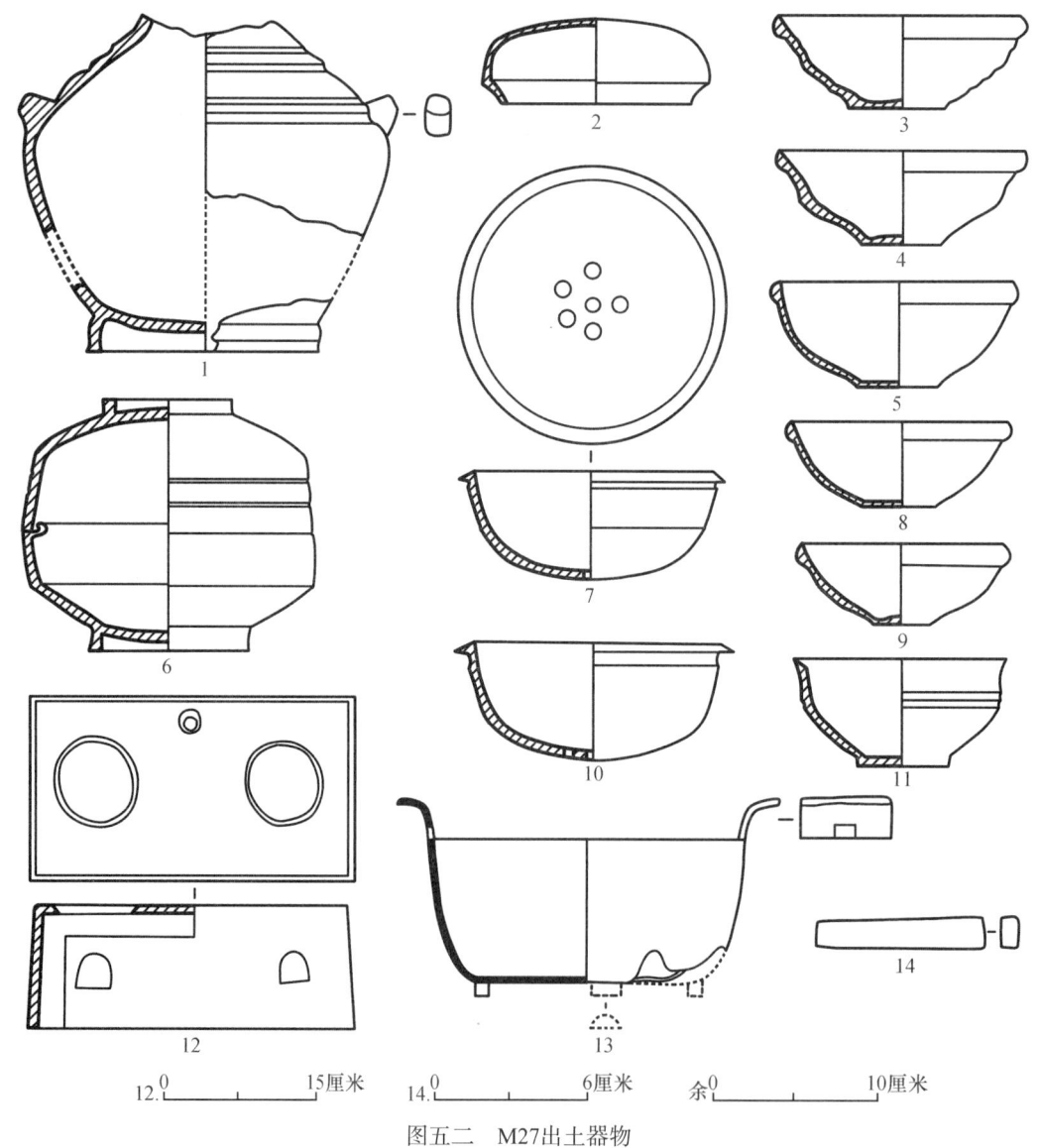

图五二　M27出土器物

1. 陶壶（M27∶3）　2. 陶壶盖（M27∶28）　3~5、8、9、11. 陶盆（M27∶30、M27∶41、M27∶37、M27∶38、M27∶33、M27∶35）　6. 陶盒（M27∶6）　7、10. 陶甑（M27∶5、M27∶29）　12. 陶灶（M27∶20）　13. 铁鼎（M27∶18）　14. 研磨棒（M27∶22）

厘米（图五二，10）。

灶　1件。M27：20，泥质灰陶，长方体双眼灶，灶面较灶底稍小，左边灶眼直径8.5、右边8厘米（图版一六，5）。灶眼上大下小，向内倾斜，便于放置炊器。左边灶眼附一圜底罐（M27：26）。两眼之间后侧一直径2厘米的小孔示意烟囱。对应两个灶眼，一侧有两个拱形灶门。面长31、宽16.5、底长32、宽17.5、高11.5厘米（图五二，12）。

（2）石器　1件。

研磨棒　1件。M27：22，黑色细砂石，长条形，似墨棒，一端呈正方形，另一端呈长方形。四面磨制光滑，两端有研磨痕迹，应为与黛板组合使用的研子。长6.9厘米（图五二，14；彩版一○，4）。

（3）铁器　1件。

鼎　1件。M27：18，锈、残严重，未能修复。口微侈，腹近直，圆折成底，大平底，三矮足，足断面呈半圆形，口沿上附对称长方形立耳，耳外撇。口径20.2、底径15.4、通高12.6厘米（图五二，13）。

（4）铜器

铜钱　4组32枚，有半两、大泉五十、五铢三种，以大泉五十为主。按出土位置分组介绍。

大泉五十　M27：1，3枚，出于8号棺骨架胸部左侧。外郭较宽。直径2.7、穿边1厘米。M27：1-1，"大"字首笔一横作半圆弧，次笔、三笔分开较小，较直，"泉"字中竖不清（图五三，1）。M27：1-2，"大"字首笔分开，超过穿边，次笔、三笔分开较大，"泉"字中竖断开（图五三，2）。M27：2，3枚，其中1枚残，出土于8号棺骨架胸部右侧。外郭较宽，"大"字首笔展开较宽，"泉"字中竖断开。直径2.7、穿边1厘米（图五三，3、4）。M27：12，10枚，出于7号棺内北侧。多数钱文不清，大小一致，"大"字首笔均作分开式，次笔、三笔分开较大，"泉"字中竖断开。直径2.7、穿边1厘米（图五三，5~7）。

五铢钱　外郭较宽，面无内郭，"五"字曲交，朱头方折，金头小三角形，朱头高于金旁。M27：21，五铢2枚，1枚微残，出土于5号棺头端北侧，与头骨痕迹同一位置。M27：21-1，面无内郭，"五"字斜交，朱头方折，直径2.5、穿边1厘米（图五三，8）。M27：23，五铢13枚，半两1枚，出于4号棺中部。M27：23-1、2，"五"字两笔与上、下两横相接处内收（图五三，9、10）。M27：23-3，"五"字内收不明显（图五三，11）。

半两钱　M27：23-14，周边不整，穿孔局狭，背平素，"半"字头方折，下横较短，"两"字省上横，钱文不清。直径3.13、穿边0.8厘米（图五三，12）。

（一八）第28号墓（2005CFYM28）

M28位于白马小学院内北排教室南面，西距M26约9米，南、北距M35、M29各约6米，原是小学举行升国旗仪式的地方，地表为水泥地面，光滑平整。砸开水泥面，下面有很厚的垫土，墓葬开口于垫土之下，距地表0.45米。

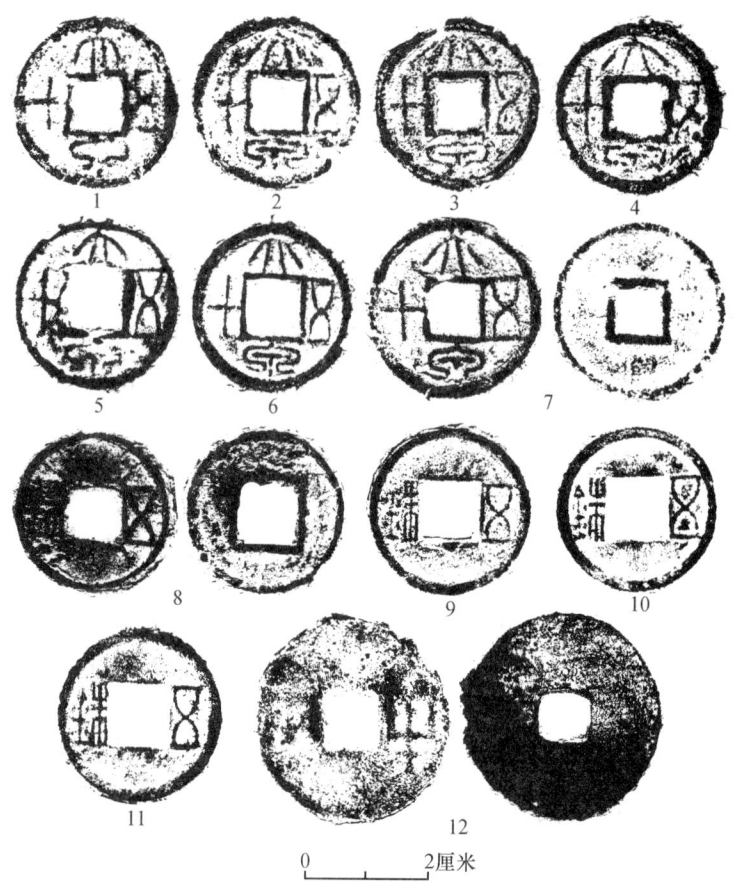

图五三　M27出土铜钱

1、2. 大泉五十（M27∶1）　3、4. 大泉五十（M27∶2）　5～7. 大泉五十（M27∶12）　8. 五铢（M27∶21）
9～11. 五铢（M27∶23）　12. 半两（M27∶23-14）

1. 墓葬结构和埋葬情况

长方形竖穴土坑墓，方向330°，南北长2.5、东西宽1.46、墓深1.48米。据墓底板灰分布，葬具为一椁一棺，复原椁长2.2、宽1.3米，棺长1.82、宽0.54米。棺置于椁内西侧，内人架1具，仰身直肢，朽残。椁内东侧空间的中部随葬器物有铁釜、陶罐各1件（图五四）。

2. 出土器物

（1）陶器　1件。

罐　M28∶2，泥质灰陶，口微侈，宽平沿，沿宽1.5厘米，束颈，溜肩，圆鼓腹，腹下面微内凹形成器底，器底较小。制作极粗糙，器形不整，不对称，置于平面上器口呈倾斜状态。颈以下至底满饰绳纹，绳纹杂乱且模糊不清。口径8.7、腹径25.2、底径6.8、高18.5厘米（图五四，2；图版一六，6）。

（2）铁器　1件。

鼎　M28∶1，侈口，方唇，深腹，腹斜弧收至器底，平底微凹。口沿上立对称耳，已残缺，扁形三足微外撇。器壁厚达0.48厘米，为厚厚的铁锈所包，并残破一缺口。口径16、底径

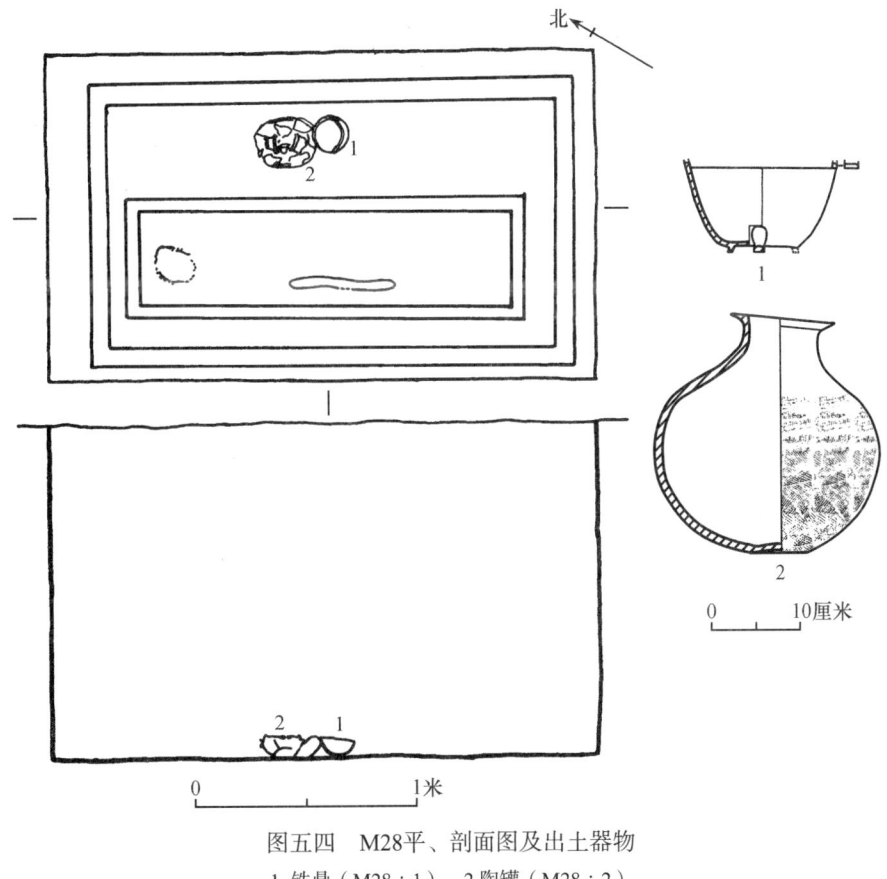

图五四 M28平、剖面图及出土器物
1. 铁鼎（M28：1） 2. 陶罐（M28：2）

8、残高9.5厘米（图五四，1）。

（一九）第29号墓（2005CFYM29）

M29位于白马小学北面一排教室房基的北边，南距M28约6米，西距M33约8米。地表为建筑垃圾、水泥地面，水泥面下为房基垫土。墓葬开口于垫土之下，距地表0.5米。

1. 墓葬结构和埋葬情况

长方形竖穴土坑墓，方向为285°。墓口东西长2.75、宽1.5米，墓高1.23米。墓底一棺，复原棺长2.15、宽0.7米。人架1具，仰身直肢，朽残。棺内东北角随葬陶罐1件（图五五）。

2. 出土器物

只有1件陶罐。M29：1，泥质灰陶，侈口，平折沿，高领束颈，溜肩折腹，大平底。口径7.5、底径8.2、高14厘米（图五五，1）。

（二〇）第30号墓（2005CFYM30）

M30位于白马小学院内，东距M26、北距M31均不足1米，西与M32相邻。地表原为水泥地

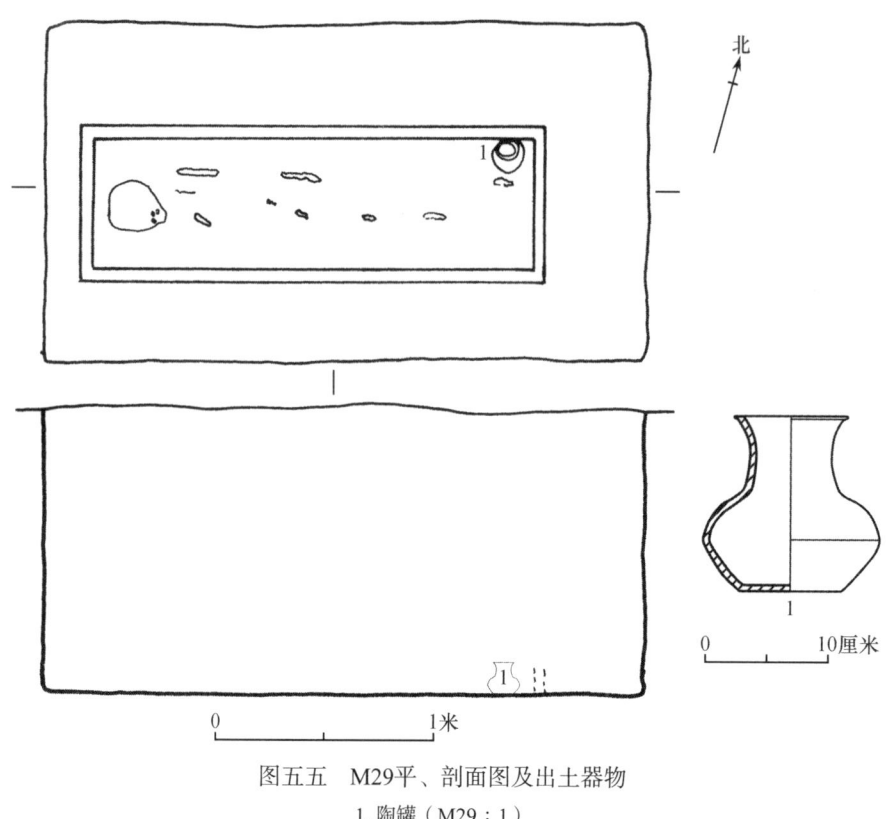

图五五 M29平、剖面图及出土器物
1. 陶罐（M29∶1）

面，其下为垫土。墓葬开口于垫土层之下，距地表0.45米。

1. 墓葬结构和埋葬情况

长方形竖穴土坑墓，方向285°。墓口南北长2.7、东西宽1.6米，墓高1.9米。墓内填土较松软。墓底一棺一椁，棺位于椁内西侧（右侧），尸骨腐朽，可辨单人仰身直肢葬，墓主腰部斜置柳叶形短剑1把。椁内东侧（左侧）的棺椁之间，中部置陶壶1件，东南角置罐、盆、甑、灶、鼎等陶器10件，大致呈南北一条线摆放（图五六；图版一七，1）。

2. 出土器物

出土器物除1件铜剑外，皆为陶器。

（1）陶器　有陶罐、陶壶、陶盆、陶甑、陶灶、陶鼎，皆为泥质陶。

罐　4件。M30∶6，灰黑陶，直口方唇，短直颈，溜肩，鼓腹，圜底，肩、腹交接处饰一道凹弦纹。口径5.4、腹径11.2、高5.8厘米（图五七，4）。M30∶9，灰陶，直口，方唇，溜肩，鼓腹，圜底。口径5、腹径9.2、高6厘米（图五七，8）。M30∶11，黑陶，敛口，尖圆唇，束颈极短，丰肩，鼓腹，小平底。腹部饰一道宽凹弦纹。口径6.8、腹径12.1、底径4.2、高6.5厘米（图五七，1）。M30∶7，灰陶，侈口，方唇，高颈微束，丰肩，鼓腹，斜收至小平底，鼓腹部饰一道宽凹弦纹。口径5.5、腹径11.1、底径4、高9.5厘米（图五七，7）。

盆　1件。M30∶10，黑灰陶，侈口方唇，圆折腹，下腹斜收至小平底，上腹部饰一道宽

第二章　墓地发掘资料

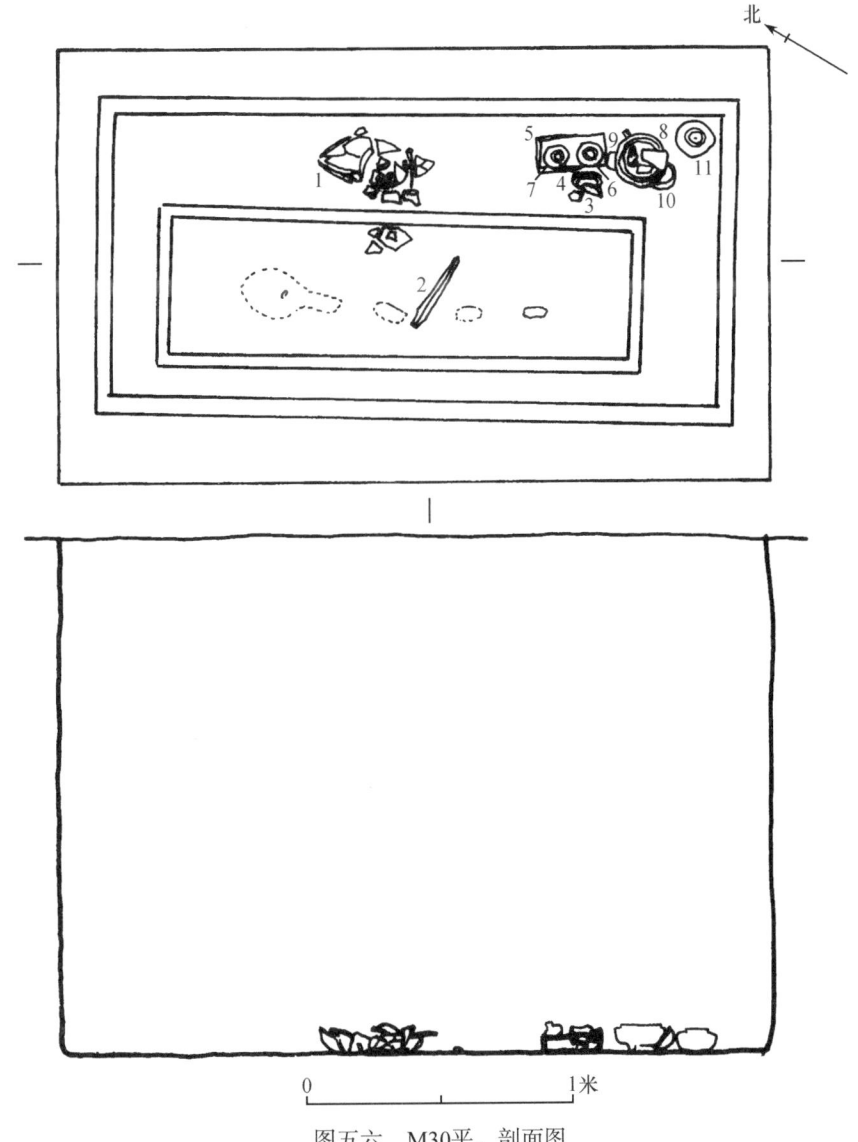

图五六　M30平、剖面图
1.陶壶　2.铜剑　3、4.陶甗　5.陶灶　6、7、9、11.陶罐　8.陶鼎盖　10.陶盆

凹弦纹。口径10.6、底径3.8、高5.3厘米（图五七，2）。

壶　1件。M30：1，灰褐陶，盘口，方唇，长颈较粗，斜肩，圆鼓腹，圈足微外撇，肩部有对称桥形纽，纽部位置一道宽凹弦纹，腹下部饰三道窄凹弦纹。口径13.9、腹径27.8、底径15.6、高26.5厘米（图五七，5；图版一七，2）。

鼎盖　1件。M30：8，仅修复鼎盖。灰陶，直口，方唇，折肩弧顶，盖顶中心一扁平立纽，纽上一小圆孔，周围等距离分布三个实心小纽。口径20、高3.3厘米（图五七，10）。

甗　2件，出土时置于陶灶上。M30：3，灰黑陶，侈口，方唇，圆折腹，下腹斜收至小平底，下腹部有刀修削的痕迹，底部有6个箅孔，中心1个，周围5个。口径10.5、底径4.4、高5厘米（图五七，3）。M30：4，黑陶，口微敛，方唇，圆折腹，上腹稍直，下腹弧收，圜底，底部有5个箅孔呈"十"字形分布。口径9.2、高4.2厘米（图五七，6）。

灶　1件。M30：5，出土时上置2件陶甗（M30：3、M30：4），灰陶，整体呈长方形。

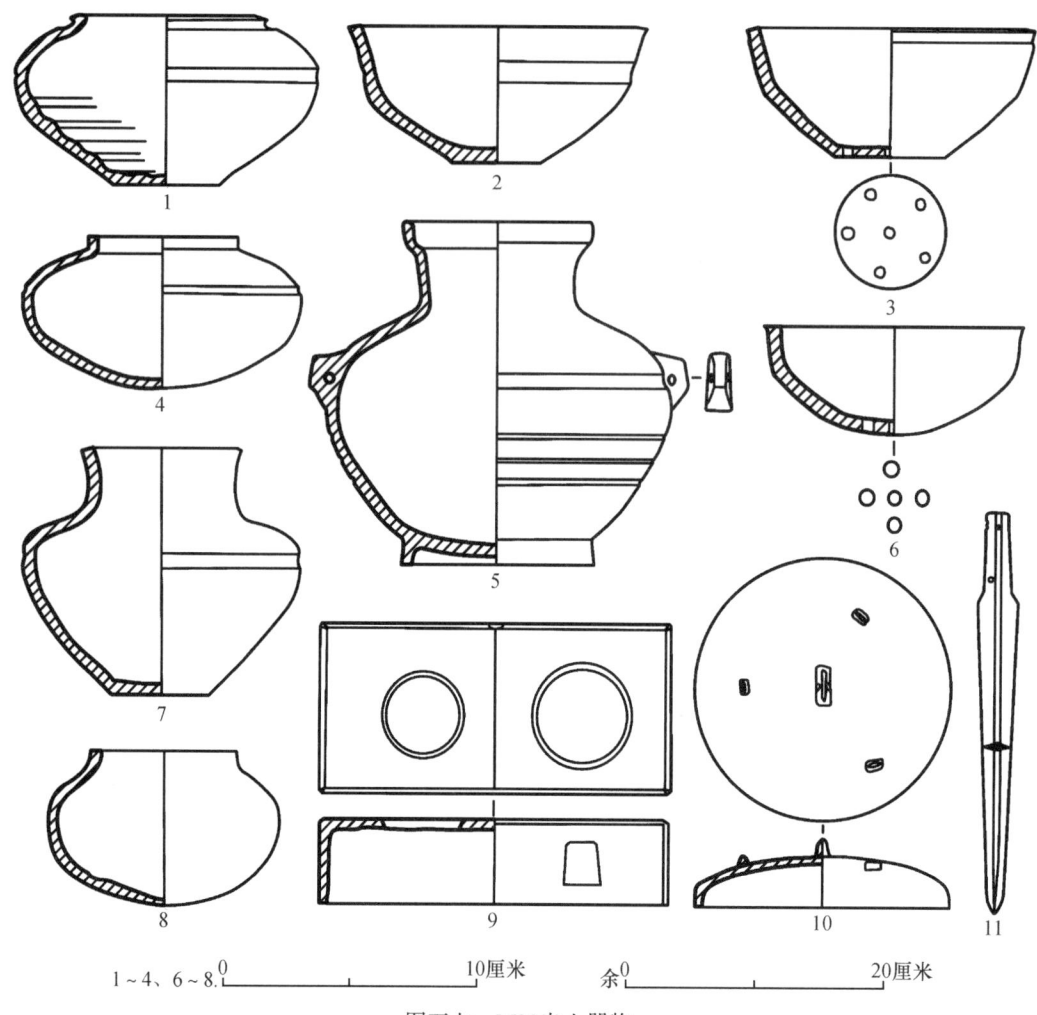

图五七　M30出土器物

1、4、7、8.陶罐（M30∶11、M30∶6、M30∶7、M30∶9）　2.陶盆（M30∶10）　3.陶甑（M30∶3）　5.陶壶（M30∶1）　6.陶甑（M30∶4）　9.陶灶（M30∶5）　10.陶鼎盖（M30∶8）　11.铜剑（M30∶2）

灶面上两灶眼，灶眼左小右大，皆上大下小，以便放置陶甑，侧面各对应灶门一个，左边灶门呈长方形，右边灶门为梯形。灶后侧中间一烟囱。长28、宽14、高7厘米（图五七，9；图版一七，3）。

（2）铜器　1件。

剑　1件。M30∶2，剑身较细长，自锋向后逐渐加宽，柳叶形，中有窄脊，断面略呈菱形，无格，扁茎较长较窄，茎有两孔。通长31厘米（图五七，11；图版一七，4）。

（二一）第31号墓（2005CFYM31）

M31主体位于墓地南部中段白马小学教室北墙外，南部一小部分压于墙基之下，南距M26不足2米，距M30只有1米，西北一角被近代砖室墓打破，东北角又打破M33。墓葬开口于墙基和垫土之下，距地表0.4米。

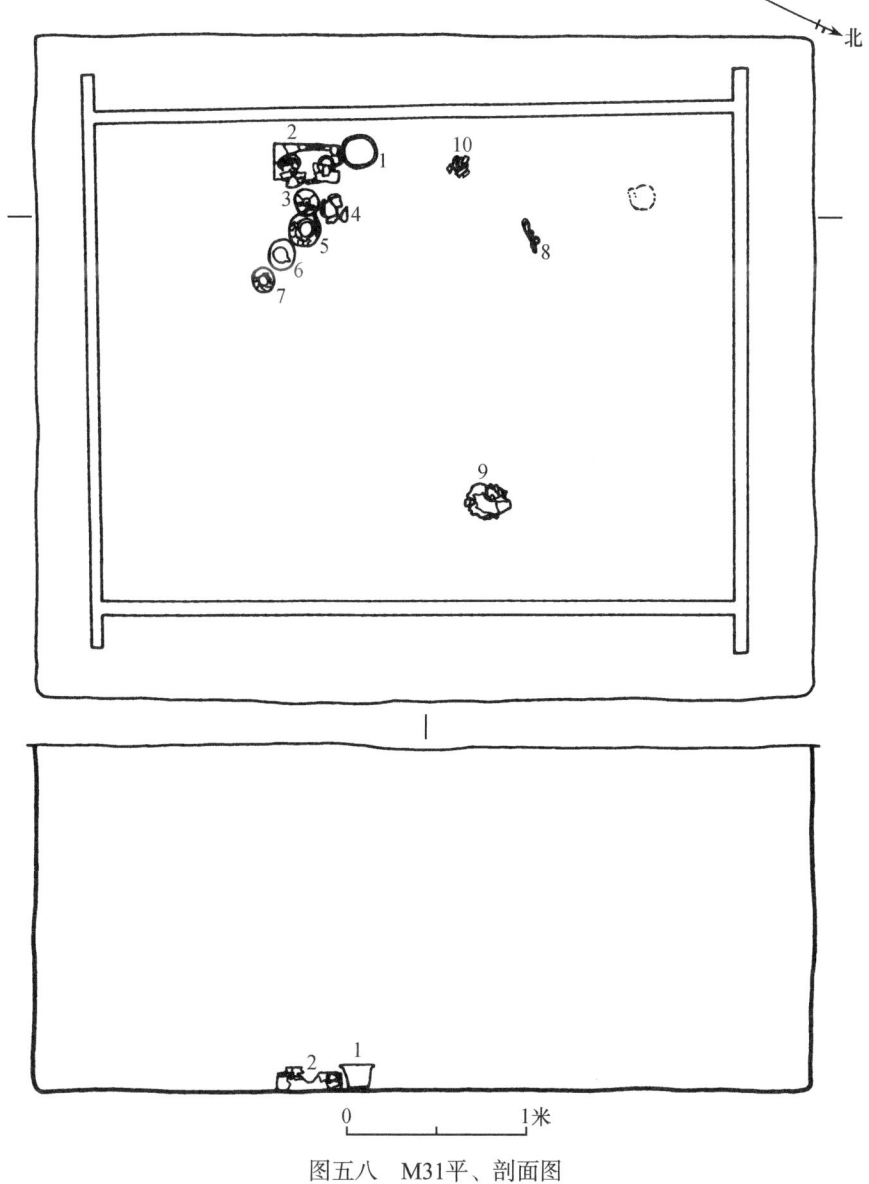

图五八　M31平、剖面图

1、4.陶盆　2.陶灶（含陶罐、陶甑）　3、10.陶碗　5~7、9.陶罐　8.铁件

1. 墓葬结构和埋葬情况

长方形竖穴土坑墓，方向335°。墓口南北长4.2、东西宽3.3米，墓高1.9米。墓内填土较松软。墓底一椁，棺的具体位置及大小情况不明，椁内西北角发现头骨痕迹。器物集中置于椁内西侧靠南，有陶罐、陶盆、陶碗、陶灶等，灶上左置甑，右置罐。一陶碗离开器物群单独放于椁内西侧中段位置，另有一陶罐置于椁内右（东）侧，约在墓主腰部位置单独放置一不明用途的铁件（图五八；图版一八，1）。

2. 出土器物

出土器物有陶器10件（组），皆为泥质灰陶，铁器1件。

（1）陶器　10件（组）。

罐　5件，分三型。

A型　3件。卷沿圆唇，短束颈，小口鼓腹，腹扁圆，大平底，肩上抹一道浅凹弦纹。M31：5，口径9、腹径17.5、底径11.5、高11.5厘米（图五九，1）。M31：6，口径9、高11.5、腹径17.6、底径10.5厘米（图五九，6；图版一八，2）。M31：9，口径9、腹径17.2、底径11.2、高11厘米（图五九，9）。

B型　1件。M31：2-1，斜沿尖唇，沿向内斜，束颈鼓腹，折肩，平底，口底大小约等，总体类鍪，出土时置于灶M31：2右眼上。制作粗糙。口径10.5、底径7.5、腹径12.8、高7.6厘米（图五九，12）。

C型　1件。M31：7，斜沿尖唇，沿向内向下倾斜，短束颈，上腹部鼓，下腹斜弧收至平底，底小于口。口径10.5、腹径13、底径7、高8厘米（图五九，11）。

盆　2件。M31：1，平折沿，沿宽1.7厘米，沿面微向上弧凸，斜直腹，大平底，整体上似今之花盆。腹壁不甚规整，有轮制痕迹。器形不对称，器口一边稍高于另一边。口径18、高13.2、底径13厘米（图五九，8；图版一八，4）。M31：4，宽平沿，沿宽1厘米，折沿，弧腹小平底，器形不整，一边高一边低。口径11.9、底径6.5、高5.5～6.8厘米（图五九，7）。

碗　2件。器形基本一致，广口，尖圆唇，小平底，从口沿向下弧收至底。制作粗糙，器形不规整，口一边高一边低。M31：3，口径14.3、底径7、高4.5～5.5厘米（图五九，2；图版

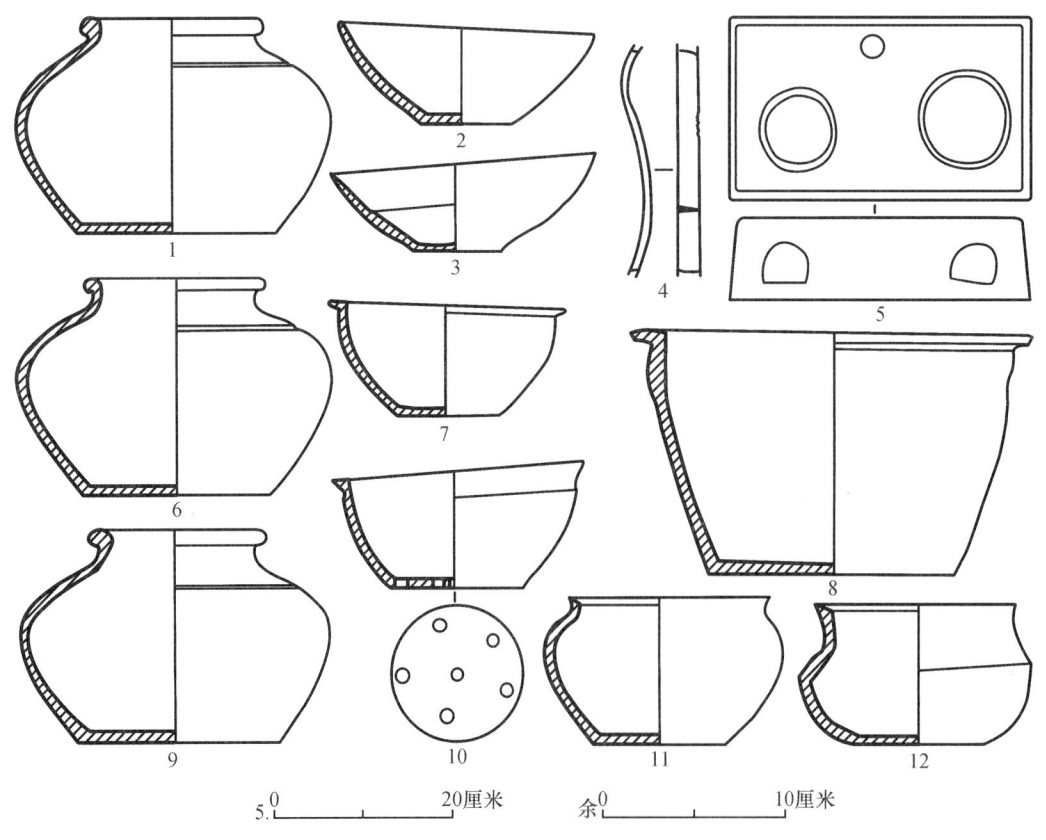

图五九　M31出土器物

1、6、8、9、11、12.陶罐（M31：5、M31：6、M31：1、M31：9、M31：7、M31：2-1）　2、3.陶碗（M31：3、M31：10）　4.铁件（M31：8）　5.陶灶（M31：2）　7.陶盆（M31：4）　10.陶甑（M31：2-2）

一八，5左）。M31：10，该件器物为陶片修复，器壁厚薄不匀，内壁明显形成分层棱线。口径14.8、底径4.5、高4.5～5.5厘米（图五九，3；图版一八，5右）。

灶　1件。M31：2，长方形双眼灶，灶面稍小于灶底。灶面两灶眼，左小右大，左边直径8.5、右边直径10.5厘米。灶眼上大下小，以便放置炊器时与之密切接触，放置稳当。两眼之间后侧一直径2.5厘米的小孔。灶台一侧有与灶面灶眼相对应有两个拱形灶门。出土时右眼上一陶罐（M31：2-1），左眼上陶片修复一甑（M31：2-2）。面长33、宽18.5、底长33.6、宽19.5、高9厘米（图五九，5；图版一八，3）。

甑　1件。M31：2-2，为陶灶（M31：2）左眼上陶片修复而成。盆形，平折沿，沿下一周内凹，口微敛，平底较大，整体呈盆形。平底上有6个小孔呈梅花状分布。器形不对称，一边高一边低。口径12.5、底径7.6、高5～6.8厘米（图五九，10）。

（2）铁器　1件。

M31：8，铁条弯曲成弧形，最长的一条略呈"S"形，锈蚀严重，器型和用途不明。残长11.9厘米（图五九，4）。

（二二）第32号墓（2005CFYM32）

M32主体位于营盘包西部白马小学校园北面一排教室房基之下，向南伸至房基之南的空地，东边为M30，相距不到2米，西边与M27相邻，相距不足1米。地表为拆迁后留下的水泥面及建筑房基，建筑基槽内砌填有大长条石，中间用砖瓦块填缝。房基以外部分均为水泥地面，下叠压石子、白灰、泥沙搅拌形成的三合土，坚硬，厚0.1米，向下渐变松散，土色呈灰色泛黄，土质松散，内含料姜石、白灰点，较多木炭烬及少数的瓦片、碎砖块、青花瓷片、废塑料等，为建校时平整地面后的垫土。墓葬开口垫土层下，距地表0.5米。

1. 墓葬结构和埋葬情况

长方形竖穴土坑墓，方向340°。墓口南北长4.15、东西宽2.8、墓高1.8米。墓内填土为五花土，上部较松软，下部土质略紧，密度较大，似夯打过，但未发现明显夯层。墓底一椁二棺，皆已腐朽。椁长3.85、宽3.35米。二棺并列置于椁内北部，占有椁内不到一半的空间。南侧棺长1.75、宽0.45米，棺内骨架痕1具，仰身直肢，头向西。北侧棺长18.5、宽0.6米，棺内骨架痕1具，仰身直肢，头向东。随葬品置于椁内南部较大空间内，横向（东西向）摆放两排，共28件，除1件铜鍪外，其余皆为陶器，破碎严重（图六○；彩版九，2）。

2. 出土器物

出土器物主要为陶器，又以小型器陶钵为主，其次为罐。模型明器有陶灶和陶井台各1件。另有铜鍪1件。

（1）陶器　均为泥质灰陶，素面为主，少数饰网格纹或弦纹。

罐　7件。共分三型。

图六〇　M32平、剖面图

1~6、26.陶罐　7.陶井台　8.陶仓罐　9、10.陶壶　11~19、21、23.陶钵　20、28.陶盒
22.铜鍪　24.陶盆　25.陶甑　27.陶灶

A型　1件。M32：1，平折沿，沿较宽，口微侈，中长颈近直，鼓腹，底内凹，颈部有两处刻划，肩部饰两道凹弦纹，下腹及底部饰篮纹。口径10、腹径19、高14.2厘米（图六一，1；图版二〇，5）。

B型　5件。侈口，卷沿圆唇，束颈较短，鼓腹，大平底。M32：2，肩部隐约两道细弦纹。口径9.5、腹径18.5、底径11.6、高13厘米（图六一，5）。M32：3，肩部饰凹弦纹两周。口径10.2、腹径18.8、底径11、高13厘米。M32：6，肩部饰两道凹弦纹，弦纹间饰网格纹带，腹部饰两道凹弦纹。口径9、腹径20.8、底径12.6、高15厘米。M32：4，颈稍长，带盖，盖顶似斗笠，内侧有子口，大小仅为罐口径的一半。肩部饰两道凹弦纹，弦纹间饰网格纹带。口径

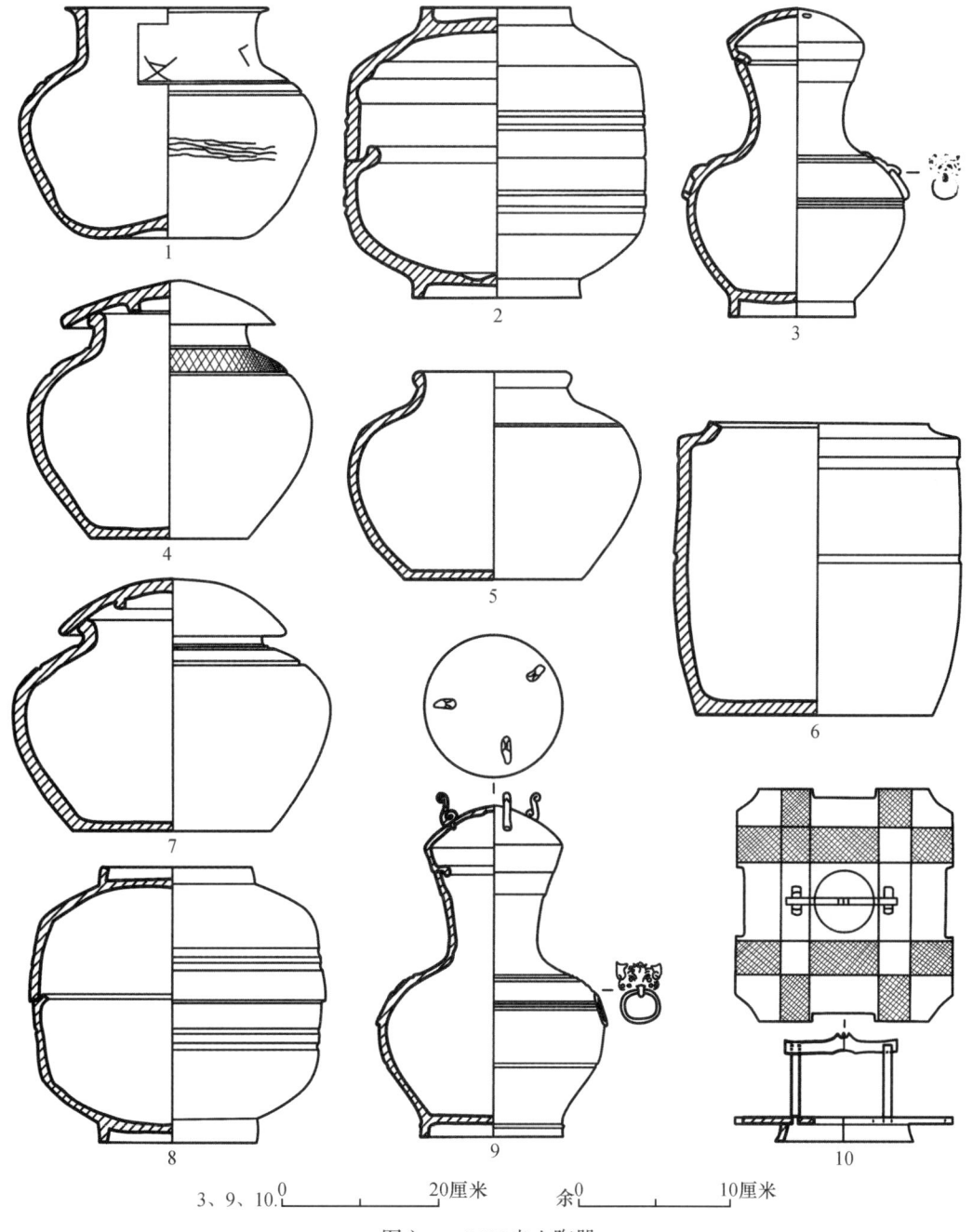

图六一　M32出土陶器

1、4、5、7. 罐（M32：1、M32：4、M32：2、M32：5）　2、8. 盒（M32：20、M32：28）　3、9. 壶（M32：9、M32：10）
6. 仓罐（M32：8）　10. 井台（M32：7）

10、腹径18.1、底径10、通高16厘米（图六一，4；图版一九，5）。M32：5，短颈，带盖，盖顶呈圆弧形，内侧子口为罐口径之半，器身较扁圆，大平底，肩部饰凹弦纹两周。口径9.7、腹径24、底径12.8、通高15.8厘米（图六一，7；图版一九，6）。

C型　1件。M32：26，侈口方唇，唇微向内向下斜，颈近直、较长，丰肩，折颈，鼓腹，小平底，鼓腹部位对称附两耳，各穿一环贴附于器腹之上。颈中部饰两道凹弦纹，腹部与两耳等高处饰两道宽凹弦纹。口径8.3、腹径13、底径5、高9厘米（图六二，13）。

仓罐　1件。M32：8，侈口，沿向内向下斜，形成尖唇，短颈折肩，腹近直，大平底，整体呈桶形。腹上部及中部各饰一道凹弦纹。口径14、腹径18.7、底径15.5、高18厘米（图六一，6；图版二〇，1）。

壶　2件。方唇，长颈，圆鼓腹，圈足，带盖，盖折腹弧顶，子口，顶上三纽。肩部两侧对称铺首衔环。M32：9，假盘口，盖顶三纽缺失，只留三个圆孔。肩部和腹部各抹出二道凹弦纹，铺首衔环处上下弦纹之间。口径14.7、腹径29.5、底径16.8、通高39.3厘米（图六一，3；图版一九，3）。M32：10，盘口，盖顶部四周插有三个云形纽。肩部、腹部当铺首部位各饰二道凹弦纹，下腹部饰一道凹弦纹。口径13.5、腹径29、底径18.3、通高42.8厘米（图

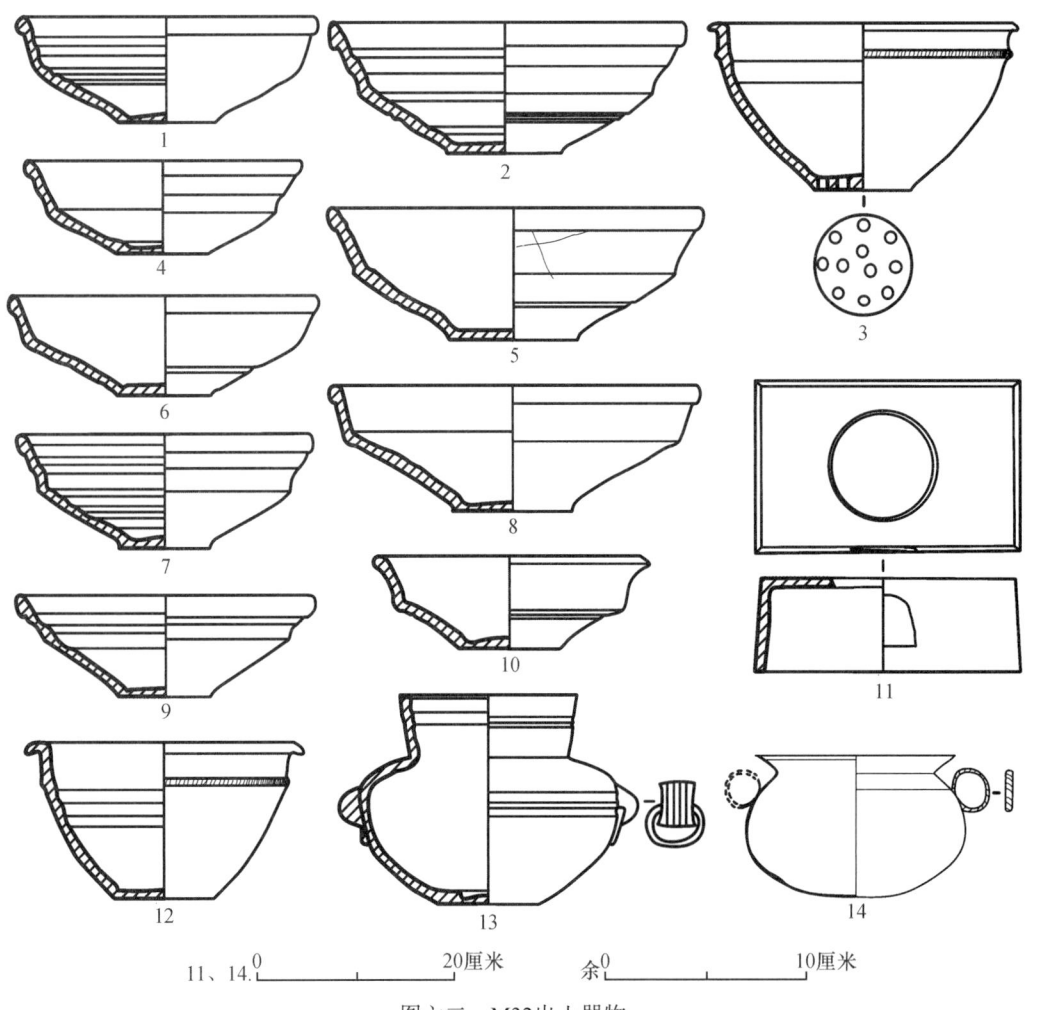

图六二　M32出土器物

1、2、4～10.陶钵（M32：12、M32：15、M32：18、M32：23、M32：21、M32：16、M32：11、M32：13、M32：14）　3.陶甑（M32：25）　11.陶灶（M32：27）　12.陶盆（M32：24）　13.陶罐（M32：26）　14.铜鍪（M32：22）

六一，9；图版一九，4）。

盒　2件。上、下两部分对称组成，呈子母口扣合，上部母口方唇，下部子口。盖、身皆圆折腹，腹近直，圈足和圈足形盖纽。身、盖腹中部各饰二道凹弦纹。M32：20，尖圆唇。口径14.9、底径10.6、高18.1厘米（图六一，2；图版一九，1）。M32：28，斜沿尖唇，上部略宽于下部。口径16.5、腹径19、底径10、高17.3厘米（图六一，8；图版一九，2）。

盆　1件。M32：24，侈口，斜折沿，尖圆唇，弧腹近斜直，小平底，上腹部饰一周堆纹。口径12、底径5、高7.5厘米（图六二，12；图版二○，3）。

钵　11件。据器腹特征分三型（图版二○，5）。

A型　6件。侈口，圆唇或尖圆唇，圆折腹，下腹弧收近斜直，小平底，器内壁有数道盘筑痕迹。M32：12，口径14.5、底径5、高5厘米（图六二，1）。M32：15，尖圆唇，腹部饰三道凹弦纹。口径17.5、底径5.8、高6.3厘米（图六二，2）。M32：17，尖圆唇。口径13.2、底径4.6、高4.8厘米。M32：18，圆唇，腹部饰一道凹弦纹，出土时内置动物肩胛骨。口径13、底径4.8、高4.4厘米（图六二，4）。M32：21，圆唇，腹下部饰一道凹弦纹。口径15、底径4.8、高4.7厘米（图六二，6）。M32：23，尖圆唇，上腹部有一"十"字形刻划，下腹部饰一周凹弦纹，出土时内置动物骨骼。口径18、底径6.4、高6.3厘米（图六二，5）。

B型　3件。侈口，圆唇或尖圆唇，折腹，上腹部近直，下腹部微内弧，小平底。M32：11，尖圆唇，口径17.8、底径6、高6厘米（图六二，8）。M32：14，圆唇，下腹部饰一道凹弦纹。口径13、底径5、高4.5厘米（图六二，10）。M32：16，圆唇，腹部饰一道凹弦纹（图六二，7）。M32：19，圆唇，口径14、底径4.7、高4.5厘米。

C型　1件。M32：13，敞口，圆唇，腹斜收至小平底，腹部饰凹弦纹一周。口径14.5、底径4.6、高4.8厘米（图六二，9）。

甑　1件。M32：25，侈口，平折沿，弧腹较深，小平底，腹上部饰一周堆纹，底部正中有11个箅孔，中间3个，周围8个。口径13.5、底径4.8、高8厘米（图六二，3）。

灶　1件。M32：27，整体呈长方体，单眼灶，灶面中部有一灶眼，灶一侧有一拱形灶门，火眼前侧有一拱形灶口。长26.4、宽16.7、高9厘米（图六二，11）。

井台　1件。M32：7，方形井台，抹角，四边正中各有一长条形缺口，中间圆形井口，井台下面的井口渐宽。井口上有井架，为左右两柱架一横梁，梁呈扁形弯曲状，中间一侧有弧形凹口，另一侧为山形凹口。井台上井口四边刻划"井"字形斜方格纹带。井台长29、宽18.5厘米，井口直径7.6厘米，井架高10.4厘米（图六一，10；图版二○，2）。

（2）铜器

鍪　1件。M32：22，沿外侈，大敞口，折颈内束，鼓腹，圜底，腹部两侧各一大环耳，一耳缺失。耳呈索辫形扭绞。沿内侧及肩部各饰一周凸弦纹，底有烟炱痕。口径20、腹径22、高13.6厘米（图六二，14；图版二○，4）。

（二三）第33号墓（2005CFYM33）

M33位于墓地南部中段白马小学教室北墙外，西距M22约1米，墓葬西南角被M31打破。开口于垫土层下，距地表0.5米。

1. 墓葬结构和埋葬情况

长方形竖穴土坑墓，方向115°。墓口南北长2.7、东西宽1.6米，墓高2米。墓内填土上层较紧密，下层稍松软。墓葬被M31打破，但未打破至底。墓底正中一棺，棺长2.2、宽0.84～0.94米，头端稍宽。单人仰身直肢葬，尸骨朽腐，仅残存骨粉。随葬器物集中放置于棺内头端，头左侧一陶鼎，右侧一铜镜，胸部右侧一剑，仅余剑格和剑首，应为木剑（图六三；图版二一，1）。

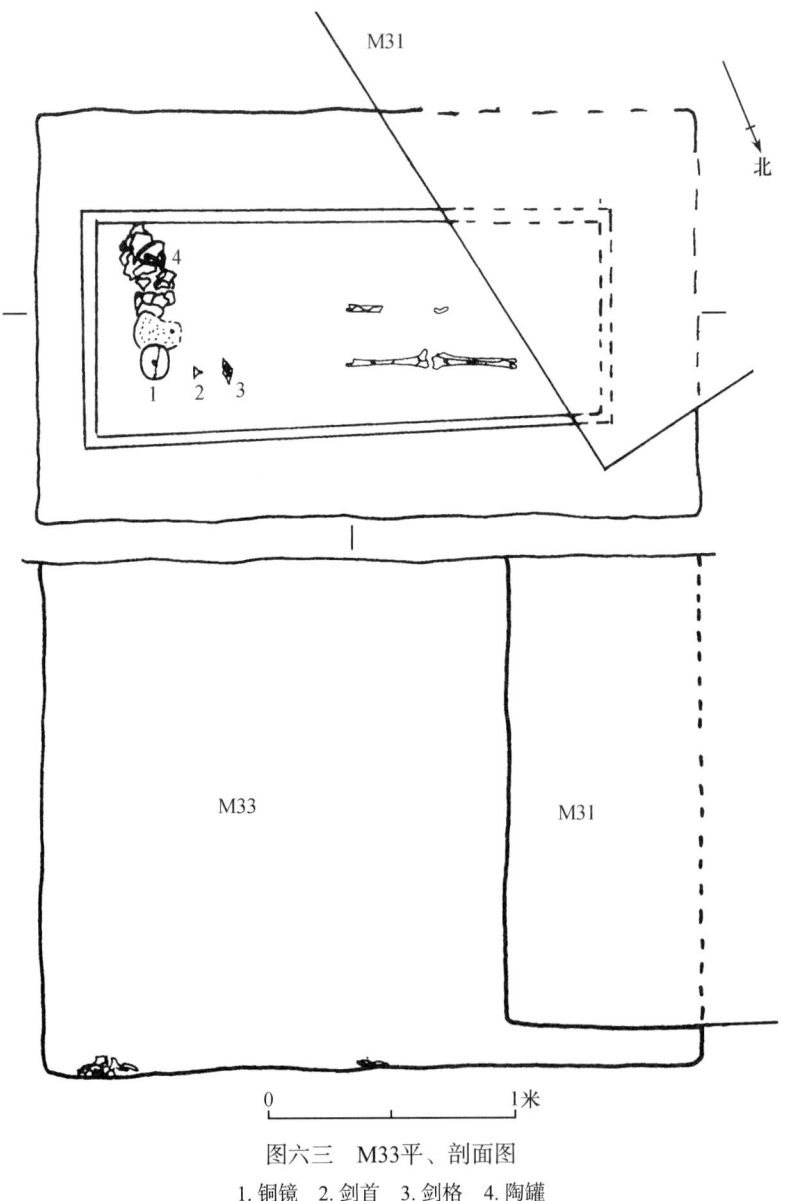

图六三　M33平、剖面图
1.铜镜　2.剑首　3.剑格　4.陶罐

2. 出土器物

（1）陶器　1件。

鼎　1件。M33：4，仅存鼎的身部，耳、足及盖全失。子口，方唇，折腹，圜底，器底足的位置留有相应的疤痕。口径16.7、腹径20、高9厘米（图六四，2）。

（2）铜器　2件（组）。

镜　1件。M33：1，镜面、背平直，拱形纽，镜背原有红色漆绘花纹，油漆多已脱落，原为红漆遮盖部分露出浅蓝色暗花，纽座四叶纹，镜缘饰菱形纹，中间部分饰卷草文。锈蚀严重，纹饰多半不清。直径13.9、厚0.03厘米（图六四，1；彩版一〇，1）。

剑附件　2件。M33：3，剑格，菱形，中间有穿纳木剑的扁圆形孔，孔长2.4、宽0.9厘米，格长6.6、宽2.6厘米（图六四，3；图版二一，3下）。M33：2，剑首，圆形内凹，首弧突的一面连扁圆形短剑茎，茎上有凹口以安装木剑柄。长3.2、直径5厘米，茎长2.2、长径1.75、短径1厘米（图六四，4；图版二一，3上）。

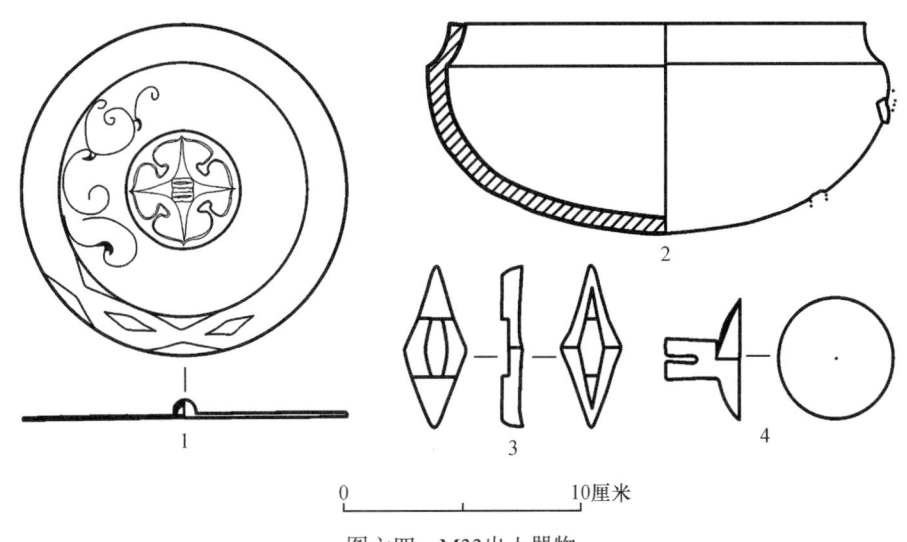

图六四　M33出土器物

1. 铜镜（M33：1）　2. 陶鼎（M33：4）　3. 铜剑格（M33：3）　4. 铜剑首（M33：2）

（二四）第35号墓（2005CFYM35）

M35位于白马小学校园中部，北距M28约6米，东距M34为4米。地表为水泥地面，其下有很厚的垫土。墓葬开口于垫土层下，距地表0.55～0.6米。

1. 墓葬结构和埋葬情况

长方形竖穴土坑墓，方向340°。墓口南北长2.58、宽1.6米，墓高2米。墓内填土较松软，含少量料姜石。墓底棺痕1具（似椁痕，但其内又未另发现棺痕）。棺长2.25、宽1.2米。骨架虽朽腐，但形状相对完整，单人仰身直肢，置于棺内偏右（西），左（东）侧空间中部置放陶罐2件（图六五）。

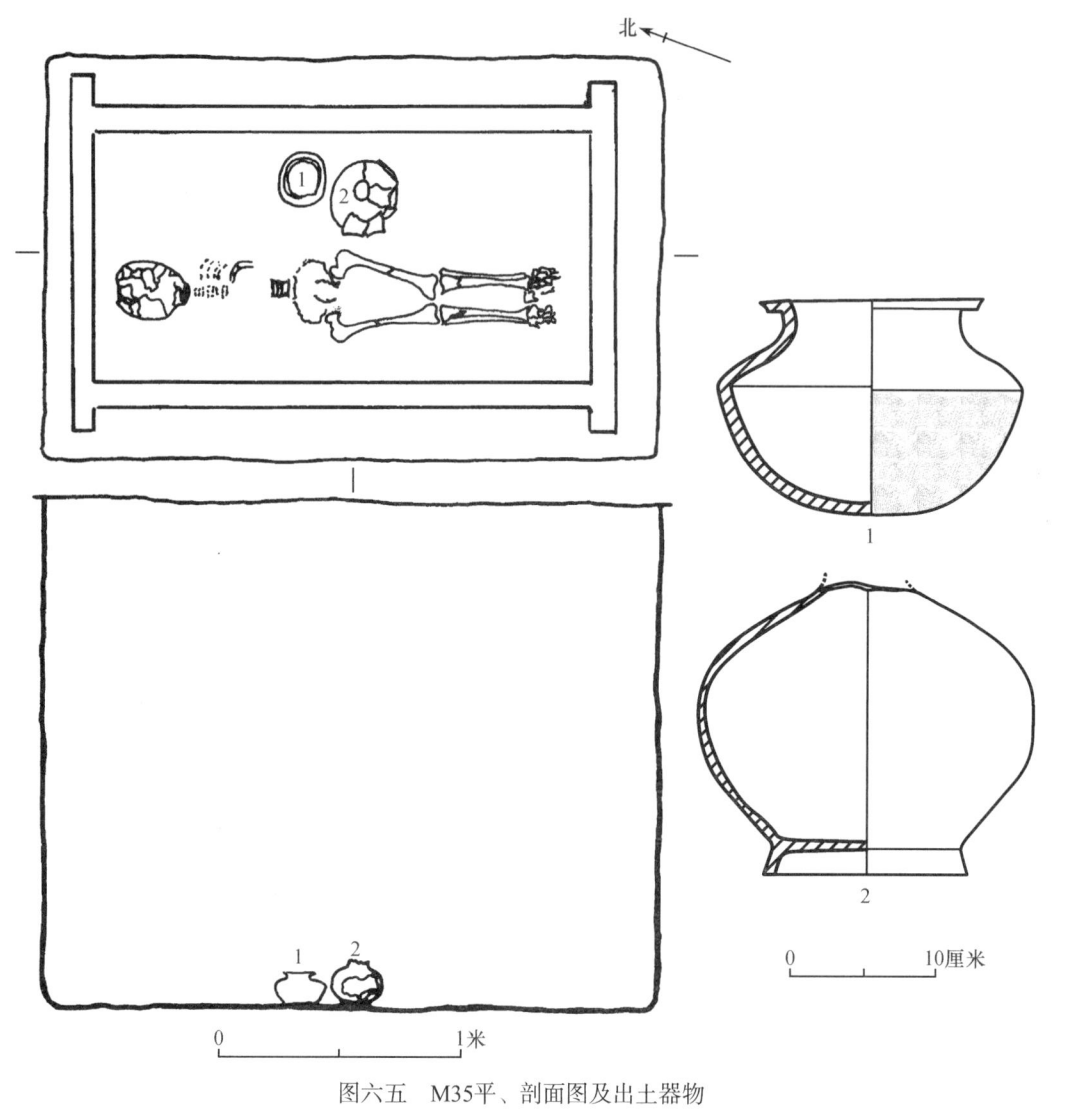

图六五　M35平、剖面图及出土器物
1. 陶罐（M35∶1）　2. 陶罐（M35∶2）

2. 出土器物

出土器物只有2件陶罐，皆为泥质灰陶。

M35∶1，宽平沿，沿宽2厘米，尖唇，束颈，折肩，圜底，肩以下至底部满饰细密绳纹。口径11.7、肩径20.8、高14.5厘米（图六五，1）。M35∶2，口、颈部残缺。细颈，溜肩，圆鼓腹，圈足底微外撇。腹径23.2、底径14.2、残高19.6厘米（图六五，2；图版二一，6）。

（二五）第36号墓（2005CFYM36）

M36位于白马小学校园中部，大部分被M34打破，在发掘M34至底时，发现中部M36的墓坑伸入到M34，M34打破该墓的上部，而墓底尚完好。清理完M34以后，扩方发掘M36，其南部在M34墓坑以外部分仍开口于学校建设时的垫土层之下，距地表0.6米。

1. 墓葬结构及埋葬情况

长方形竖穴土坑墓，方向335°。墓口南北长2.85、东西宽1.65米，墓高1.93米，较M34深0.16米，因此墓底幸免于难，保存较为完整。墓底板痕一椁一棺，椁长2.25、宽1.2米，棺长1.9、宽0.6米。棺位于椁内西侧（右侧），与椁边靠紧。棺内单人仰身直肢葬，头向北。随葬器物置于椁内棺的左侧空间，北段南北一排放置铜鍪、陶罐、陶灶等，排列整齐，南段置一陶罐，一铜镜在脚端棺外，镜面朝上。棺内骨架右侧腰部置一残的铜矛头，矛后端至骹残失，锋指向脚端（图六六；图版二一，2）。

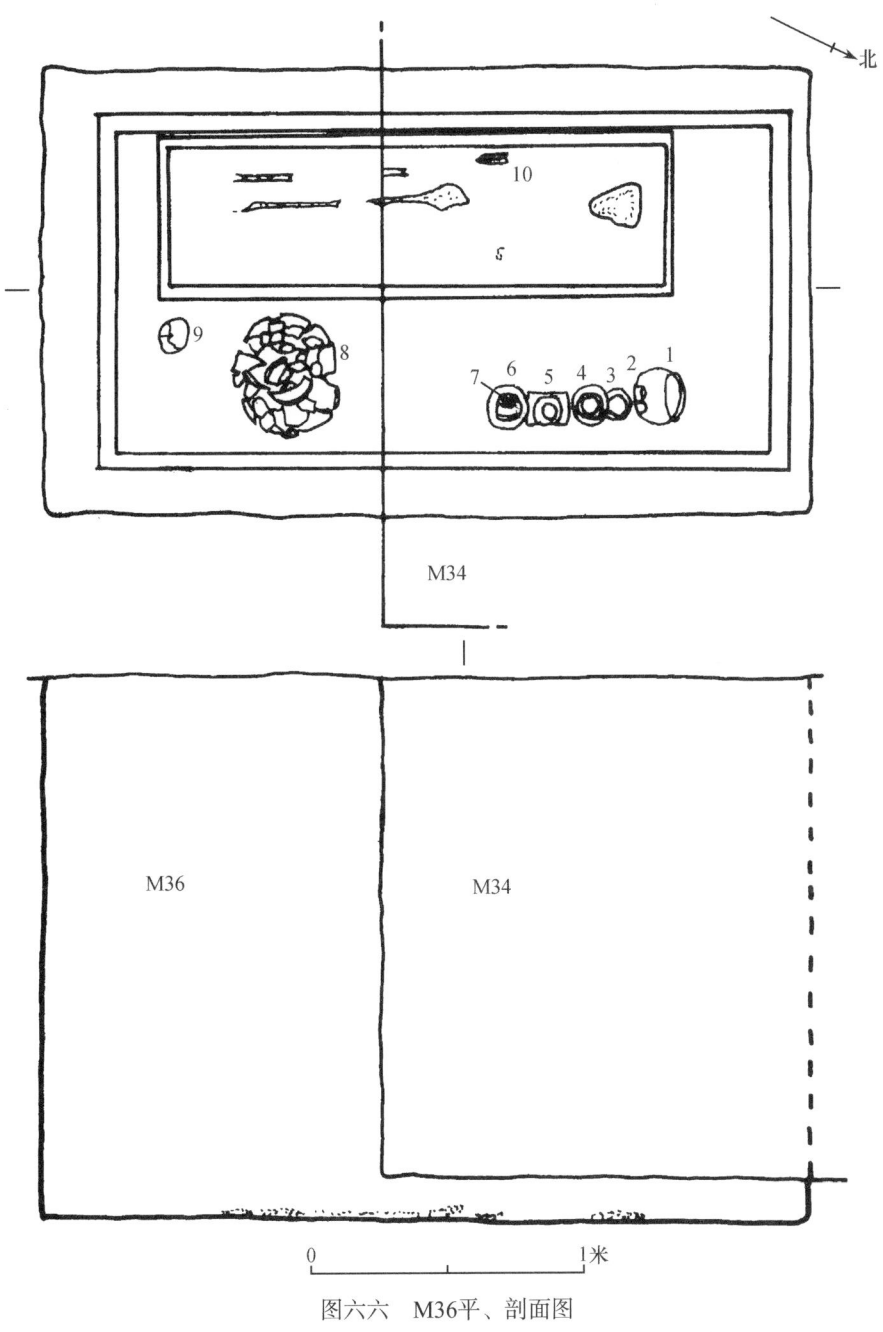

图六六　M36平、剖面图

1.铁鍪　2、7.陶盆　3、4、6、8.陶罐　5.陶灶　9.铜镜　10.铜矛

2. 出土器物

除1件铁鍪、1件铜镜和1件残矛外，其余皆为陶器。

（1）陶器　有陶罐、陶盆、陶灶等，皆泥质灰陶。

罐　4件。分二型。

A型　2件。斜沿尖唇，侈口，高束颈，鼓腹，圜底。M36：3，器壁较厚。口径5.9、腹径9.3、高7.6厘米（图六七，3）。M36：8，斜沿尖唇，沿宽1.5厘米，圜底内凹，圆折肩，肩下至底饰粗绳纹。口径15.2、底径9、肩径29.8、高25.7厘米（图六七，1）。

B型　2件。窄沿尖唇，大口短颈，折肩，圜底。M36：4，平沿。口径8.5、腹径13.8、高7厘米（图六七，5）。M36：6，沿下斜。口径10.3、腹径17、高9厘米（图六七，8）。

盆　2件。器形一致。侈口，窄沿尖唇，小平底。沿下一周内束，然后折腹弧收至底。腹部明显有制作过程中的刮削痕，小平底亦为刀切割形成。器形不整，制作粗糙。M36：2，口径11.5、底径5.5、高5.5厘米（图六七，2）。M36：7，口径11.5、底径4、高5.5厘米（图六七，4）。

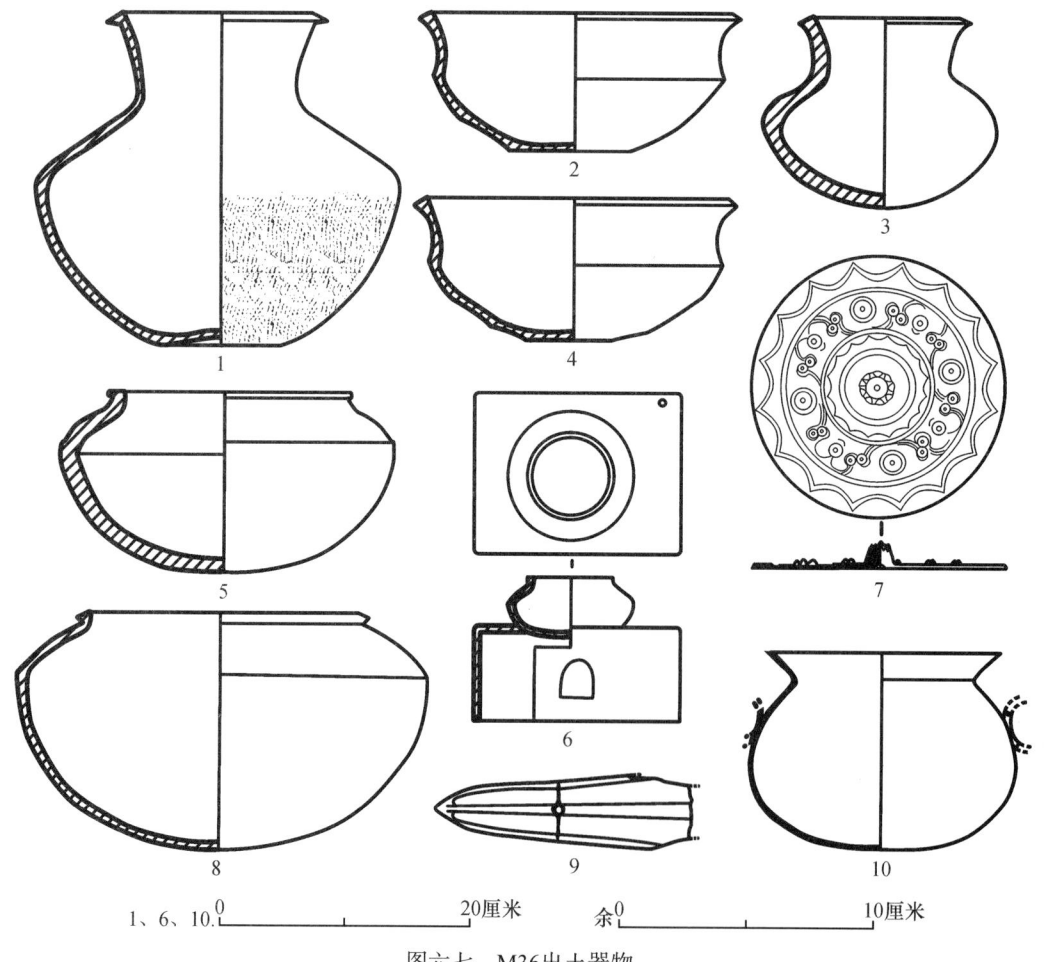

图六七　M36出土器物

1、3、5、8.A型陶罐（M36：8、M36：3、M36：4、M36：6）　2、4.陶盆（M36：2、M36：7）　6.陶灶（M36：5）　7.铜镜（M36：9）　9.铜矛（M36：10）　10.铁鍪（M36：1）

灶　1件。M36：5，长方体单眼灶，灶面灶眼直径8.2厘米，灶面右角有一直径0.4厘米的小孔示意烟囱。正面正中一灶门，平底拱顶，底宽2.6、高3.1厘米。灶长16.5、宽12.5、高7.5厘米。罐灶眼上置一小陶罐，直口方唇，折腹圜底。口径6.2、腹径10.2、高4.8厘米（图六七，6；图版二一，5）。

（2）铜器　2件。

镜　1件。M36：9，镜面平直无曲度，无锈处光亮如新。斜缘，背缘内连弧纹，连弧纹内有并行两圈凸弦纹，外粗内细，再向内为纹饰区，有4枚大乳钉十字对称分布，两乳钉间有五个小乳钉，皆对称布局。地纹为弧线纹。纽座外围也有一圈内连弧纹。花瓣状山形镜纽，纽底一小穿孔。镜背泛青，锈蚀较轻。直径10.2、镜缘厚0.2、镜体厚0.1厘米（图六七，7；彩版一〇，2）。

矛　1件。M36：10，铜矛头的前半段，后端及骹部残失，为绿锈包裹。中起圆脊，脊中空。宽2.8、残长10.4厘米（图六七，9；图版二一，4）。

（3）铁器

鍪　1件。M36：1，敞口，束折颈，鼓腹，圜底，腹部两侧附对称环耳，耳残失。锈蚀严重，底部略残。口径19.5、腹径21.6、高15.5厘米（图六七，10）。

（二六）第37号墓（2005CFYM37）

M37位于白马小学校园中东部，处于校园内中间一排东西向教室的房基之下。墓葬南邻陡坎，陡坎下向南为学校操场。表层布满石块地基和垫土，中西部又被一现代厕所打破，打破深度距地表2米，为建校前已有之厕所，建校时平整填埋在地基之下。墓葬西部打破M48。墓口距地表0.45米。

1. 墓葬结构及埋葬情况

长方形竖穴土坑墓，方向335°。墓口近方形，南北长3.15、东西宽2.75米，墓高4.95米。中西部被现代厕所打破，土较松软。墓内填土灰黄，干硬，密度大，似经夯打，含少量料姜石，墓壁脱落明显。墓葬西部整齐地打破M48。墓底周边有低矮的生土二层台，一椁，棺痕不显。椁内东侧一骨架痕迹，头向北，腰部右侧置一铜剑，铜剑断为三截。椁内西侧北端有头骨痕，应为二人合葬，皆仰身直肢。二骨架之间放置陶器、铁鍪等，出土漆器饰件，并发现漆皮痕迹（图六八；图版二二，1）。

2. 出土器物

出土器物虽少，但包含了陶器、铜器、铁器和漆器三类。

（1）陶器　只有1件陶罐，陶灶因破碎严重和缺片过多无法修复。皆为泥质灰陶。

罐　1件。M37：5，斜沿尖唇，侈口长颈，鼓腹，底内凹，腹部至底饰粗绳纹。口径14.2、底径9、肩径30.5、高28.7厘米（图六九，1；图版二二，3）。

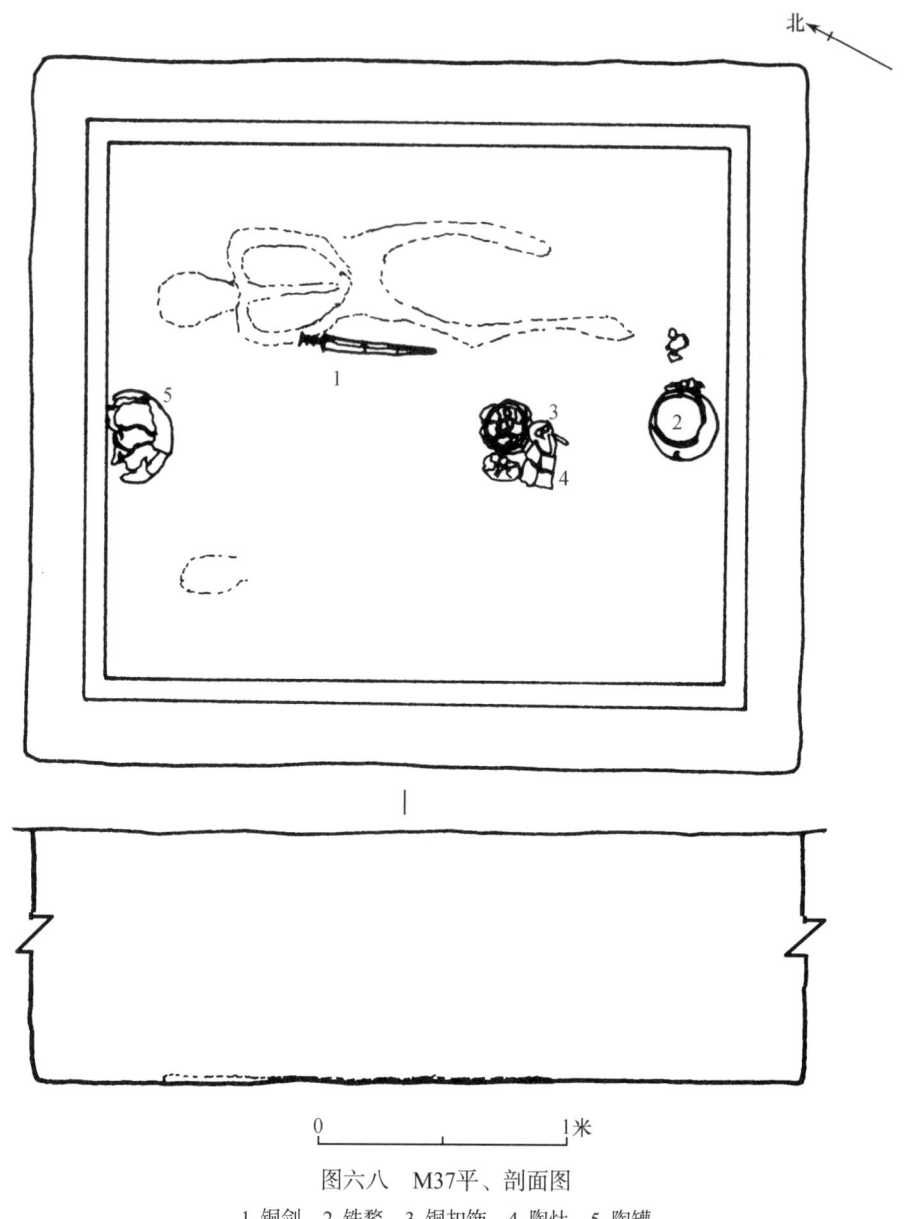

图六八 M37平、剖面图
1.铜剑 2.铁鍪 3.铜扣饰 4.陶灶 5.陶罐

（2）铜器 1件。

剑 1件。M37：1，楚式剑，剑身原断为三截，修复。中间起脊，截面呈菱形。自剑锋向后加宽再微内束，然后渐宽至剑格。格呈"凹"字形，凹口处接剑茎。剑茎圆柱形，上有两道箍。圆形剑首。出土时剑身局部有木鞘朽痕。剑格处宽4.8、通长47.5厘米（图六九，5；图版二二，4）。

（3）铁器 1件。

鍪 M37：2，侈口，长颈，圆鼓腹，圜底，腹部两侧附对称大环耳，环耳上有索绹纹。肩、腹交界处饰一周凸弦纹。一边腹、底残，锈蚀严重。口径19.5、腹径26.2、高19.7厘米（图六九，2；图版二二，2）。

（4）漆器 已腐朽无存，仅发现漆器樽上的铜扣饰，墓底有漆皮痕迹。

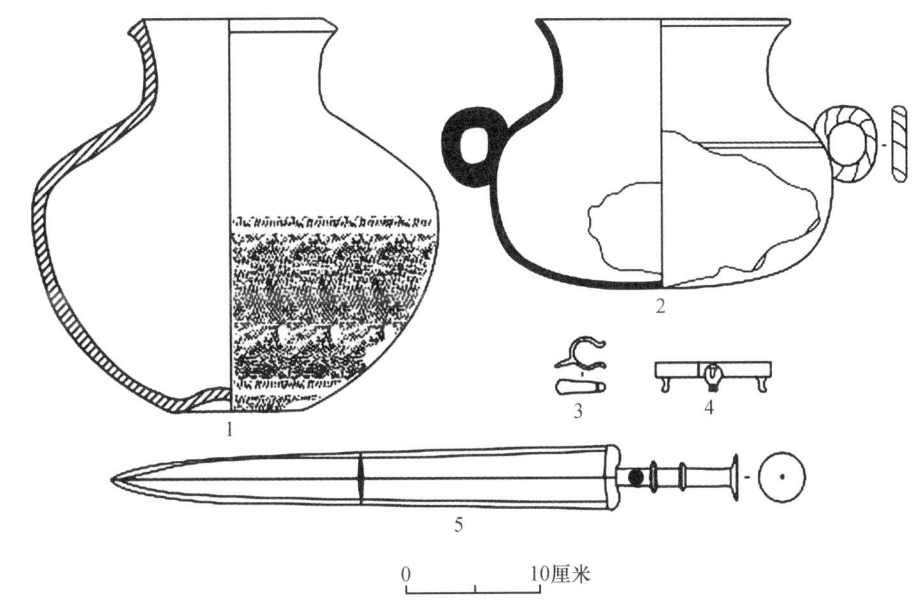

图六九　M37出土器物

1. 陶罐（M37：5）　2. 铁錾（M37：2）　3. 铜錾手（M37：3）　4. 铜箍（M37：4）　5. 铜剑（M37：1）

M37：3，漆器樽一侧的铜錾手，圆形可容手，前端有插入器壁的上下两个端头，残，后端带一略呈弧形的抓手。錾手长3.6、宽2.3厘米（图六九，3）。M37：4，漆樽器底部的铜箍，铜箍下附3个兽形足。铜箍内残留有红彩。箍直径8.6厘米（图六九，4）。

（二七）第41号墓（2005CFYM41）

M41位于白马小学南部、操场东部，西南距M39仅1米，东距M42只有0.6米。开口于垫土层下，距地表深0.4~0.5米。墓葬西北角地理坐标：N31°02′12.1″，E109°30′16.5″。

1. 墓葬结构及埋葬情况

长方形竖穴土坑墓，方向335°。墓坑已被破坏到近墓底，墓坑南壁和西南角全被破坏，垫土层下的墓坑只有0.15米深，所幸墓底情况保存基本完好。墓口南北长2.75、宽1.95米。据墓底板灰走向判断，一椁二棺，椁长2.3、宽1.5米，二棺南北向并列于椁内，东侧一棺长2.05、宽0.65米，西侧一棺长2.05、宽0.65米。棺内各有1具人骨架，保存较差，头向北，可辨为仰身直肢。东侧（左）死者两手平放于胸部，西侧（右）两手平放于腹部。左侧棺内自死者盆骨以上至头端下陷0.15米，该段骨架亦随之下陷，原因不明。椁内置二棺后已无多余空间，随葬品置于右侧棺内死者脚端，为陶罐6件。左棺内无葬品（图七〇；图版二三，1）。

2. 出土器物

出土器物单调，只有右侧棺内随葬的6件陶罐，皆为泥质灰陶，饰绳纹。分三型。

A型　1件。M41：1，陶色浅灰，平折沿，沿宽1.5厘米，束颈，溜肩，鼓腹，圜底，自肩下部至圜底满饰绳纹，纹饰不甚清晰。口径12、腹径27.5、高21厘米（图七一，4）。

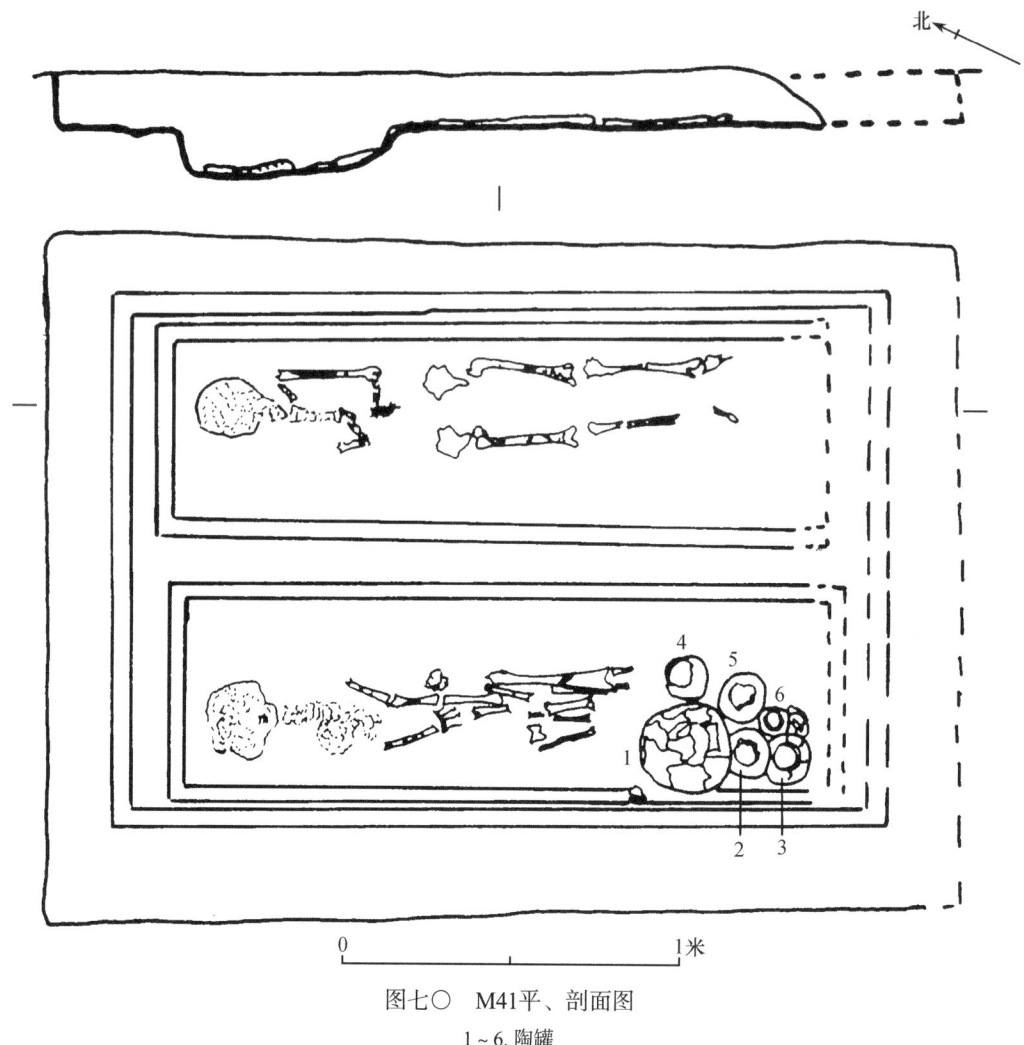

图七〇 M41平、剖面图
1~6.陶罐

B型 4件。圆唇外翻，长颈较粗，圜底近平，垂腹偏下。腹和圜底饰粗绳纹。器形不甚规整，腹部欠对称（图版二三，2）。M41：3，口径10.7、腹径14.5、高13.5厘米（图七一，1）。M41：4，口径11.5、腹径14.5、高14厘米（图七一，2）。M41：5，口径11、腹径14.9、高15.2厘米（图七一，3）。M41：2，颈部上半残失，据同墓中所出同形器复原。口径10、腹径15.8、高16.5厘米（图七一，6）。

C型 1件。M41：6，陶色灰黑，侈口，斜沿尖唇，束颈较粗，鼓腹，腹扁圆，圜底近平。口径6.6、腹径9.1、高6.4厘米（图七一，5）。

（二八）第42号墓（2005CFYM42）

M42位于白马小学南部、操场东部，西与M41相距0.6米，东距M43只有1.5米，M40打破其南部0.2米深，未及墓底。开口于垫土层下，距地表0.5米。

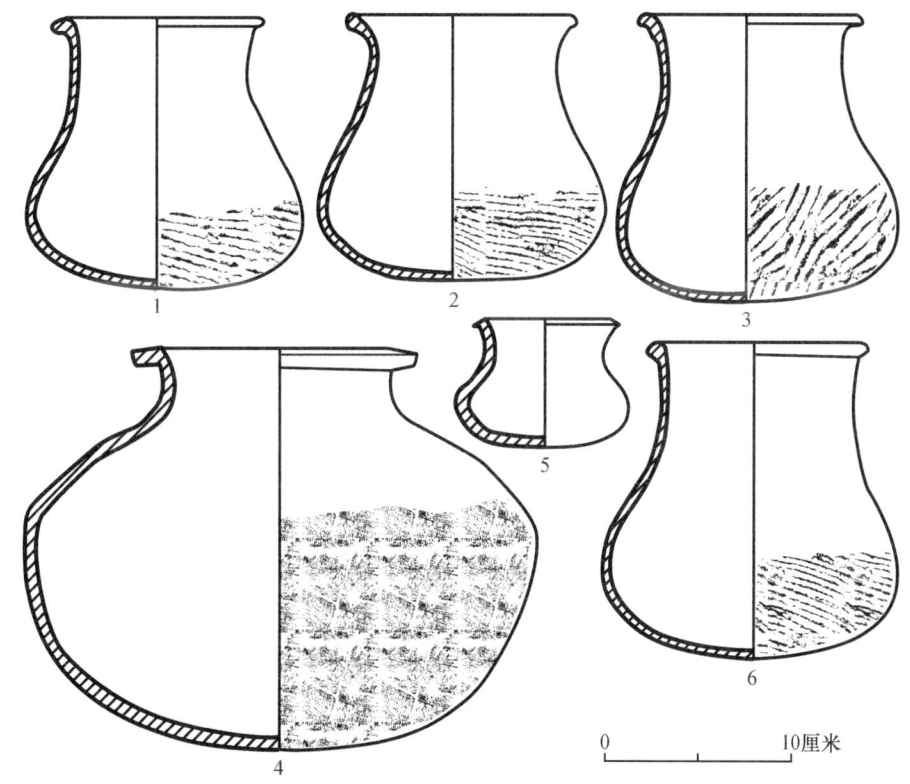

图七一　M41出土陶罐
1. M41∶3　2. M41∶4　3. M41∶5　4. M41∶1　5. M41∶6　6. M41∶2

1. 墓葬结构及埋葬情况

近方形土坑竖穴墓，方向340°。墓口东西长3.5、南北宽2.7米，墓高0.9米。南部上层被M40打破。墓底一椁，椁灰痕沿四壁下分布，椁内棺及尸骨无存，是否合葬及葬式等情况不明。随葬品多置于椁内西南角，有陶罐、陶盆、陶灶、陶盒、铜镜、铜印章、铜带钩、铜鍪、铁削、铜钱等20余件（组）和野猪牙1枚。椁室中部偏南有陶罐1件、中部有陶甑1件（图七二；图版二四，1）。

2. 出土器物

随葬器物以陶器为主，另有铜、铁器多件（图版二四，2）。

（1）陶器　皆泥质陶，以灰陶为主。器类以罐为多，有平底罐和圜底罐两类，其次为小型器的盆，再次为甑，盒、壶、灶各1件。

罐　8件。根据口沿和腹、底情况粗分三型。

A型　5件。泥质黑陶，斜沿尖唇或方唇，无颈或颈极短，鼓腹，大平底（图版二五，3）。M42∶10，器形不甚规整。斜沿尖唇，短束颈，大平底。腹上一周粗绳纹组成的带纹，不甚清晰。最大径在肩部。口径9.3、底径10.3、腹径16、高11.2厘米（图七三，1）。M42∶17，平沿，微上凸，尖圆唇。肩下一周粗绳纹组成的带纹。口径9、底径9.2、腹径14.3、高9.7厘米（图七三，4）。M42∶8，平沿，鼓腹，口略大于底。腹部隐约饰绳纹。口径

图七二 M42 平、剖面图

1. 陶甑 2. 陶壶 3、4、8～11、13、15、17、22、25、29. 陶罐 5. 铜带钩 6. 铜镜 7. 铜印 12. 铜钱 14. 铜刷柄
16、21、24、26、27、30. 陶盆 18. 铁削 19. 铁削 20. 野猪牙 23. 铜鍪 28. 陶灶

9、底径8.9、腹径15、高11厘米（图七三，7）。M42∶22，斜沿尖唇，腹部圆折。腹部中间饰少许粗绳纹，不甚清晰。口径7.5、底径10、腹径15、高11.5厘米（图七三，10）。M42∶11，短直口，斜尖唇，自肩以下斜内收至底。一侧呈红色，火候不匀。口径10、底径10、腹径15.2、高11.4厘米（图七三，8）。

B型 3件。泥质灰陶，陶色浅灰。卷沿圆唇或尖圆唇，小口短束颈，圆鼓腹，大平底。M42∶9，侈口，尖圆唇。肩部饰两道凹弦纹。口径9.1、腹径20、底径12.6、高14.2厘米（图七三，3；图版二五，4）。M42∶13，侈口，圆唇。肩部饰一周凹弦纹。口径8.5、腹径19、底径12.8、高13.6厘米（图七三，6）。M42∶25，圆唇，口微敛，颈、肩连接处下凹，肩上饰两

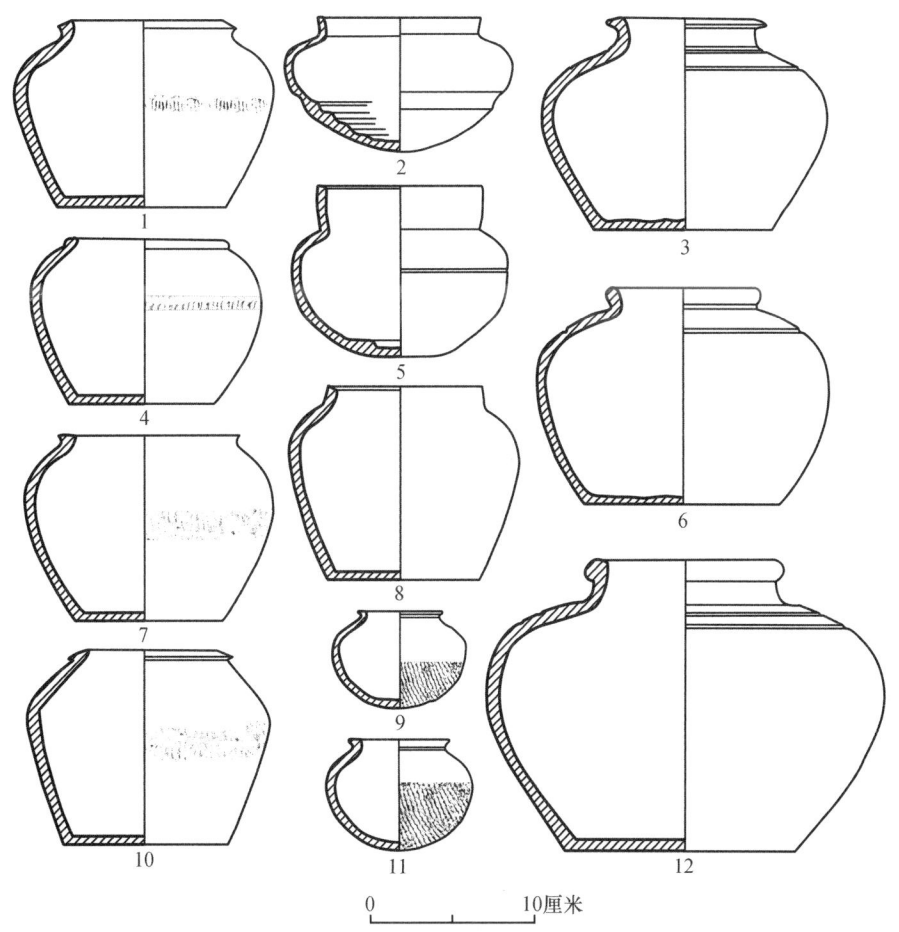

图七三　M42出土陶罐

1. M42∶10　2. M42∶15　3. M42∶9　4. M42∶17　5. M42∶29　6. M42∶13　7. M42∶8　8. M42∶11　9. M42∶3
10. M42∶22　11. M42∶4　12. M42∶25

道凹弦纹。口径11.5、底径14.8、高17.3厘米（图七三，12；图版二五，5）。

C型　4件。泥质灰陶，陶色较深。分为平口直颈和折沿束颈两个亚型。

Ca型　2件。泥质黑陶，直口方唇，高直颈，折肩，鼓腹，圜底。M42∶15，口微侈，颈稍短，上腹圆鼓，下腹斜弧，尖圜底。腹部饰凹弦纹一周，内壁有数道轮制痕迹。口径9.5、腹径4、高8厘米（图七三，2）。M42∶29，颈较高，圆鼓腹，圜底近平。腹部饰凹弦纹一周。口径9.3、腹径13.1、高10厘米（图七三，5）。

Cb型　2件。小型明器。侈口，平折沿，短束颈矮领，鼓腹，圜底。下腹部及底部饰绳纹。M42∶3，口径4.1、腹径8.2、高5.7厘米（图七三，9）。M42∶4，口径4.7、腹径8.8、高6.5厘米（图七三，11）。

盆　5件。分三型。

A型　2件。泥质灰陶，敞口，外卷沿，圆唇，斜折腹，小平底，内壁有泥条盘筑痕迹。M42∶16，口径14.1、底径5、高5厘米（图七四，6）。M42∶31，腹部饰凹弦纹两周。口径13.6、底径5、高5厘米（图七四，8）。

B型　2件。泥质灰陶，平折沿，圆折腹，上腹微近直内凹，下腹斜收至小平底。

M42：27，下腹部有修削痕迹。口径9.2、底径3.8、高4.7厘米（图七四，4）。M42：21，口径9.3、底径4、高4厘米（图七四，5）。

C型　1件。M42：26，泥质黑陶，侈口，平折沿，斜弧腹，腹较深，小平底。下腹部有刀具修削痕迹。口径10.5、底径4.8、高6.3厘米（图七四，7）。

甑　2件。泥质灰陶，平折沿。M42：1，敛口，平折沿，斜弧腹，腹较深，小平底，底部有9个箅孔，中心1个，周围8个。口径13.8、底径4.9、高8.5厘米（图七四，2）。M42：24，陶色较深，口微侈，沿较窄，上腹斜直，中部圆折，下腹弧收成圜底，圜底正中有8个箅孔，中心1个，周围7个。口径10、高5.5厘米（图七四，3）。

壶　1件。M42：2，泥质灰陶，陶色浅灰，盘口，方唇，长颈，圆鼓腹，平底。肩腹部附

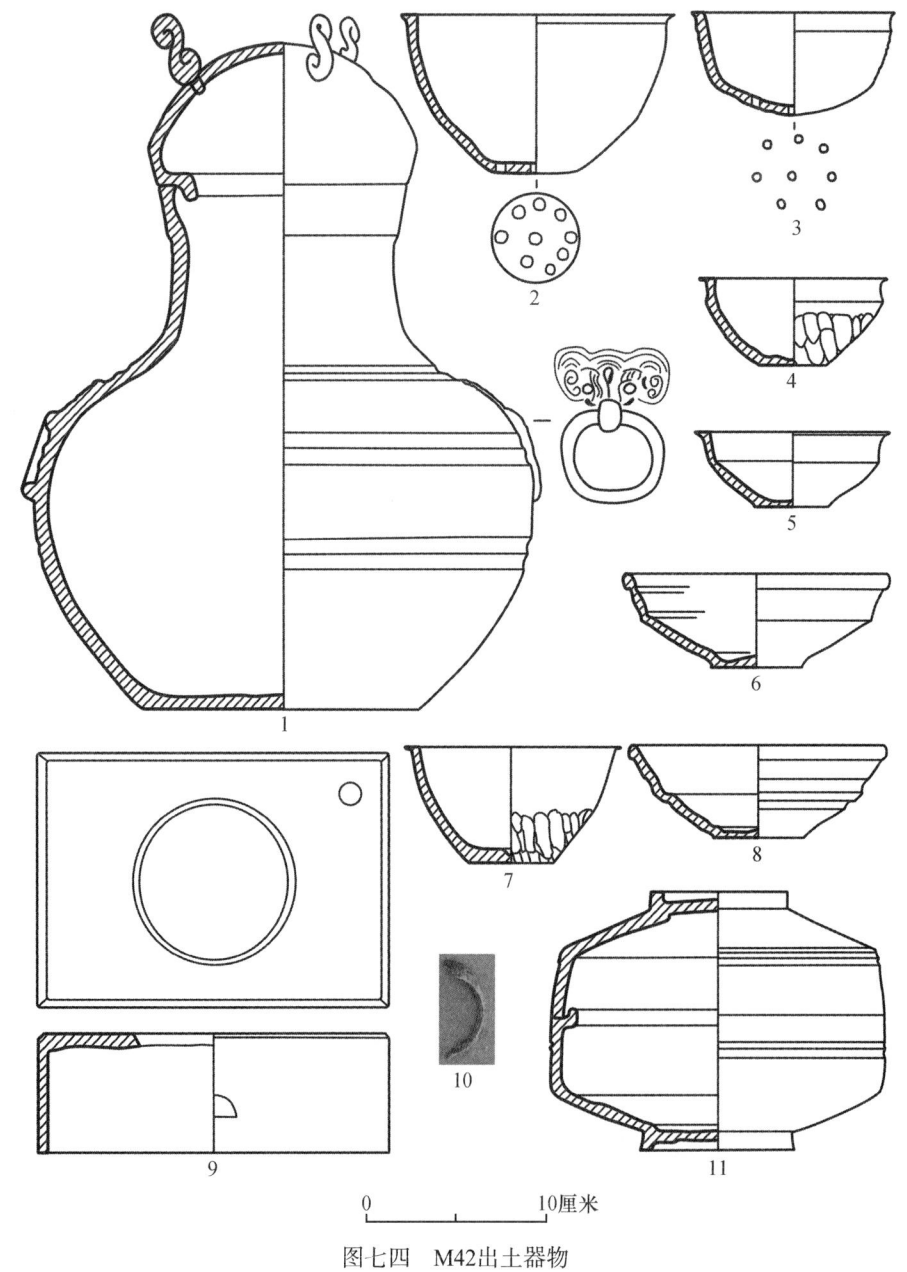

图七四　M42出土器物

1. 陶壶（M42：2）　2、3. 陶甑（M42：1、M42：24）　4、5. B型陶盆（M42：27、M42：21）　6、8. A型陶盆（M42：16、M42：31）　7. C型陶盆（M42：26）　9. 陶灶（M42：28）　10. 野猪牙（M42：20）　11. 陶盒（M42：30）

对称兽面铺首衔环一对。带盖，盖口呈子口内敛，方唇，直壁略外展，圆折腹，顶部圆鼓，顶上插3个云形纽，完整者1个，2个修复。颈、肩、腹部各饰两道凹弦纹。口径13厘米，腹径28、底径15.8、通高37厘米（图七四，1；图版二六，1）。

盒　1件。M42∶30，泥质灰陶，陶色浅灰。子口圆唇，直壁，圆折后斜收至底，圈足。盖与器身部分对称，母口，直口方唇，盖顶圈足形纽略小。器身腹部中间两道凹弦纹，盖在折棱下两道凹弦纹。口径15、底径8.6、通高14厘米（图七四，11；图版二六，2）。

灶　1件。M42∶28，泥质灰陶，陶色稍深。整体呈长方体，抹角，灶面一灶眼，直径9.1厘米，灶眼向下收分明显。一侧有拱形灶门一个，灶门底宽2.3、高1.1厘米。灶面右后角一小圆孔示意烟囱。长20、宽14、高6.5厘米（图七四，9；图版二六，3）。

（2）铜器　有铜鍪、铜镜、带钩、刷柄以及印章和铜钱。

鍪　1件。M42∶23，侈口，束颈，溜肩，扁鼓腹，圜底近平，肩、腹交接处有对称环形耳，耳下腹部饰一周凸弦纹。口沿、腹部和两耳残，器外有烟炱痕。口径14、腹径18、高14厘米（图七五，1）。

镜　1件。M42∶6，方形桥纽，圆形纽座。镜缘尖突。背饰蟠螭纹，以细密的涡纹为地。锈蚀较轻。直径8.3厘米（图七五，3；图七六，4；彩版一〇，3）。

刷柄　1件。M42∶14，长柄，一端有刷槽，整体似烟袋，柄部自刷槽向尾端渐细。通长12.5厘米（图七五，4；图版二五，1）。

带钩　1件。M42∶5，鹅形，以鹅首钩曲为钩，颈部细长，向背部弯曲，腹部圆鼓，背一圆形纽。颈上部至钩首弯曲部两侧饰阴线卷云纹。长9.1厘米（图七五，2；彩版一〇，5）。

印　1枚。M42∶7，印面方形，断裂，印文不清，似为"□□印"三字。边长1.75~2厘米（图七六，3；图版二五，2）。

铜钱　5枚，皆为五铢钱。M42∶12，面纹模糊不清，穿径较大。"五"字交笔缓曲，朱头方折。直径2.5、穿边1.1厘米（图七六，1、2）。

（3）铁器　只有1件铁削和1件不明用途的铁件，锈蚀严重，皆残。

削　1件。M42∶18，环首刀，尖部残。刀身长条形，宽1.2厘米，刀背较厚，厚0.5厘米。椭圆形首，长径5、短径2.5厘米，环断面呈圆形。出土时刀身残留有朽木痕迹。残长16.9厘米（图七五，6）。

铁件　1件。M42∶19，长条状，宽1.3厘米，断面"V"形，一端弯折衔有一环贴附于条状铁件的表面，环径2.2厘米，环断面圆形。后端残，残长12.7厘米（图七五，5）。

（4）其他

在陶器堆中整理发现野猪獠牙1枚。M42∶20，一端微残，弓形，残长5.3厘米（图七四，10；图版二六，4）。

（二九）第43号墓（2005CFYM43）

M43位于白马小学南部、操场东部，距学校东围墙7米，西距M42为1.5米。开口于水泥地面和垫土层下，距地表0.45~0.5米。

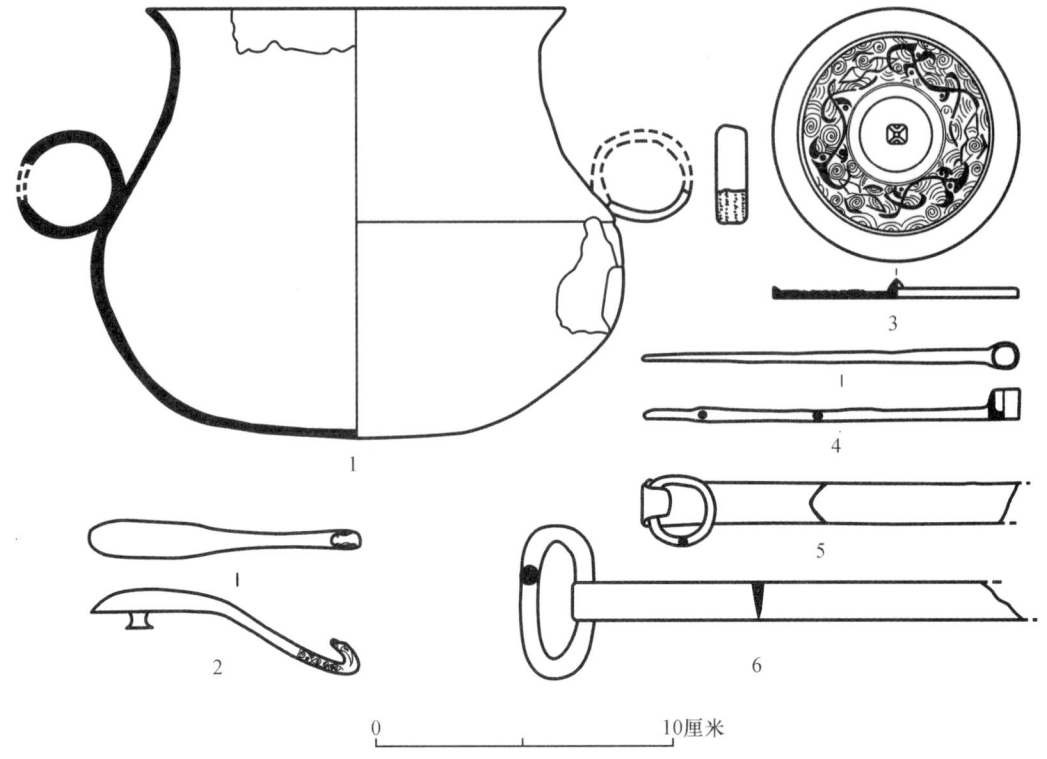

图七五　M42出土铜、铁器

1. 铜鍪（M42：23）　2. 铜带钩（M42：5）　3. 铜镜（M42：6）　4. 铜刷柄（M42：14）
5. 铁件（M42：19）　6. 铁削（M42：18）

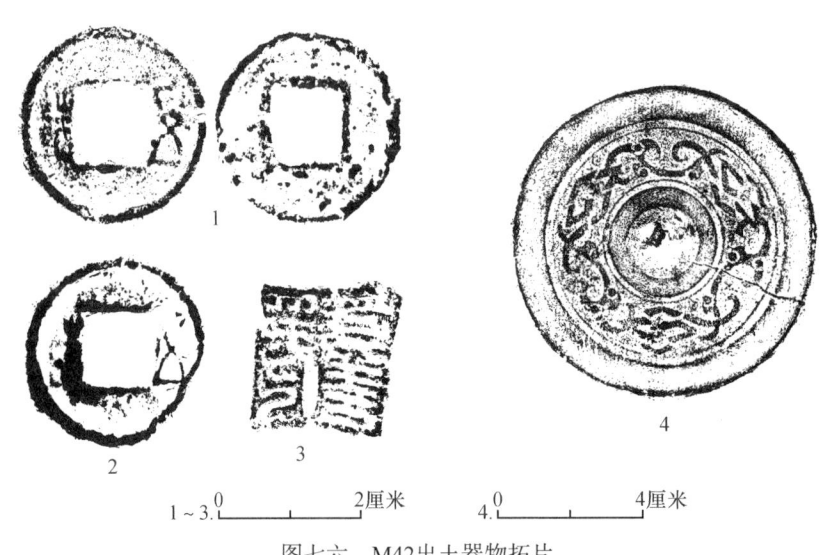

图七六　M42出土器物拓片

1、2. 铜钱（M42：12）　3. 铜印（M42：7）　4. 铜镜（M42：6）

1. 墓葬结构和埋葬情况

近方形竖穴土坑墓，方向340°。墓口南北长2.75、东西宽2.55米，墓高1.3米。墓底尺寸与墓口一致，墓底东部显露板灰痕迹，复原棺长2.5、宽1.12米，内置1具骨架，已朽成粉状，头朝北，可辨为仰身直肢，棺内死者头部右侧一角置放一陶罐。棺所在位置较墓底其他地方低下约0.05米。墓底西侧一半空无一物。墓葬填土中出土铜带钩1枚,与墓葬时代相符,当为墓葬中物,故按出土顺序编入该墓葬中(图七七;图版二七,1)。

2. 出土器物

(1) 陶器 1件。

罐 M43:2,泥质黑灰陶,侈口,尖圆唇,束颈,溜肩,圆鼓腹,大平底。口径11.6、腹径18.8、底径10.8、高13.2厘米(图七七,2;图版二六,5)。

(2) 铜器 1件。

带钩 M43:1,鹅形,以鹅首钩曲为钩,曲颈细长,腹部宽大,向两侧展开对称如桃叶的双翼,背部正中一圆形纽。出土于填土中。长4.9厘米(图七七,1;图版二六,6)。

(三〇)第48号墓(2005CFYM48)

M48位于白马小学校园中东部原中间一排东西向教室的房基之下,其东部被M37打破到底,仅余西半部。墓葬南邻陡坎,陡坎下向南即为学校操场。墓葬开口于房基和垫土之下,距

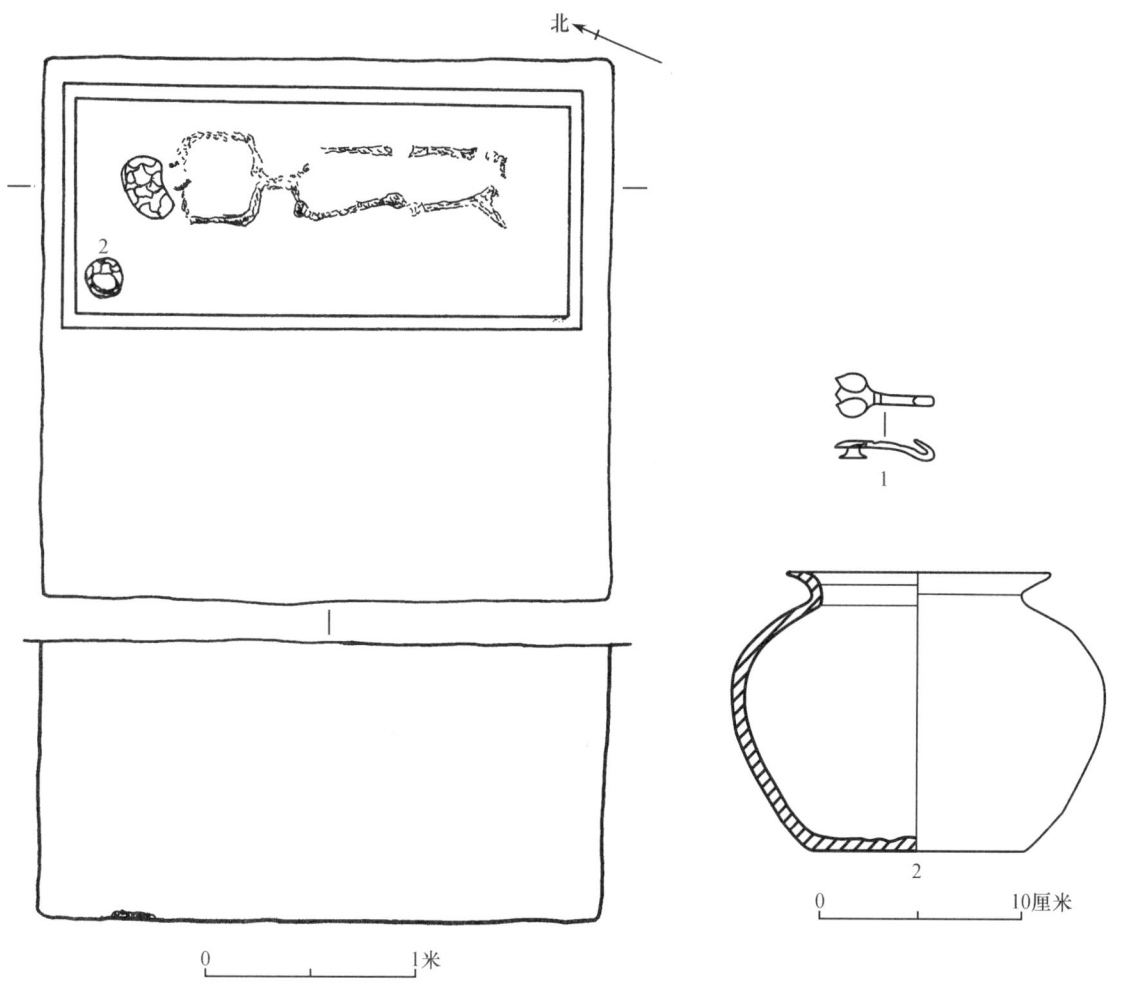

图七七 M43平、剖面图及出土器物
1. 铜带钩(M43:1) 2. 陶罐(M43:2)

地表0.8~1米。

1. 墓葬结构和埋葬情况

竖穴土坑墓,方向334°。墓口南北长2.7、东西残宽1.7米,墓葬东部被M48打破,实际宽度不明,但从人骨和器物摆放情况来看,墓葬主体尚在,人骨、遗物等并未受到破坏。墓高3.5米,墓内填土较干硬,似经夯打,自2米以下,填土由紧密渐变松散。墓底椁板痕迹南北长2.4、东西残宽1.4米,靠西侧有人骨1具,已朽成粉状,头朝北,可辨为仰身直肢。墓主左侧(东侧)靠近被M37打破的边缘,南北侧置一排陶器,有罐、灶、甑(置灶上)、盆等,器物堆中残存红色漆皮和动物骨骼。再向北有陶盒、陶鼎,2件陶器单独放置。陶器皆破碎严重(图版二七,2)。

M37打破M48,前者一边(北边)正好与被打破者的壁在一直线上,南壁也仅比M48宽出0.48米。打破M48的一边与M48的西壁也正好平行。这样的打破情况是偶然现象还是有意借用,颇值得考察(图七八)。

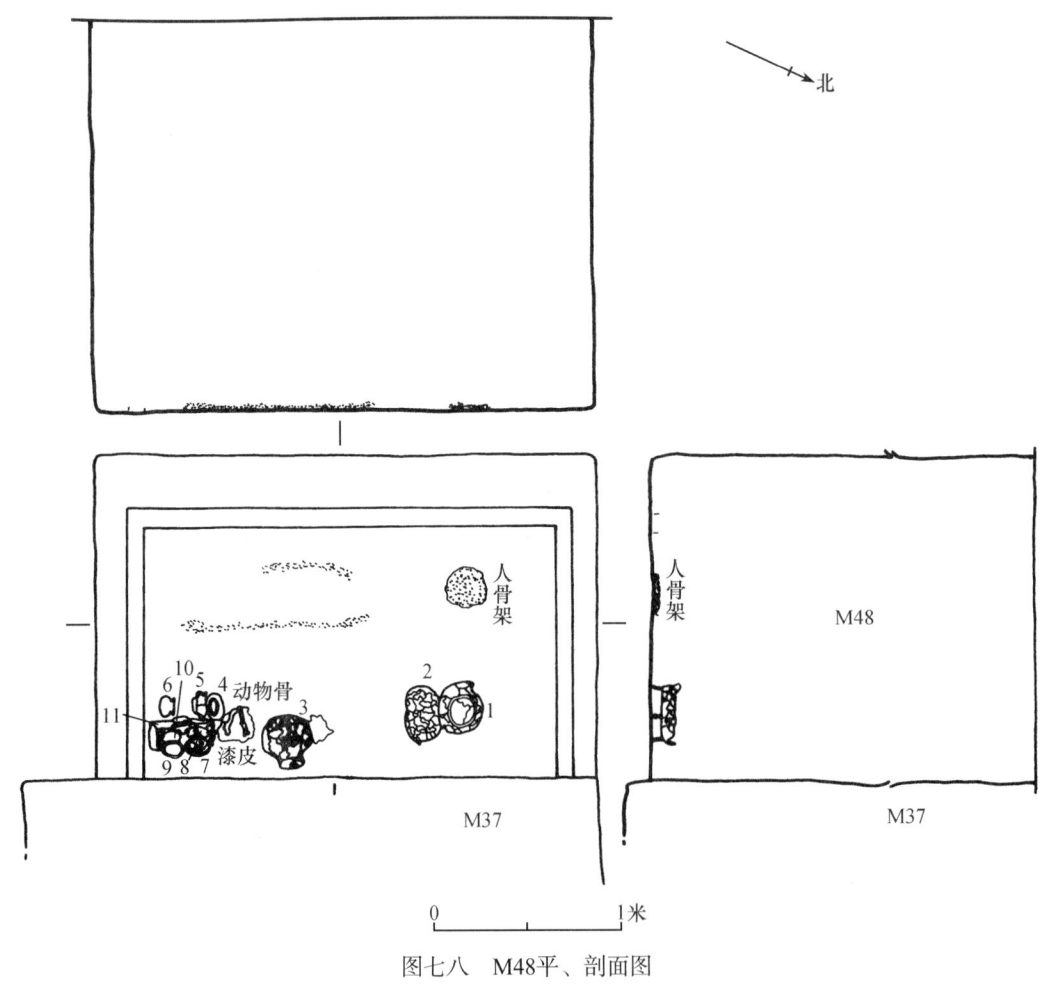

图七八　M48平、剖面图

1、4、6、8、10. 陶罐　2. 陶鼎　3. 陶壶　5. 陶盆　7、9. 陶甑　11. 陶灶

2. 出土器物

出土器物皆为陶器，且均为泥质灰陶。器表除简单的弦纹外没有其他纹饰。器类为鼎、盒、壶、灶及罐、盆、甑，共11件。罐、盆、甑皆为小型明器。

罐　4件。小型，皆为圜底器，形制各不相同。M48：10，陶色较深。短直口，方唇，折肩，圆鼓腹，圜底。口径8.6、腹径12.6、高5.5厘米（图七九，1）。M48：4，短直口，方唇，折肩，弧腹，尖圜底。口径7.6、腹径10.4、高4.5厘米（图七九，3）。M48：8，口微侈，平折沿，束颈极短，圆近肩，腹近直，扁圆腹，圜底近平。口径9.6、腹径14.4、高6厘米（图七九，2）。M48：6，陶色较浅。侈口，尖唇，长束颈，斜圆折肩，圆鼓腹，圜底。口径5.4、腹径19、高6.5厘米（图七九，4）。

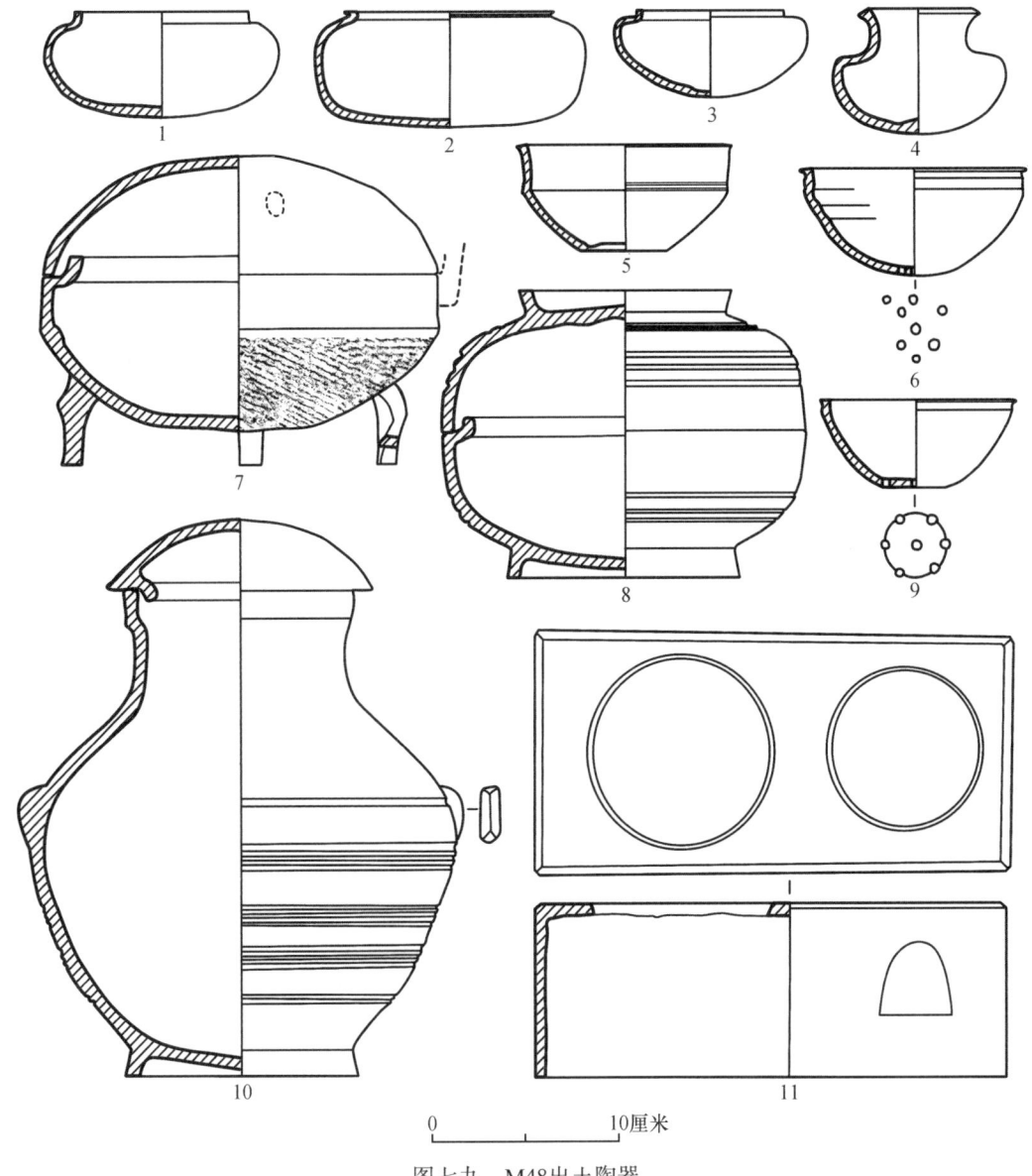

图七九　M48出土陶器

1～4.罐（M48：10、M48：8、M48：4、M48：6）　5.盆（M48：5）　6、9.甑（M48：7、M48：9）　7.鼎（M48：2）
8.盒（M48：1）　10.壶（M48：3）　11.灶（M48：11）

盆　1件。M48：5，口微侈，尖唇，上腹部近直，下腹折收至小平底。上腹部饰两道凹弦纹。口径10.5、底径4.5、高5.5厘米（图七九，5）。

鼎　1件。M48：2，带盖，以子母口扣合。鼎身敛口方唇，折腹，器腹较浅，圜底近平，三足自根部先外撇然后向下拐折，断面多棱形。口沿外侧附耳已残。盖为母口，方唇，圆弧顶，上有三纽，已残缺。腹下部及底部饰粗绳纹。口径17.2、高16厘米（图七九，7；图版二八，1）。

盒　1件。M48：1，上下两部分对称，以子母口扣合。器身子口圆唇，腹近直，圈足较大，下腹饰三道凹弦纹。器盖母口，直口方唇，圈足形盖纽，较圈足为小。中部饰三道凹弦纹，近纽处又二道凹弦纹。身口径16.5、盖口径18、腹径19.5、底径12.5、通高15厘米（图七九，8；图版二八，2）。

壶　1件。M48：3，陶色浅灰。盘口方唇，长颈微束，溜肩，鼓腹，矮圈足微外撇，肩部附对称实心竖纽，自纽至腹部以下饰数道凹弦纹。圆弧形盖，子口圆唇，未发现盖纽痕迹。口径9.7、腹径23、底径12.5、通高29厘米（图七九，10；图版二八，3）。

甑　2件。出土时置于灶上。M48：7，直口，平折沿，上腹近直，下腹弧收，圜底，底部正中无规则分布7个箅孔。沿下饰一周宽凹弦纹，上腹部留有制器时形成的一周棱线。口径11.2、高5.5厘米（图七九，6）。M48：9，敛口，小平沿，斜弧腹，小平底，沿下有一周宽凹弦纹，底部正中有7个箅孔，中心1个，周围沿器底边缘6个。口径9.7、底径3.4、高4.5厘米（图七九，9）。

灶　1件。M48：11，陶色浅灰。抹角长方体，灶面上双灶眼，左大右小，直径分别为9.7、8.5厘米，灶眼上、下有明显收分，出土时上面各置1个陶甑。侧边两个拱形灶门与两灶眼对应，大小相等，底边、高皆3.8厘米。长26.5、宽12.5~13、高9.2厘米（图七九，11；图版二八，4）。

（三一）第49号墓（2005CFYM49）

M49位于白马小学南部、操场西端，该处为一段东西向陡坡（北高南低，北为坡顶），而墓葬大致南北方向，跨陡坡上、下，墓的北端有0.6米在坡顶，其余大部在坡上，南端在坡底，与操场地面平。墓葬坡上、下开口均在水泥地面和垫土之下，距地表0.2~0.6米。

1. 墓葬结构和埋葬情况

长方形竖穴土坑墓，南北向长方形，方向334°。北段在台地上，南段在台地下，墓口南北长2.6、东西宽1.56米，北端开口距地表0.6米，墓高2.95米，南端开口距地表0.2米，墓高1.1米。填土较紧密。墓底正中一棺，棺痕长2.2、宽0.87米。有骨架1具，保存状况差，头向北，侧身屈肢，面向西，骨架长1.25米。棺内墓主头骨左前方一陶罐，陶罐南边即墓主头骨面向的地方发现小动物骨骼，似鱼骨，四周有漆灰痕，未发现其他葬品（图八〇；图版二九，1）。

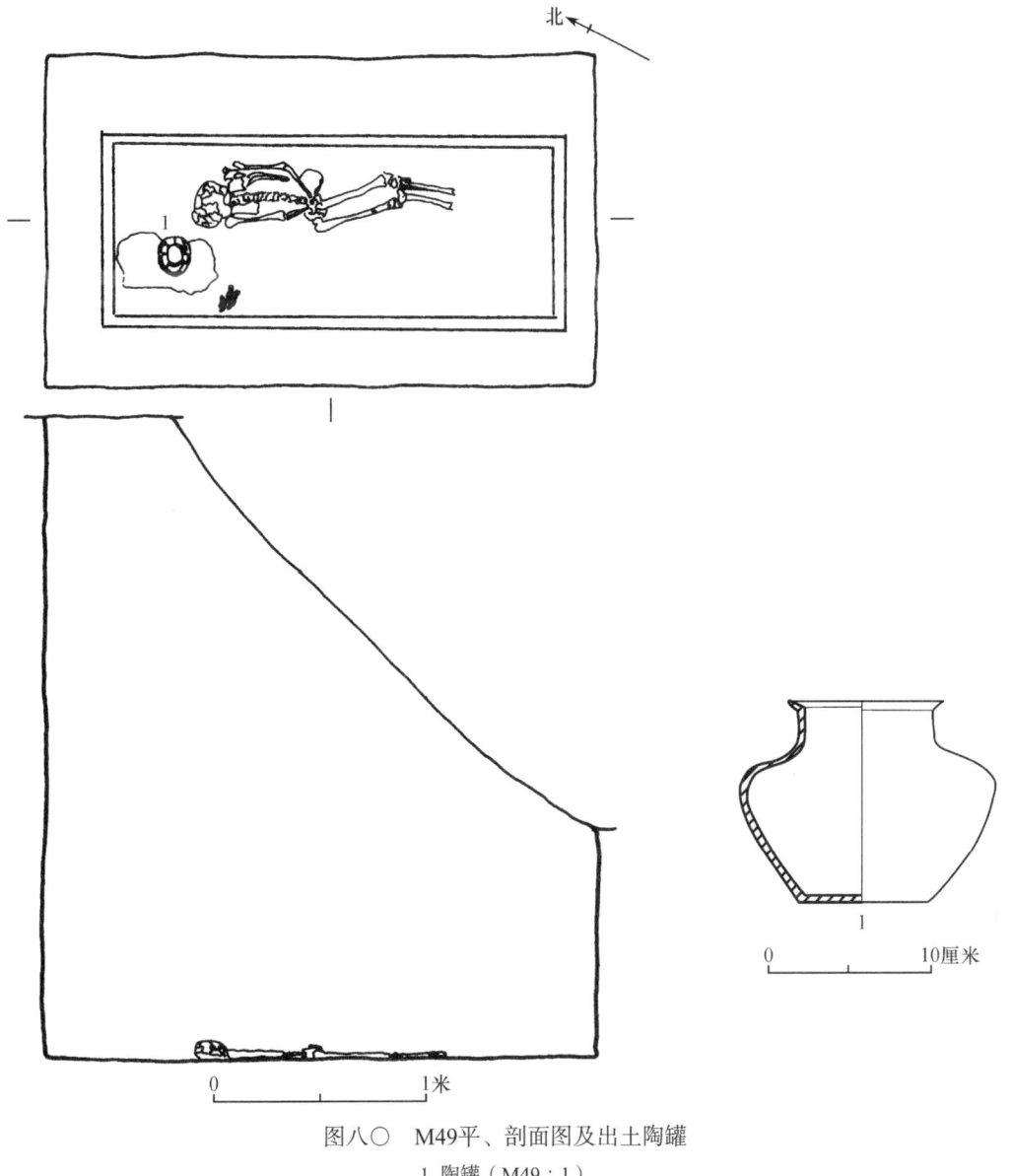

图八〇　M49平、剖面图及出土陶罐

1. 陶罐（M49∶1）

2. 出土器物

出土器物只有1件陶罐。M49∶1，泥质灰陶，陶色浅灰。小口，斜折沿，沿向内向下斜，尖圆唇，短直颈，斜肩，肩圆折，弧腹，大平底。口径9.5、底径8、肩径15.5、高12厘米（图八〇，1；图版二八，5）。

（三二）第50号墓（2005CFYM50）

M50位于白马小学校园西南部，这里集中了3座墓，M50后端（北部）打破M52一角，M50东边是M53，二墓相距2米。墓葬开口于水泥地面和垫土层下，这里的垫土层夹杂煤渣、石子较多，下挖困难。墓葬开口距地表0.4～0.5米。

1. 墓葬结构及埋葬情况

长方形土坑墓，一端（南端）带一短墓道，平面呈"凸"字形。方向175°。墓圹南北长3.3、东西宽2.2米，墓口距墓底深1.15米。墓道位于南边中间偏西，底部与墓底近平，长1.4、宽1米，前端上部被一现代沟道打破。墓内填土坚硬，只有部分地方墓边脱落现象较为明显，大部分地段要根据走向进行判断。墓底仅有8枚铜钱置于东北一角，铜钱间残留人骨和少许骨痕，无其他发现（图八一）。

2. 出土器物

出土铜钱2组共8枚，皆为货泉。内郭不明显，钱文为悬针篆，"泉"字中竖断开。大多因锈蚀而模糊不清。M50：1-1、2，穿径0.7、直径2.24厘米（图八二，1、2）。M50：2-1、2，穿径0.75、直径2.2厘米（图八二，3、4）。

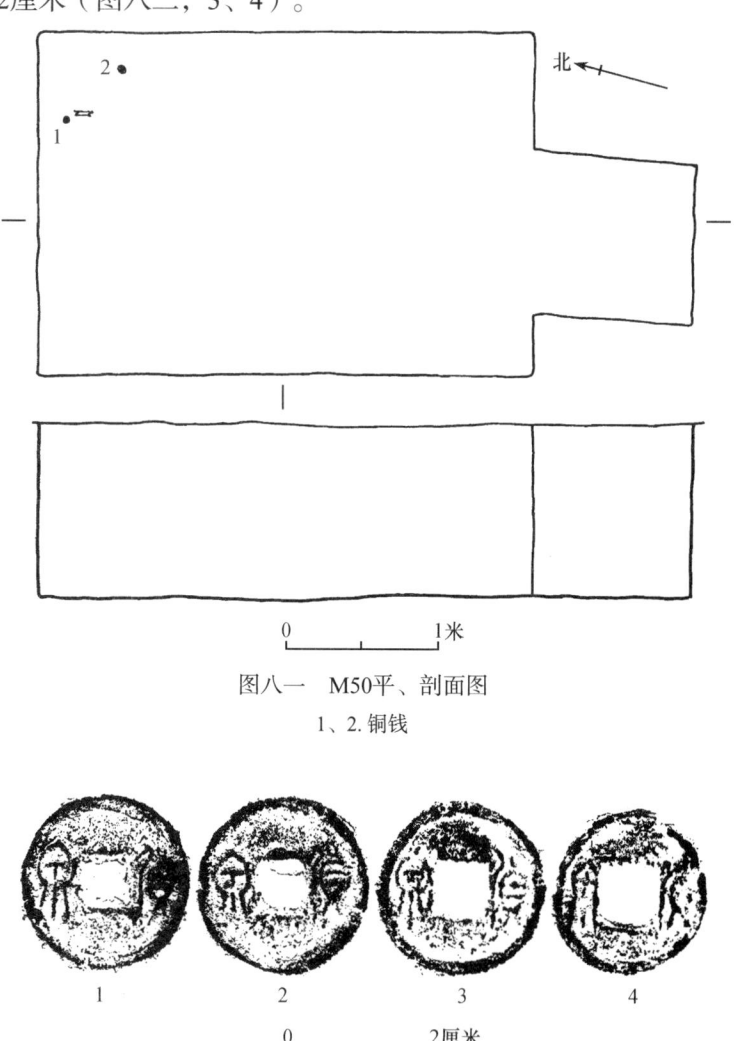

图八一　M50平、剖面图
1、2. 铜钱

图八二　M50出土铜钱
1. M50：1-1　2. M50：1-2　3. M50：2-1　4. M50：2-2

（三三）第52号墓（2005CFYM52）

M52位于墓地南部，白马小学校园西南部、南北向教室墙基的东面，东距M53仅1.5米。东南角被M50打破。地表为厚0.12米的水泥地面，其下为夹杂较多煤渣、石子等物的垫土层，厚约0.1米，下挖困难，一整天仅下挖0.2米。向下稍见松软，含料姜石、白灰、木炭烬及少数的碎瓦片、砖块、青花瓷片和一些近现代杂物，仍为垫层。垫土层厚0.35~0.4米，墓葬开口于垫土层下，西南角地理坐标：N31°02′11.8″，E109°30′15.1″。

1. 墓葬结构和埋葬情况

长方形土坑墓，平面近方形，方向354°。墓口东西长4.9~4.95、南北宽4.6米，南壁稍宽于北壁。墓底距地表1.35~1.4米，墓高1米。墓内填土较紧密，似经夯实，未发现夯层。墓坑东南角被M50所打破，但仅破坏了椁的半边，未扰及棺和随葬器等。墓底一椁四棺，椁痕东西长3.15、南北宽4.05米，椁内南北向并列四棺，由东向西编号为1~4号，北端尚有板灰痕迹，南段大都无存，尺寸为：1号，残长2.1、宽0.6米；2号，残长0.8、宽0.65米；3号，残长0.9、宽0.6米；4号，残长0.5~0.7、宽0.58米。每棺置一人骨架，仅存骨屑，头均朝北。西边3、4号棺紧靠在一起，1、2号棺之间和2、3号棺之间放置随葬器物，南北向一字排开，器物破碎严重，共修复陶罐等20件。1号棺除少量骨屑外空无一物，2号棺脚端外有陶耳杯4件，3号棺人骨中段两侧发现铜钱，有五铢和货泉，4号棺内在骨架胸部位置发现铜矛头1件，矛头指向脚端。另在椁内南侧3号棺脚端、紧靠椁的南壁有1具叠放的人骨架，骨头凌乱且朽腐，应为迁葬（图八三；图版二九，2）。

2. 出土器物

出土器物以陶器为主，多为碎陶片拼合修复，器类以陶罐、陶耳杯为主，其次为陶壶，陶仓罐、灶、井模型明器各1件。金属器有铜矛、铜鍪、铁炉箅各1件，铜钱84枚。

（1）陶器　泥质灰陶为主，其次泥质红陶，多素面无纹。

罐　10件，泥质灰陶，分二型。

A型　9件。小口微侈，圆唇外翻，短束颈，丰肩，上腹圆鼓，下腹弧收，大平底，器形粗短（图版三〇，1）。M52:10，肩部饰二道凹弦纹。口径9.2、腹径19.2、底径11、高12.3厘米（图八四，1）。M52:12，下腹斜收，肩部饰二道凹弦纹，凹弦纹间饰网格纹带。口径7.8、腹径18、底径11、高13厘米（图八四，4）。M52:6，肩部饰二道凹弦纹，凹弦纹之间和弦纹与颈之间填饰两组网格带。口径10、腹径23、底径15、高16.5厘米（图八四，6；图版二八，6）。M52:3，肩中部饰一道凹弦纹。口径8、腹径17.2、底径11、高11.8厘米（图八四，2）。M52:11，肩中部饰一道凹弦纹。口径8、腹径17.2、底径11、高11.8厘米（图八四，5）。M52:7，肩部饰两道凹弦纹，弦纹间填饰网格纹。罐内有鸡骨。口径9、腹径18、底径12、高12.5厘米（图八四，7）。M52:5，肩部饰两道凹弦纹，弦纹间填饰网格纹。带盆形

图八三　M52平、剖面图

1.铜矛　2.铜钱　3、5~9、11、12.陶罐　4.陶盆　10.陶缸罐　13.陶熏炉　14、15.陶锺　16.陶井
17、21~24.耳杯　18.铜鍪　19.铁支架　20.陶灶

盖，盖为侈口，尖圆唇，斜折腹，小平底，倒扣于罐上略显大。罐口径4.5、腹径17.9、底径10、高12.5厘米，盖口径6.8、底径4、高4.5厘米（图八四，3）。M52：8，肩部饰一道凹弦纹。带盆形盖，形制同前。罐口径8.4、腹径20、底径12、高14厘米，带盖，口径14、底径4、高5.7厘米（图八四，8）。M52：9，口稍大，腹鼓起稍小，较前举各器稍显细高。口径9.1、腹径16、底径11、高12厘米（图八四，11）。

B型　1件。M52：28，侈口，斜直颈高而下束，溜肩，鼓腹，器底残失。器腹两侧各一实心耳，腹中间与耳的高度相当，有两道凹弦纹，弦纹下饰绳纹带。出土时位于铜鍪下铁箅上。口径17、腹径27.6、残高22厘米（图八四，9）。

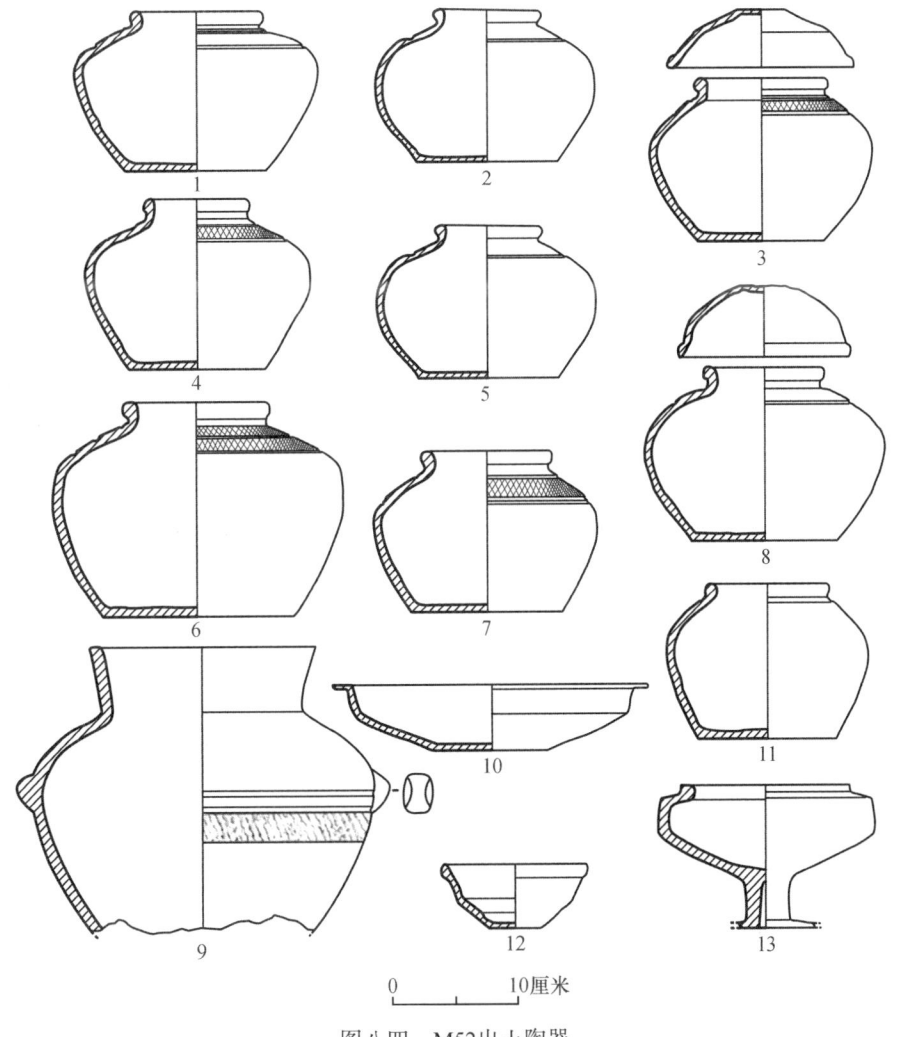

图八四 M52出土陶器

1~9、11.罐（M52：10、M52：3、M52：5、M52：12、M52：11、M52：6、M52：7、M52：8、M52：28、M52：9）
10.盘（M52：27） 12.盆（M52：4） 13.熏炉（M52：13）

盆　1件。M52：4，泥质灰陶。应作为A型陶罐之盖，因修自碎陶片，不能确定属于哪件陶罐，故单列于此。侈口，尖圆唇，斜折腹，下腹折收至小平底。口径11.5、底径4、高4.9厘米（图八四，12）。

盘　1件。M52：27，泥质红陶，宽平沿，斜折腹，浅腹小平底。口径22、底径9、高5厘米（图八四，10）。

熏炉　1件。M52：13，泥质灰陶，盖缺失。子口，尖圆唇，折腹，腹中部直，下腹斜收至柄，短柄，底残失。口径13.4、腹径17.4、残高11厘米（图八四，13）。

壶　2件。细长颈，球形腹，圈足。M52：14，泥质红陶，直口方唇，盘口，长颈，扁球形腹，高圈足。腹中部两侧各一贴塑铺首衔环。颈肩交接处饰三道凹弦纹，腹中部三道凹弦纹，圈足上两道凹弦纹。器表原施黄釉，多已脱落。口径13、腹径26、底径16.4、高32厘米（图八五，2；图版三〇，3）。M52：15，泥质灰陶，侈口方唇，长颈较细，沿下外部有似盘口的带状凸起（假盘口），圆球形腹，短圈足。带盖，与器身子母扣合，盖子口尖圆唇，斜腹弧顶，顶盖上有插纽的三孔，纽缺失。颈下部及腹部上、下各饰两道凹弦纹。口径13.6、腹径28.4、底径16.4、高34.6厘米，口径13.6、高5.4、通高40厘米（图八五，1；图版三〇，2）。

耳杯　7件。泥质红陶，椭圆形口，弧腹较浅，椭圆形薄饼底，两侧长边侧外伸出两个半椭圆形耳，耳略上翘。器内外隐约有涂朱的痕迹（图版三〇，4）。M52：17，长径14.5、短径9厘米，底长径9、短径4.5厘米，高4.5厘米（图八五，7）。M52：21，长径10、短径6厘米，底长径5.6、短径3厘米，高3.5厘米（图八五，5）。M52：22，长径10.5、短径6.5厘米，底长径5、短径3厘米，高3.5厘米（图八五，4）。M52：23，长径10.5、短径6.5厘米，底长径5.5、短径3厘米，高3.2厘米。M52：24，长径10.8、短径6.5厘米，底长径6、短径3厘米，高3.1厘米。M52：25，长径15、短径9厘米，底长径、短径4.5厘米，高4.5厘米。M52：26，长径10.5、短径6.7厘米，底长径6、短径3厘米，高3.2厘米。

仓罐　1件。M52：29，泥质灰陶，方唇，短颈，折肩，腹近直，大平底，桶形，器形不规整。肩下及腹部为在陶胎半干时各抹出的一道凹弦纹。口径12、腹径19.1、底径15.8、高19.4厘米（图八五，9；图版三一，2）。

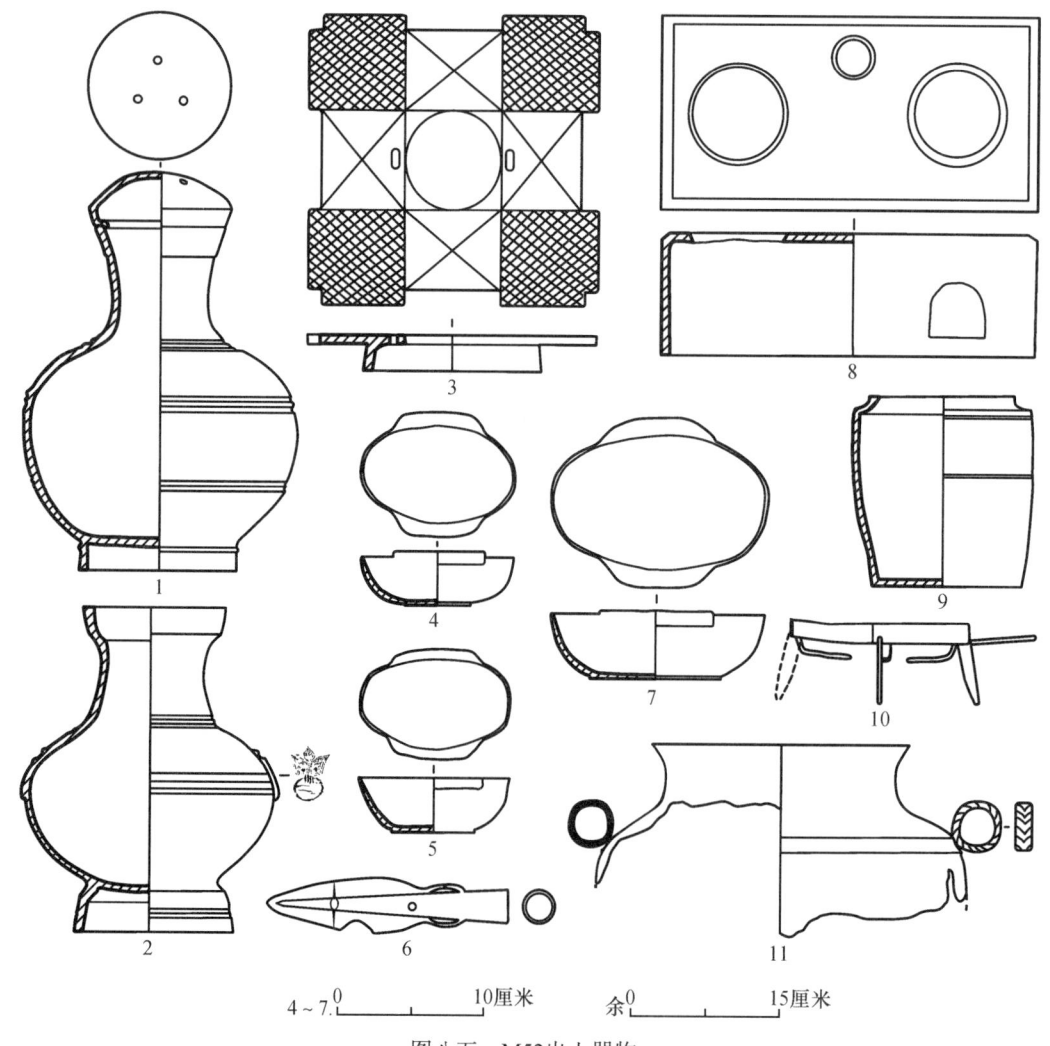

图八五　M52出土器物

1、2. 陶壶（M52：15、M52：14）　3. 陶井台（M52：16）　4、5、7. 陶耳杯（M52：22、M52：21、M52：17）　6. 铜矛（M52：1）　8. 陶灶（M52：20）　9. 陶仓罐（M52：29）　10. 铁支架（M52：19）　11. 铜鍪（M52：18）

灶　1件。M52：20，泥质灰陶，灶体呈长方体，抹角，灶面上一对圆形灶眼，左眼直径5、右眼直径5.2厘米，灶眼上下有收分，后方正中靠后壁有一小圆孔，直径2.2厘米，可能为烟囱。与灶眼相对应，一侧有两个拱形灶门，灶门底宽4、高3.8厘米。灶长39、宽20、高12.5厘米（图八五，8；图版三一，1）。

井台　1件。M52：16，方形平板状井台，中间一圆形井口，井口下连一段很短的井体。台面为四条板在井口外"井"字形纵横交错而成，井口两侧各有一立井架用的长方形孔。井口相对的四面的四个方形中各划对角纹，井台四角的方形刻划斜线网格纹。边长26、最宽30厘米，井口直径8.8、台下井体高2.8厘米（图八五，3）。

（2）铜器

矛　1件。M52：1，短骹，两侧有环，脊断面圆形，中空，一侧刃有一"V"形缺口，在两环之间和矛体局部有织物残迹。长16.8厘米（图八五，6；图版三一，3）。

鍪　1件。M52：18，腹、底大部残失。侈口，束颈，颈近斜折，鼓腹，肩、腹交接处有对称大环形双耳，耳呈绞索形，在双耳高度饰两周凸弦纹。口径19、腹径28.1、残高14厘米（图八五，11）。

铜钱　84件。根据出土位置分为三组说明。

A组　M52：2-3，五铢钱，5枚，1枚残破。出土于3、4号棺之间的随葬器中，散落于一陶罐的两侧。面无内郭。直径2.5、穿径1厘米。分二式。

Ⅰ式　1枚，"五"字交笔缓曲，朱头方折，金头大三角（图八六，1）。

Ⅱ式　3枚，"五"字两笔曲交，字体宽肥，略短于穿边，朱头圆折（图八六，2、3）。

B组　M52：2-1，五铢钱，20枚，出土于3号棺内骨架右侧。面无内郭，或穿上横郭，朱头方折。直径2.5、穿径1厘米。分四式。

Ⅰ式　"五"字两笔斜交，穿上横郭，外郭宽细不一（图八六，4、5）。

Ⅱ式　"五"字交笔缓曲，字体较瘦长，金头大三角形（图八六，6、7）。

Ⅲ式　"五"字两笔曲交，字体稍宽肥，金头低于朱头（图八六，8、9）。

Ⅳ式　"五"字曲交，与上、下两横相接处与两横垂直，朱头稍低（图八六，10）。

Ⅴ式　"五"字曲交，与上、下两横接处略内收，朱头较底（图八六，11）。

C组　M52：2-2，货泉，9枚，1枚残破，出土于3号棺内骨架左侧，与五铢钱（M52：2-1）相对。钱文悬针篆法，"泉"字中竖断开。直径2.2、穿径0.75厘米（图八六，12~15）。

（3）铁器

支架　1件。M52：19，为铁釜支架，残，略变形，因断裂、锈蚀严重未修复。环形架圈，一侧带扁条形长手柄，座下连四个扁条足。架圈上有三个扁条内伸形成铁炉箅。圈径18、高8厘米（图八五，10）。

（三四）第53号墓（2005CFYM53）

M53位于墓地南部，白马小学校园西南部。西距M52仅1.5米，地表和垫土层情况同M52，墓葬开口距地表0.35~0.4米。

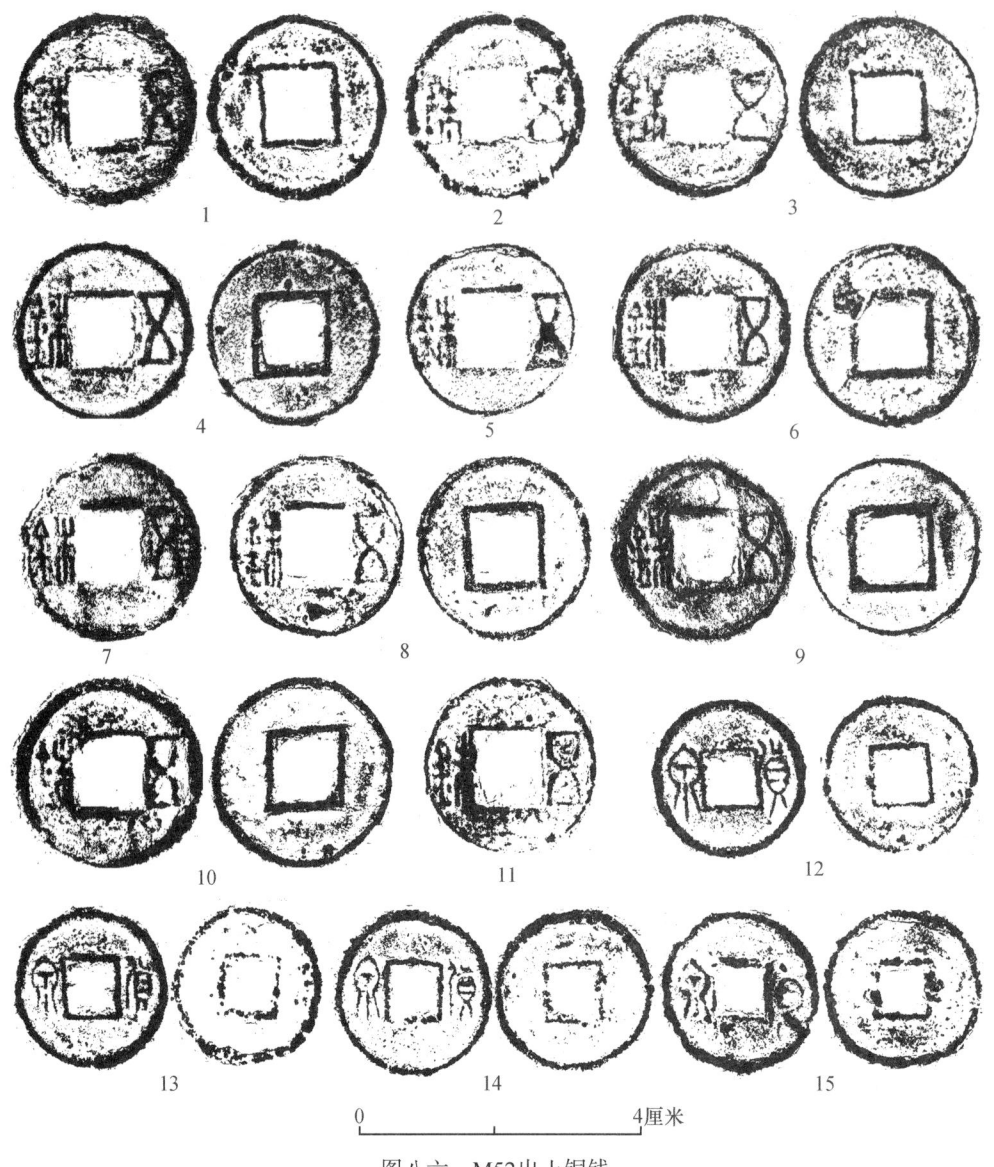

图八六　M52出土铜钱

1. A组Ⅰ式五铢（M52：2-3）　2、3. A组Ⅱ式五铢（M52：2-3）　4、5. B组Ⅰ式五铢（M52：2-1）　6、7. B组Ⅱ式五铢（M52：2-1）　8、9. B组Ⅲ式五铢（M52：2-1）　10. B组Ⅳ式五铢（M52：2-1）　11. B组Ⅴ式五铢（M52：2-1）　12～15. C组货泉（M52：2）

1. 墓葬结构和埋葬情况

长方形竖穴土坑墓，方向342°。墓口南北长3.88、东西宽2.9米，墓底与墓口同大，墓口距墓底深0.65～0.9米。墓内填土黄褐，土质不甚坚硬。根据板灰判断，墓底一椁一棺，椁长3、宽1.65米，棺置于椁内偏东侧（左侧），长2.2、宽0.78米。骨架已腐朽呈粉状，可辨为单人仰身直肢，头朝北。头端椁外西北角有陶器残片，较碎，修复为陶罐和陶甑各1件（图八七）。

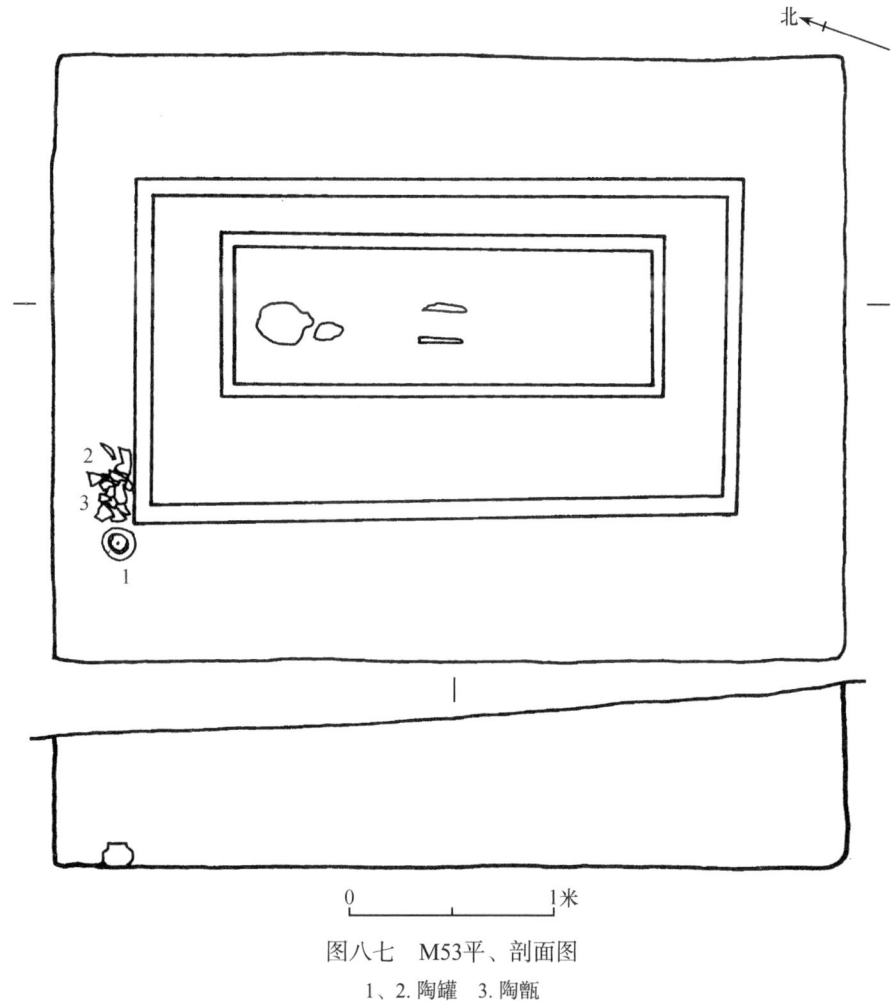

图八七　M53平、剖面图
1、2. 陶罐　3. 陶甑

2. 出土器物

随葬器物只有3件陶器，皆泥质灰陶。

罐　2件。M53：1，侈口尖唇，束颈极短，弧肩，由肩折至腹，腹弧收，近底处始斜收，大平底，底微内凹。出土时罐内泥土中有小动物骨骼。口径8.7、肩径15.5、底径6.5、高10.5厘米（图八八，1）。M53：2，尖圆唇外翻，大口，长粗颈，垂腹，颈、腹间逐渐过渡，无分界，类釜。腹下部至底饰横向粗绳纹。口径10、最大腹径14.5、高15.5厘米（图八八，2）。

甑　1件。M53：3，折沿圆唇，弧腹小平底，腹上两道凹弦纹，底上5个小孔呈十字对称分布，中心1个，四周4个。口径12.5、底径4、高7厘米（图八八，3）。

（三五）Ⅱ区第2号墓（2003CFYⅡM2）

ⅡM2位于Ⅱ区南部江边T01内，东与白马小学之间隔一条通向江边的公路，南距Ⅱ区M1约10米。地表为橘树和杂树。开口于第3层下，打破生土。第1层耕土层，第2层为20世纪80年代修小学西侧公路时翻上来的覆盖土，第3层为近代扰乱层，墓口距地表1.3米。

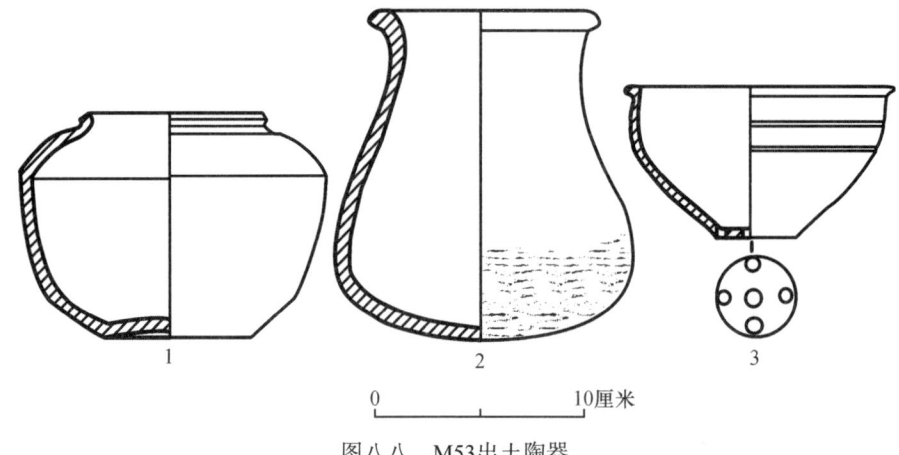

图八八　M53出土陶器
1、2.罐（M53:1、M53:2）　3.甑（M53:3）

1. 墓葬结构和埋葬情况

近长方形竖穴土坑，方向10°，长3.3、宽2.1～2.6米，墓圹高0.66米，直壁平底，坑壁规整，北宽南窄。墓内填土黄褐色，较疏松，含少量陶片。墓主仰身直肢，头北脚南，身长约1.6米，位于墓底中部偏右。葬具不详。随葬器物均为铜器，腰腹部置铜削1把，大泉五十3枚，人骨左边铜鍪1件，内有铜勺1件（图八九）。

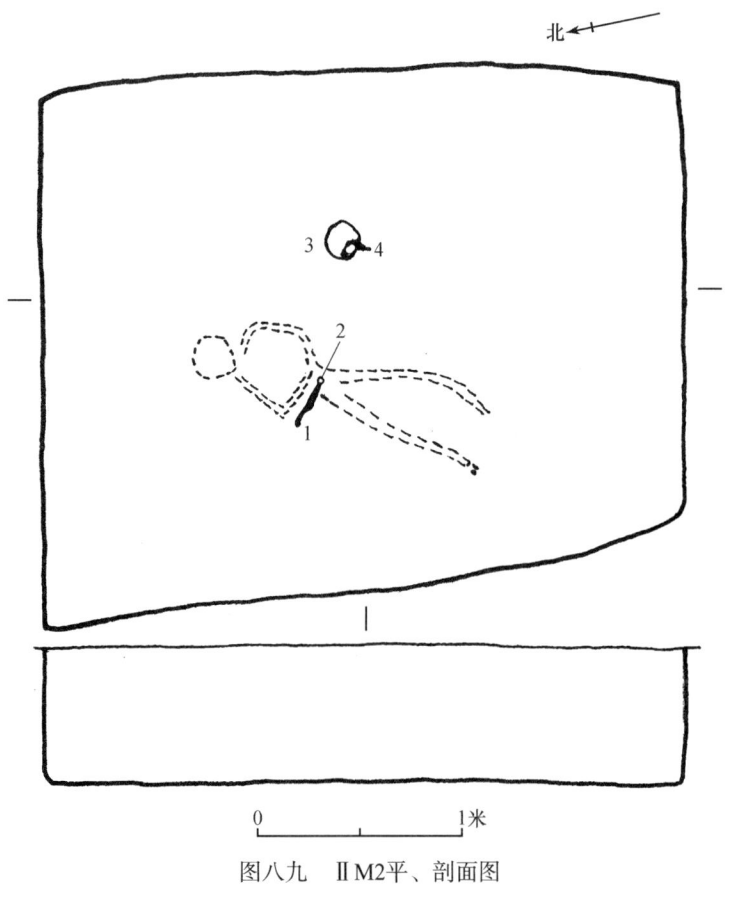

图八九　ⅡM2平、剖面图
1.铜削　2.大泉五十　3.铜鍪　4.铜勺

2. 出土器物

均为铜器。

鍪 1件。ⅡM2:3,侈口,束颈,鼓腹,圜底,双环耳,一大一小。肩上凸弦纹一道。口径12.4、高14.4厘米(图九〇,1)。

勺 1件。ⅡM2:4,簸箕形,器柄圆筒状,銴内有木痕,柄端一方形缺口,较厚重。勺长8.4、口沿宽10.6、柄长13.6厘米(图九〇,5;图版三一,6)。

削 1件。ⅡM2:1,首稍残,环首细柄,刀刃较锋利。残长17.6、宽3、背厚0.3厘米(图九〇,4;图版三一,5)。

大泉五十 3枚。直径2.7~2.9厘米,钱文风格一致。ⅡM2:2-1,"泉"字中竖断开。直径2.7厘米(图九〇,2)。ⅡM2:2-2,直径2.8厘米(图九〇,3;图版三一,4)。

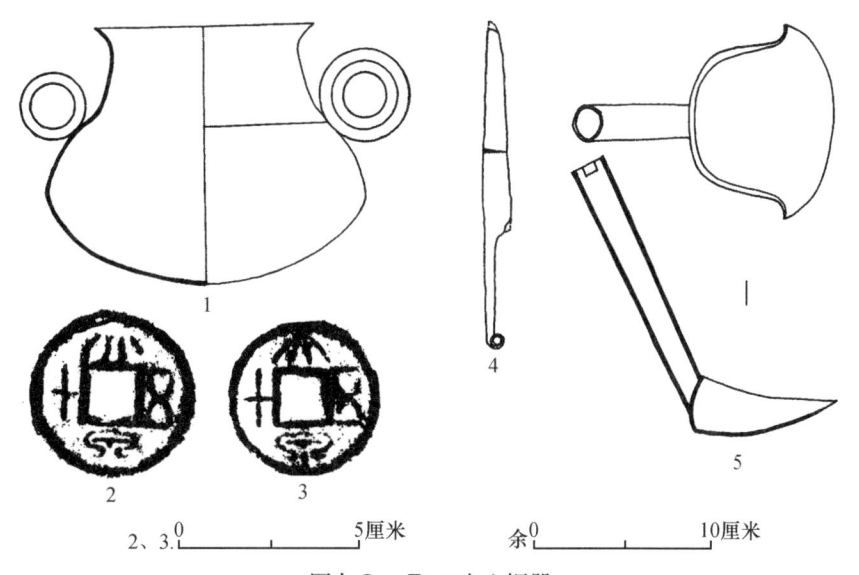

图九〇 ⅡM2出土铜器
1.鍪(ⅡM2:3) 2、3.大泉五十(ⅡM2:2) 4.削(ⅡM2:1) 5.勺(ⅡM2:4)

二、砖(石)室墓

(一)第1号墓(20053CFYM1)

M1位于白马小学以南江边的陡坎上,陡坎下为江边的一条土路,墓葬可能在以前修路时即遭到破坏。墓口上有很厚的覆盖土,墓口距地表2.25~3.25米。

墓葬结构和埋葬情况

券顶砖室墓,墓室前半段无存,券顶已塌陷,墓室后段平面呈长方形,可能前部还有甬道。方向340°。墓圹现存长度3.2、宽3.4、高2.25米,墓底内残长3、宽2.9米。从现存墓壁可看到墓室从第18层砖开始向上起券。墓砖为菱形纹间车轮纹纹砖,规格40厘米×18厘米×8厘米。墓内淤土分为3层，中间夹杂乱砖，第1层为黄土，质硬，第2层黑色土，较硬，第3层黄土，坚硬。墓底不用铺地砖，铺有一层灰色的细沙。墓葬遭破坏严重，墓底仅发现少量陶片及铁块、残铜条等，偶见红色漆皮。据花纹砖和墓室结构判断为汉代（图九一）。

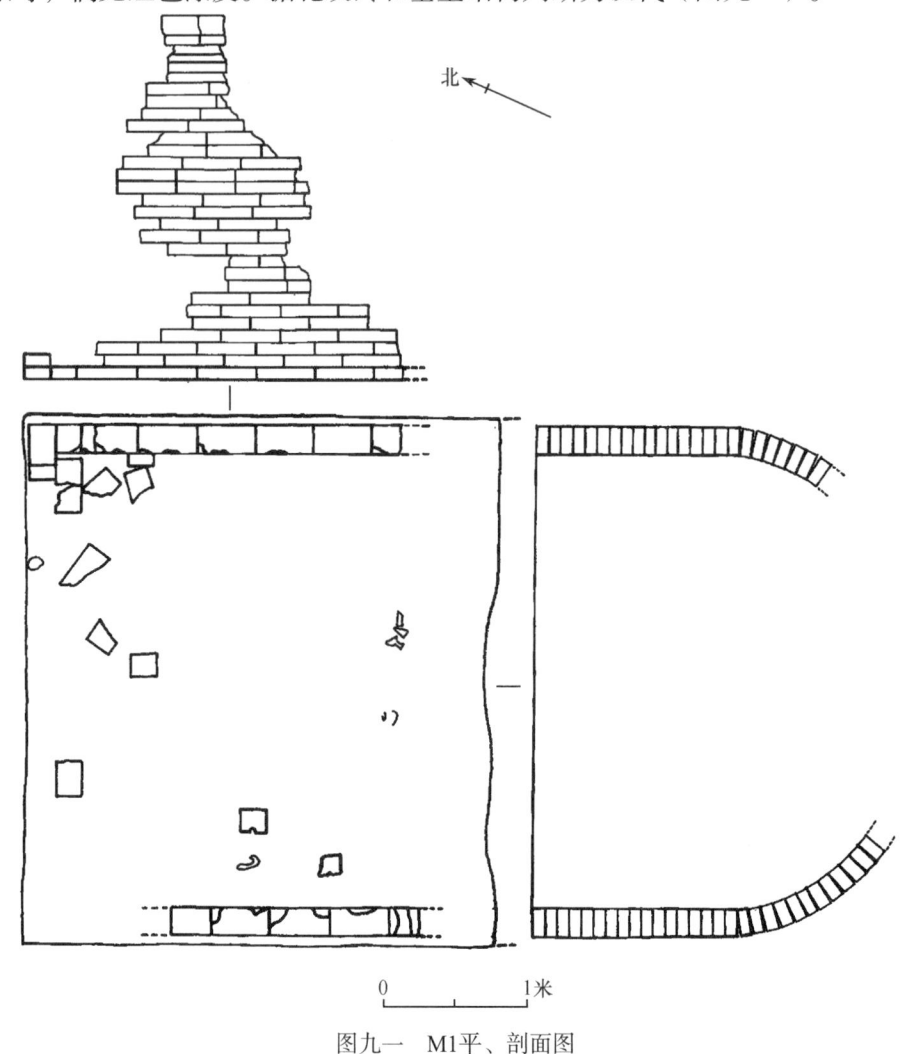

图九一　M1平、剖面图

（二）第4号墓（2003CFYM4）

M4位于白马水厂东，与水厂围墙隔一条通向江边的小路，东距M7约5米。发掘前在路边陡坎上有墓砖露头。地表为橘树。

1. 墓葬结构和埋葬情况

该墓上半部被严重扰乱，墓顶及部分墓壁缺失，墓室填土灰褐疏松，夹大量草木灰、小砖块、动物骨骸、乾隆通宝、青花瓷片等杂物。大约墓葬塌陷后这里即被当做垃圾坑使用，但未扰及墓底。平面长方形，方向225°，墓室以小菱形纹砖错缝叠砌，墓底不铺砖，以平整的硬土面为底。墓室长5.97、宽2.7米，残高1.62米，墓门在墓室西壁中段，宽1.27、残高0.48米，封门砖与墓壁砖一致，同为小菱形纹砖。南壁由下向上第15层砖可见起券迹象。墓砖杂有少量大菱形纹砖，葬具、葬式不详，仅见少量残骨。墓室内器物较杂乱，陶器主要置于前部正中，3件陶屋置于墓室前端，靠两侧壁摆放，左侧2个，右侧1个。摇钱树座在前部中间位置（图九二；图版三二，1）。

2. 出土器物

出土器物有陶器、铁器、铜钱等。

（1）陶器　共62件，包括容器、陶屋、摇钱树座、动物偶俑等类。

罐　14件，根据口沿及肩腹部特点分为三型。

A型　4件。直口，圆折腹，腹近扁圆，小平底，口径明显大于底径。可分为二亚型。

Aa型　1件。高直口。M4∶28，泥质陶，器表黑灰，胎红褐，方唇，折肩处一对实心小耳，其一残失，下腹急斜收成小平底，外底有十字形对称划纹。口径8.6、底径4.5、高9.3厘米（图九三，1；图版三三，1、2）。

Ab型　3件。直口较短，折腹较圆。M4∶8，泥质褐陶，圆唇，带盖，盖顶柱头短纽。口径6.8、底径4.5、器高9、带盖高12.5厘米（图九三，5；图版三二，2）。M4∶19，泥质黑灰陶，方唇，带盖，盖顶扁方纽。口径7、底径4、腹径12.7、高9厘米（图九三，11；图版三二，3）。

B型　6件。短圆唇，鼓腹，口、底对比不明显。M4∶20，泥质灰褐陶，腹上两道凹弦纹。口径5.5、底径5、高8厘米（图九三，8；图版三三，4）。M4∶15，泥质灰陶，腹饰两道凹弦纹。口径6.6、底径4.5、高8.3厘米（图九三，6；图版三三，3）。

C型　4件，束颈，圆唇，鼓腹。又可分为二亚型。

Ca型　2件。肩腹圆折，下腹稍斜直，小平底。M4∶35，泥质黑灰陶，肩饰两道凹弦纹。口径6、底径4.5、高7.6厘米（图九三，9）。M4∶25，泥质黑灰陶。口径6.5、底径4.5、高9厘米（图九三，7）。

Cb型　2件。圆鼓腹。M4∶22，泥质褐陶，下腹弧收成小平底。口径6.8、底径4、高8.6厘米（图九三，12）。M4∶16，泥质灰陶。口径7、底径4.8、高9.6厘米（图九三，13）。

盂　2件。泥质红陶，除下腹及外底，外施黄绿釉，有剥落。侈口直颈，扁腹平底。M4∶24，口径8.8、底径4、高7厘米（图九三，2；图版三三，5）。M4∶33，口径8.5、底径4.5、高6.2厘米（图九三，3）。

仓罐　3件。泥质灰陶，自肩向下斜弧收成大平底，分段饰绳纹。根据口沿分为二型。

A型　1件。M4∶42，圆唇，自唇至肩形成子母口，腹中部一道凹弦纹。口径9.6、底径8.5、高11.6厘米（图九三，10）。

B型　2件。直口折肩，近桶形，口小底大。M4∶7，口径11、底径12.8、高19.6厘米（图九三，4；图版三三，6）。

盆　13件。根据腹部形态分为五型。

A型　5件。又可分为二亚型。

Aa型　3件。圆腹，小平底。M4∶55，泥质褐陶，口微敞，沿外卷，深腹。口径12、底径4、高6.5厘米（图九四，2）。M4∶50，泥质黑灰陶，侈口，尖圆唇，上腹有三道凹弦纹，内

106　奉节营盘包墓地

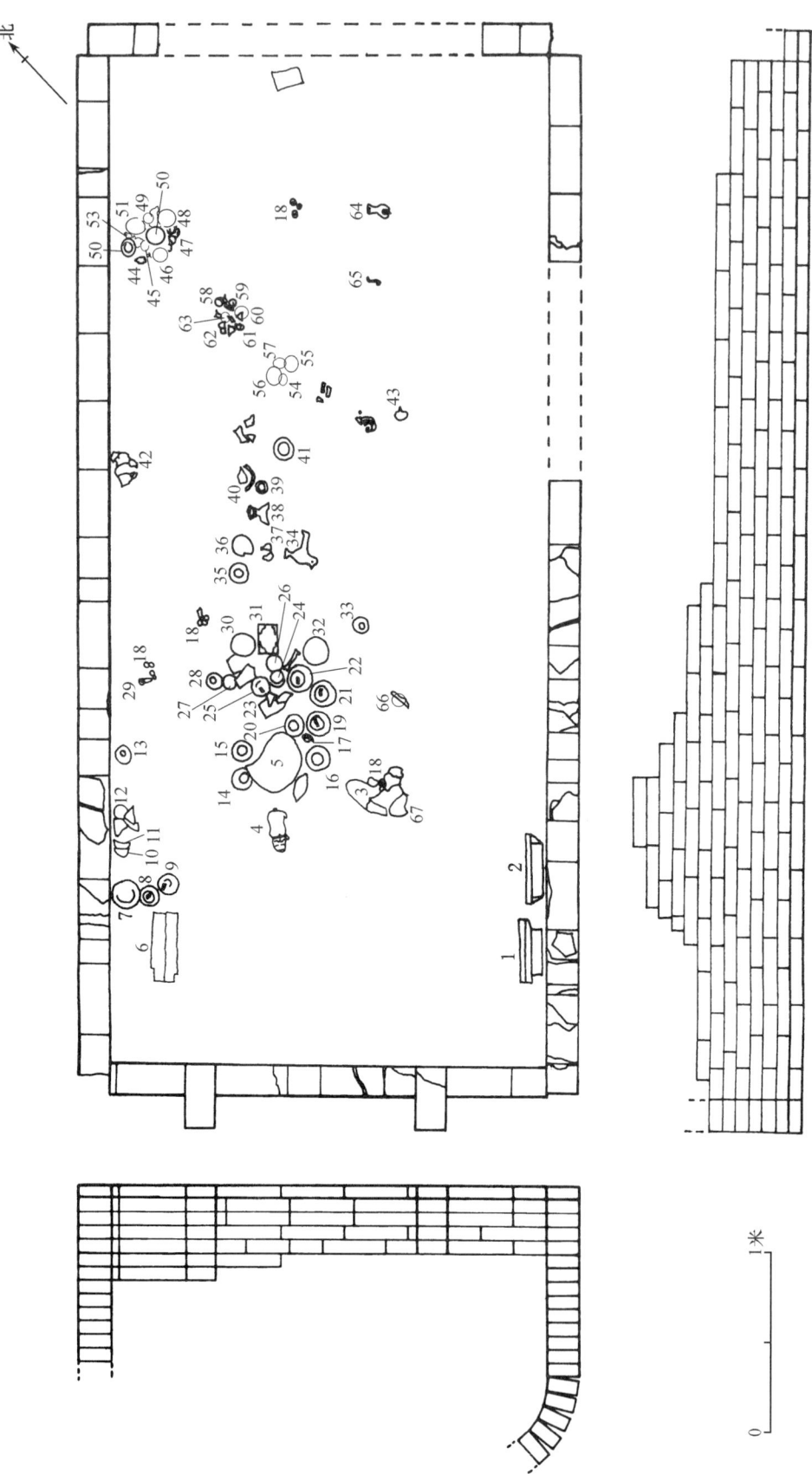

图九二　M4平、剖面图

1、2、6. 陶呈　3. 摇钱树座　4. 陶狗　5. 铁釜　7. 仓罐　8、9、12~16、19~22、25、35. 陶罐　10、17、27、28、32、36、41、45、46、50、55、57、58、62. 陶盆　11、30、47~49、67. 陶瓿　18. 五铢钱　23. 仓罐　24、33. 陶盂　26. 器盖　29. 铁刀　31. 陶灶　34. 陶鸡　37、43、44、59、63. 陶豆　38. 陶灯　39. 小壶　40. 陶壶　42. 仓罐　51. 陶鼎　53. 陶卮　54. 陶杯　56、60、66. 器盖　61. 熏炉盖　64. 陶鸡　65. 铁构件

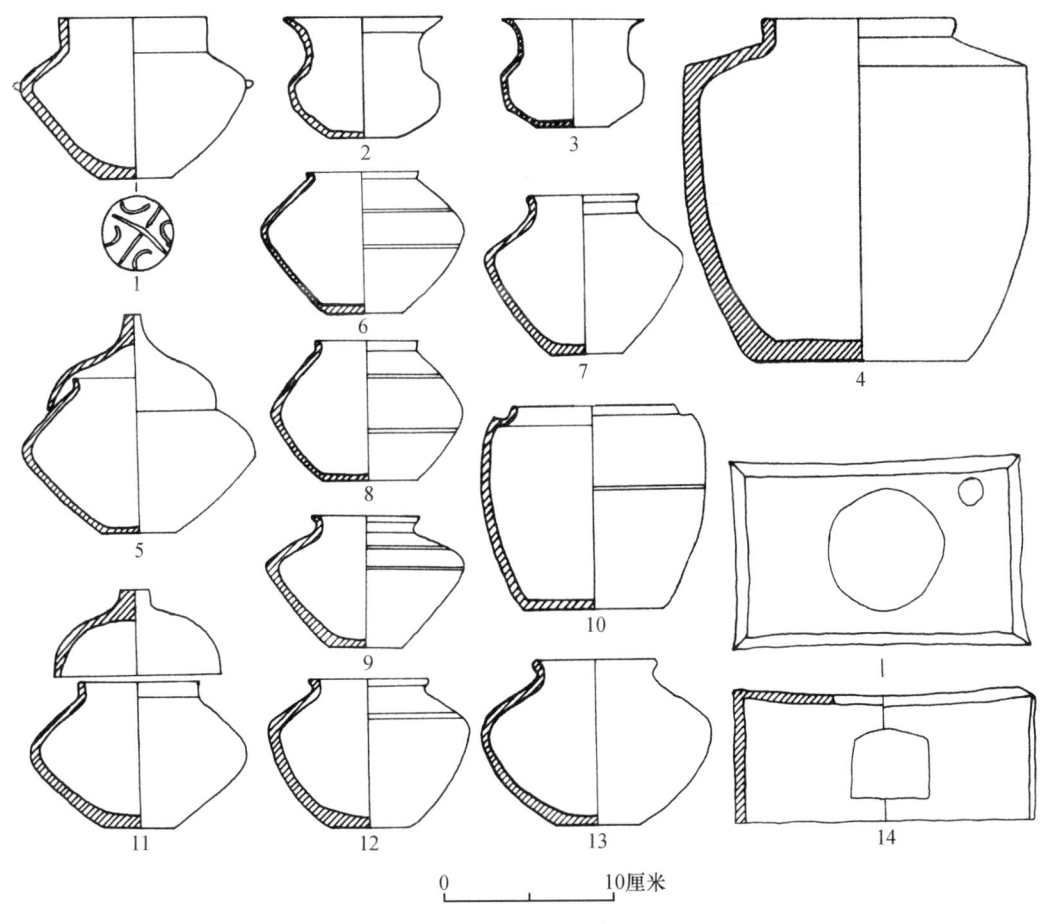

图九三　M4出土陶器

1、4~9、11~13. 罐（M4：28、M4：7、M4：8、M4：15、M4：25、M4：20、M4：35、M4：19、M4：22、M4：16）
2、3. 盂（M4：24、M4：33）　10. 仓罐（M4：42）　14. 灶（M4：31）

壁轮制痕迹明显。口径15.8、底径4.8、高7.1厘米（图九四，5）。

Ab型　2件。腹斜收。M4：57，泥质灰陶，敞口圆唇，下腹及外底有轮制旋痕。口径15.5、底径5、高6.6厘米（图九四，8）。M4：58，夹砂红陶，胎质粗松，内壁及沿面施红褐釉，釉层多脱落。敞口平沿。口径13.3、底径5.2、高5.3厘米（图九四，12；图版三四，2）。

B型　1件。束腹大宽沿。M4：46，泥质灰陶，尖圆唇，底近圜。口径10.5、高3.7厘米（图九四，14）。

C型　4件。分为三亚型。

Ca型　3件。弧腹，平底。M4：32，泥质灰陶，敞口尖圆唇。口径5.5、底径5.5、高4.5厘米（图九四，3）。M4：36，泥质浅褐色陶，敞口，尖圆唇。口径11.4、底径4.5、高4.2厘米（图九四，6）。M4：45，泥质红陶，内壁有釉，圆唇，腹部三道凹弦纹。口径14.8、底径8、高5.6厘米（图九四，4）。

Cb型　1件。斜折腹。M4：27，泥质灰陶，敞口，唇外翻，小平底。口径12、底径3、高4.7厘米（图九四，9）。

D型　2件。平底斜腹。M4：41，斜腹敛口。施釉，腹上凹弦纹。口径9.8、底径5、高4厘米（图九四，10）。M4：17，斜腹敞口。泥质灰陶，腹上弦纹。口径11.4、底径5、高4厘米

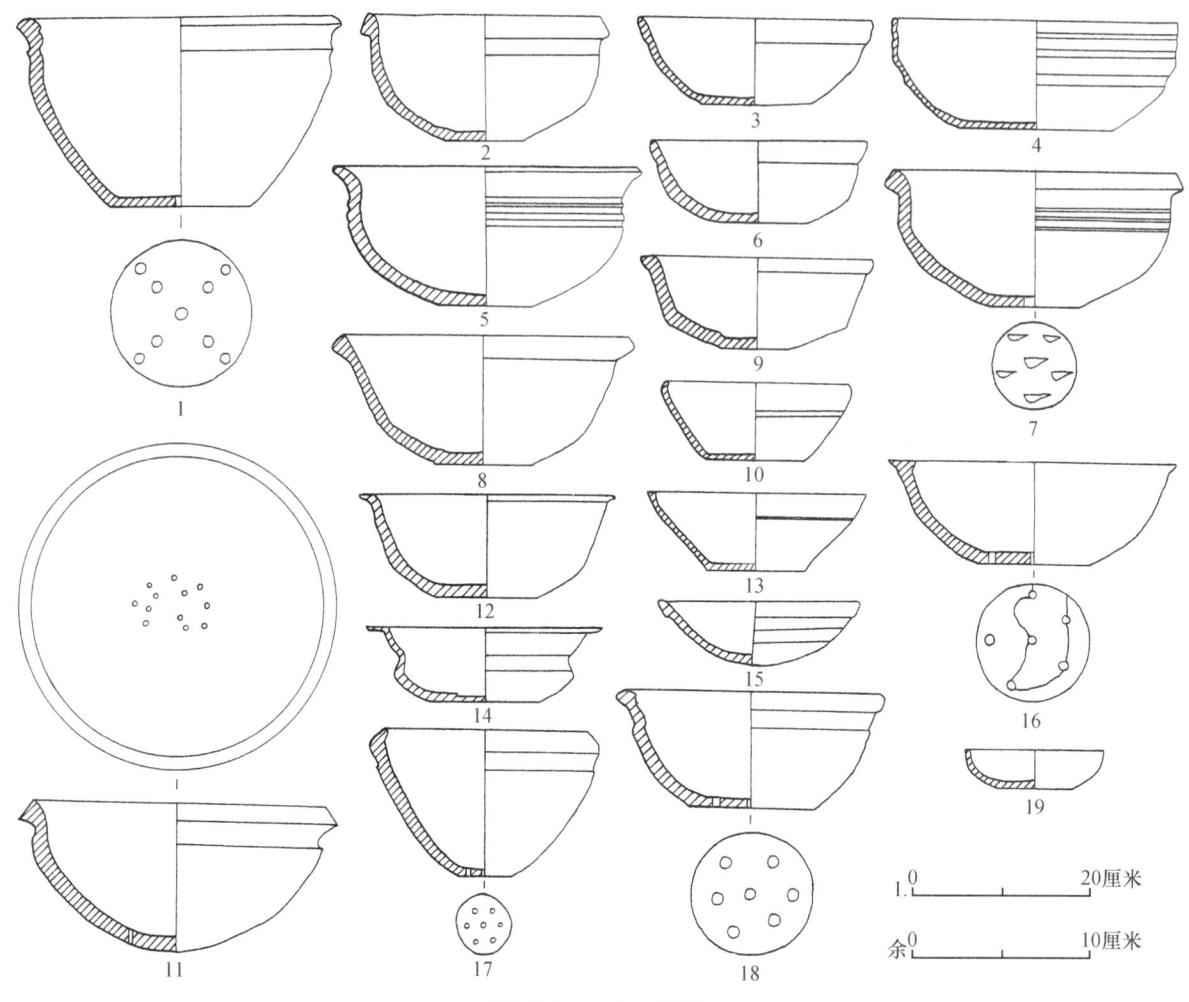

图九四　M4出土陶器

1、7、11、16~18. 甑（M4：67、M4：11、M4：49、M4：30、M4：11、M4：48）　2、5. Aa型盆（M4：55、M4：50）
3、4、6. Ca型盆（M4：32、M4：45、M4：36）　8、12. Ab型盆（M4：57、M4：58）　9. C型盆（M4：27）　10、13. D型盆
（M4：41、M4：17）　14. B型盆（M4：46）　15. E型盆（M4：62）　19. 盏（M4：39）

（图九四，13）。

E型　1件。M4：62，收腹成近圜底。M4：62，泥质灰陶，圆唇，腹上三道弦纹。口径10.4、高3.3厘米（图九四，15）。

小盏　1件。M4：39，泥质红陶，器表发黑，直口平沿，浅腹，平底，外底有线割痕迹，器型小。口径7.2、底径3.8、高2厘米（图九四，19）。

甑　6件，器形各不相同。M4：67，泥质灰陶，敞口圆唇，沿外翻，弧腹平底，口沿下有凸弦纹一道，器内口沿下有凹弦纹刻槽一周，底有9个小孔，孔径1.2厘米。口径31.8、底径15、高19.2厘米（图九四，1；图版三四，1）。M4：49，泥质灰陶，敞口，唇外翻，弧腹圜底，底上不规则分布着12个小孔。口径16.6、高7.6厘米（图九四，11）。M4：11，泥质灰陶，敞口卷沿，上腹微直，下腹急收成小平底，上腹三道凹弦纹，底上6个锥刺的小孔，孔形不规则。口径14.5、底径4.5、高7.1厘米（图九四，7）。M4：47，泥质灰陶，圆唇，大口小底，上腹饰凹弦纹，底上7孔有规律分布。口径10.6、底径3、高7.5厘米（图九四，17）。

M4：48，黑红陶，敞口，圆唇外翻，口沿下收束成一道凹弦纹，大平底，底上7孔。口径13.2、底径6.6、高6厘米（图九四，18）。M4：30，泥质红陶，敞口平唇，弧腹，小平底，底已残，可复原有5个小孔。口径15、底径5.5、高5.3厘米（图九四，16）。

鼎　1件。M4：51，泥质红陶，通体黄褐釉，侈口束颈，弧腹，圜底近平，腹中间有凹弦纹一道，口沿上有耳的残迹，无法复原。口径11.8、腹径11.7、高7.9厘米（图九五，2；图版三四，4）。

豆　2件，器型不同，应为灯具。M4：52，泥质红陶，子口母，短柄，喇叭形圈足。口径8.8、底径8.8、高8.8厘米（图九五，10）。M4：38，泥质红陶，施黄褐釉，豆盘浅而小，座高而宽。口径8、底径9.8、高8.6厘米（图九五，15）。

壶　1件。M4：40，泥质红陶，敞口平沿，高束颈，鼓腹圈足，腹上三道凹弦纹，腹部贴塑一对铺首衔环，盖顶环纽。口径12.8、腹径20、器高31.6、带盖高38.8厘米（图九五，1；图版三四，3）。

卮　1件，M4：53，泥质红陶，施黄釉，平口方唇，直腹，桶状，近底处内收。口径5.5、底径5.3、高7.3厘米（图九五，4）。

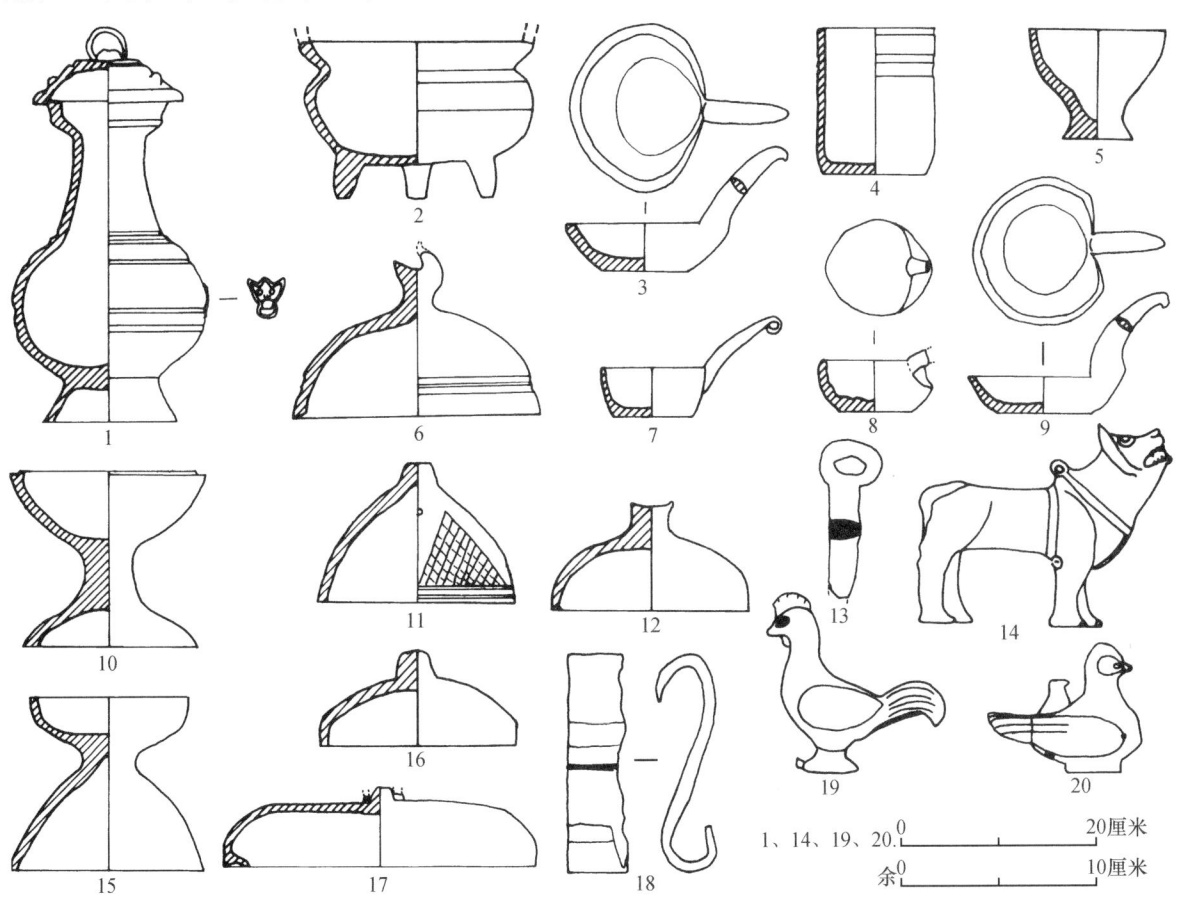

图九五　M4出土器物

1.陶壶（M4：40）　2.陶鼎（M4：51）　3、9.A型陶灯（M4：44、M4：43）　4.陶卮（M4：53）　5.陶杯（M4：54）　6、12、16.罐盖（M4：66、M4：60、M4：26）　7、8.B型陶灯（M4：59、M4：63）　10、15.陶豆（M4：52、M4：38）　11.熏炉盖（M4：61）　13.铁削（M4：29）　14.陶狗（M4：4）　17.鼎盖（M4：56）　18.铁带钩（M4：65）　19、20.陶鸡（M4：34、M4：64）

杯　1件。M4∶54，泥质红陶，平口曲腹，小底，假圈足。口径7、底径3.6、高5.5厘米（图九五，5）。

灯　5件。根据灯盘及柄的形态，分为二型。

A型　3件。浅盘，盘腹斜收，粗柄。M4∶44，泥质红陶，黄绿釉。口径8.3、底径4.8、盘高3.2、通高6.6厘米（图九五，3）。M4∶43，泥质红色，平底浅盘。口径7.4、底径4.5、通高6厘米（图九五，9；图版三二，4）。

B型　2件。盘口、底直径相近，直腹，细长柄，柄端翻卷。M4∶59，泥质红陶，施黄褐釉。口径6.5、底径4、盘高2.5、通高5厘米（图九五，7；图版三二，5）。M4∶63，泥质红陶，扁圆腹，施薄釉，柄残。口径5、底径3.5、残高3.1厘米（图九五，8）。

器盖　5件，分别属于三种器型。

罐盖　3件。M4∶66，泥质黑陶，盖顶一鸟形纽，近口部饰二道凹弦纹。口径12.6、通高8厘米（图九五，6）。M4∶26，泥质灰陶，直口方唇，盖顶一扁纽。口径9.8、通高4.8厘米（图九五，16）。M4∶60，泥质灰陶，直口方唇，盖顶一近长方纽。口径10、通高5.4厘米（图九五，12）。

鼎盖　1件。M4∶56，泥质红陶，施青褐釉，子母口，纽残。口径15.8、通高4.2厘米（图九五，17）。

熏炉盖　1件。M4∶61，泥质红陶，大致呈圆锥状，直口方唇，盖顶圆柱状纽，纽下3个锥刺孔，盖面饰三块三角形分区的网状纹。口径10、高7厘米（图九五，11）。

灶　1件。M4∶31，泥质红陶，单眼，灶台一角留烟孔1个，侧面弧顶灶门1个。长18、宽11、高7.6、胎厚0.6～0.8厘米（图九三，14）。

俑　3件，有狗俑和鸡俑。

狗　1件。M4∶4，泥质灰陶，四肢直立，昂首，双耳竖起，狗尾上卷贴于臀部，作鸣吠状。项部缠有带状物或项圈，身体浑圆。长25.8、高21、宽12厘米（图九五，14；彩版一一，4）。

鸡　2件。M4∶34，泥质灰陶，鸡冠高耸，仰首前视，翘尾，作站立状。腹中空。通高17.8、长18.8厘米（图九五，19；彩版一一，5）。M4∶64，泥质灰陶，子母鸡，双目圆瞪，背上、胸前及两侧翅膀各塑一小鸡。长15.6、通高12.9厘米（图九五，20；彩版一一，6）。

陶屋　3座，皆泥质红陶。M4∶6，两面坡顶，前面房顶有筒瓦5列，最前端有圆瓦当。正面中间一斗二升，前有阳台，阳台前有刻花护栏。长39、宽12、高28.2厘米（图九六，1；彩版一一，3）。M4∶1，房顶后部凸出长方形平台，前面房顶有5列筒瓦，房脊两端上翘，正面一斗三升。山墙一侧有半圆形洞。长39.7、宽13.8、高28.7厘米（图九六，3；彩版一一，1）。M4∶2，整体呈箱形，有阳台（残），阳台延至两侧山墙，房脊两端起翘，两面坡顶，前面有筒瓦5列。正面一斗三升，两侧单栱。高27.6、面宽38.7、进深8厘米（图九六，2；彩版一一，2）。

摇钱树座　1件。M4∶3，泥质红陶，表面可见淡绿色釉，上部狮形，狮子作半蹲状，狮背一带竹节圆柱状插座，下半为椭圆形中空底座，周围有5只羊形动物，作行走状，浅浮雕，

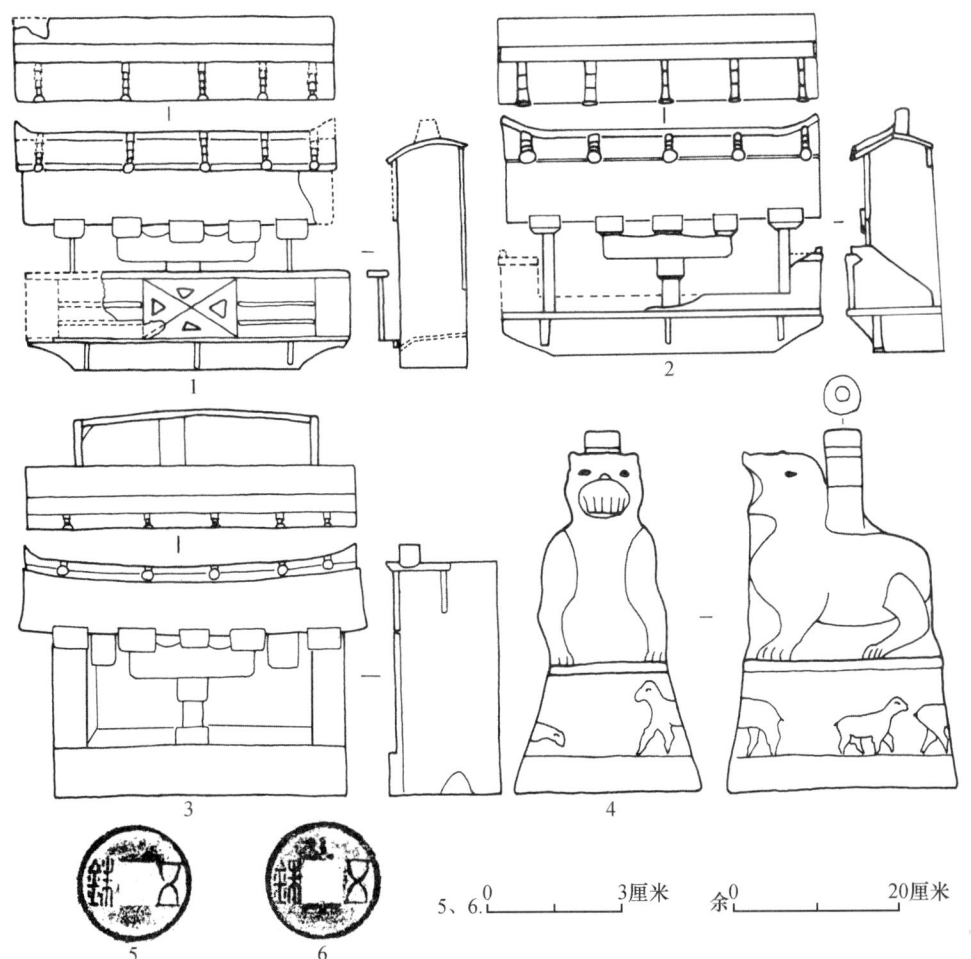

图九六 M4出土器物

1~3.陶屋（M4:6、M4:2、M4:1） 4.摇钱树座（M4:3） 5、6.五铢钱（M4:18）

模糊不清。通高40.5、底宽35、厚22.8厘米（图九六，4；彩版一二，1）。

（2）铜钱 22枚，皆为五铢钱，直径2.1~2.5厘米，面无内郭，"五"字两笔曲交，上横接郭，"朱"头及下半皆圆折，为东汉五铢特点。M4:18-1，直径2.5厘米。朱旁中竖较高，高于金旁，下半部稍见圆方折笔画（图九六，5）。M4:18-2，直径2.5厘米。朱头与穿平齐，上、下圆折明显（图九六，6）。

（3）铁器 2件。另有铁釜1件，已成粉碎状，无法起取。

刀 1件。M4:29，前段残，环首。残长8厘米（图九五，13）。

带钩 1件。M4:65，铁板片弯成"S"形。两端朝相反方向弯曲成钩。表面有零星红、白色，锈蚀严重。长11、厚0.5~1厘米。重庆丰都林口汉墓出土4件同样的铁件，报告定名为铁带钩[①]（图九五，12）。

---

① 重庆市文化遗产研究院、丰都县文物管理所：《重庆丰都县火地、林口墓地发掘简报》，《江汉考古》2013年第3期。

（三）第10号墓（2003CFYM10）

M10位于白马小学围墙南侧，墓葬后半部压于学校教室之下，东距M3约40米。

1. 墓葬结构及埋葬情况

墓室平面长方形，前端正中带短甬道，整体呈凸字形。甬道前端为陡坎破坏。墓室后部伸入小学教室下，在建校时可能已遭破坏，又考虑到安全问题，小学墙外留出约2米，不再发掘，仅发掘清理其前半段。方向145°，墓室宽2.8米，发掘部分长3.4米，甬道长2、宽1.7米。墓底距地表1.6~3.2米，墓壁残高1.2米。墓壁以菱形纹砖错缝叠砌，不施铺地砖，墓底硬黄土。因残缺过甚，起券高度不详。墓坑经扰乱，墓内填土黄褐，夹有陶楼、陶俑残片及大量陶片，内有宋代瓦当、滴水等物，有陶柄形器被扰入墓底，除随葬器物外墓底仅见少量人骨碎片，葬式、葬具不详（图九七）。

2. 出土器物

残存器物有釉陶壶1件，陶盆5件，陶钵2件，耳杯2件，陶勺1件，陶碟3件，陶杯2件，陶灯1件，陶器盖1件，陶灶1件，陶俑8件，水塘模型1件，鎏金铜扣饰1件，铜钱19枚。

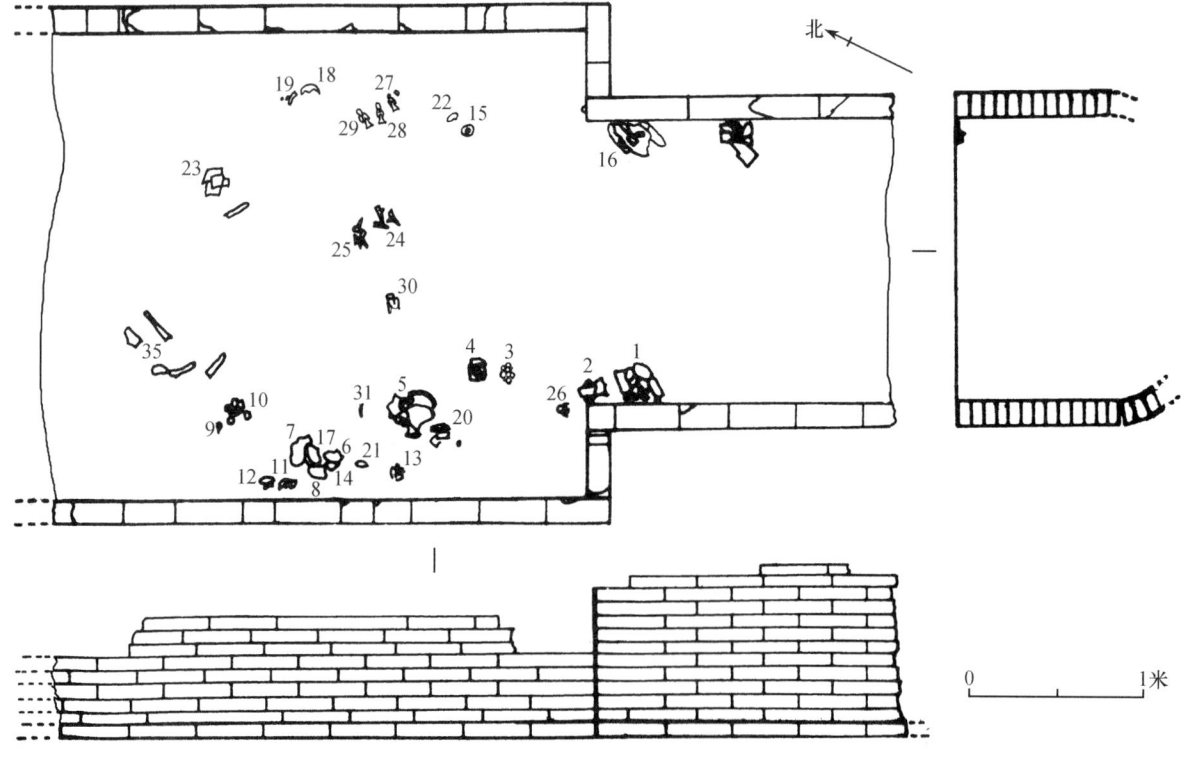

图九七　M10平、剖面图

1. 陶猪　2. 陶俑　3. 铜钱　4. 镇墓兽　5. 釉陶壶　6~8. 陶盆　9. 陶勺　10、13. 陶杯　11、12. 耳杯　14、21、22. 陶碟　15. 陶灯　16. 陶灶　17、19. 陶钵　18. 陶盆　20. 陶器盖　23. 水塘模型　24、25. 陶柄形器　26~30. 陶俑　31. 鎏金铜扣饰　35. 人骨

（1）釉陶器

壶　1件。M10：5，泥质红陶，通体施黄褐釉。敞口平唇，高颈，扁圆腹，圈足，肩腹部贴塑兽面铺首一对，铺首上饰凹弦纹。口径16.5、腹径24、底径16.2、高26.6厘米（图九八，1；图版三四，5）。

（2）陶器

盆　5件。根据腹底特征分为三型。

A型　1件。曲腹圜底。M10：7，泥质黑灰陶，敞口尖圆唇，沿下凹弦纹。口径15、高6.2厘米（图九八，7）。

B型　3件。深腹平底。M10：6，泥质黑陶，侈口圆唇，小平底，曲腹。口径15、底径6.2、高6.4厘米（图九八，10）。M10：8，泥质灰陶，敞口尖圆唇，矮饼底。口径16.4、底径7、高6.7厘米（图九八，13）。

C型　1件。浅腹盘状。M10：18，泥质红陶，大宽沿，折腹小平底。口径17.2、底径5、高4.4厘米（图九八，2）。

钵　2件。形制一样，敞口圆唇，沿略外翻，折腹小平底。泥质黑陶。M10：19，口径10、底径2.8、高4.2厘米（图九八，4）。

碟　3件。根据腹部特征分为二型。

A型　2件。大口小平底，腹斜直。M10：21，泥质黑陶，敞口圆唇。口径8.7、底径2.6、高2.5厘米（图九八，3）。M10：14，泥质黑陶，敞口圆唇。口径10.2、底径4.3、高2.9厘米（图九八，5）。

B型　1件。折腹小平底。M10：22，泥质黑陶，圆唇，折腹。口径8.4、底径2.9、高2.5厘米（图九八，6）。

杯　2件。形态各异。M10：10，泥质红陶，直口圆唇，直腹平底，底部中央略内凹，器身上部有一对三角形鋬，鋬上、下各有一道上弦纹，器表施釉，多已脱落。口径9.6、底径8、高8.4厘米（图九八，11；图版三四，6）。M10：13，泥质灰陶，直口平唇，深圆腹，高圈足，上腹凹弦纹，下腹贴塑花瓣纹装饰。口径11.4、底径8.8、高6.4厘米（图九八，8）。

耳杯　2件。形制相同，泥质红陶，口部椭圆形，附耳一对，尖圆唇，平底。M10：11，口部长径11.7、短径7.4、带耳宽9.3厘米，底部长径7、短径3.5、高3.2厘米（图九八，9；图版三五，2）。

勺　1件。M10：9，泥质红陶，勺呈不规则圆形，底部尖圆形，柄部弯曲，略上翘。口径6.5、带柄长12.2、高4.6厘米（图九八，18；图版三五，1）。

灯　1件。M10：15，豆形灯，仅存灯盘。泥质红陶，盘内施绿釉。直口方唇，内底平坦，圆柱状柄残。口径12、残高5.8厘米（图九八，14）。

器盖　1件。M10：20，泥质灰陶，盖顶4个梯形纽。似为鼎盖。口径20.8、高5厘米（图九八，15）。

灶　1件。M10：16，泥质灰陶，两侧有长方形的挡板，一侧的挡板较直，朝外的一面有堆塑装饰，另一侧挡板向外倾斜，内侧有两行乳钉组成的花朵。灶台上二火眼，一侧两个斜置

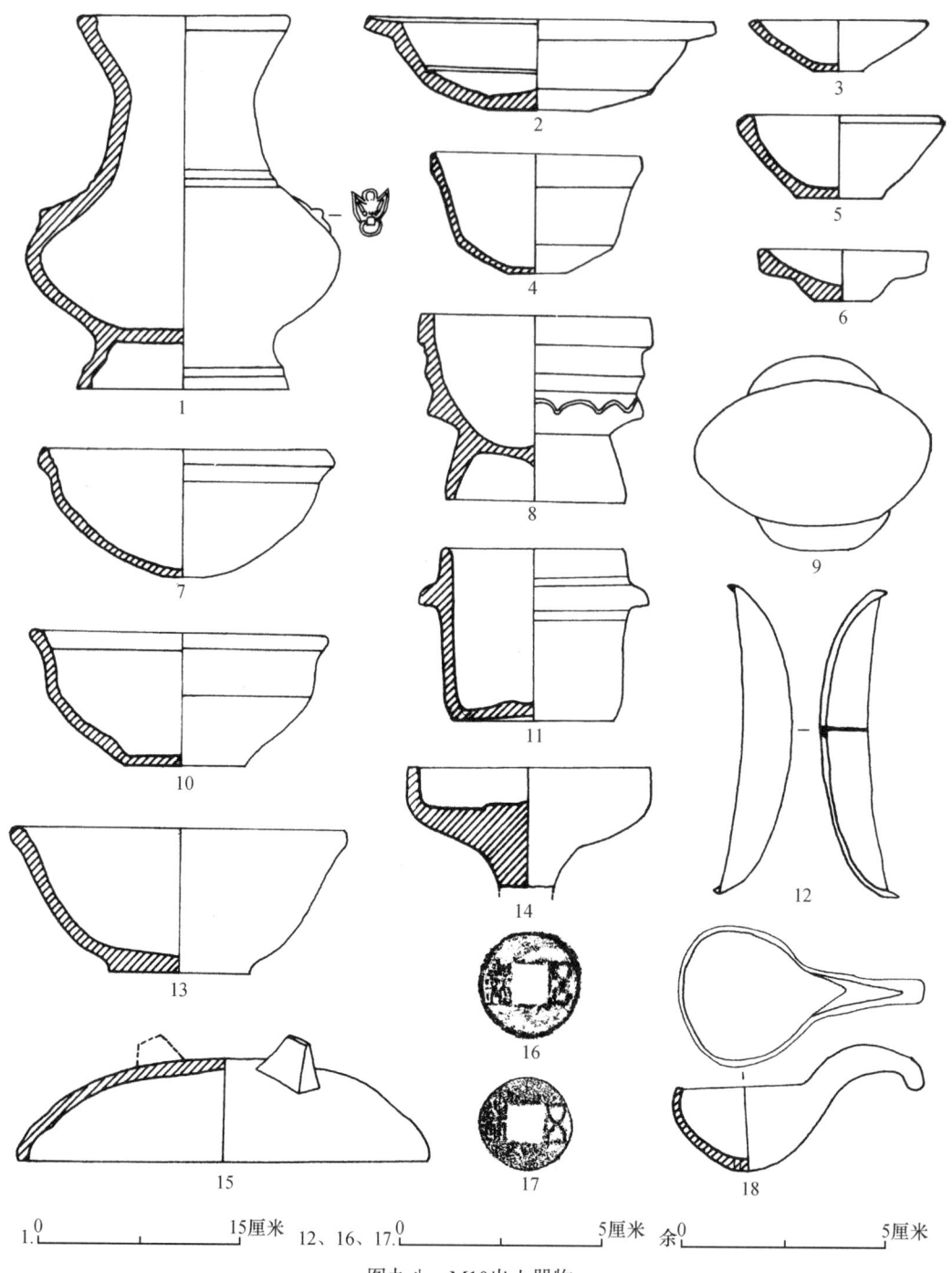

图九八　M10出土器物

1. 釉陶壶（M10∶5）　2. C型陶盆（M10∶18）　3、5. A型陶碟（M10∶21、M10∶14）　4. 陶钵（M10∶19）
6. B型陶碟（M10∶22）　7. A型陶盆（M10∶7）　8、11. 陶杯（M10∶13、M10∶10）　9. 耳杯（M10∶11）
10、13. B型陶盆（M10∶6、M10∶8）　12. 鎏金铜扣饰（M10∶31）　14. 陶灯（M10∶15）　15. 器盖（M10∶20）　16、17. 五铢钱（M10∶3-1、M10∶3-2）　18. 陶勺（M10∶9）

的四边形火门。长26.4、通高15、台高9、宽13.8厘米（图九九，8）。

水塘模型　1件，残。M10∶23，泥质灰陶，不规则形平面，原物形状不明，上有田螺、青蛙、鱼、鸭、龟、莲蓬等动植物形象，表面残留彩绘。残长30、最宽16.5厘米（图九九，9）。

俑　有人俑、猪俑，共8件，2件残。

女俑 2件。M10∶26，胸部以下残失。泥质红陶，着平顶冠，右衽宽袖，圆领，面带微笑意，体中空。残高9厘米（图九九，1）。M10∶29，泥质红陶，体中空，面目、冠髻不清，着及地长裙，两手拱于胸前。高12.4、底宽5.6厘米（图九九，7；图版三五，4左）。

男俑 2件。M10∶28，泥质红陶，中空。光头，右衽宽袖，两手拱于胸前，长袍及地。高12.5、底宽4.8厘米（图九九，2；图版三五，4右）。M10∶27，泥质红陶，面目不清，着袍拱手而立。高12.6、底宽3.9厘米（图九九，3）。

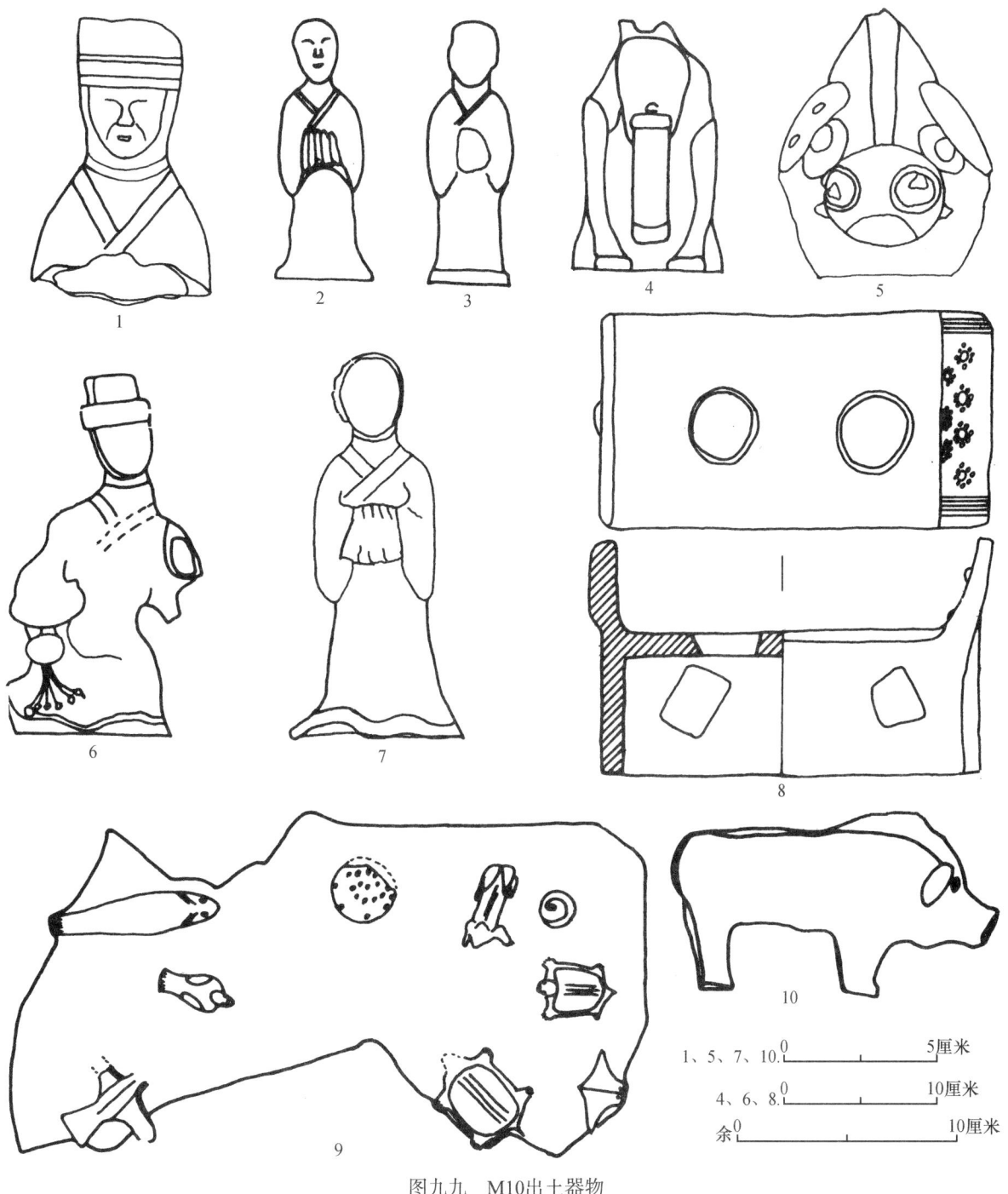

图九九 M10出土器物

1. 女俑（M10∶26） 2、3. 男俑（M10∶28、M10∶27） 4. 镇墓兽（M10∶4） 5、10. 陶猪（M10∶30、M10∶1）
6. 舞俑（M10∶2） 7. 女侍俑（M10∶29） 8. 陶灶（M10∶16） 9. 水塘模型（M10∶23）

舞俑　1件。M10：2，泥质红陶，中空，着高冠，着右衽及地长裙，面目不清，头微侧，右手按在胯侧，手持花形道具，左臂上举，手已残失，作舞蹈状。高23.2、底宽10厘米（图九九，6；图版三五，3）。

猪　2件。其一残，仅剩猪头。M10：1，泥质红陶，中空，体态肥胖，站立，嘴前突，背脊一排鬃毛竖起，腹部与尾下各有一孔洞。长21.2、高11.8厘米（图九九，10；图版三五，5）。M10：30，泥质红陶，仅余头部，鼻上翘，眼圆睁，两耳弯曲贴于头两侧。残高8.6厘米（图九九，5）。

镇墓兽　1件。M10：4，泥质红陶，中空，作蹲踞状，四肢及臀着地，头上竖两角，口吐长舌。高16、宽10厘米（图九九，4；图版三五，6）。

（3）铜器　为铜饰件和铜钱。

鎏金扣饰　1件。M10：31，形如新月形，鎏金大部脱落。根据器形，应为漆器耳上饰件。长7.3、宽1.15厘米（图九八，12）

铜钱　五铢钱19枚，钱文模糊不清，朱头圆折。M10：3-1，直径2.5厘米（图九八，16）。M10：3-2，磨郭，直径2.3厘米（图九八，17）。

另外，填土中出土器物有滴水、瓦当、柄形器等。

滴水　1件。M10：32，泥质灰陶，莲花纹稍残。残长16.1、残宽11、高7.9厘米（图一〇〇，1）。

瓦当　1件。M10：33，泥质灰陶，圆形，瓦当后残存筒瓦一截，较厚重，当面莲花纹。直径10、残长5.6、胎厚1.5厘米（图一〇〇，2）。

柄形器　6件，分二型。

A型　3件。均残。泥质灰陶，柱状，一端粗，一端细，粗端头上似接盘，近粗头分叉，形成另一枝，分枝稍细。M10：24，残长15.5、分叉残长7厘米（图一〇〇，3）。

B型　3件。均残，有泥质灰陶、黑陶。圆柱状，上粗下细，粗端弯向一侧，原应接器物。M10：25，残长12.7厘米（图一〇〇，4）。

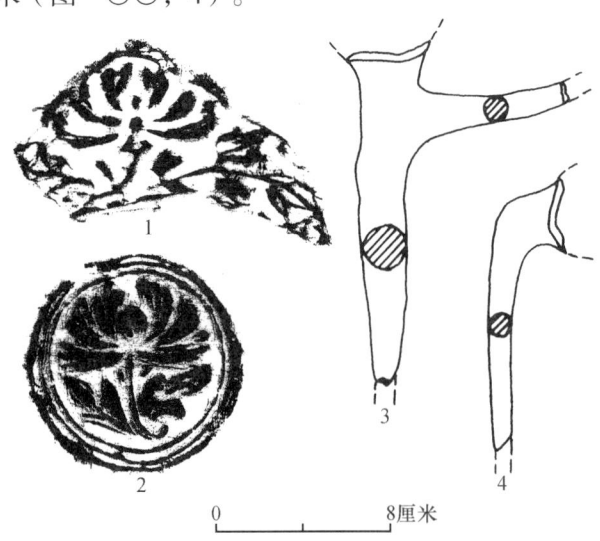

图一〇〇　M10填土中出土器物

1. 滴水（M10：32）　2. 瓦当（M10：33）　3、4. 柄形器（M10：24、M10：25）

（四）第21号墓（2005CFYM21）

M21位于墓地东南部、台地的东部边缘，西距白马小学30米，西北距M16约23米，墓葬西北角坐标N31°02′12.9″，E109°30′17.2″。这里原为唐姓村民的宅基，2004年我们就听唐说过，他家的厨房地上有一洞，深不及底。2005年在我们进驻前几个月，房屋一拆除即被盗墓贼盗发。现地面堆积建筑垃圾，盗洞被建筑垃圾掩盖，地表散见菱形花纹砖，从盗洞边上的土中发现五铢钱1枚，显为墓中所出。发掘时先清理建筑垃圾，用大铁锤砸破水泥地面。墓上有很厚的房基垫土，墓口距地表0.85米。盗洞位于墓顶前部，拆除墓顶从墓门向后两个砖的长度，横向五排券砖，长约1、宽约0.5米。

1. 墓葬结构和埋葬情况

长方形券顶砖室墓，方向90°。墓室东西长3.16、南北宽1.72米，拱顶高1.42米。墓门在墓室东端，墓门上方券顶上以子母砖砌有高0.32米的压门短墙以示门楣，门楣仅余中间3.4米，南、北两端残，砌法为：先平铺砖至券顶，顶上平铺一层砖与墓门平齐，再纵向立砌一层砖向前、后探出，母口向前（外）。墓门开敞，无封门砖（以前被盗过）。墓壁错缝平砌，墓砖向内的一侧有菱形花纹，最下一层在墓底平面之下，为基础，自第10层砖开始起券，券顶立砖22排，以子母砖前后错缝咬合，在较大缝隙挤夹陶片或瓦片。墓室前段2/3被盗墓贼向下挖穿约0.2米，墓壁也随之下陷，后段不足1米的地方覆盖有很厚的淤土，清理淤土，发现底不铺砖，但加工平整。淤土下发现陶器、铁器和铜钱，尸骨无存（图一〇一）。

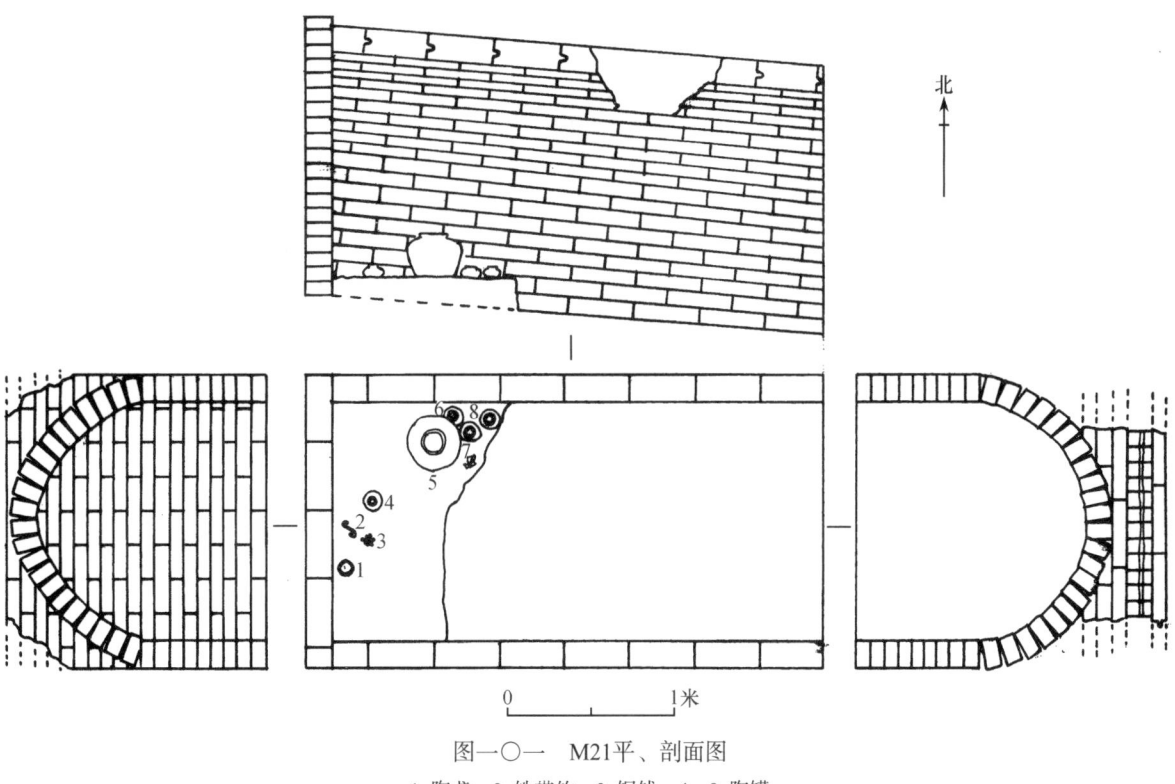

图一〇一　M21平、剖面图
1. 陶盏　2. 铁带钩　3. 铜钱　4~8. 陶罐

2. 出土器物

墓葬被盗，残存器物有陶器6件，皆完整器（图版三七，1），铜钱35枚（含盗洞外采集的1枚），不明用途的铁器1件。

（1）陶器

罐　5件，分二型。

A型　4件。泥质灰陶，器形较小。侈口，圆唇，束颈，鼓腹，腹部扁圆，最大径在中部，小平底，口、底大小相近。M21：4，口径5.6、腹径11.6、底径3.8、高7.7厘米（图一〇二，1）。M21：6，口径5.5、腹径11.7、底径4、高7.6厘米（图一〇二，2）。M21：7，口径6、腹径12、底径4.5、高7.8厘米（图一〇二，5）。M21：8，口径5.6、腹径11.7、底径4.5、高7.6厘米（图一〇二，4）。

B型　1件。M21：5，泥质黑皮陶，圆唇，束颈，鼓腹，最大径在上部，大平底。肩部中间一道凹弦纹，腹上部最宽处一道较宽凹弦纹。罐内残存碎鸡骨。口径14、腹径31.6、底径16.5、高25.4厘米（图一〇二，6）。

盏　1件。M21：1，泥质灰陶，平口方唇，弧腹，小平底。口径8.1、底径3.2、高4厘米（图一〇二，3）。

（2）铁器

带钩　M21：2，整体呈"S"形，可能为铁带钩。长9.5、宽2厘米（图一〇三，6；图版三七，2）。

（3）铜钱　35枚，其中3枚残，皆为五铢钱。面无内郭，"五"字曲交，朱头圆折，直径2.5厘米左右。M21：3-1，"五"字较狭瘦长，短于穿边，与外郭不连，"铢"字模糊不清。直径2.5厘米（图一〇三，1）。M21：3-2、3，"五"字曲交，较宽肥，朱头圆折并外展，金旁三角形较大。直径分别为2.55、2.24厘米（图一〇三，2、3）。M21：3-4，"五"字宽肥，金旁紧靠外郭并随外郭略有弯曲，三角形较大，高于朱头。直径2.5厘米（图一〇三，4）。M21：3-5，"五"字曲交，与外郭不连。直径2.55厘米（图一〇三，5）。

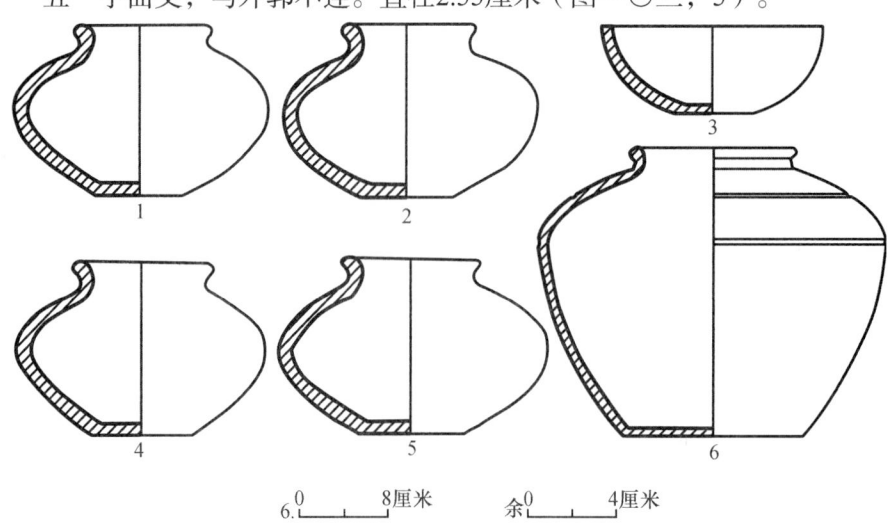

图一〇二　M21出土陶器

1、2、4～6.罐（M21：4、M21：6、M21：8、M21：7、M21：5）　3.盏（M21：1）

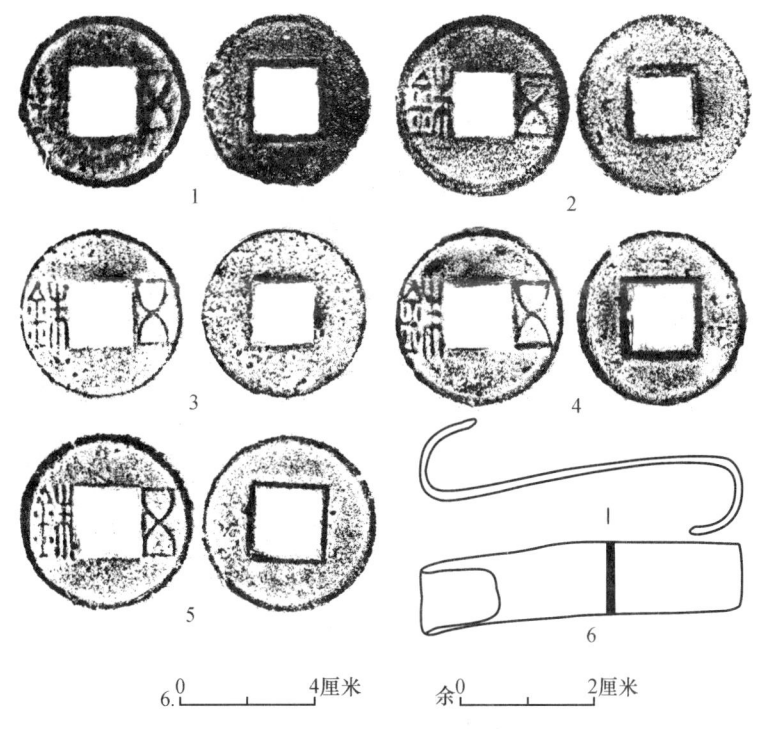

图一〇三　M21出土器物

1~5. 铜钱（M21∶3-1、M21∶3-2、M21∶3-3、M21∶3-4、M21∶3-5）　6. 铁带钩（M21∶2）

（五）第34号墓（2005CFYM34）

M34位于白马小学校园中部，西北距M28约7米，西距M35、东距M48各4米。墓葬南半部打破M36。地表为拆迁后留下的水泥面，原为学生举行升国旗仪式的地方，平整光滑。砸开水泥地面下坚硬的三合土层，向下稍见松散的垫土，含木炭和少数碎瓦片、砖块、瓷片等。墓葬顶砖券已被破坏，中部保留较高的顶砖距地表只有0.15米左右，可能20世纪50年代建校平整地面时即已经发现该墓，对墓顶有所破坏。在此以前，宋代以该墓室为垃圾坑，可见宋代时墓顶已遭破坏。墓顶周围仍为现代垫土层，厚0.55~0.65米，低于墓顶，墓葬开口的高度不详。

1. 墓葬结构和埋葬情况

长方形砖室墓，方向75°。券顶，墓顶无存。墓室内填土松散，内含遗物较杂，出土宋代酱釉瓷片、青釉瓷片、青白瓷片、灰陶片、碎砖块，可辨器型有碗、盖、罐、鼎形器及少许汉代陶片、陶俑残片、菱形纹砖等，尤以青瓷片和陶鼎形器的足和把手最为多见。墓室东端带一短甬道，平面呈凸字形，皆无铺地砖。墓室东西长4.92、南北宽2.43米，残高1.33米。甬道长1.3、宽1.26米。墓壁以砖错缝平砌，自下向上叠砌9层后起券，券砖残存5层。甬道前残存墓道一段，墓道底较甬道底略高，与甬道间有一宽0.18、深0.15米的沟槽拦在甬道口，可能是封堵墓门用的，沟槽处未发现砖块。墓道宽1.64米，自甬道口与甬道两侧砖壁同宽，向前0.6米，两侧壁向中间收至0.97米，使墓道部分呈凸字形。再向前只留存0.3米，其余已遭破坏，长度不明。

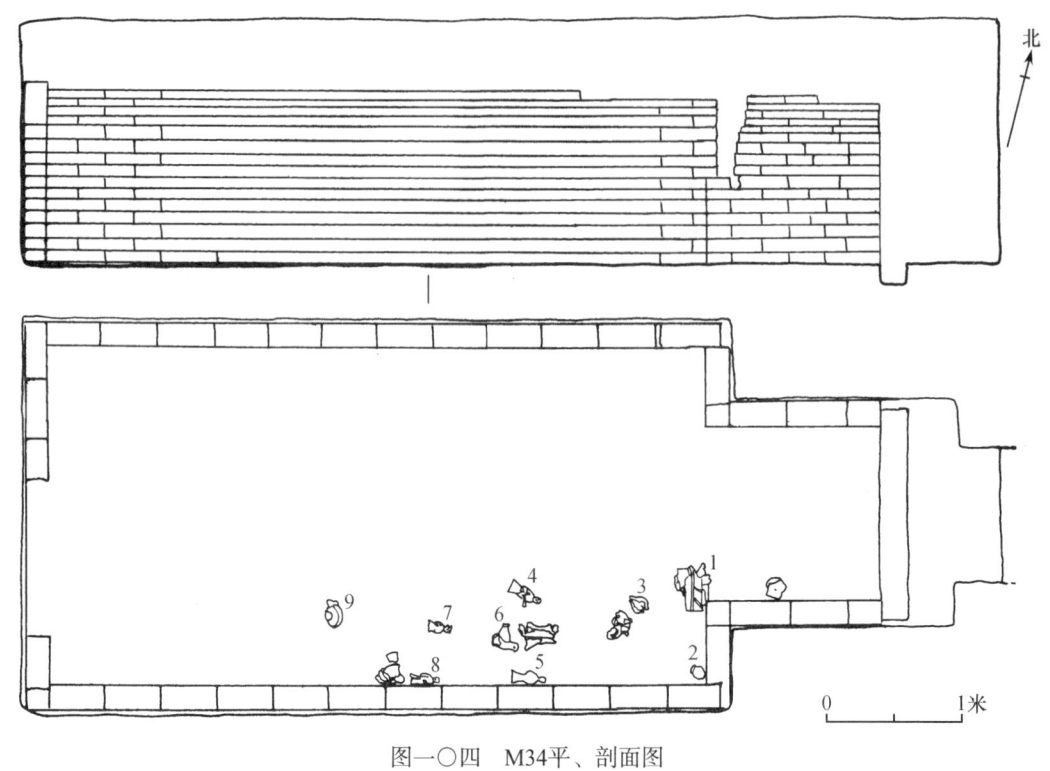

图一〇四　M34平、剖面图
1.陶屋　2.陶罐　3.陶鸡　4、5、7、8.陶俑　6.陶鸡　9.陶钵

墓室已遭严重破坏，棺具及尸骨情况不明，仅于墓室南侧靠甬道部分发现散乱的陶器，有陶房、陶罐、陶鸡、陶俑、陶碗（钵）、陶拍、陶豆等，皆破碎严重。墓室正中横向打破M36的大部，但未打破至墓底（图一〇四）。

2. 出土器物

因墓葬遭受严重盗扰，墓底散见陶片经修复整理，有陶器6件及陶俑7件。容器类为泥质灰陶，俑类为泥质红陶。

罐　3件，器形各不相同。M34:2，侈口，方唇，束颈短粗，溜肩，弧腹，小平底，肩部饰凹弦纹一周。口径10、腹径15.5、底径7.5、高12.6厘米（图一〇五，3；图版三八，3）。M34:12，侈口，卷沿圆唇，小口短束颈，广肩，圆折腹，圜底近平。肩部抹三道凹弦纹，弦纹间饰细密短线纹和刻划纹。腹部和底部拍印网格纹。口径9、腹径26.2、高16厘米（图一〇五，1；图版三八，1）。M34:13，侈口，卷沿圆唇，小口短束颈，丰肩，鼓腹，大平底。肩部抹二道凹弦纹，弦纹间饰暗纹一周，纹饰不清。腹部一道凹弦纹。口径9.6、腹径21、底径10.8、高15厘米（图一〇五，6；图版三八，2）。

盆　1件。M34:9，敞口，尖圆唇，口沿微外撇，斜折腹，腹分上下两段，小平底。口径17、底径7.5、高6.3厘米（图一〇五，5）。

屋　1件。M34:1，泥质红陶，正面呈长方形，左右两面墙，与中间一面墙垂直，上有弧平顶探于墙外，顶上有示意性瓦垄四道。房室前后开敞，中间墙的中部偏下有一长方形切口，虽切透而墙体不开口。房下长方体基座的一个侧边上有两个拱形开口。构造简单。面阔22.1、

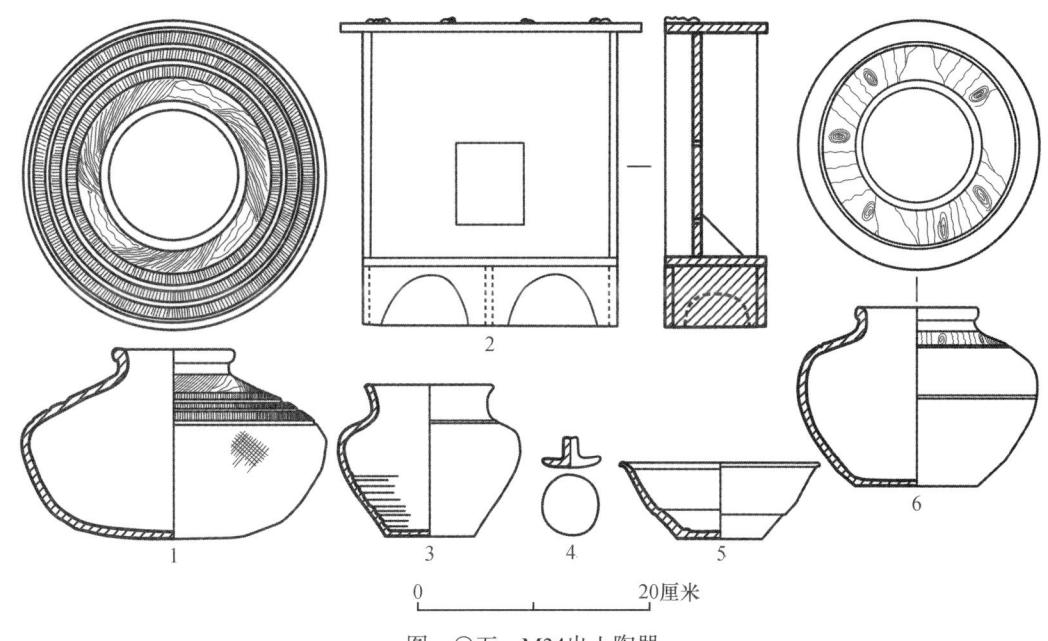

图一〇五 M34出土陶器

1、3、6.罐（M34：12、M34：2、M34：13） 2.房（M34：1） 4.拍（M34：10） 5.盆（M34：9）

进深2.5、高25.6厘米（图一〇五，2；图版三七，3、4）。

拍　1件。M34：10，泥质红陶，拍面圆形，素面，微弧，后面带一短柱形柄。拍面径5.1、拍面厚0.7、柄长2厘米（图一〇五，4；图版三八，4）。

俑　陶俑有人物俑和鸡俑，皆为泥质红陶。

人物俑　5件。

抱囊人俑　M34：4，头戴尖顶冠，着交领长衣，长衣着地，仅露脚尖，两袖下垂，正面拱手而立，两手抱一囊斜置于左臂，面目安详。高23.4厘米（图一〇六，1）。

拱立俑　M34：5，头戴尖顶圆冠，面目和祥，着交领广袖衣袍，长袍及地，脚尖露出，两手端拱于胸前。高22.5厘米（图一〇六，2；图版三八，6左）。

持锸俑　M34：8，直立正面俑，头缺失，着右衽交领长衣，衣袖不阔，左手持物似锸，下垂于腹前，右手自然下垂，两足分开。残高15厘米（图一〇六，3；图版三八，6右）。

双髻俑　M34：7，头上左右两侧分别挽出一个高髻，束巾，右手持一物斜靠在右肩上，似便面，左手自然下垂于腹前。腰以下残失。残高15.8厘米（图一〇六，5）。

坐俑　M34：11，头戴尖顶冠，着交领衣，两袖卷于肘部，跪坐，两腿之间置案，左手扶于案上，右手置于腿上，面带微笑。应为庖厨俑。高16.7厘米（图一〇六，6；图版三八，5）。

鸡　2件。M34：3，头、尾缺失，仅余腹部和底座，应为母鸡俑。宽10.8、残长11.5、残高7.9厘米（图一〇六，4）。M34：6，尖嘴高冠，羽翼清晰，腿短粗，一腿残失，尾部亦残。宽9.4、残长14.2、高13.6厘米（图一〇六，7）。

M34至少经历两次破坏，最早和最严重的一次是在宋代，墓室成为当时倾倒生活垃圾的地方，填满了含有宋代陶瓷片的灰土，经修复成形的器物有陶器、釉陶器和瓷器共计21件，以瓷器为主，另有大量碎陶瓷片无法修复。

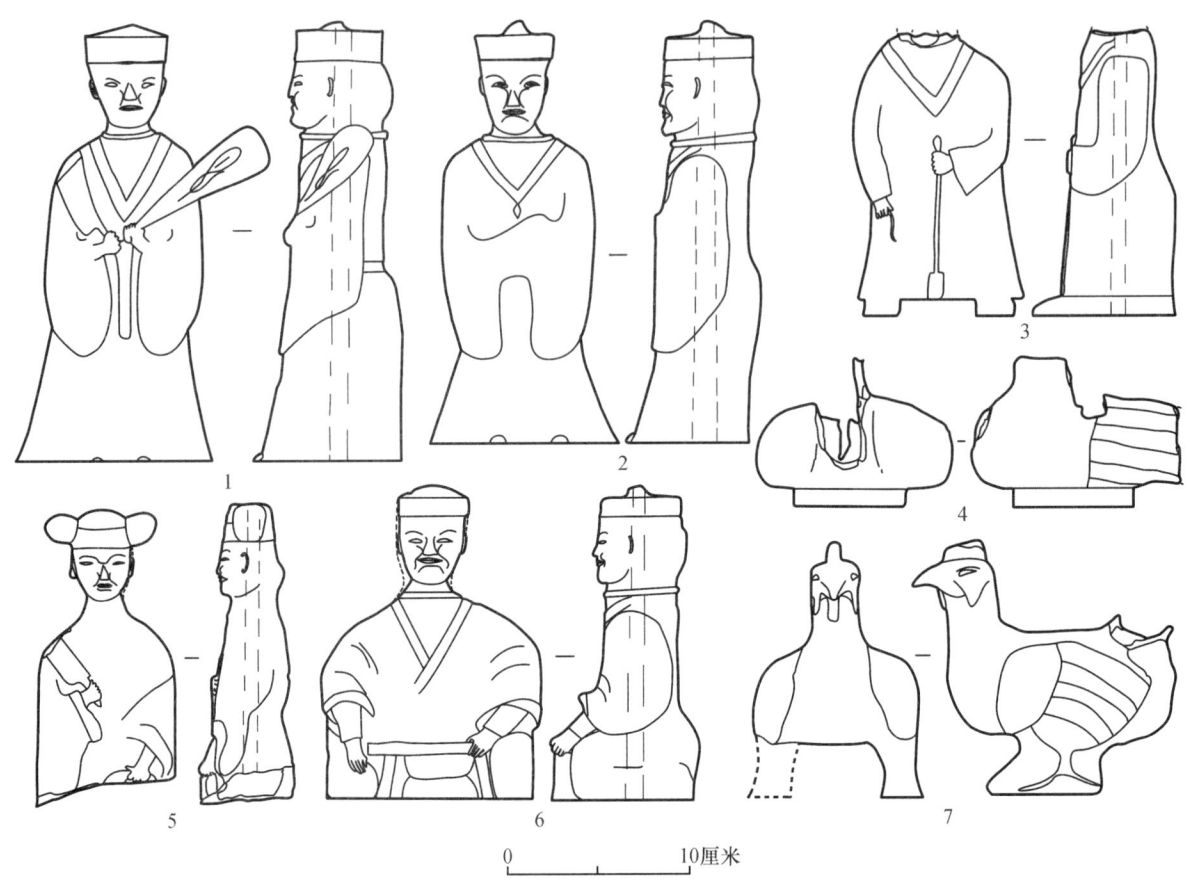

图一〇六　M34出土陶俑

1. 抱囊俑（M34：4）　2. 拱立俑（M34：5）　3. 持锸俑（M34：8）　4、7. 陶鸡（M34：3、M34：6）
5. 双髻俑（M34：7）　6. 坐俑（M34：11）

（1）釉陶器　修复的釉陶器只有1件。

罐　M34：15，灰砂褐陶，敛口，方唇，颈微束，腹微弧，下腹斜收至底。颈、肩部位对称两牛鼻形耳。器表施绿釉，釉不及底，下腹部露胎。口径11.5、腹径16、底径8.2、高17厘米（图一〇七，9；图版三六，2）。

（2）陶器　修复的陶器有2件。

簋　M34：14，泥质黑陶，直口圆唇，上腹为直腹，圆折至下腹，高圈足外撇，上腹部饰两道凸弦纹。口径17.9、圈足径15、高13厘米（图一〇七，1；图版三六，3）。

带把鼎　出土的相关陶片虽然很多，但只修复成功1件。M34：16，夹砂灰陶，整体呈鼎形，一侧带长把。侈口束颈，尖唇，一侧带一流口，圜底，三细长柱状实心足，一足与长柱状实心长把手相连，把手稍上翘，末端渐细，器壁极薄，底部有烟炱痕。口径14.5、高15.5厘米（图一〇七，13；图版三六，1）。

（3）瓷器　有黑釉瓷、酱釉瓷、青瓷，以青瓷为多，器型有碗、盏、盘等。每一器类之下，同一釉色的瓷器基本属同一型。凡青瓷器皆胎薄如蛋壳。

碗　13件。分黑釉瓷、酱色瓷和青瓷三种。

黑釉瓷碗　3件。分二型。

A型　2件。直口，尖唇，斜弧腹，腹斜收至小圈足，深腹，圈足低矮。内外施黑釉，外釉不及底。M34：17，口径12.5、高5.5、底径3.3厘米（图一〇七，2）。M34：18，外下腹部露胎较多，有积釉现象。口径11.5、底径3.7、高5.6厘米（图一〇七，4）。

B型　1件。M34：19，侈口，内斜沿，尖圆唇，圆折腹，饼底，内外施黑釉，外釉不及底，有挂釉现象。口径10.4、底径4、高4.4厘米（图一〇七，6）。

酱釉瓷碗　3件。敞口，尖唇。分二型。

A型　1件。M34：22，斜腹，圈足底较高，外釉不及底，内有叠烧痕。口径18、底径6.9、高6.4厘米（图一〇七，3）。

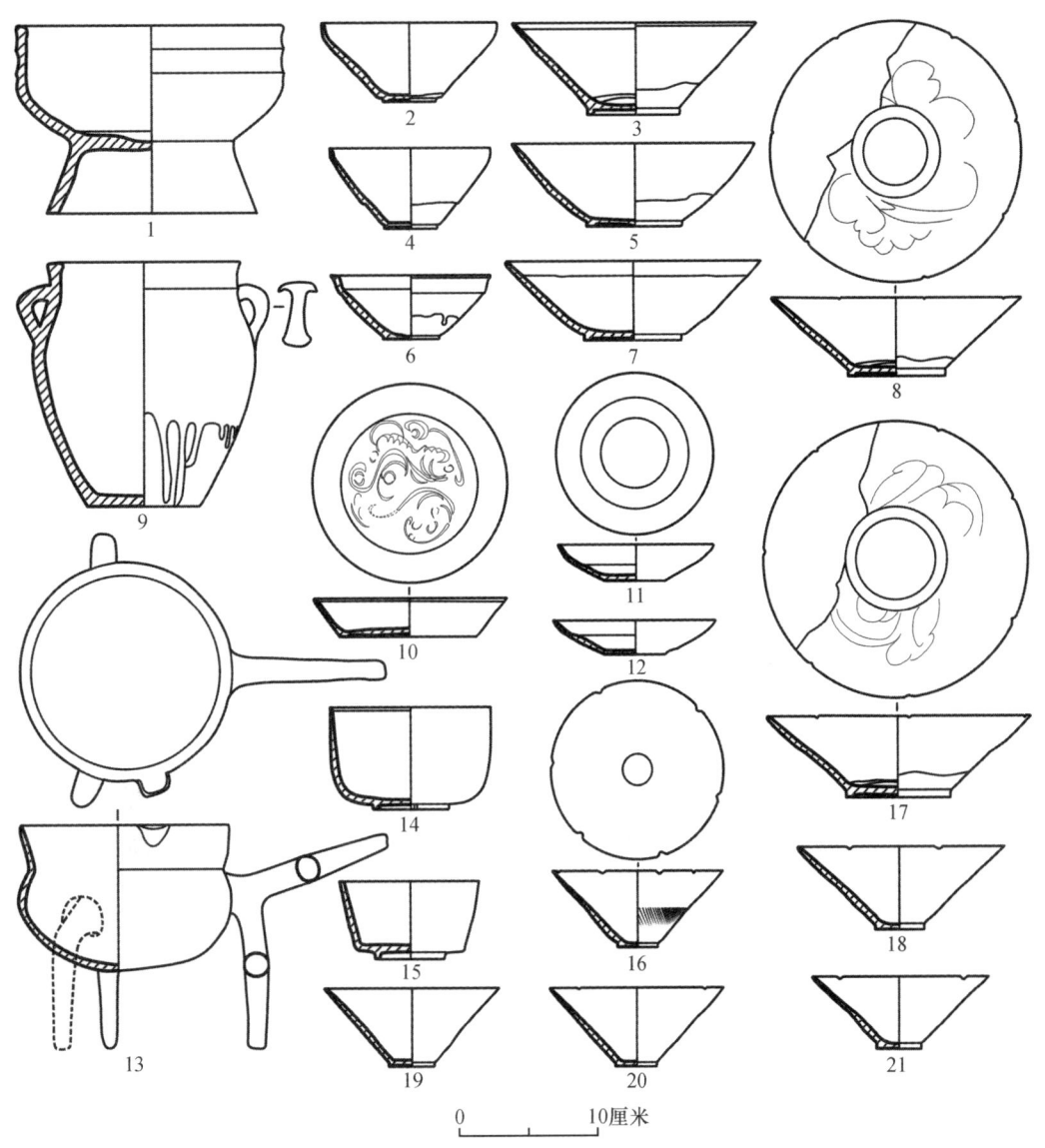

图一〇七　M34填土中出土器物

1.陶簋（M34：14）　2、4.A型黑釉瓷碗（M34：17、M34：18）　3.A型酱釉瓷碗（M34：22）　5.B型酱釉瓷碗（M34：23）　6.B型黑釉瓷碗（M34：19）　7.B型酱釉瓷碗（M34：24）　8.刻花青瓷碗（M34：25）　9.釉陶罐（M34：15）　10.A型青瓷盘（M34：32）　11、12.B型青瓷盘（34：33、M34：34）　13.带把陶鼎（M34：16）　14.酱釉瓷盏（M34：20）　15.青瓷盏（M34：21）　16.B型青瓷碗（M34：28）　17.刻花青瓷碗（M34：26）　18、20.B型青瓷碗（M34：30、M34：29、M34：31）　19.A型青瓷碗（M34：27）

B型　2件，腹稍弧，圈足低矮。M34：23，外施酱绿釉，下腹部露胎，内施豆青釉。口径17.6、底径7、高5.7厘米（图一〇七，5）。M34：24，仅在口沿部位施釉，腹中、下部露胎，内壁粗糙。口径18.3、底径7、高5.5厘米（图一〇七，7）。

青瓷碗　5件。敞口，尖唇，斜腹，小饼底。深腹。胎骨薄而洁白。内外满施青釉，釉呈豆青色，略泛黄。分二型。

A型　1件。M34：27，平口，饼底不平。口径12.5、底径3.3、高5.5厘米（图一〇七，19）。

B型　4件。葵口，口沿等距离分布六处缺口，釉开冰裂细纹（图版三六，5）。M34：28，腹部饰暗纹一周。口径12.3、底径2.9、高5.3厘米（图一〇七，16）。M34：29，口径12.6、底径3、高5.5厘米（图一〇七，20）。M34：30，口径12.2、底径2.8、高5.7厘米（图一〇七，18）。M34：31，口径12.9、底径3.2、高5厘米（图一〇七，21）。

刻花青瓷碗　2件。葵口，尖唇，斜腹，圈足小而低矮。胎薄。内外施青釉，外釉不及底，釉开细冰裂纹，器内釉下胎上刻划卷草纹暗花，笔法流畅。修复器，花纹不完整。M34：25，口径18.3、底径7.1、高5.5厘米（图一〇七，8）。M34：26，口径18.7、底径7.5、高5.5厘米（图一〇七，17）。

青瓷盘　3件。分二型。

A型　1件。M34：32，芒口，内外满施青釉。尖唇，斜腹，大平底，底微内凹，器内底釉下刻划草叶纹暗花。口径13.8、底径9.5、高2.7厘米（图一〇七，10）。

B型　2件。敞口，尖唇，斜弧腹，小平底。内外满施青釉，开细冰裂纹，外底部无釉。盘内釉下有暗花，难于辨认。M34：33，口径11.1、底径4.3、高2.5厘米（图一〇七，11）。M34：34，口径11.3、底径4.3、高2.3厘米（图一〇七，12）。

瓷盏　2件。

酱釉瓷盏　1件。M34：20，直口，尖唇，腹近直，近底部圆折至底，圈足小而低矮，内外施釉，圈足底部无釉。口径11.5、底径11、高7厘米（图一〇七，14；图版三六，4）。

青瓷盏　1件。M34：21，侈口，方唇，斜直腹，至底部折收，圈足稍高，外施青釉，无开裂纹。口径9.1、底径5、高5.4厘米（图一〇七，15）。

（六）第51号墓（2005CFYM51）

M51是一座砖室墓，位于营盘包台地的南部边缘、白马小学最南面一排教室的下面，墓葬南端甬道口在学校南面的墙基外露头，墙体以南即为陡坎，陡坎下面是向长江的斜坡，直到长江北岸的断崖。墓葬东北角北距M46只有1.5米，西北距M45、M47各5米。地面为厚0.1米的水泥面和宽0.5米的两道墙基。水泥面下叠压较厚的石子、白灰、泥土搅拌成的三合土，坚硬难挖。墙基内填有条石及砖块，北面墙基深0.6米，南面墙基深1.5米。墓口距地表1.1～2米，南部较深，说明建校时的地面也是北高南低的。墓葬的甬道通向小学原来教室墙外的陡坎，小学建房时为保护房基南边的陡坡，在陡坡边上筑了一道混凝土的短墙，后来该墙被埋进土中，外表不显。短墙正好就在砖室墓甬道之上，紧挨甬道的顶砖，可见当时砌墙时应已发现该砖室墓。发掘中发现墙基外面（南边）有一盗洞穿过墙基下边进甬道，说明墓葬是建校以后被盗的，时间应在20世纪七八十年代。

1. 墓葬结构及埋葬情况

长方形券顶砖室墓，一端带短甬道，平面呈"凸"字形，墓室结构保存完好，方向170°。墓圹南北残长9.2、东西宽3.15米，砖室墓底南北长6.5、东西宽2.8米，墓底至券顶3.03米。甬道位于墓室南端正中，长2.3、宽1.8米，甬券顶高2.15米。甬道口两侧各残留有一排封门砖，自底砌至甬道顶部。甬道向南尚有墓道残长0.7米（往南即断崖），宽1.6米。甬道口上方有一道两层砖砌起的短墙，甬道和墓室相接处亦有一道短墙相隔。为安全计，对墓室揭顶发掘，因甬道顶拆除后两壁有倒塌危险，故保留甬道顶。墓室和甬道内两侧墓壁不直，自下而上慢慢弧上再起券，形成一个大的弧形，所以看不出券顶的起点（或者说自墓底开始）。券顶以子母砖纵向错缝砌筑，缝隙间填以瓦片。墓室南端、甬道两侧近券顶处东、西两边各有一砖纵向砌插在墓壁上，向墓室方向探出，应为灯台。墓砖规格：43厘米×17厘米×8.5厘米，起券部分用子母口砖，朝向墓内的一侧皆有菱形纹。墓底不施铺地砖，而以灰色细沙平铺。自甬道口流入大量淤土，墓底松软的淤土厚0.5米左右，高低不平，随葬器物即被杂乱地半埋在淤土之中。墓葬被盗时间较早，盗墓者可能只取走了金属类器物，陶器、铜钱等大都完好，其原始位置也应未有大的变动。出土各类器物共计78件（组），主要分布于墓底西侧壁下，西北角多模型明器，有陶屋、水塘、动物俑等和其他陶器，中段人俑较多，西南角以小型陶器为主，东南角有陶仓罐、陶甗等少量陶器，铜钱则散布于墓底（图一〇八；彩版一三，1）。

2. 出土器物

主要为陶器，可分为容器类、建筑类模型明器和陶俑（图版三九）。容器以陶罐和陶盆为多，建筑类模型明器有房屋、灶和水塘。俑类以小型人俑为多，其次为狗和鸡。铜器只有1件耳杯，另有铜钱若干。因该墓早期被盗，随葬器物中缺失的器物最大可能就是金属器。

（1）陶器 按容器、模型明器和俑的顺序进行介绍，其中把仓罐从陶罐单独分出，陶容器中又分出釉陶一类，各类器物的陶质、陶色均有不同。

罐 共12件。皆泥质灰陶，素面。根据器形特征粗分为三型。

A型 10件。小型明器类容器，制作粗糙，鼓腹，大口小平底，又有短直口、侈口折颈和卷沿圆唇几种。M51∶54，短直口微外侈，方唇，折颈斜肩，斜折腹，腹部至底有刀具修削的痕迹。口径7.4、腹径12.9、底径5、高7.15厘米（图一〇九，1）。M51∶27，侈口，方圆唇，矮颈，溜肩鼓腹，下腹部有削痕。口径6.7、腹径10.9、底径4.5、高6.2厘米（图一〇九，5）。M51∶49，陶色偏黑，直口，方圆唇，颈极短，溜肩鼓腹，下腹部有削痕。口径7.4、腹径12.1、底径6、高7厘米（图一〇九，9）。M51∶42，侈口尖唇，折颈，鼓腹，下腹斜收。肩部饰一道凸弦纹，下腹部有削痕。口径9.1、腹径12.2、底径5.7、高6.5厘米（图一〇九，2）。M51∶62，侈口尖圆唇，圆折颈，圆鼓腹，小平底。口径7.4、高6.8、底径6厘米（图一〇九，6）。M51∶39，直口微外侈，圆唇，颈极短，斜肩鼓腹，下腹斜收，小平底，有削痕，底部有两横一竖刻划。口径6.7、腹径11.9、底径4.5、高6.5厘米（图一〇九，3）。M51∶25，侈

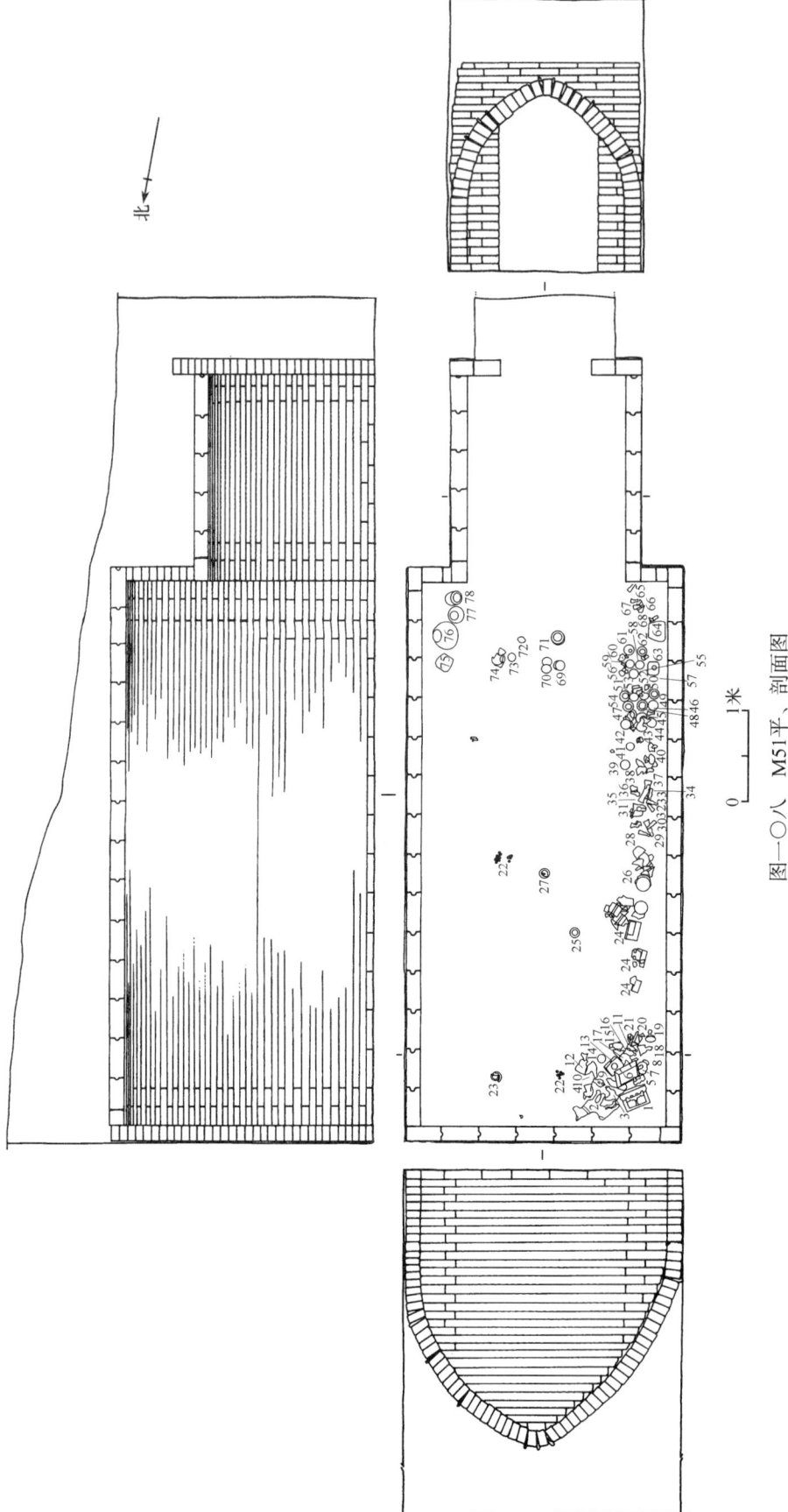

图一○八 M51平、剖面图

1.陶屋 2.陶狗 3.陶鸡 4（7）、5、10、12（15）、16~18、28~30、32~35、37、65.陶钵 8（21）.陶水塘 6.陶俑 9.陶猪 13、57.陶灶 14、63、73.陶熏炉盖 19.陶豆 22.铜钱 23、24（20）、25、27、39、41、42、45、47~49、54、62、64、75、77.陶罐 26.陶壶 31.镇墓兽 36、38.陶鸡 40（53）、71、78.陶仓罐 43、44、46、50、51、55、58、59、61、68.陶盆 52.陶甑 56.陶勺 60.陶器盖 66.釉陶盘 67（74）.釉陶魁 69、70.陶盒 72.铜耳杯 76.陶甗

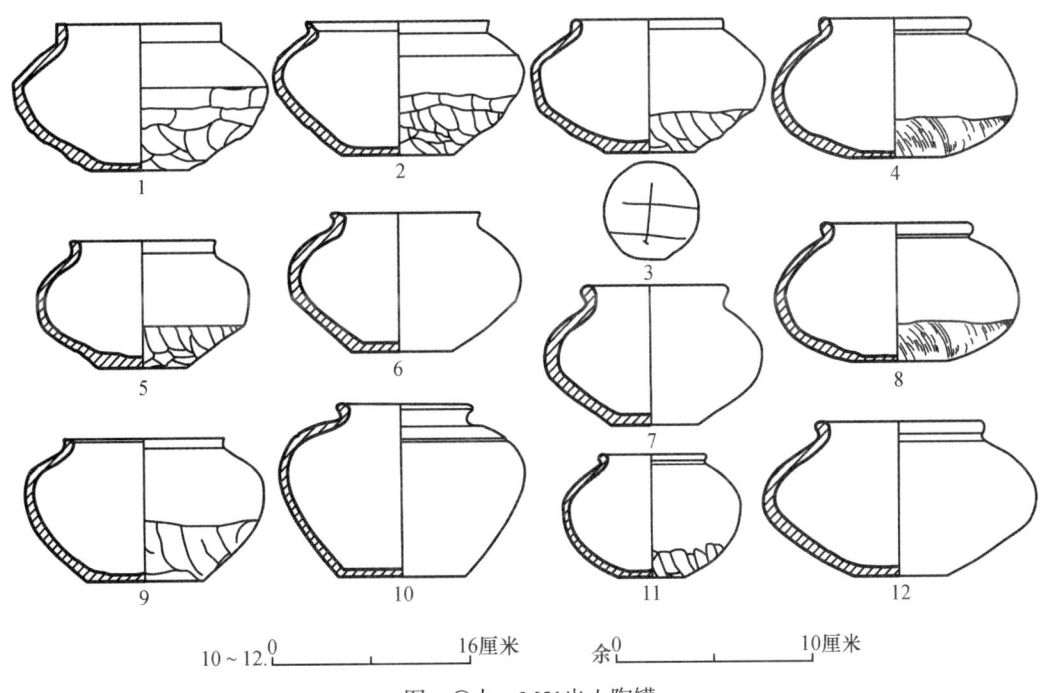

图一〇九　M51出土陶罐

1. M51∶54　2. M51∶42　3. M51∶39　4. M51∶41　5. M51∶27　6. M51∶62　7. M51∶25　8. M51∶48　9. M51∶49
10. M51∶77　11. M51∶45　12. M51∶47

口圆唇，束颈，鼓腹小平底。口径7.4、高6.8、底径6厘米（图一〇九，7）。M51∶41，侈口圆唇，折颈，鼓腹弧收至底，平底与腹连接处无明显折棱，下腹部有细线划纹。口径6.8、腹径12.5、底径4.5、高7.8厘米（图一〇九，4）。M51∶48，形制、大小、划纹与M51∶41全同（图一〇九，8）。M51∶47，口微侈，圆唇，束颈，腹外凸呈椭圆形，小平底。口径7.5、腹径13.9、底径4.7、高7.6厘米（图一〇九，12）。

B型　1件。M51∶77，泥质灰黑陶，侈口圆唇，束颈，上腹圆鼓，下腹弧收，器腹较深，口小底大。肩上饰一道浅凹弦纹。口径10、底径10.2、肩径19.6、高13.7厘米（图一〇九，10；图版四一，4）。

C型　1件。M51∶45，口微侈，圆唇束颈，溜肩圆鼓腹，小平底，器形较A型大，腹近球形。下腹部近底有削痕。口径7.6、腹径14.5、底径5.5、高9.6厘米（图一〇九，11）。

仓罐　5件，分二型。

A型　3件，小口，沿外翻，侈口圆唇，短颈，斜折肩，深腹，腹近直，大平底，整体呈桶形。M51∶40，腹部两侧附加一对横扁形实心器鋬，鋬稍向下垂，以利手端。肩下和腹中部器鋬位置各饰两道凹弦纹。口径9.7、底径10、腹径16、高19厘米（图一一〇，1；图版四〇，1左）。M51∶78，形制和纹饰同前，器腹中段左右两鋬向外凸出稍长。口径10.8、底径10、肩径10.4、高16.6厘米（图一一〇，4；图版四〇，1右）。M51∶71，折肩处一圈箍状凸起，体瘦长，腹中部两道凹弦纹。口径9、底径12.9、腹径16.2、高22厘米（图一一〇，9）。

B型　2件。斜折肩，口沿很薄，贴附在肩上，无颈，尖圆唇。肩径大于底径。M51∶75，腹微弧，略呈桶状。折肩以下的上腹部饰绳纹，肩下在绳纹上抹出凹弦纹一道，下腹至底无纹。口径10、底径11.8、肩径18.9、高18.1厘米（图一一〇，2）。M51：64，腹斜弧收，肩径更大，肩下绳纹间抹出凹弦纹一道，弦纹下饰4.5厘米宽的绳纹带。口径11.5、底径13.8、肩径22.5、高19.3厘米（图一一〇，5）。

盆　10件，皆为小型明器（彩版一二，4），粗分三型。

A型　8件。敞口尖圆唇，折腹或圆折腹，上腹斜直，下腹斜收，小平底。M51：61，器腹较深，器外壁不规整，可见泥条盘筑轮修的痕迹，器底因从轮盘上割取时草率而不平整，厚薄不一，且中间割穿一小洞。口径13、底径4.5、高6.1厘米（图一一〇，3）。M51：44，上腹近直，下腹折收成小平底，沿下饰一周凹弦纹，器内壁有刻划符号。口径10.7、底径3.6、高4.5

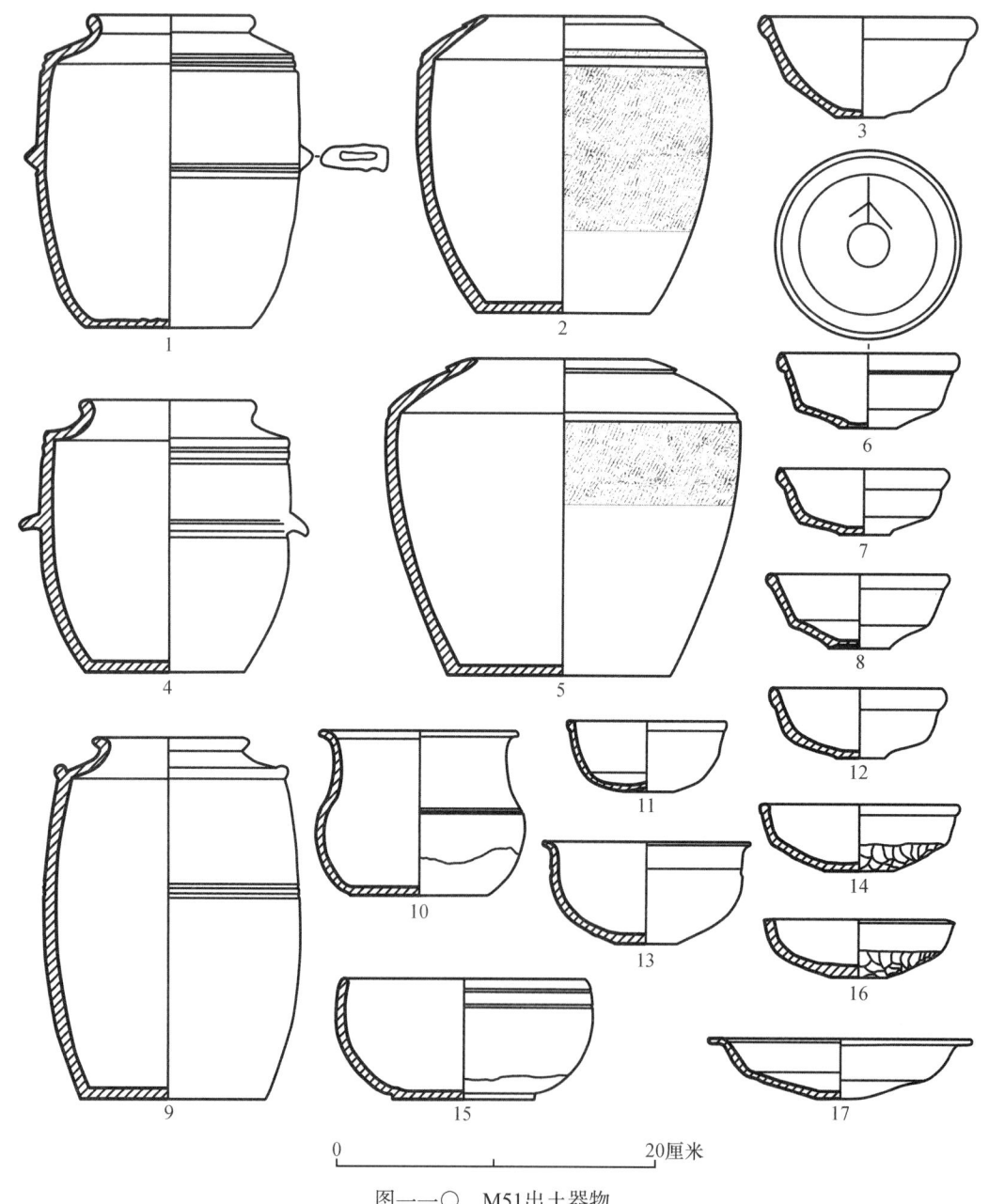

图一一〇　M51出土器物

1、4、9. A型陶仓罐（M51：40、M51：78、M51：71）　2、5. B型陶仓罐（M51：75、M51：64）　3、6、7、8、12、14、16. A型陶盆（M51：61、M51：44、M51：59、M51：50、M51：58、M51：43、M51：51）　10. 釉陶罐（M51：23）　11. C型陶盆（M51：68）　13. B型陶盆（M51：46）　15. 釉陶钵（M51：8）

厘米（图一一〇，6）。M51：55，形制、大小与M51：44全同。M51：59，底修割不规整。口径10.2、高4、底径2.9厘米（图一一〇，7）。M51：50，斜腹折收，下腹稍内弧，小平底微内凹。口径10.4、底径3.8、高4.4厘米（图一一〇，8）。M51：58，圆折腹，小平底修割不规整。口径10.2、底径2.8、高4.5厘米（图一一〇，12）。M51：43，腹较浅，平底稍大，下腹部有修削痕。口径11.4、底径4.4、高4厘米（图一一〇，14）。M51：51，方唇，斜弧腹，下腹部有刀削痕（图一一〇，16）。

B型　1件。M51：46，侈口，外翻沿，沿下稍内束，尖圆唇，深弧腹，小平底，上腹部饰凹弦纹一周。口径12.5、底径4、高6.15厘米（图一一〇，13；图版四一，2）。

C型　1件。M51：68，侈口，方圆唇，弧腹，腹较深，小平底微内凹。口径9.4、底径3.6、高4.2厘米（图一一〇，11）。

盒　2件。泥质灰陶，上、下两部分皆直口，方唇，弧腹，扣合后整体呈扁球形，小平底，原为圜底切平而成，削痕犹在，盖顶中央一扁形立纽。M51：69，口径10.1、底径4、通高8厘米（图一一一，5；图版四〇，6左）。M51：70，盖稍小，与下部不能完全扣合。盖口径10.3、身口径10.6、底径3.8、通高8.5厘米（图一一一，3；图版四〇，6右）。

甑　2件。泥质灰陶。M51：52，侈口，圆唇，圆折腹，下腹斜收，小平底，底部有9个圆形箅孔，大致呈"米"字形分布。口径12、底径4.5、高5.5厘米（图一一一，9）。M51：76，泥质灰黑陶，宽平沿，弧腹较深，平底内凹，底上有11个箅孔，中心1件，9个不规律分布。口沿下饰弦纹三道。口径30、底径14、高18.4厘米，为该墓出土最大容器（图一一一，12；图版四一，5、6）。

博山盖　3件。泥质红陶，侈口方唇，口沿处一周呈带状凸起，圆弧顶，上面布满重叠山峦形堆塑，盖顶中央一微凸起的圆纽。M51：14，口径8.5、高5.3厘米（图一一一，4）。M51：73，口径8.5、高5.2厘米（图一一一，6）。M51：63，口径13.7、高6.5厘米（图一一一，8）。

器盖　1件。M51：60，泥质灰陶，直口方唇，斜腹圆折至盖顶，盖顶近平，正中一柱形立纽，顶上以纽为中心向四外刻划疏密不一的放射线纹。口径10、高5厘米（图一一一，2）。

（2）釉陶器　7件，分别为盂、钵、盘、壶（锺）、魁、豆、勺各1件，皆泥质红陶胎，棕黄色釉。

盂　M51：23，泥质红陶，侈口圆唇，束颈长而粗，腹微鼓，大平底。器内近口沿部位器外施棕色釉，釉不及底。口径11.8、底径9、高10厘米（图一一〇，10；图版四〇，2）。

钵　M51：8，与M51：21拼合为一件。泥质红陶，敛口，圆唇，弧腹，薄饼底，外施棕黄釉不及底。口沿下、上腹部各饰一道凹弦纹。口径14.5、底径9、高7.3厘米（图一一〇，15）。

盘　M51：66，宽平沿，折腹小平底，内施黄釉，外露胎。底径15.7、高3.6厘米（图一一〇，17）。

壶　M51：26，盘口外侈，方唇，细长颈，盘口与颈交接处有凸起的一圈，扁圆腹，高圈足外撇，肩部两侧各有一铺首衔环，肩、颈交接处饰两道凹弦纹，腹部饰一道凹弦纹。带盖，盖宽平沿，圆折腹，盖顶平。通体施棕黄釉，盖内亦施釉，颈及盖外釉脱落。口径13、底径

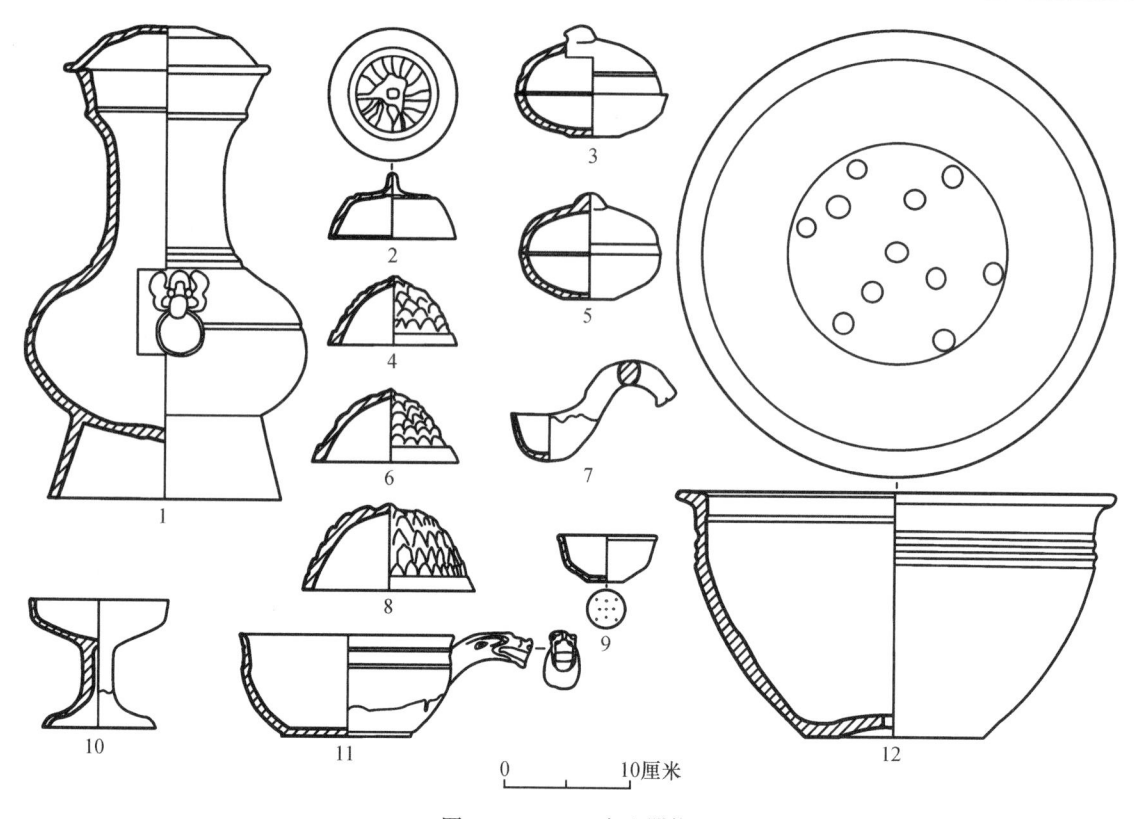

图一一一　M51出土器物

1. 釉陶壶（M51∶26）　2. 陶器盖（M51∶60）　3、5. 陶盒（M51∶70、M51∶69）　4、6、8. 陶博山盖（M51∶14、M51∶73、M51∶63）　7. 釉陶勺（M51∶56）　9、12. 陶甑（M51∶52、M51∶76）　10. 釉陶豆（M51∶19）　11. 釉陶魁（M51∶67）

18、腹径22、高36厘米（图一一一，1；图版四〇，4）。

魁　M51∶67，与M51∶74拼合修复而成。侈口，尖圆沿，弧腹，薄饼底，腹一侧有龙首形短柄，上腹部饰两道凹弦纹，内外施棕黄釉，外釉不及底。口径16.6、底径10.2、高7.6厘米（图一一一，11；图版四〇，5）。

豆　M51∶19，直口圆唇，圆折腹，下腹斜收，盘稍浅，短柄中空，覆盘状圈底。通体棕黄釉，圈底部分脱釉。口径11.2、底径9.6、高10.5厘米（图一一一，10；图版四〇，3）。

勺　M51∶56，勺口近圆形，侈口尖圆唇，弧腹圜底，腹较深，勺柄弯曲。柄和勺体内及外部口沿施棕黄釉，外腹部露胎。口径5.8、勺高3.5、通高7.5、通长12.8厘米（图一一一，7）。

建筑类模型明器　有陶屋、陶灶、陶水塘。

屋　2件。M51∶1，泥质灰陶，屋顶近平，后部房顶残失。屋脊靠前横向呈短墙体状，脊前三道纵向瓦垄，脊两端各有一道瓦垄倾斜到檐端。房体呈长方空心箱形，正面墙体向两边各宽出3.5厘米，房内空间面阔23.5、进深9.5厘米。房屋正中靠前立柱，托起一斗三升，斗栱上承屋檐。两侧墙体下部各有一孔。房基下三条纵向地龙，基高3.5厘米。通宽35、后部宽25.5、通高25.4厘米（图一一二，4；彩版一二，2）。M51∶24，与M51∶20拼合为1件。泥质红陶，两面坡顶，每面各有7行瓦垄，房顶两端起翘。正面橼下并列两柱，柱上有斗栱，一斗三升。

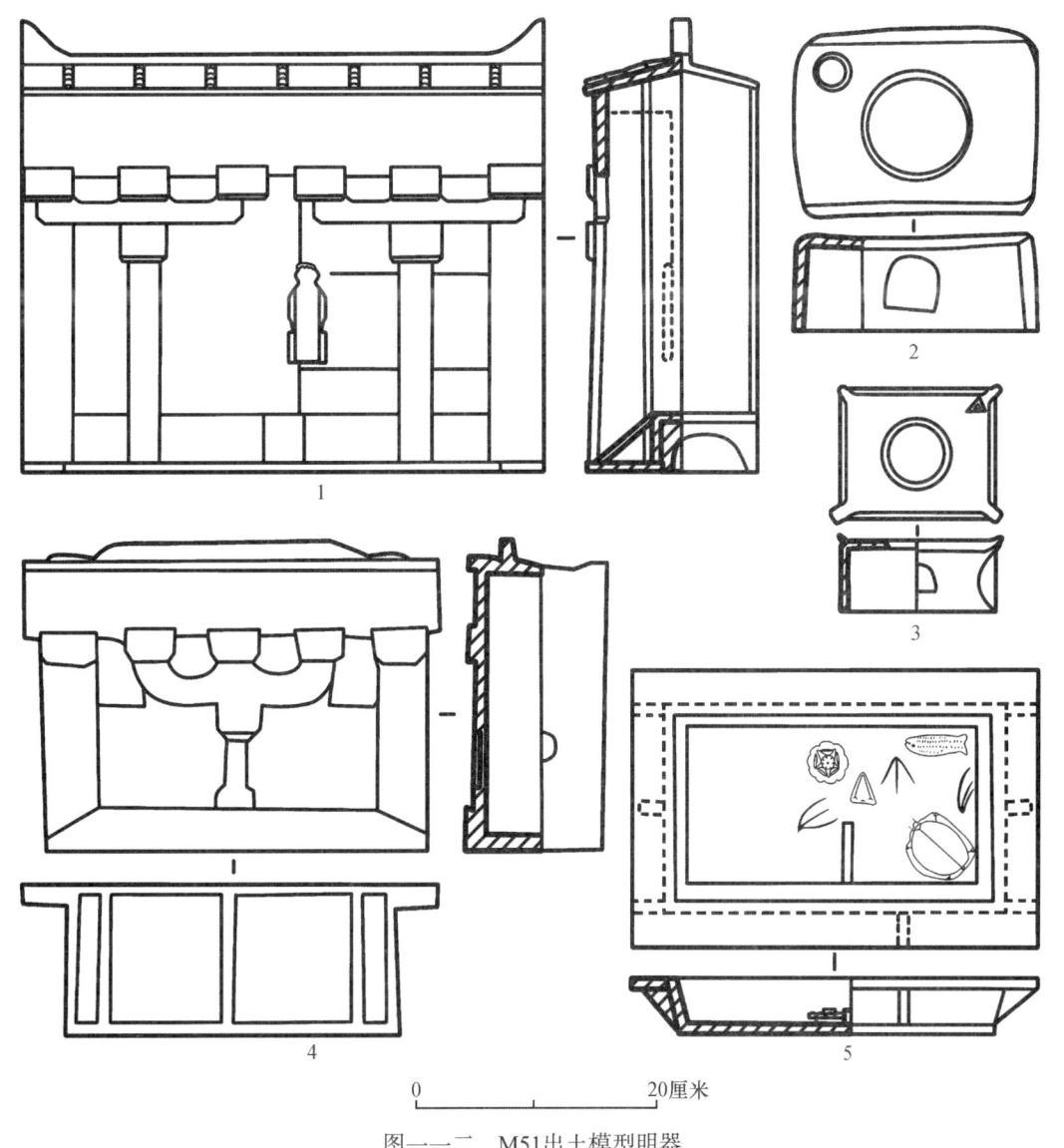

图一一二　M51出土模型明器

1. 陶屋（M51∶24）　2. 陶灶（M51∶13）　3. 陶灶（M51∶57）　4. 陶屋（M51∶1）　5. 陶水塘（M51∶6）

室内地面高出橡柱所在地面4.8厘米，其间有斜坡慢道相通。室内分两间，左为明间，右侧以墙隔出一内室。房两端墙上靠底各有一圆拱形孔。面阔44、进深9、高37.2厘米（图一一二，1；彩版一二，3）。

灶　2件，泥质灰陶，单眼灶。M51∶13，长方体单眼灶，抹角，边、角处皆切平，灶面略小于灶底，灶上中间一灶眼，灶眼上、下有收分，上大下小，灶面左上角一小圆孔以示烟囱，正面与灶眼相对应有一拱形灶门。长20.9、宽15.4、高7.8厘米（图一一二，2；图版四一，3）。M51∶57，泥质灰黑陶，长方体，灶面近方形，四边抹棱，唯四角留起，显得四角凸起。灶面中间一灶眼，上下有收分，侧边一拱形灶门，灶右侧边稍残。长13.2、宽11、高6.4厘米（图一一二，3）。

水塘　1件。M51∶6，泥质灰陶，平面为长方形，宽平沿向外伸，两短边的沿下各有两个三角形支撑构件连于塘体，两长边的沿下各有三个三角形支撑。塘中央有一段横向低坝从长边一侧伸向塘中间位置，形成缺口，低坝一侧有鱼、甲鱼、莲蓬和菱角的堆塑。每个动植物身上都涂有红彩，红彩多已脱落。塘底亦有似草叶形的红彩绘，模糊不清，难于辨认。长34.7、宽22.7、深3.8厘米（图一一二，5；图版四一，1）。

俑 人俑为主，又以小型立俑居多。动物俑有鸡、狗、猪和镇墓兽。大型俑只见于人物俑中的舞俑类型和狗俑。皆泥质红陶。分人物俑和动物俑介绍。

人物俑 有拱手立俑13件，坐俑1件和舞俑2件（彩版一四，1）。

立俑 13件，着交领阔袖长衣，似为内外两层或领口双层镶边，有的可见为右衽，两手拱握拢于胸前，袖口下垂，长衣及地，落地部分较阔，不露脚。可见前后两部分模制后拼合的痕迹。面目大多模糊不清。根据冠、髻形式分两型。

A型　10件。小俑类型，头着圆顶或平顶小冠，前低后高。M51∶5，头微侧，高12.6厘米（图一一三，1）。M51∶28，面带微笑，高12.5厘米（图一一三，2）。M51∶29，同上，高12.5厘米（图一一三，3）。M51∶32，领口不显，高15.1厘米（图一一三，4）。M51∶33，领口不显，高15.3厘米（图一一三，5）。M51∶34，领口不显，高15.1厘米（图一一三，6）。M51∶65，头部残失，残高12厘米（图一一三，13）。M51∶11，身上和面部粘满土锈，模糊不清，高15.8厘米（图一一三，7）。M51∶16，头微右侧，领口看似着三层衣，脖下可见抹胸内衣，高16厘米（图一一三，8）。M51∶17，内着抹胸内衣，高18.2厘米（图一一三，9；图版四二，4）。

B型　3件。较A型稍高大，头挽高髻束巾，左右两侧出双环髻，面目清晰，高鼻高颧骨，面带微笑。M51∶30，高22.8厘米（图一一三，10）。M51∶35，高22.3厘米（图一一三，11）。M51∶37，高22.2厘米（图一一三，12）。

坐俑 1件。M51∶18，作跪坐姿，右臂上扬，右手高过右肩。面前似置圆形案，左手自然下垂于案上。头顶着高冠，身着交领衣，因土锈黏结，面目衣着不清。高17.8厘米（图一一四，7）。

舞俑 2件。M51∶12，与M51∶15修复合为1件。站立，着右衽交领阔袖长衣，内着圆领衣，宽带束腰，头挽高髻束巾，左右双髻，右手上扬至近头顶，左手提腰间衣裾，长衣着地，褶皱清晰自然，不露脚尖，双腿微屈，扭腰作态呈舞蹈状，高鼻高颧骨，面带微笑意。俑头为单独制作与俑身黏合。通高46.1厘米（图一一四，1）。M51∶4，与M51∶7合为一件。与M51∶12舞姿相似而体小。头束巾，着交领广袖长衣，左手上举与耳同高，右手提衣于腰间，长衣及地，脚尖微露。高鼻高颧骨，面带微笑，眼睛刻划不清。通高23.3厘米（图一一四，5；图版四二，3）。

鸡 4件。泥质红陶，有公鸡和子母鸡各2件。

公鸡 2件。站立状，高冠尖喙，尾高竖，立于圆形底座上，两腿紧贴底座两侧，与座合为一体。羽翼清晰。M51∶3，两翼前部和胸部装饰有点窝，可能示意花纹或色彩。长20.4、宽8.4、座高4、通高19.1厘米（图一一四，9；图版四二，1右）。M51∶38，长20.3、宽7.5、座高4.5、高20厘米（图一一四，10）。

子母鸡 2件。趴卧状，卧于低矮的圆形座上，尾微上翘。一母四子，母鸡背上卧一小

图一一三　M51出土的人物俑（立俑类型）
1. M51∶5　2. M51∶28　3. M51∶29　4. M51∶32　5. M51∶33　6. M51∶34　7. M51∶11　8. M51∶16　9. M51∶17
10. M51∶30　11. M51∶35　12. M51∶37　13. M51∶65

鸡，胸前附一小鸡，两翼前端各隐约附一小鸡。M51∶10，长15.2、宽8.5、座高0.5、通高11.2厘米（图一一四，3；图版四二，1左）。M51∶36，长16.8、宽8.4、座高0.5、通高12.2厘米（图一一四，2）。

猪　1件。M51∶9，泥质红陶，站立，低首塌背，长嘴上翘，四肢粗壮而短，尾巴向右下垂摆斜贴于臀部，两耳上竖紧贴猪头两侧，鼻眼清晰，身体较长，尾下垂摆向右侧。长25.9、高11.5厘米（图一一四，6）。

狗　2件，泥质红陶。M51∶2，粗壮肥硕，昂首，身体前趋，前肢微伸，后肢后蹬，尾上卷，嘴紧闭，目圆睁，两耳上竖作警觉状。颈及前肢后自腹至背系宽带。头为单独制作后与狗

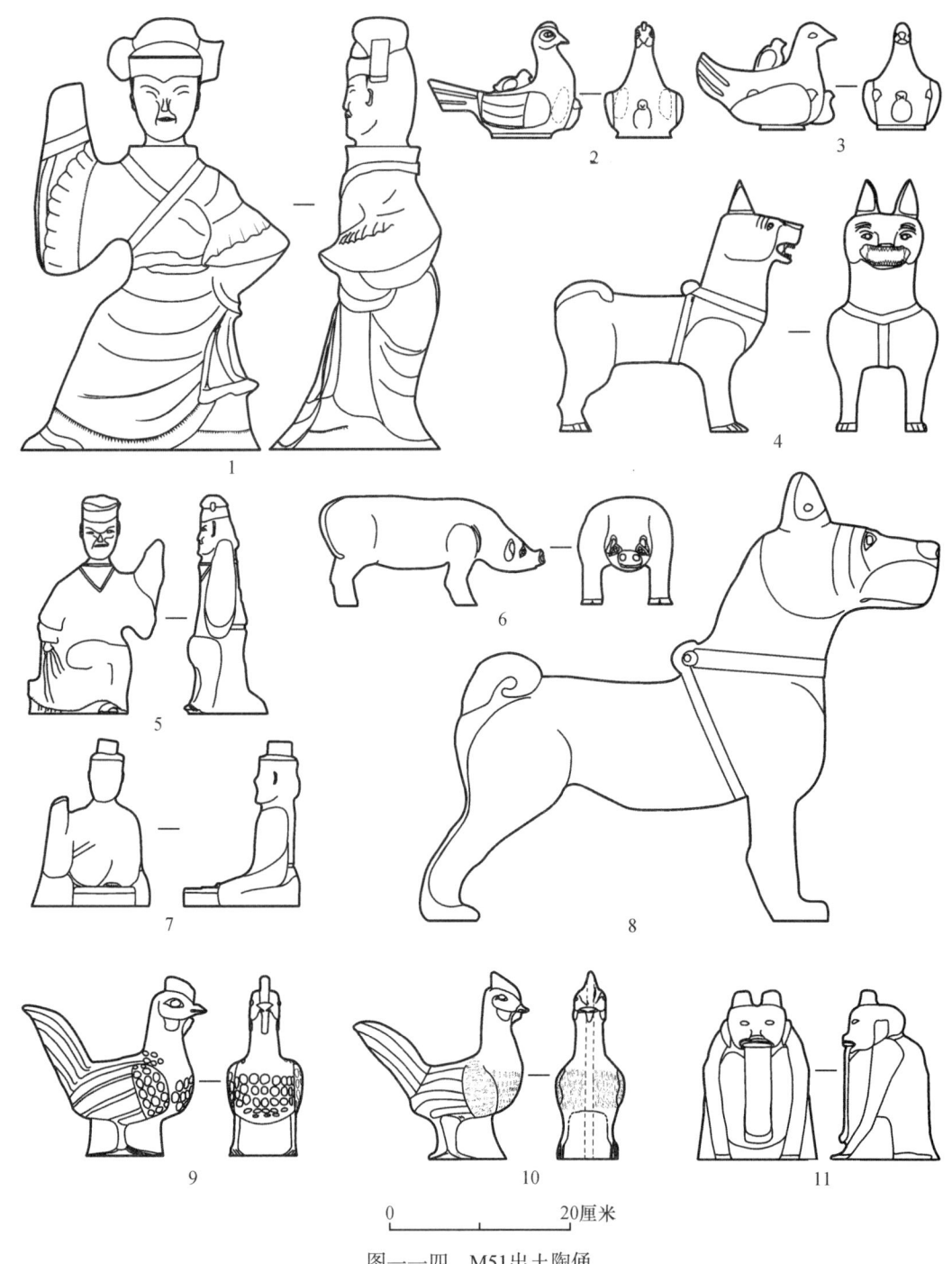

图一一四 M51出土陶俑

1、5.舞俑（M51：12、M51：4） 2、3.陶子母鸡（M51：36、M51：10） 4、8.陶狗（M51：79、M51：2） 6.陶猪（M51：9） 7.坐俑（M51：18） 9、10.陶公鸡（M51：3、M51：38） 11.镇墓兽（M51：31）

身相连。长55、高48厘米（图一一四，8；彩版一三，3）。M51：79，昂首，身体前趋，张口露齿，竖耳，狰狞可怖，颈及前肢腹下系宽带，短尾上卷贴于背上，四肢粗壮有力。长27、高26.8厘米（图一一四，4）。

镇墓兽 1件。M51：31，泥质灰陶，形状类熊，蹲坐状，两前肢着地，头上双犄角，高鼻宽嘴，口吐长舌，长舌接近地面，神态狰狞。宽13、厚12、通高18.1厘米

(图一一四，11；彩版一三，2)。

（3）铜器

耳杯 M51:72，椭圆形口，弧腹较浅，椭圆形平底，两侧长边向外伸出两个半椭圆形耳。口长径9.6、短径6、底长径6、短径2.8、高2.6厘米（图一一五，7；图版四二，2）。

铜钱 共84枚，皆为五铢钱。面无内郭，"五"字曲交，朱头圆折。又分五铢、磨郭五铢和五铢小钱三种（图版四二，5）。

五铢钱 18枚，直径2.47～2.56、穿径1厘米。M51:22-1～3，"五"字缓曲、瘦长（图一一五，1～3）。M51:22-4，"五"字曲交、宽肥，朱头折笔较方，直径2.47厘米（图一一五，4）。

磨郭五铢 65枚。外郭至细或无，直径2.2～2.3厘米。M51:22-5，直径2.3厘米，金旁大三角（图一一五，5）。

小五铢 1枚。M51:22-6，体薄，外郭细，面无内郭，"五"二字模糊不清，直径1.6、穿径0.75厘米（图一一五，6）。

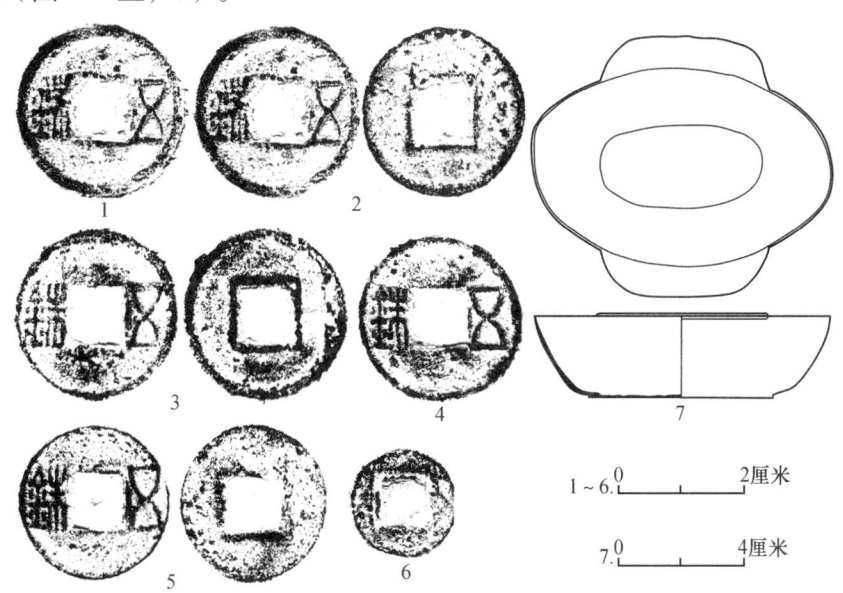

图一一五 M51出土器物
1～6. 铜钱（M51:22-1～M51:22-6） 7. 铜耳杯（M51:72）

（七）第3号墓（2003CFYM3，石室墓）

M3位于白马小学最南边的一排教室下方，甬道在教室墙外，西距M10约40米。

1. 墓葬结构及埋葬情况

石室墓，墓室平面呈长方形，方向160°，甬道偏于墓室一侧（西侧），平面呈刀把形，墓室、甬道皆券顶，全部以厚薄不一的石条叠砌。该墓被盗，甬道口被打开，墓室西壁垮塌并向内倾斜。墓室长6.56、宽2.4、高2.55米，甬道长1.68、宽1.4、高1.7米。墓室底部内有0.4米厚的淤土（图一一六）。

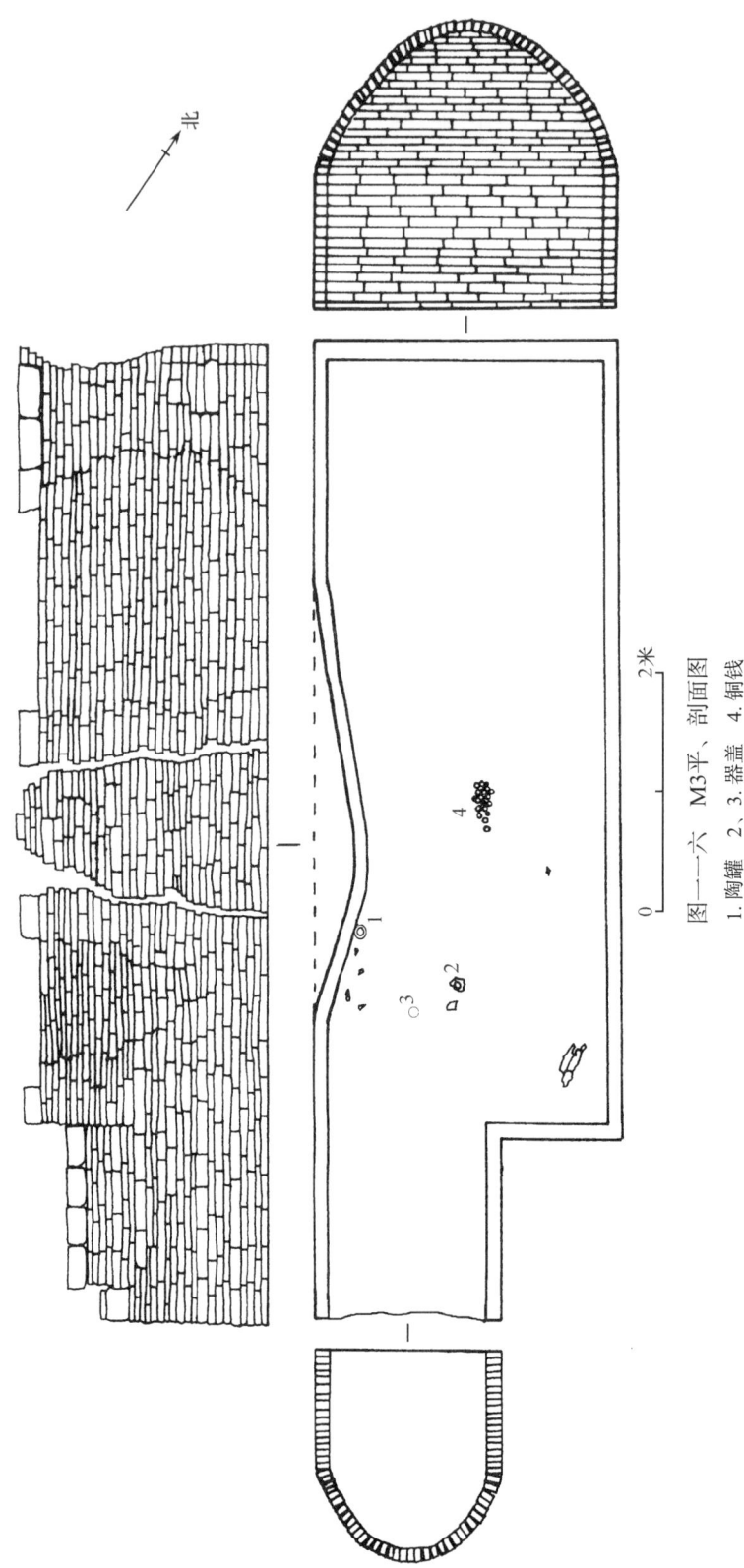

图一一六 M3平、剖面图
1. 陶罐 2、3. 器盖 4. 铜钱

2. 出土器物

该墓虽然结构完整，但仅出土陶罐1件，器盖2个，铜钱62枚。

（1）陶器

罐 1件。M3：1，泥质灰陶，敞口圆唇，圆折腹，平底。口径7.2、底径4.8、高9.5厘米（图一一七，3）。

器盖 2件，泥质灰陶，当为罐盖。M3：2，圆唇，盖顶圆形纽。口径10.5、高42厘米（图一一七，1）。M3：3，直口圆唇，盖顶鸟首形纽。口径11、高6厘米（图一一七，2）。

（2）铜钱 62枚，其中五铢钱61枚，货泉1枚。

五铢钱 61枚。大小形态一致。M3：4-1，面无内郭，"五"字两笔曲交，朱头方折，直径2.6厘米，为西汉五铢风格（图一一七，4）。

货泉 1枚。M3：5，"货"字模糊不清，"泉"字中竖断开。直径2.3厘米（图一一七，5）。

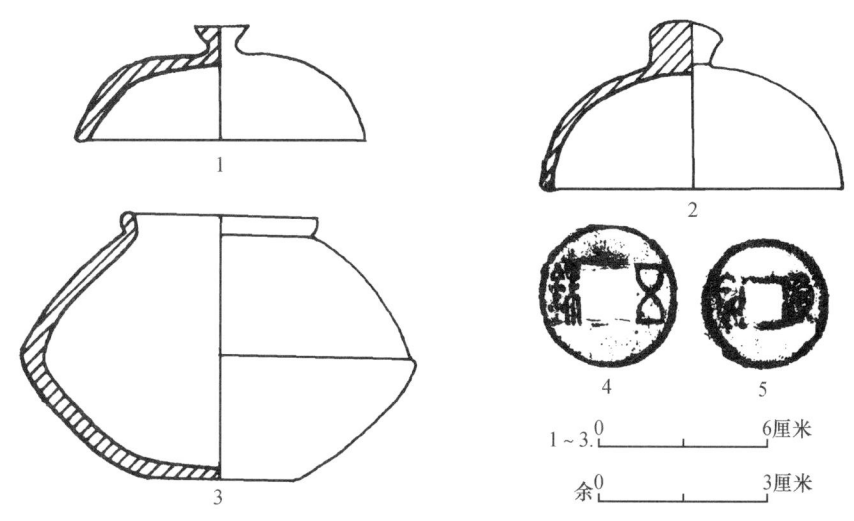

图一一七 M3出土器物

1、2. 陶器盖（M3：2、M3：3） 3. 陶罐（M3：1） 4. 五铢钱（M3：4-1） 5. 货泉（M3：5）

（八）Ⅱ区第1号墓（2003CFYⅡM1）

M1位于白马小学西约25米，有一条通向江边的道路与小学相隔，北距Ⅱ区M2约10米。地表为橘树。

1. 墓葬结构及埋葬情况

平面呈凸字形，长方形墓室，前（西）壁中间设短甬道，甬道正中又设短墓道。方向287°，墓室东西长6.6、南北宽2.7米，甬道长2、宽1.9米，墓道长0.8、宽1.1米。通长9.4米。墓壁残高1.6米，后部、甬道和墓道可见起券迹象。墓砖以菱形纹为主，少量有车轮纹，错缝叠砌，底不铺砖。花纹砖规格基本一致，长41、宽16.5、厚8~8.5厘米。墓内填土黄褐，干硬，夹杂乱砖、陶片、瓷片等。墓室东部仅见一处头盖骨，人骨集中杂乱地散落于墓室西部、甬道和墓道内，甬道、墓道内人骨有的在填土上，高于墓底，墓道口外北侧也有人骨。器物与人骨杂处。根据头骨、盆骨及肢骨情况，该墓至少有6人合葬。墓室被盗时，盗墓者将尸骨拖至墓室前部，便于搜罗墓室器物。被盗时，尸体已腐朽或大部腐朽，导致人骨有如此零乱的摆放（图一一八）。

2. 出土器物

该墓虽然规模很大，但基本被盗空。出土器物有：釉陶壶1件，陶罐3件，陶甑1件，釉陶盂1件，釉陶灯2件，陶勺1件，陶楼2件，灰陶仓1件，陶灶1件，陶俑8件，五铢钱43枚。

（1）釉陶器

灯　2件。泥质红陶。ⅡM1:1，施黄褐釉，柄部及盘内不施釉。灯盘鼓腹敛口，喇叭形座。口径7.7、底径9、高10.2厘米（图一一九，8；图版四三，1）。ⅡM1:10，灯盘残失，仅余豆柄及喇叭形圈足。残高8.5、底径8.5厘米（图一一九，9）。

壶　1件。ⅡM1:11，泥质红陶，青黄釉，敞口圆唇，细长颈，大圈足，腹饰凸弦纹。口径12、腹径19.4、底径16、高28.2厘米（图一一九，4；图版四三，3）。

（2）陶器

罐　3件。ⅡM1:15，泥质灰陶，直口圆唇，圆鼓腹，小平底，下腹有比较明显的手制加工痕迹。口径7、底径5、高7.2厘米（图一一九，1）。ⅡM1:9，泥质黑灰陶，口微敞，卷圆唇，束颈，鼓腹，下腹斜内收，小平底。口径7.6、底径4.5、高8.3厘米（图一一九，2）。ⅡM1:16，泥质灰陶，直口圆唇，圆折腹，平底。口径7.5、底径5.5、高8厘米（图一一九，3）。

甑　1件。ⅡM1:8，泥质灰陶，卷沿圆唇，腹较直，小平底，底上有小孔11个。口径14.6、底径8、高6.8厘米（图一一九，6）。

盂　1件。ⅡM1:14，泥质红陶，沿面及腹部施青褐色釉，侈口束颈垂腹，大平底，腹上一道凹弦纹。口径11.5、底径8、高9.5厘米（图一一九，7）。

勺　1件。ⅡM1:13，泥质红陶，直口平唇，口部略呈圆形，尖圆底，柄平直，后段残。口径5.4、高2.6、残长8厘米（图一一九，10）。

仓罐　1件。ⅡM1:4，泥质褐陶，敛口扁唇，直腹大平底，近桶形，腹饰绳纹，下腹有加工时的刮痕。口径9.7、底径11、高17.4厘米（图一一九，5；图版四三，2）。

灶　1件。ⅡM1:12，泥质灰陶，平面长方形，三眼，两个大灶眼之间前方为一小眼，周边有三个乳钉形支点，一侧有圆顶灶门两个。长26、宽14、高8.5厘米（图一二〇，2；图版四三，5）。

屋　2件。ⅡM1:2，夹砂红陶，整体呈长方形，屋顶近平，顶与屋体可分合，下面顶上有筒瓦四列，屋前有两组斗栱，皆一斗三升，斗栱立柱间为门道。长29.5、宽9.5、高23厘米（图一二〇，4；彩版一四，2）。ⅡM1:3，泥质灰陶，屋顶两面坡，中间屋脊凸起，正面有四行筒瓦状堆贴，房正面中间斗栱一斗三升，有阳台、护栏，可见零星彩绘。长32、高26、宽10厘米（图一二〇，1；彩版一四，3）。

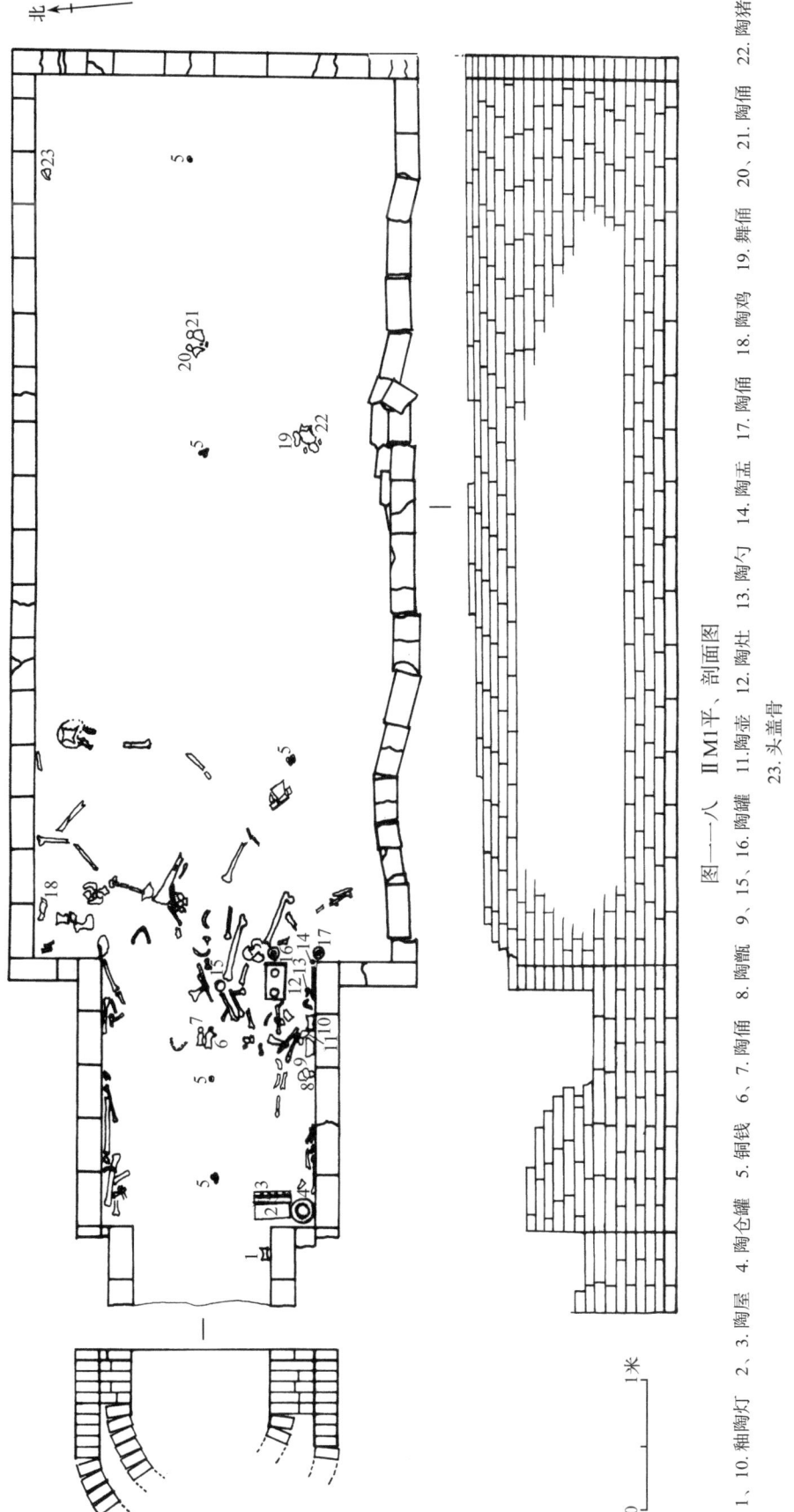

图一一八 ⅡM1平、剖面图

1、10. 釉陶灯 2、3. 陶屋 4. 陶仓罐 5. 铜钱 6、7. 陶俑 8. 陶甑 9、15、16. 陶罐 11. 陶壶 12. 陶灶 13. 陶勺 14. 陶盂 17. 陶俑 18. 陶鸡 19. 舞俑 20、21. 陶俑 22. 陶猪 23. 头盖骨

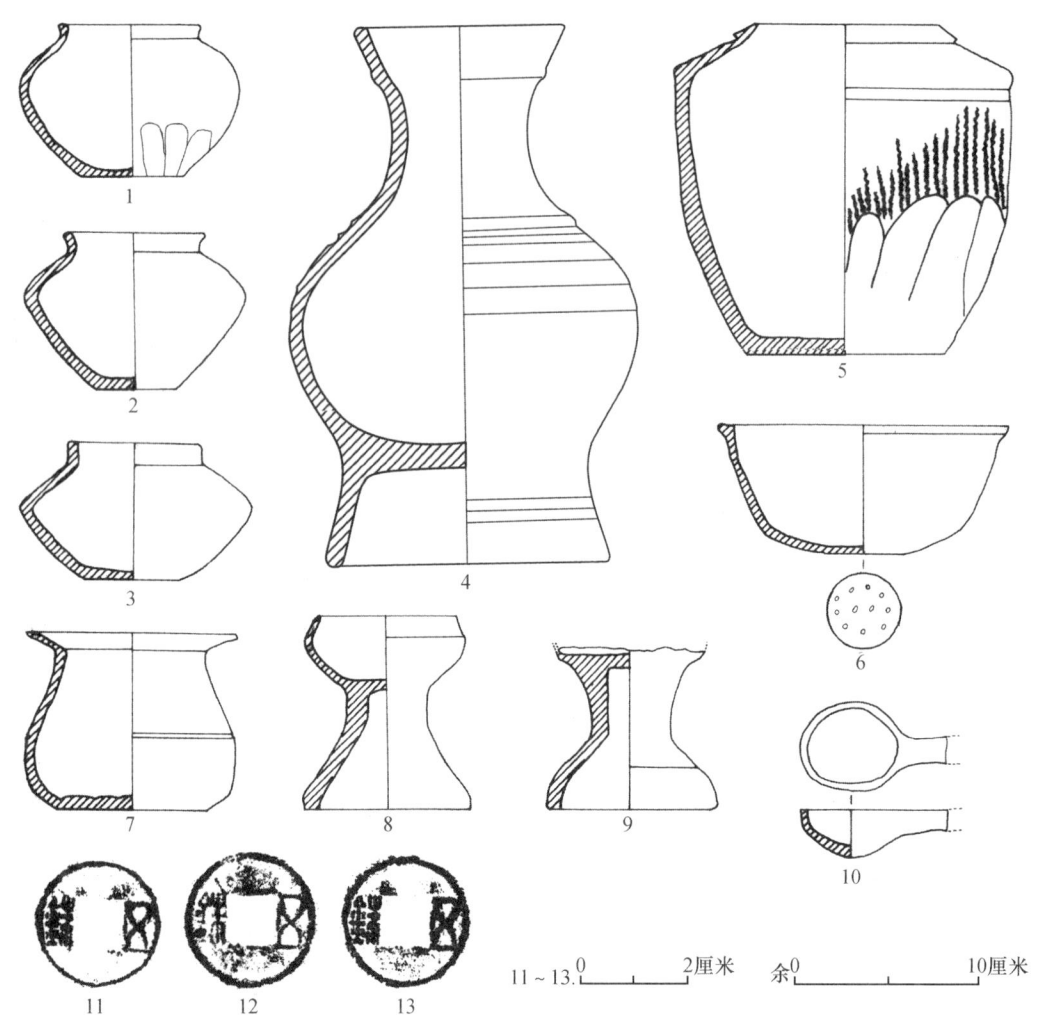

图一一九　ⅡM1出土器物

1~3.陶罐（ⅡM1∶15、ⅡM1∶9、ⅡM2∶16）　4.陶壶（ⅡM1∶11）　5.陶仓（ⅡM1∶4）　6.陶甑（ⅡM1∶8）　7.陶盂（ⅡM1∶14）　8、9.釉陶灯（ⅡM1∶1、ⅡM1∶10）　10.陶勺（ⅡM1∶13）　11~13.铜钱（ⅡM1∶5-1、2、3）

俑　8件，有人俑6件，陶猪1件，陶鸡1件。

侍立俑　2件，泥质红陶，体中空，体型短小，着袍，面目不清，拱手而立。ⅡM1∶7，高14.4、底宽5.5厘米（图一二〇，9）。ⅡM1∶20，高14、底宽5.4厘米（图一二〇，3）。

舞俑　1件。ⅡM1∶19，泥质红陶，头着低冠或巾帻，长袍及地，头侧向一边，右臂举起，左手放于腰间，作舞蹈状，面部五官不清。高23.8、底宽10.5厘米（图一二〇，10；图版四三，4）。

坐俑　1件。ⅡM1∶21，泥质红陶，着高冠，右衽袍服，右手扬起，似为说唱俑。高17.8厘米（图一二〇，11）。

人俑　2件。泥质红陶，均残。ⅡM1∶6，身部残失，五官不清。残高15厘米（图一二〇，5）。ⅡM1∶17，下身稍残，拱手着袍，头束巾。残高17厘米（图一二〇，7）。

鸡　1件。ⅡM1∶18，泥质红陶，鸡冠高耸，昂首而立，尾上翘，尾下有洞，双翅刻划不清。高19.8、长15.5厘米（图一二〇，8）。

图一二〇　ⅡM1出土俑及模型明器

1. 陶楼（ⅡM1：3、ⅡM1：2）　2. 陶灶（ⅡM1：12）　3. 侍立俑（ⅡM1：20）　4. 陶楼（ⅡM1：2）　5. 人俑（ⅡM1：6）
6. 陶猪（ⅡM1：22）　7. 人俑（ⅡM1：17）　8. 陶鸡（ⅡM1：18）　9. 侍立俑（ⅡM1：7）　10. 舞俑（ⅡM1：19）
11. 坐俑（ⅡM1：21）

猪　1件。ⅡM1：22，泥质红陶，站立，鼻上翘，短吻，体态肥胖，体中空。长21.5、高12厘米（图一二〇，6；图版四三，6）。

（3）铜钱　五铢钱，43枚，大小形态基本一致，面无内郭，或穿上横郭，"五"字两笔相交微曲，朱头圆折，为东汉五铢特点。ⅡM1：5-1，外郭细，直径2.4厘米（图一一九，11）。ⅡM：5-2，直径2.5厘米，外郭较高，穿上横郭，钱文风格同上（图一一九，12）。ⅡM1：5-3，直径2.4厘米，钱文模糊，外轮稍宽（图一一九，13）。

附：汉墓花纹砖

汉墓花纹砖仍以常见的菱形纹为主，有大菱形纹、小菱形纹，菱形纹间的填充纹或符号还有数种，形成主体风格相似而小有区别的菱形纹，如填十字、平行线、乳钉等。一墓之中大都有两种以上的花纹砖。

清理的7座汉代砖室墓皆以具有时代特色的菱形纹砖为建材。菱形纹是汉墓花纹砖的主体花纹，分为大菱形、小菱形、菱形间车轮纹等数种，又以大菱形最为常见，由平行线组成的多重菱形纹二方连续布置于砖侧。菱形纹内填以各种装饰符号，有十字、平行线、圆点、实心菱形、车轮等。同种纹饰的砖大小稍异，说明非一模所出。小菱形纹在峡江地区发现不如大菱纹多见，仅见于M4墓中，也是以大菱形纹为骨架布置的，大菱形统率小菱形。各墓所用花纹砖的大小规格和花纹细部风格皆不相同。M10有两种花纹砖，M10：35，平行线组成大菱形，中间两组大菱形中央填以十字纹、平行线。长42、宽15.5、厚8.2厘米（图一二一，1）。M10：36，菱形纹中间填以实心小菱形。长42、宽15.5、厚7.5厘米（图一二一，2）。M4亦有两种花纹砖，M4：68，中间一组菱形纹中央填十字，两侧各有一组填实心圆点。长38.5、宽19、厚8.5厘米（图一二一，3）。M4：69，砖侧布满小菱形，小菱形中间为凸起的小圆点，大菱形分割砖侧，成为花纹的间架和统率。长40、宽18.5、厚8厘米。该墓以这种小菱纹砖为主（图一二一，4）。M1：1，完整的菱形纹只有中间的一组，正中填断开的实心小菱形。长40、宽17、厚7.5厘米（图一二一，5）。ⅡM1有4种花纹砖，ⅡM1：23，大菱形中间无填饰。长43.5、宽17.5、厚7厘米，是该墓常见的一种（图一二一，6）。ⅡM1：24，大菱形中间填一短线，较少见。长42、宽17、厚8厘米（图一二一，7）。ⅡM1：25，正中大菱形包一车轮纹，较少见。长41、宽17.5、厚7.5厘米（图一二一，8）。ⅡM1：26，"大吉"铭文砖，残，疑为"大吉利"或"大吉祥"，另侧为菱形，仅一见，发现于墓内填土中。残长30、宽16、厚8厘米（图一二一，9）。M3为石室墓，但于墓门口乱土中发现一些菱形纹砖，墓门一侧石上发现短砖1块，M3：5，大菱形纹内为空心小菱形，见于砖的一端，此砖六面平整，显非残断，似有专门用途。长17、宽12.5、厚7.5厘米（图一二一，10）。

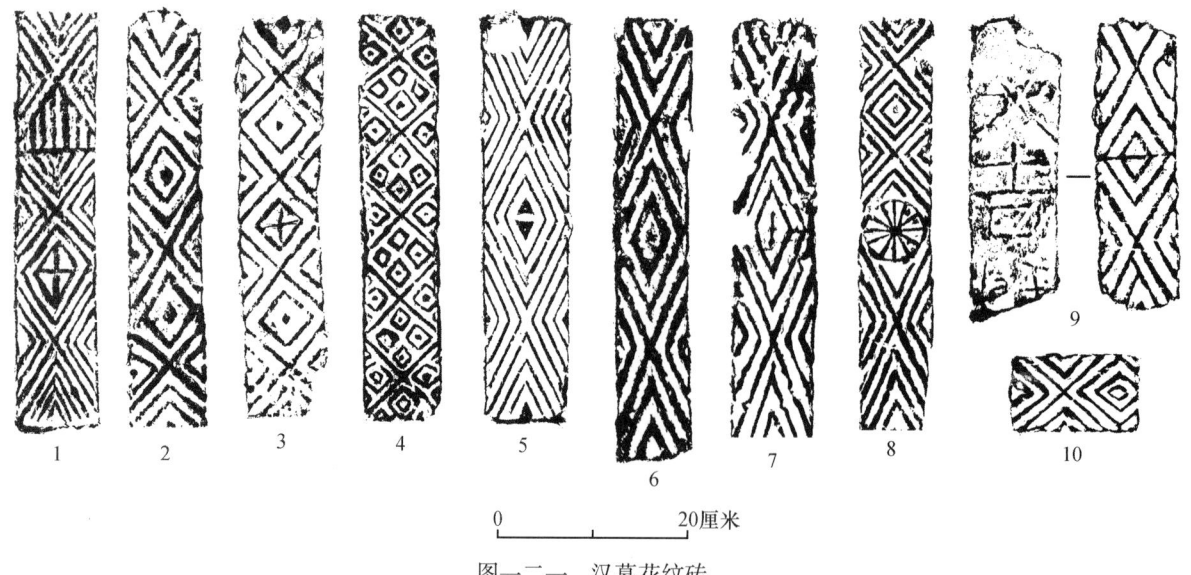

图一二一　汉墓花纹砖

1、2. M10：35、36　3、4. M4：68、69　5. M1：1　6～9. ⅡM1：23～26　10. M3：5

第三节 宋代墓葬

一、土坑墓

第40号墓（2005CFYM40）

M40位于白马小学南部，操场的东部，南与M38相邻，北边打破M42。开口于垫土层下，墓口距地表0.5米。

1. 墓葬结构及埋葬情况

长方形竖穴土坑墓，方向320°。墓口南北长2.2、宽0.8米，残高0.2～0.45米，填土灰色伴褐色斑点，土质较松散。墓室南端（脚端）墓壁砌3块直立石板，其余三面皆为土坑壁。墓底有人骨架1具，已朽成粉状，头朝北，可辨为仰身直肢。骨架周围出土11枚铁棺钉，未发现明显棺灰。死者的头部有铜钗1件，耳坠2件，残甚，无法起取（图一二二）。根据墓圹一端立石和出土铜钗，判断为宋代墓葬。

2. 出土器物

出土器物只有1件铜钗。M40：1，由长条形铜条弯折成两股钗体，钗股相并，钗端尖圆，因受挤压而弯曲变形。长14.4厘米（图一二二，1）。

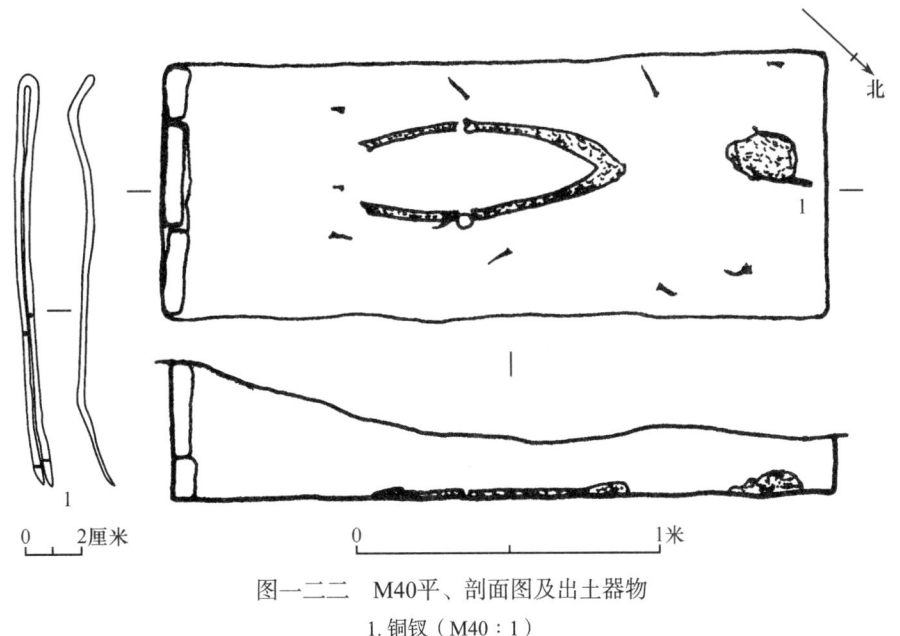

图一二二　M40平、剖面图及出土器物
1. 铜钗（M40：1）

二、砖 室 墓

（一）第2号墓（2003CFYM2）

M2位于白马小学之南的坡地上，处于江边陡坎的边缘。地表为橘树和菜地。

1. 墓葬结构及埋葬情况

墓葬被严重扰乱，上部墓圹范围不详，仅有墓底铺地砖，墓底作长方形，长2.66、宽1.54米，中间南北向四列方砖，西边、北边用二层长方砖单列纵向砌边，东边先横铺一列小砖，上面纵铺一两行。南端断于陡坎之下。小砖上有石灰层，表明其上不再有砖，该墓即为墓底施砖的长方形墓，方向325°。铺地方砖的规格为长27、宽27、厚4厘米，砌边小砖长34、宽16、厚8厘米。墓底一侧发铜钱2枚，花边钱1枚（图一二三）。

2. 出土器物

元丰通宝　1枚。M2:1，宽郭狭穿，钱文旋读。直径3、穿径0.7厘米（图一二四，1）。
建炎通宝　1枚。M2:2，钱文直读。直径3、穿径0.7厘米（图一二四，2）。
花边钱　1枚。M2:3，圆形花边，呈花瓣形，中心长方小孔，面光滑，微凸，无文。明钱类。直径3.5、孔长0.55、宽0.4厘米（图一二四，3；图版四四，4）。

（二）第38号墓（2005CFYM38）

M38位于白马小学南部，操场的东部，东距院墙15.5米，南距院墙13米，北与M40相距不到1米。地表为水泥地面，其下为三合土层。墓葬开口于该垫土层下，距地表0.45～0.5米。

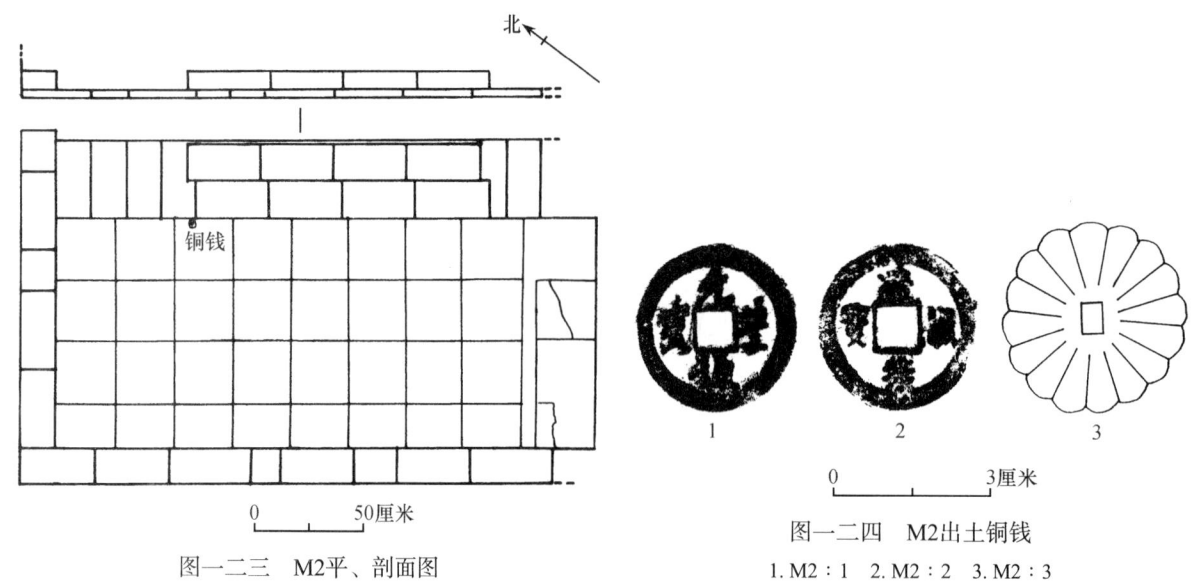

图一二三　M2平、剖面图

图一二四　M2出土铜钱
1. M2:1　2. M2:2　3. M2:3

1. 墓葬结构及埋葬情况

长方形砖室墓，方向340°。墓壁仅残存三层砖，上部即遭建校平土地时破坏。墓壁自第三层砖即见内收起券现象，可见当时墓室不高。壁砖长40、宽15、厚0.08米。墓室南北长2.16、东西宽0.9～1.1米，头端宽、脚端窄，残高0.3米。墓底以二层方砖顺向平铺，为先砌壁后在壁以内铺地，铺地砖边长27、厚3厘米。墓底似有石灰铺垫或涂抹，正中位置有人骨架1具，保存差，可辨为仰身直肢。未见棺痕，但骨架周围发现铁棺钉13枚。墓室北部（头端）置釉陶罐和陶灯，死者胸部置饰件，腰部下有一腰坑，方形，长宽各0.6米，墓底以下深0.1米，内正置一陶罐。腰坑上不盖砖（图一二五）。

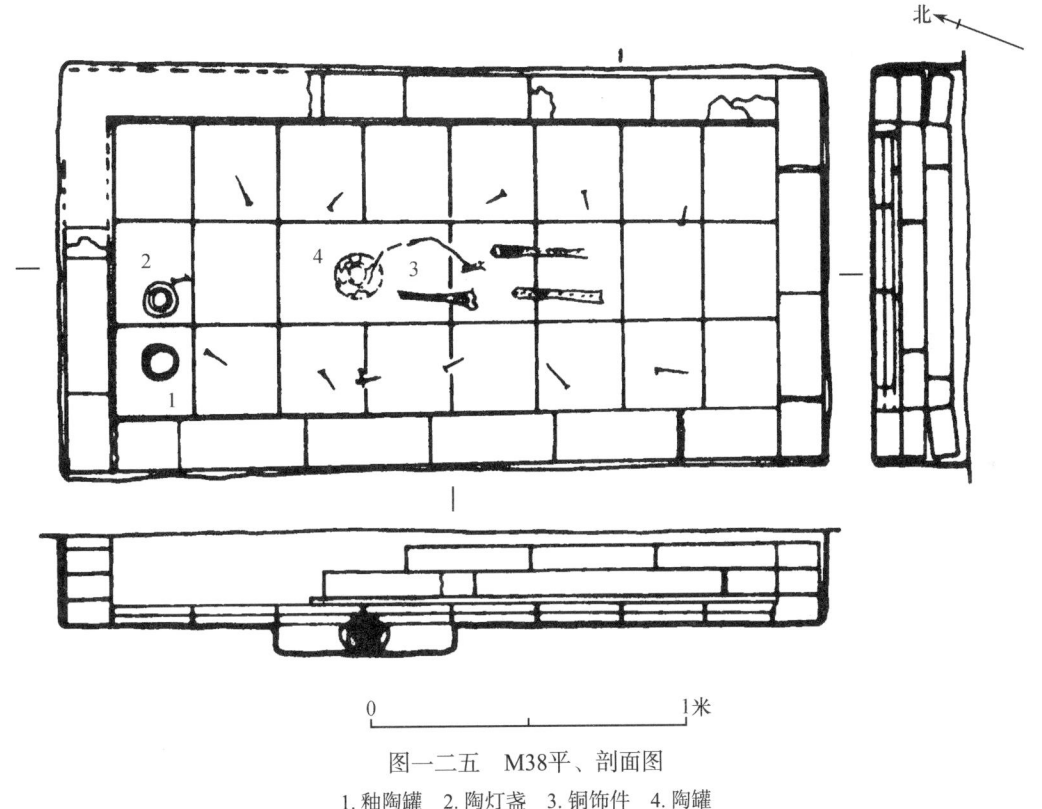

图一二五　M38平、剖面图
1.釉陶罐　2.陶灯盏　3.铜饰件　4.陶罐

2. 出土器物

（1）釉陶器

罐　M38∶1，夹砂灰胎，敛口，方圆唇，颈稍内束，颈两侧各一耳，弧腹，腹较深，大平底，口、底大小相近。施黄釉，釉不及底。口径8.8、腹径11.5、高14.5厘米（图一二六，2）。

（2）陶器

灯盏　M38∶2，泥质黑陶，可能为陶灯盏盘，底下可能附圈足，残失。平折沿，尖唇，侈口，深腹，近底部有一周向外伸出的花瓣附饰。口径9、残高7.5厘米（图一二六，3）。

罐　M38∶4，泥质红陶，敛口，尖唇，无颈，溜肩，鼓腹，大平底，内底凹凸不平。口径8、腹径13.1、底径9.4、高7.8厘米（图一二六，1）。

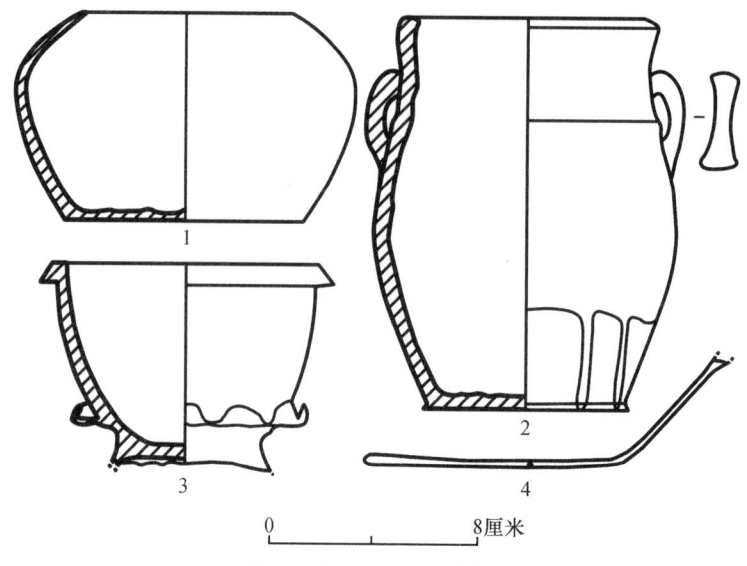

图一二六　M38出土器物

1. 陶罐（M38：4）　2. 釉陶罐（M38：1）　3. 陶灯盏（M38：2）　4. 铜饰件（M38：3）

（3）铜器

饰件　M38：3，2件大小形制完全一致，长条形，断面圆形，有弯折，一端圆钝，一端残断。出土于死者胸部，似为下颌托一部分。残长14、直径0.2～0.3厘米（图一二六，4）。

（三）第39号墓（2005CFYM39）

M39位于白马小学南部，操场的东部，西距M38为4.5米，东北距M41仅1米。地表情况同M38。墓口距地表0.45～0.5米。西北角地理坐标：N 31°02′11.9″，E109°30′16.5″。

1. 墓葬结构及埋葬情况

长方形砖室墓，方向330°。以小砖错缝叠砌，墓砖为31厘米×16厘米×3.5厘米。墓室上部已遭破坏，仅残存6～11层砖，残高0.35～0.65米。墓内填土呈灰色伴褐色斑点，较松散。墓底长2.6、宽0.9～1米，头端宽、脚端窄。以小砖铺底，中间和南部为单砖横向平铺，北部两侧为"T"字形铺法。东西两壁南端各直立一长条石，条石高0.63米，外用一高0.3米的石板封堵，为墓门。两侧石柱尚高出石板0.2米，估计石板之上应还有石板叠加。墓壁和墓底以石灰涂抹，砖缝间亦以石灰粘接。墓室内有1具人骨架，呈粉状，头朝北，仰身直肢。骨架周围散落铁棺钉12枚。死者腰部位置下缺两块铺地砖，经清理为一腰坑，略呈正方形，长宽各为0.15米，深0.05米，内置一小陶罐。墓底窄端一角立一釉陶罐，骨架上发现铁钱4枚（图一二七）。

2. 出土器物

（1）釉陶器

罐　M39：2，泥质灰陶，短直颈，平口方唇，折颈，弧腹，肩部对称两耳。器物

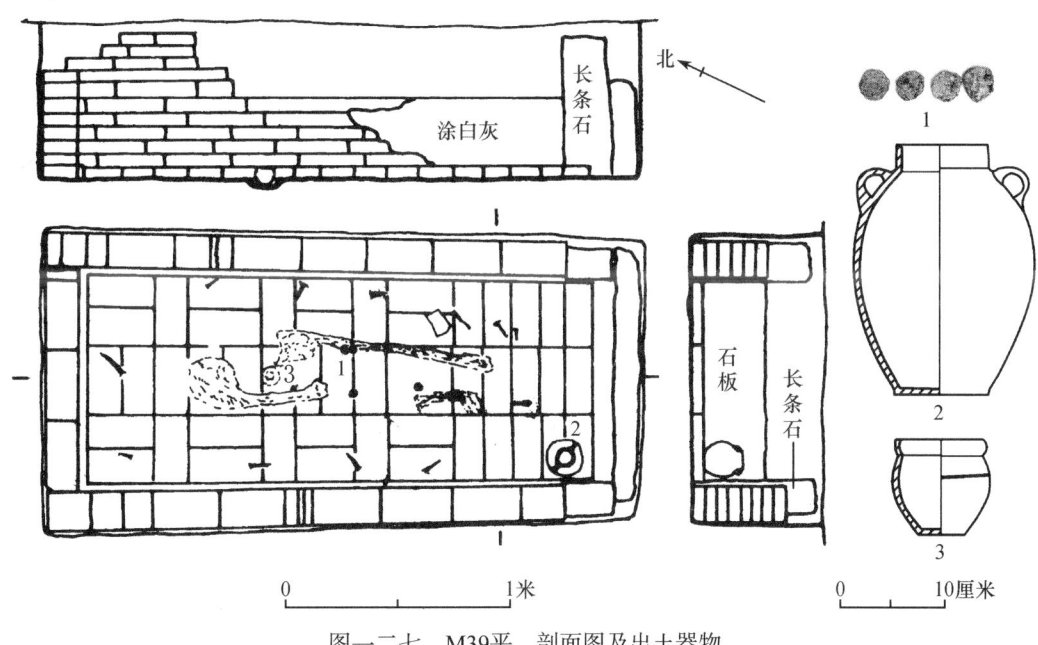

图一二七 M39平、剖面图及出土器物
1.铁钱（M39：1） 2.釉陶罐（M39：2） 3.陶罐（M39：3）

修长，上半身至器口涂黄褐釉，釉大多已脱落。口径8.5、底径9.1、腹径17.5、高23厘米（图一二七，2；图版四四，1）。

（2）陶器

罐 M39：3，泥质灰陶，平口方唇，束颈，从颈至口沿向外弧凸似盘口，弧腹小平底，腹中部至口沿施青釉，腹上有一圈凸弦纹，可见泥条盘筑痕迹。出土于腰坑之中。口径7、底径4.5、腹径9.1、高8.8厘米（图一二七，3）。

（3）铁钱

M39：1，共4枚。圆形，为厚厚的铁锈包裹，钱文不明，具体尺寸无法测量（图一二七，1）。

（四）第46号墓（2005CFYM46）

M46位于白马小学南部、操场的西南部，东、西距M39、M45各4米，南距M51仅1.5米。墓葬开口于垫土层下，墓口距地表0.3～0.4米，墓葬西南角地理坐标：N31°02′11.7″，E109°30′15.8″。

1. 墓葬结构及埋葬情况

长方形土坑，方向320°。墓圹上半部无存，仅存0.35米高，墓底铺砖，墓圹北壁下立一长条石，条石高0.23米。墓底南北长2.5、东西宽1.08米。墓底铺地砖上置人骨架1具，已朽，头朝北，可辨仰身直肢。骨架周围散落铁棺钉8枚，棺痕无存。铺地砖的结构，自尸骨腰部以上用小砖三排六列对缝顺铺，腰部以下至脚端石板壁下以方砖四排三列对缝顺铺。骨架头顶有铜

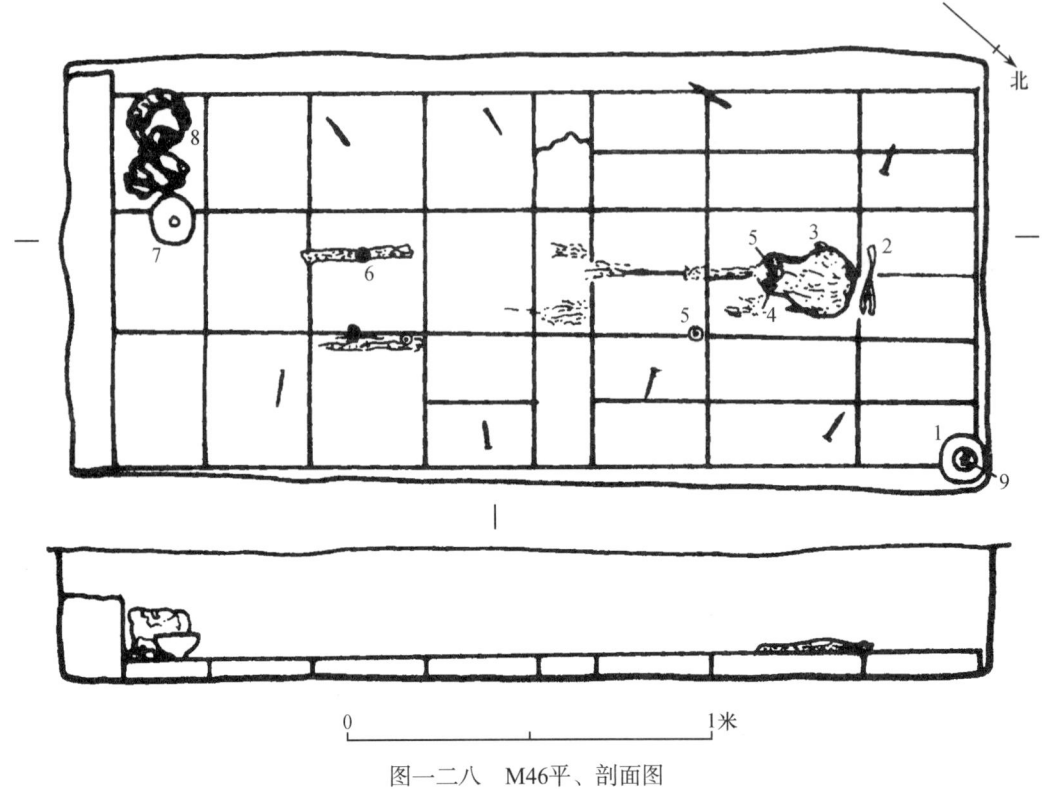

图一二八　M46平、剖面图

1、8. 瓷罐　2. 铜钗　3. 耳环（残）　4. 耳环　5. 铜钱　6. 铁钱　7. 瓷碗　9. 铅龙形件

钗2副叠放，两耳位置各有耳环1个，口部（应为口含）祥符元宝1枚，腿胫骨边发现铁钱6枚，墓室西南角有瓷碗、瓷罐各1件，东北角有黑瓷罐1件，罐内有铅质龙形图案的断片。该墓墓底应未被扰动（图一二八）。

2. 出土器物

出土器物有瓷器、铜饰件和铜、铁钱。

（1）瓷器

罐　2件。M46：1，黑釉瓷器。直口尖唇，肩部圆鼓，下腹弧收至饼底，底较小，高0.5厘米。芒口，饼底无釉。口径5.2、腹径10.8、底径4.9、高8.8厘米（图一二九，4；图版四四，2）。M46：8，黄绿釉，敛口，圆唇，折肩，无颈，弧腹，腹较深，圈足极低，接近平底内凹，肩附四系。釉脱落较重，腹下部露胎。口径9、腹径18、底径10、高18.1厘米（图一二九，1；图版四四，3）。

碗　1件。M46：7，白瓷，葵口。大敞口，尖唇，斜直腹，小饼底，器壁极薄，釉色灰白。口径12.8、底径2.4厘米（图一二九，3）

（2）铜器

钗　2件。形制大小一致。M46：2，以铜条弯成，钗体断面圆形，钗头稍粗而圆钝。长20.5厘米（图一二九，7；图版四四，5）。

耳环　2件。形制大小一致，一件微残。M46：4，以铜丝弯成环状，一端长出环外。环一

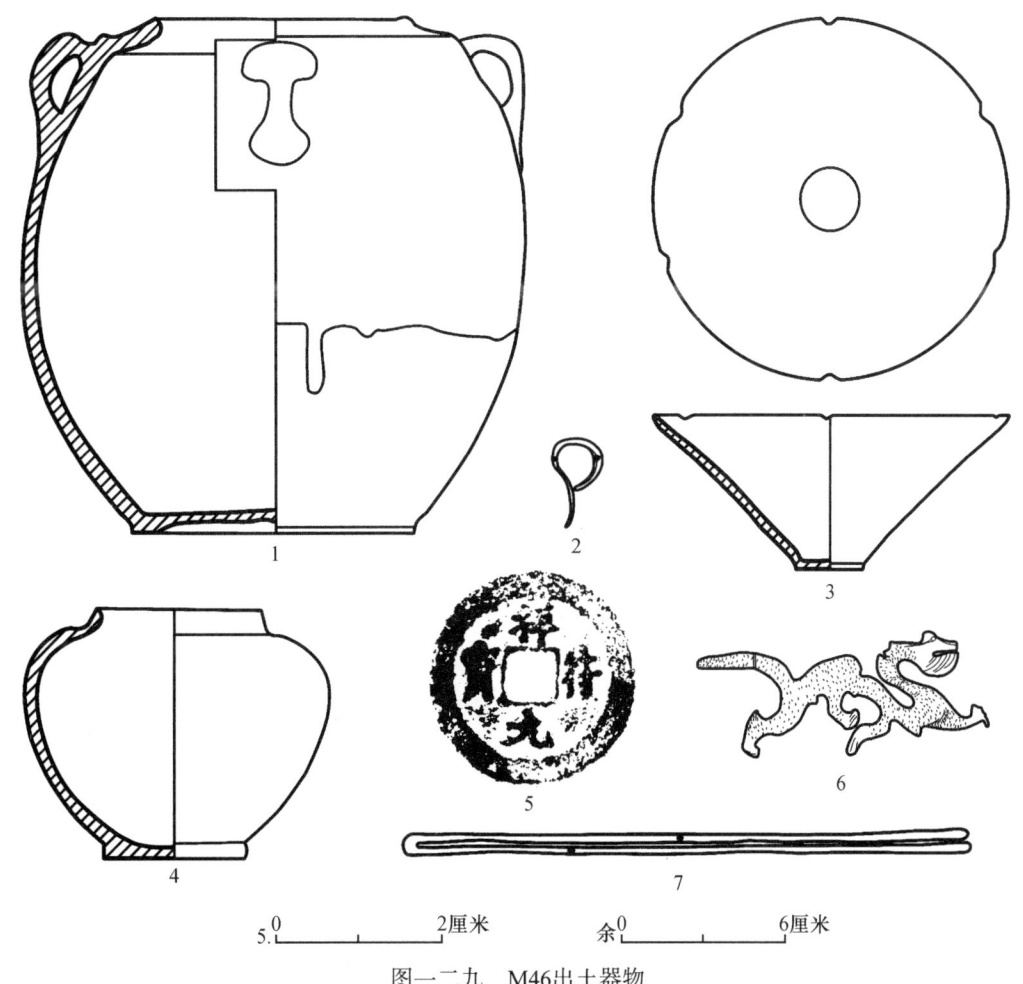

图一二九　M46出土器物
1、4. 瓷罐（M46：8、M46：1）　2. 耳环（M46：4）　3. 瓷碗（M46：7）
5. 铜钱（M46：5）　6. 铅龙形件（M46：9）　7. 铜钗（M46：2）

端较粗，断面呈三角形，向后渐细，断面呈圆形，拖出环外的一段长1.2厘米。环径1.7、通长3.1厘米（图一二九，2）。

铜钱　2枚。皆为宋祥符元宝，形制大小一致，1枚残。M46：5，面文行书"祥符元宝"，旋读，阔缘狭穿。穿径0.6、直径2.5厘米（图一二九，5）。

（3）铁钱

M46：6，5枚。严重锈蚀，无从辨认钱文。据稍完整者，直径2.5厘米。

（4）其他

铅龙形件　1件。M46：9，以扁薄铅片制成，极软、脆，形似一龙或兽四蹄奋进状，为墓中东北角黑釉瓷罐中碎片拼对修复而成，抑或与镇墓铅人有关。通长10.6厘米（图一二九，6；图版四四，6）。

第四节　不明年代的墓葬

营盘包墓地发掘几座无葬品的小型土坑墓，墓葬结构等也无年代特征，对其年代不便做出判断，单独罗列于下。

（一）第44号墓（2005CFYM44）

M44位于白马小学南部、操场的中部，东南距M41为2.3米，南距M39为3.7米。开口于垫土层下，距地表0.4米。墓葬东侧上部被一现代浅沟打破，未及墓底。

墓葬结构和埋葬情况

长方形土坑墓，方向335°。墓口长2.4、宽1.4米，墓高0.5米。墓葬东壁被现代沟打破约0.3米厚，距墓底尚有0.2米。墓底中间偏东置棺，棺痕长2.2、宽0.75米。棺的位置低下0.03米左右，形成棺槽，周围有类似低矮的生土二层台。有骨架1具，四肢骨骼存较好，头朝北，仰身直肢，两手平放于腹部。无随葬品（图一三〇）。

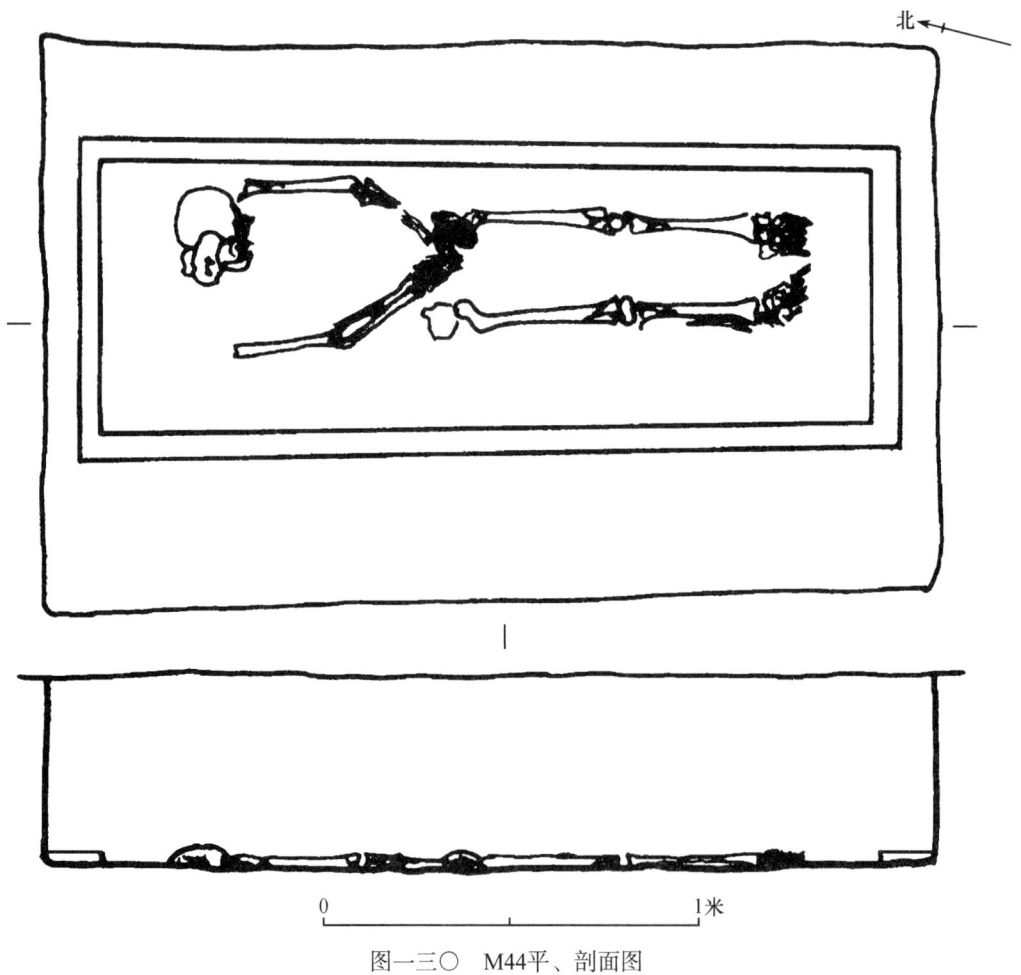

图一三〇　M44平、剖面图

（二）第45号墓（2005CFYM45）

M45位于白马小学南部、操场西部，东距M46为3.7米，西距M47为1.8米。开口于垫土层下，距地表0.35～0.45米。

墓葬结构及埋葬情况

长方形竖穴土坑墓，方向345°。墓口南北长2.05、宽0.7～0.8米，墓底长与口等，宽0.7米。墓圹东西两侧边不整齐，墓坑中间宽，两端略窄。墓高0.65米。填土为褐色伴灰色土点的五花土，较松散，出土1件陶豆柄及1片方格纹陶片。墓底中间人骨架1具，保存较好，但较凌乱，下肢骨与上身叠置在一起，上肢与肋骨亦不展开，叠置于颈、胸和腹部之上。头朝北。股骨长43厘米，胫骨长32厘米。从耻骨部位判断为成年男性。未发现棺具痕迹和随葬品。初步分析当为迁葬墓或捡骨葬。无葬品。根据填土中所出泥质黑陶矮柄豆柄和泥质红陶细方格纹陶片分析，其时间早不过战国，可能为西汉时期（图一三一）。

（三）第47号墓（2005CFYM47）

M47位于白马小学南部、操场西端，东距M45为1.6米，北距M49为3.7米。开口于垫土层下，距地表0.4米。墓葬西南角地理坐标：N31°2′11.8″，E109°30′16.1″。

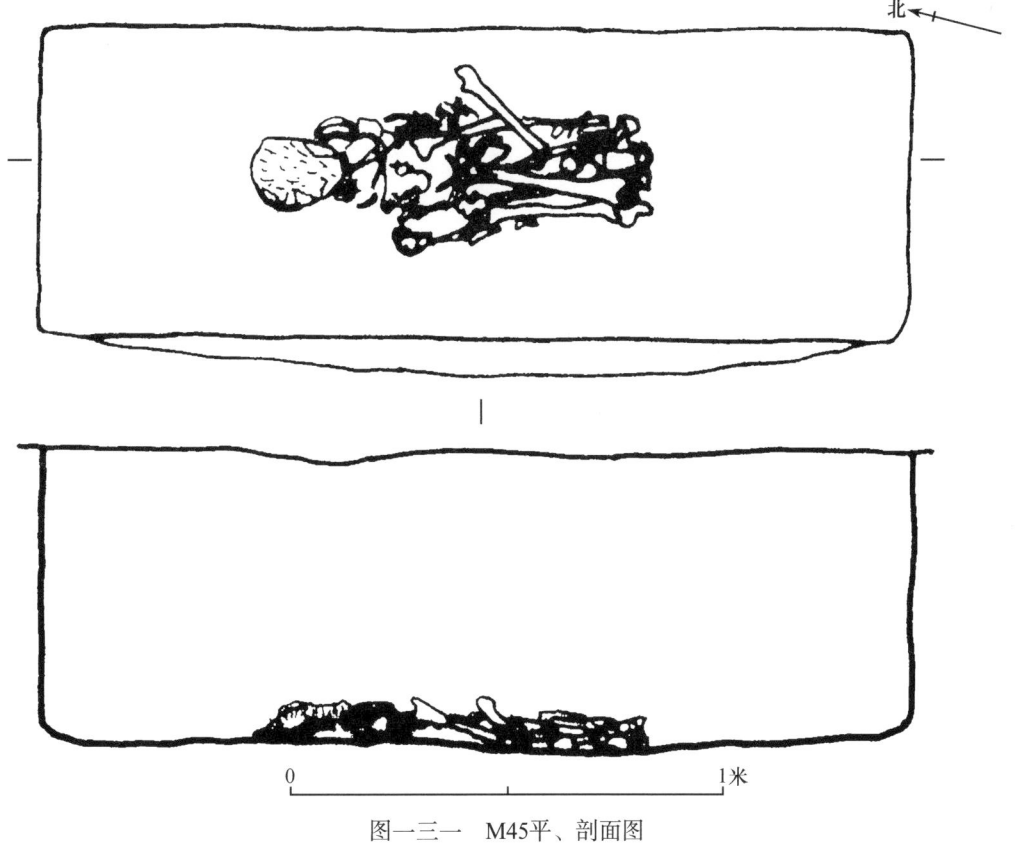

图一三一　M45平、剖面图

1. 墓葬结构和埋葬情况

长方形竖穴土坑墓，方向320°。墓口南北长2.26、东西宽1.52米，墓高0.95米。墓内填土较紧密，似经夯打，但未发现明显夯层和夯窝。据墓底板灰，复原棺长2.16、宽1.08米，棺的位置较墓底周围低下约0.02米。骨架置于棺内偏西侧，已朽，呈粉状，头朝北，可辨为仰身直肢，两手放置于腹部。棺内东南角露出一片红色漆皮痕迹，其上出土2枚铜饰件（初步分析为漆器饰件）。骨架上身左侧空间亦有漆皮痕迹显露。墓内别无遗物出土（图一三二）。

2. 出土器物

出土器物只有2件形制大小完全一样的铜饰件。M47：1，铜条连接一铜环，铜条一端残断。铜条上残留有红色。环径2、残长3.5厘米（图一三二，1）。

（四）第22号墓（2005CFYM22）

M22位于墓地南部中段白马小学教室北墙外，开口于表土层下，距地表40厘米。该墓打破M23和M31一角。

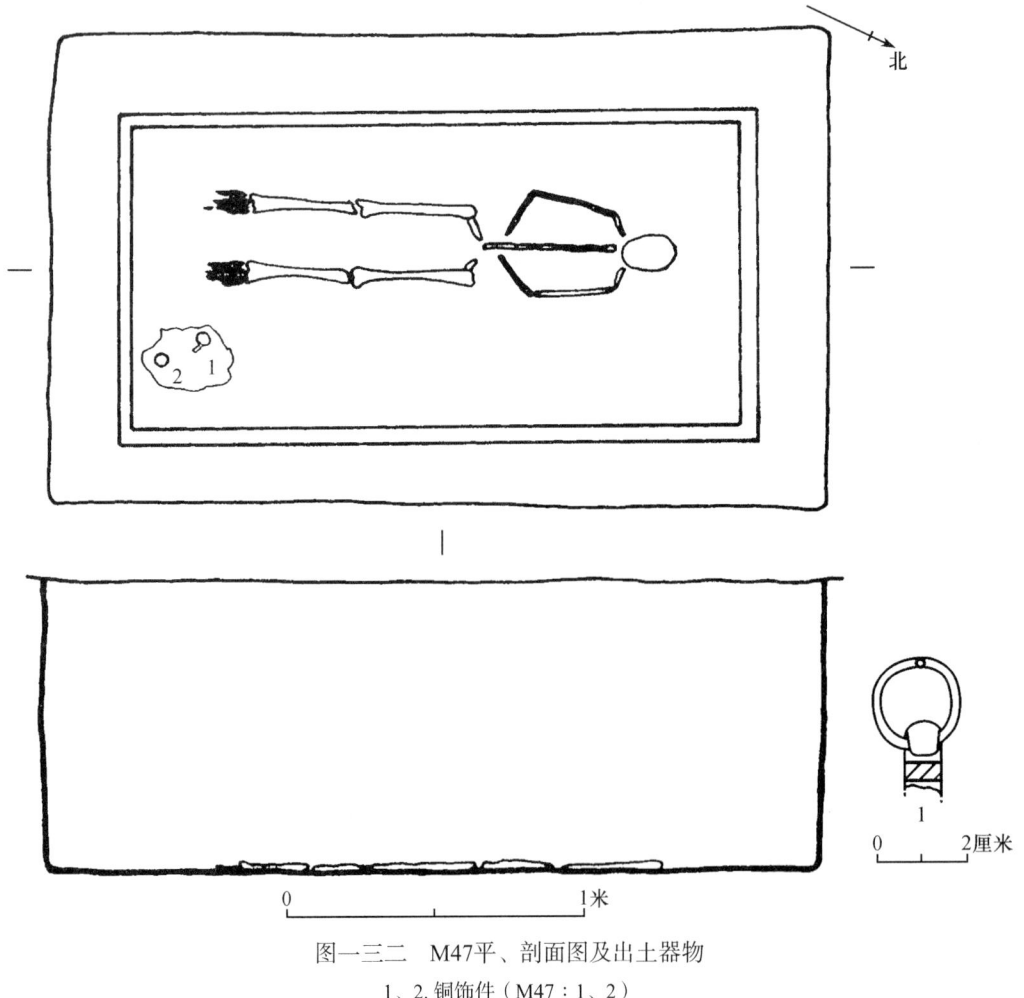

图一三二　M47平、剖面图及出土器物
1、2.铜饰件（M47：1、2）

墓葬结构和埋葬情况

长方形砖室墓，上部无存，方向255°，南北长2.64、东西宽1.08米，残高0.5米。墓室被严重盗扰，填土夹杂近现代砖、瓦等。墓壁错缝叠砌，以石灰勾缝，仅存2～6层砖。墓室北端墓壁外紧靠墓壁残存一段砖墙，立砖一竖一横，横砖两层相叠，与竖砖等高，可能是墓门。墓底残留石灰，并横向单层铺三道平行砖墙以支棺，仅存8枚铁棺钉。墓砖长34、宽14.5、厚8厘米（图一三三）。

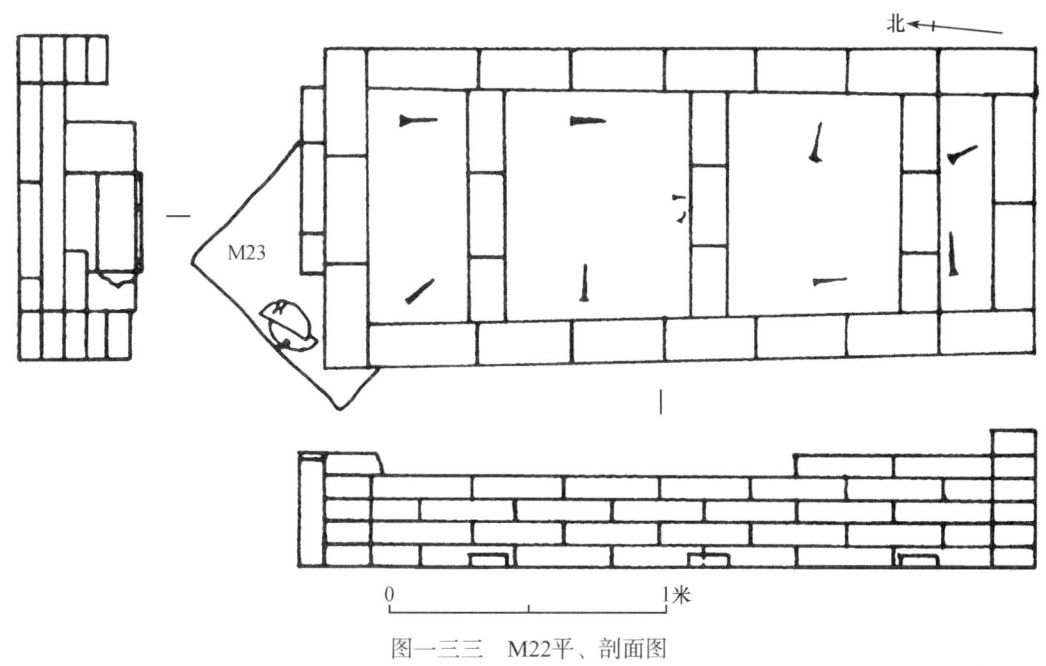

图一三三　M22平、剖面图

第五节　地层中出土遗物

在探方发掘中，也出土了部分有价值的文物，其中有的可以肯定是墓葬中的遗物，由于墓坑早已被破坏无存，只是因为橘树根的保护，才使它们得以保存下来。这几件器物已经同树根长在了一起，周围的地层均被扰乱至器物所在高度以下，挖掉橘树后才从盘绕的树根中取出并予以修复，只能当做地层出土物加以介绍。这些器物有陶罐3件，陶壶2件，陶鼎1件。其他的地层出土物还有纺轮1件、青花瓷碗2件、玉璧1件、翡翠饰（玉笄？）1件、玉饰件1件、骨饰件1件、铜铃1个、铜钱21枚。另外在墓地附近采集到被盗掘丢弃的器物3件，一并加以介绍。

陶罐　3件。T17②∶2，泥质灰陶，直口平沿，上腹圆鼓，有凹弦纹两道，下腹斜收，平底。口径9.2、底径10、高13.2厘米（图一三四，4）。T17②∶3，泥质灰陶，直口，圆唇略外翻，短颈，上腹圆鼓，下腹斜收，平底。口径10、底径11、高14.9厘米（图一三四，1）。T22②∶1，泥质灰陶，敞口束颈，扁圆腹。口径7.8、腹径10.9、高8.5厘米（图一三四，8）。

陶仓罐　1件。采∶3，泥质红陶，口微侈，圆唇，矮领，折肩，腹壁近直略收，平底微内凹，腹中部饰一道凹弦纹。口径10、腹径13.6、高14.2厘米（图一三四，5）。

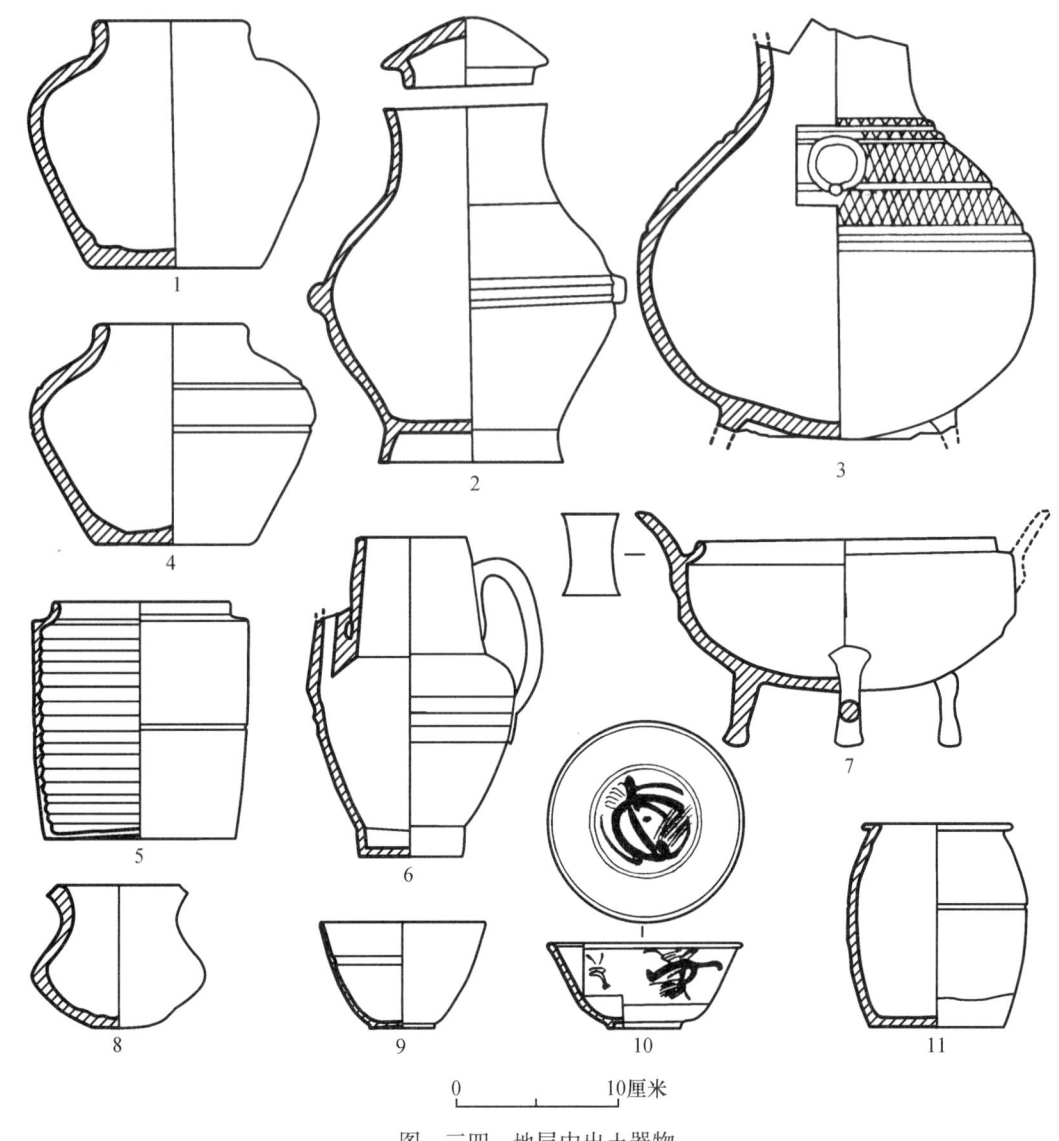

图一三四 地层中出土器物

1、4、8.陶罐（T17②：3、T17②：2、T22②：1） 2、3.陶壶（T20②：1、T17②：1） 5.陶仓罐（采：3） 6.执壶（T128①：1） 7.陶鼎（T20②：2） 9.酱釉瓷碗（采：1） 10.青花瓷碗（T05②：1） 11.硬陶罐（采：2）

陶壶 2件。T20②：1，泥质褐陶，敞口高颈，颈部有彩绘痕迹。腹微鼓，腹中部有凹弦纹三道，方形小錾耳一对，圈足。带盖，盖子母口，顶上三纽已失。口径10.4、底径12、高21.6厘米（图一三四，2）。T17②：1，泥质黑陶，口沿、圈足残，细颈、鼓腹，肩部饰网纹，环耳向上贴于肩部，其一残失。残高25.2、腹径24.2厘米（图一三四，3）。

陶鼎 1件。T20②：2，泥质灰陶，子母口，盖缺失。附耳，上腹较直，圜底，底有绳纹，柱状足。口径18、通高14.2厘米（图一三四，7）。

青花瓷碗 2件，形制大小花纹完全一致，出土时靠在一起。T05②：1，灰白胎，侈口圆唇，斜直腹，圈足无釉，腹部、内底花草纹。口径12、底径4.4、高5.1厘米（图一三四，10）。

酱釉瓷碗 1件。采：1，尖圆唇，侈口，斜腹，玉璧足底微凹，通体施酱釉，内腹部饰一周凸弦纹。口径10.3、底径4.2、高6.2厘米（图一三四，9；图版四五，2）。

执壶 1件。T128①：1，长颈直口，一侧有执手连于肩、颈，另一侧有流嘴，流嘴直上，嘴残。假圈足，整体修长。褐色釉，器表釉多已脱落。腹上饰三道凹弦纹，弦纹浅而宽。口径6.5、底径6.7、肩径12.8、高19.1厘米（图一三四，6；图版四五，1）。

硬陶罐　1件。采：2，口微侈，平沿，腹壁近直微弧，平底，腹部饰一周凹弦纹，灰色胎，外施黄釉不及底。口径7、腹径11.1、底径8.5、高12.2厘米（图一三四，11）。

纺轮　1件。T13②：1，泥质灰陶，扁圆形，中有圆孔，两面打磨光滑。直径4、孔径0.6、厚1厘米（图一三五，3；图版四五，4）。

玉璧　1件。T25②：1，青白色，晶莹剔透，两面各有精美的花纹：一面是龙纹，一条龙卷曲身体绕玉璧好孔而设，首尾相接，形象生动；另一面为对称布局的卷云纹和菱形纹，细致工整。直径5.4、孔径0.7、厚0.65厘米（图一三五，1；图版四五，3）。

翡翠饰　1件。T25②：2，翡翠绿，表面光滑，一端宽一端窄，窄端套有铜箍，上连有饰物（已残失）。长8.4，宽1.15～1.85、厚约2.5厘米（图一三五，2；彩版一四，4）

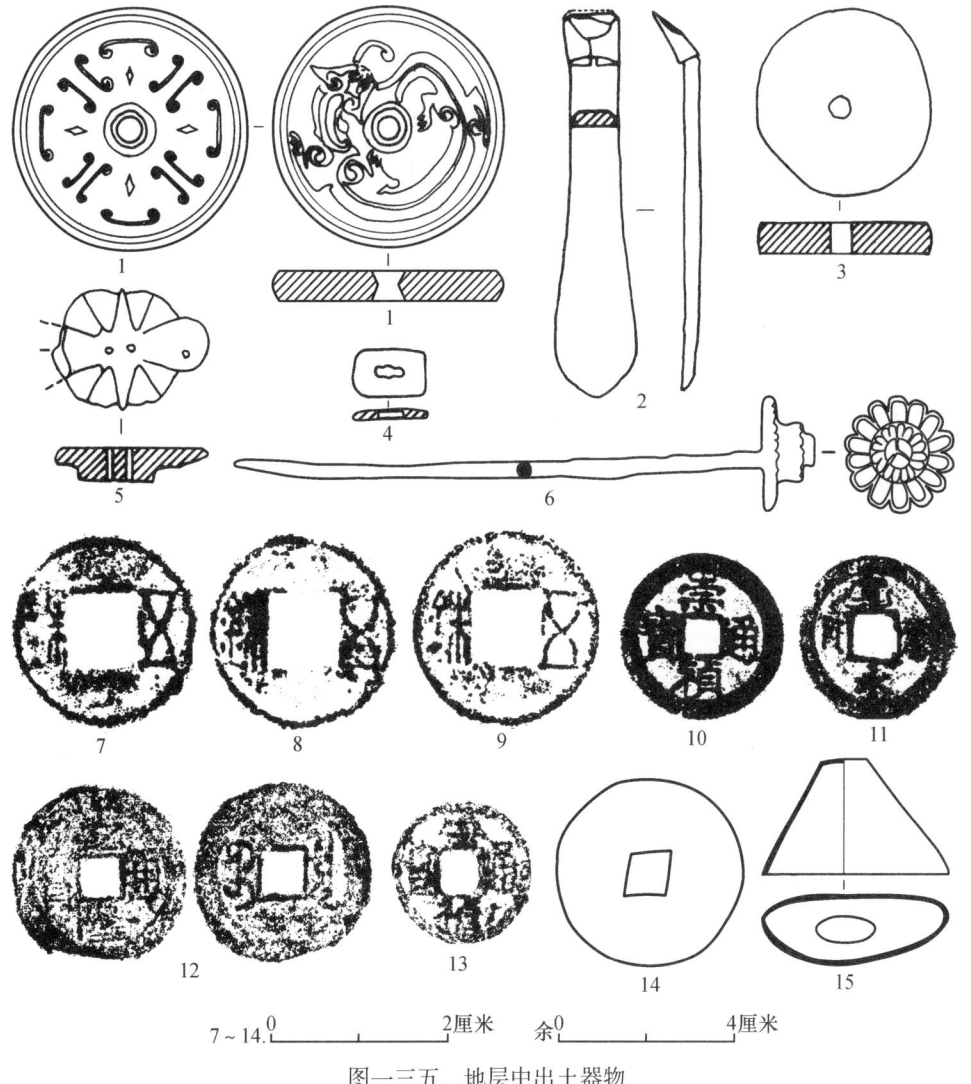

图一三五　地层中出土器物
1. 玉璧（T25②:1）　2. 翡翠饰（T25②：2）　3. 纺轮（T13②：1）　4. 骨饰件（T13②：2）　5. 玉饰件（T25②：3）　6. 铜簪（T124①：1）　7～9. 五铢钱（T22②：2、T17②：4、T②：1）　10. 崇祯通宝（T12②：1）　11. 宽永通宝（T23②：1）　12. 乾隆通宝（T147①：1）　13. 崇祯通宝（T78①：1）　14. 铜钱（154①：1）　15. 铜铃（T141①：1）

玉饰件　1件，头饰。T25②：3，灰白色，磨制光滑，形如花朵，有三个小孔，其中两个在器物中央。一端残。当为笄的尾端。残长3.5、宽2.5、厚0.3～0.8厘米（图一三五，5）。

骨饰件　1件。T13②：2，长方形，极薄，中有长孔，正面打磨光滑。长1.6、宽0.9、厚0.15厘米（图一三五，4）。

铜簪　2件，形制全同。T124①：1，簪头为花形，通长13.2厘米（图一三五，6；图版四五，5）。T124①：2，通长11.8厘米。

铜铃　1件。T141①：1，铜铃形，中空，内无铃舌，正剖面呈梯形，下开口呈椭圆形。底宽4.5、高2.5厘米（图一三五，15）。

铜钱　21枚，其中有五铢钱12枚，崇祯通宝2枚，宽永通宝1枚，乾隆通宝2枚，咸丰通宝1枚，钱文莫辨者3枚。

五铢钱　12枚，钱文多模糊难辨。T22②：2，细郭，穿上横郭，"五"字交斜直，朱头圆折。直径2.5、穿径1厘米（图一三五，7）。T17②：4，面无内郭，外郭细，"五"字两笔曲交，朱头圆折。直径2.6厘米（图一三五，8）。T②：1，面无内郭，"五"字两笔曲交，朱头圆折，高于金旁。直径2.5厘米（图一三五，9）。

崇祯通宝　2枚。T12②：1，直径2.2厘米（图一三五，10）。T78①：1，钱文模糊，直径1.8厘米（图一三五，13）。

宽永通宝　1枚。T23②：1，钱文锈蚀不清，宽郭。直径2、穿径0.7厘米（图一三五，11）。

乾隆通宝　2枚。T147①：1，面文"乾隆通宝"，背穿左、右各一满文。宽郭狭穿。直径2.4厘米（图一三五，12）。

无文铜钱　3枚。面背平素似无文。T154①：1，面背平。穿孔极狭。似非正用钱。直径2.5厘米（图一三五，14）。

第三章　器物分析和墓葬分期与年代

第一节　陶器分析

营盘包墓地发掘的墓葬包括战国、两汉、宋及明代以后各个时期，其中以汉墓为主，出土器物众多，另有地层中出土少量器物，共出土688件（组），器类有陶器、瓷器、铜器（含铜钱）、铁器、玉石器和料器等。以陶器为主，泥质陶又占绝大多数，其中包括少量彩绘陶。陶器器类丰富，出土较多的典型器类有鼎、盒、壶、盆、甑、罐、仓等。

下面重点对战国两汉墓出土的陶器进行分析。报告第二章介绍墓葬材料时，为了简洁和方便描述，对一墓中出土较多的罐、盆等进行了初步分型，其分型序号与下文中的分型序号并无关联。

（1）鼎　9件，根据鼎身的总体形状可分为四型。

A型　5件。深腹尖圜底。可分为三式。

Ⅰ式　1件。腹较深，圜底尖圆，盖顶近平，三柱足微外撇。M19:3，口径13.4、高15.8厘米（图一三六，1）。

Ⅱ式　2件。深腹，圜底尖圆，盖顶平，尖足外撇。M11:1，盖上饰两周凸弦纹，盖顶中心有一紧贴盖面的小半环纽。盖及鼎身有带状红彩。口径18.6、高21.9厘米（图一三六，2）。

Ⅲ式　2件。深腹尖圜底，盖顶弧形，蹄足外撇。M17:2，上腹部及盖上涂有白地红黑彩绘，大部分脱落。口径12.8、高16厘米（图一三六，6）。

B型　1件。腹壁近直，腹较浅，圜底、盖顶近平。M19:6，口径13、通高16.5厘米（图一三六，3）。

C型　2件。浅腹，带盖呈扁圆形，短足微外撇。M16:1，正中有一扁条立纽，四周三小纽残缺。口径17、高15.5厘米（图一三六，7）。M48:2，盖顶上饰三小纽，器两侧有耳均已残缺，腹下部及底部饰粗绳纹。口径17.2、高16厘米（图一三六，5）。

D型　1件。侈口束颈，弧腹，底近平，三足短外撇。M4:51，泥质红陶，通体黄褐釉，腹中间有凹弦纹一道，口沿上有耳的残迹，无法复原。口径11.8、腹径11.7、高7.9厘米（图一三六，4）。

（2）盒　13件，根据圈足与捉手的差异分为三型。

A型　2件。圈足明显区别于捉手，器盖与器身形状相同，器身子口。M17:3，顶部有矮圆形捉手，微外撇，器身和器盖合成一圆球状，底部有矮圈足，圈足直径大于捉手直径。器身饰弦纹。口径14、底径9、高14厘米（图一三七，1）。

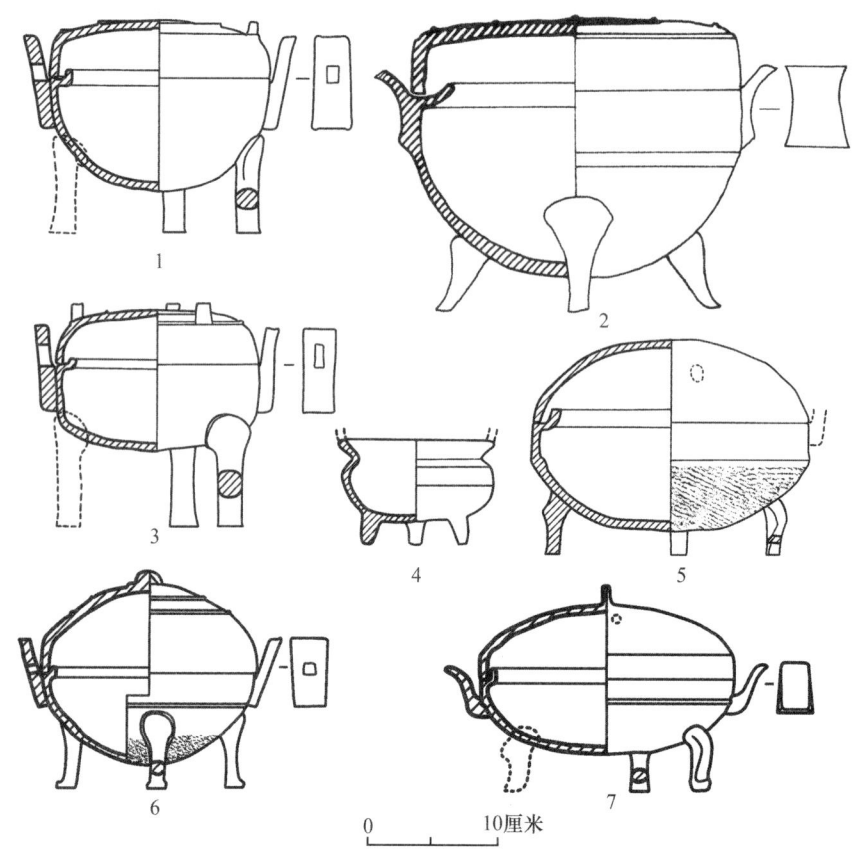

图一三六 营盘包战国两汉墓出土的陶鼎
1. AⅠ式（M19∶3） 2. AⅡ式（M11∶1） 3. B型（M19∶6） 4. D型（M4∶51） 5、7. C型（M48∶2、M16∶1）
6. AⅢ式（M17∶2）

B型 9件。顶部有矮圆形捉手，圈足与捉手近似，器身整体断面椭圆或近圆角长方形。器身子口，器盖与器身形状相同，腹部饰弦纹。可分为二式。

Ⅰ式 4件。器身整体断面近扁椭圆形。M16∶21，口径15.7、通高13.4厘米（图一三七，2）。M48∶1，器身整体断面近圆角长方形。口径16.5、底径12.5、通高15厘米（图一三七，3）。

Ⅱ式 5件。圈足变高，整体器形断面近长方形，盖、腹中段方折明显，器身稍变高。M18∶25，圈足较高，与盖顶捉手的高度对比明显。釉陶，整个器身遍布纹饰。口径17.4、底径11、通高18.8、圈足高2.8厘米（图一三七，4）。M27∶6，口径14.8、通高15（图一三七，5）。

C型 2件。器形较小，器身、器盖皆直口，器身扁圆，盖顶端有一扁纽，小平底。M51∶70，口径10.6、通高8.5、底径3.8厘米（图一三七，6）。

（3）壶 21件，根据圈足的有无和颈部的形状分为三型。

A型 13件。束颈，长颈溜肩，高圈足壶。根据口沿、器腹和圈足的变化可以分为三式。

Ⅰ式 2件。口微侈，深鼓腹，矮圈足略外撇，部分有盖。M19∶4，有圆弧形盖，肩部两侧有纵向半弧形纽，肩颈交界处及腹部饰凹弦纹。口径8.4、腹径18、底径11、高23.5厘米，盖

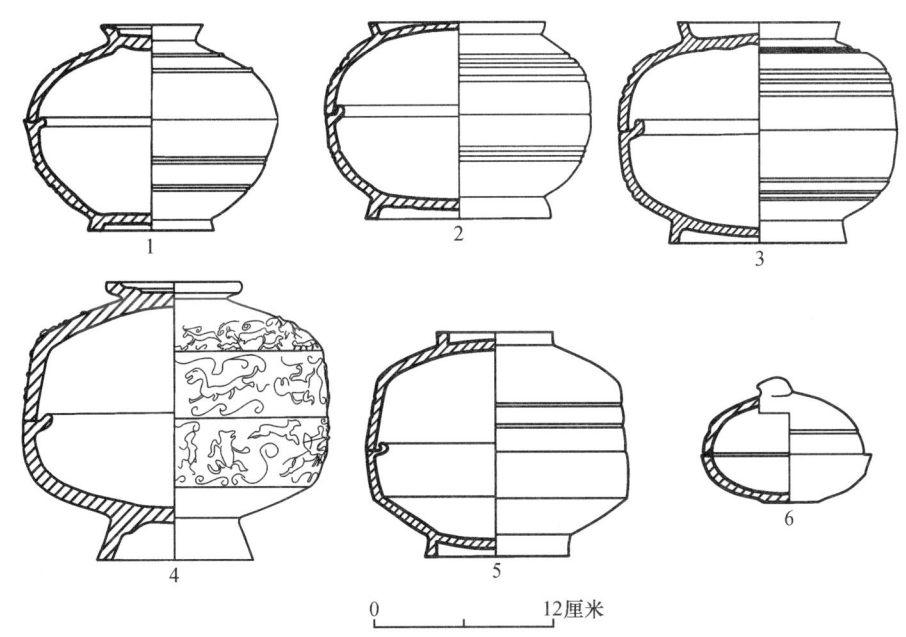

图一三七　营盘包汉墓出土的陶盒

1. AⅠ式盒（M17：3）　2. BⅠ式盒（M16：21、M48：1）　4. BⅡ式盒（M18：25、M27：6）　6. C型盒（M51：70）

高3.6厘米（图一三八，1）。

Ⅱ式　2件。口微敞，方唇，肩上实心耳，腹更鼓，带盖，盖子母口，盖上3个尖状纽，盖上一圈红色彩绘，器身有不明显红色彩绘。M11：8，矮圈足。口径8、底径8.5、通高24.8厘米（图一三八，9）。M11：9，平底，其余与M11：8同。口径8.8、底径8、通高25厘米。

Ⅲ式　2件。颈稍粗短，浅盘口，鼓腹，矮圈足微外撇。M48：3，有弧形盖，肩部对称附两纽，腹部饰弦纹。口径9.7、腹径23、底径12.5、通高29厘米（图一三八，8）。

B型　盘口，圆鼓腹，圈足，偶见平底，带盖。根据盘口、腹部和圈足的变化分为三式。

Ⅰ式　8件。盘口不甚明显，口壁外斜，颈较粗短，鼓腹近球形，部分有盖。M18：2，有圆弧形盖，肩部两侧附对称铺首衔环，肩颈交界处及腹部饰弦纹。口径14.2、腹径31.6、底径18.6、通高40厘米（图一三八，2）。M52：15，有弧形盖，肩颈交界处及腹部饰弦纹。口径13.6、腹径28.4、底径16.4、高34.6厘米。有盖，口径13.6、高5.4厘米（图一三八，3）。M42：2，平底，颈肩和腹部饰凹弦纹。有弧形盖，盖顶四周饰三个"S"形纽，肩部附对称兽面衔环铺首，口径13、腹径28、底径15.8、通高37厘米（图一三八，12）。浅盘口，M30：1，盘口较直，颈较粗短，圆鼓腹，圈足微外撇，腹部饰弦纹，肩部对称附系。口径13.9、腹径27.8、底径15.6、高26.5厘米（图一三八，6）。

Ⅱ式　1件。M52：14，直口方唇，盘口，口壁较直，鼓腹，最大腹径在中部，圈足加高，肩部两侧附对称铺首衔环，肩颈交界处及腹部饰弦纹。口径13、腹径26、底径16.4、高32厘米（图一三八，4）。

Ⅲ式　4件。长颈，敞口，扁圆腹，腹部下垂。高圈足。M10：5，通体施黄褐釉，肩腹部贴塑兽面铺首一对，铺首上饰凹线纹。口径16.5、腹径24、底径16.2、高26.6厘米（图一三八，11）。ⅡM1：11，圈足大且高，青黄釉，敞口圆唇，细长颈，腹饰凸弦纹。口径12、

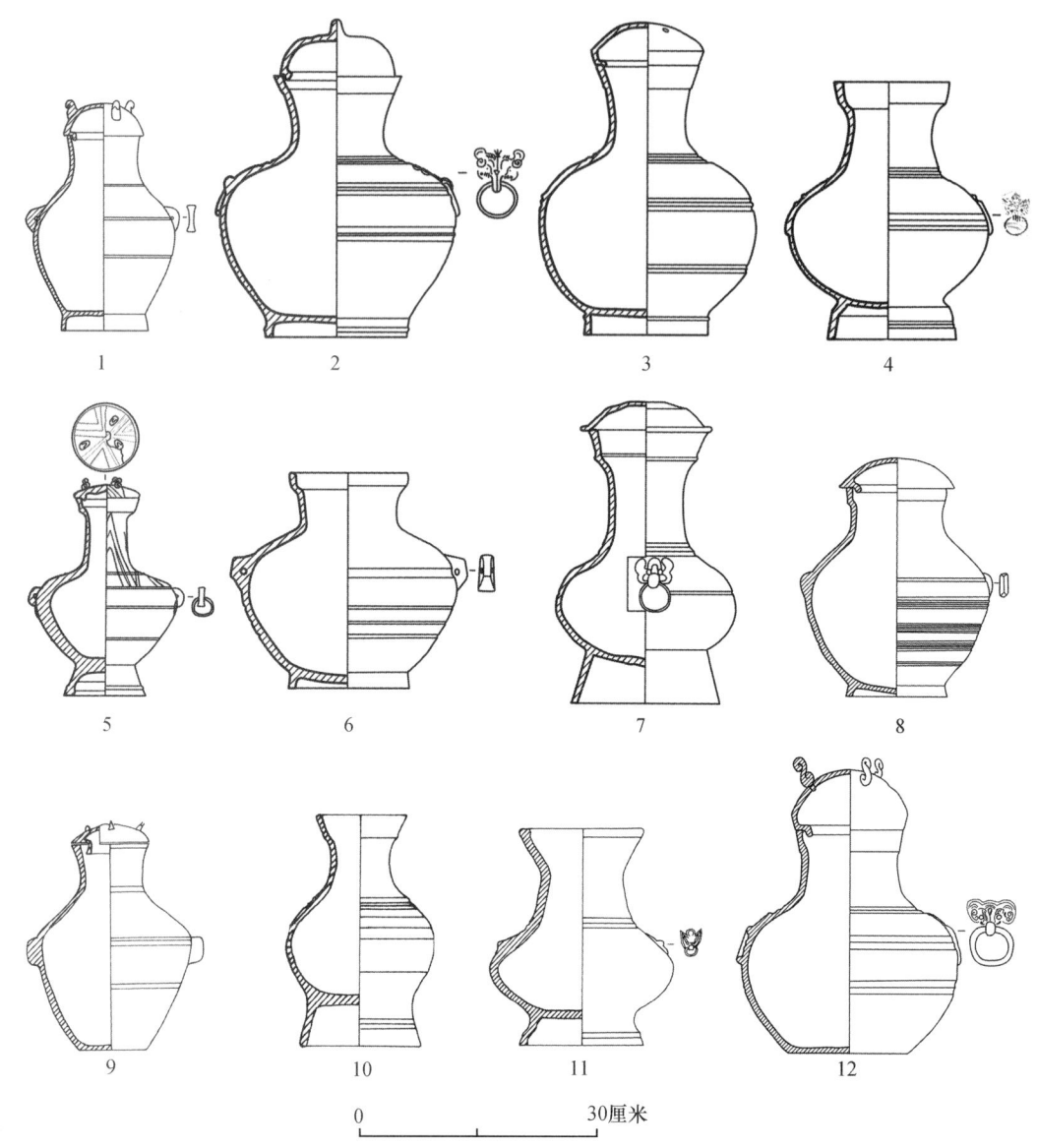

图一三八 营盘包战国两汉墓出土的陶壶

1. AⅠ式壶（M19∶4） 2、3、6、12. BⅠ式壶（M18∶2、M52∶15、M30∶1、M42∶2） 4. BⅡ式壶（M52∶14） 5. C型壶（M19∶5） 7、10、11. BⅢ式壶（M51∶26、ⅡM1∶11、M10∶5） 8. AⅢ式壶（M48∶3） 9. AⅡ式壶（M11∶8）

腹径19.4、底径16、高28.2厘米（图一三八，10）。M51∶26，盘口较深，长细颈，高圈足外撇，有弧形盖，肩部两侧各有一铺首衔环，肩颈交界处及腹部饰凹弦纹。口径13、底径18、腹径22、高36厘米（图一三八，7）。

C型 2件。盘口，长细颈较直，丰肩，最大腹径在上部，高圈足外撇，腹部有对称半环形纽或环形系，器壁较厚，肩部和腹部饰弦纹。有弧形盖，盖有三纽。器身施彩绘。M19∶5，口径7、腹径18.3、底径10.6、通高27.5厘米（图一三八，5）。

（4）盆 器形多样，选取其中较有代表性且常见的类型共33件进行分析。根据口沿、腹部和底的形态可分为两型。

A型 4件。口沿微外斜，斜弧腹，上腹内束，小平底。部分底部带刀削疤。分二式。

Ⅰ式　2件。上腹的高度小于下腹高度，上腹内凹，下腹稍斜直。M16：9，平沿，底部带刀削疤。口径12.8、底径4、高4.7厘米（图一三九，1）。

Ⅱ式　2件。腹部转折明显，上腹内凹，下腹圆弧过渡至底。M36：7，口径11.5、底径4、高5.5厘米（图一三九，4）。

B型　29件。侈口，尖圆唇斜弧腹，小平底同器腹分界明显。部分底部带刀削疤。分二式。

Ⅰ式　25件。上腹的高度小于下腹高度，上腹斜直，下腹斜内收，上、下腹间略有方折。M32：11，口径17.8、底径6、高6厘米（图一三九，5）。M32：13，敞口，斜弧腹，腹部饰凹弦纹一周，内壁饰两道凹弦纹（图一三九，6）。M27：41，口径16、底径4.8、高6厘米（图一三九，7）。

Ⅱ式　4件。腹部转折不如前式明显，上腹外弧。M27：37，口径12、底径4.5、高6.6厘米（图一三九，2）。

（5）仓罐　13件。直筒形，小口大平底，折肩。根据口沿和腹部的变化可分为二式。

Ⅰ式　6件。斜沿尖唇，无颈，折肩，平底，底部与口沿大小相等。M27：14，口径13.5、最大腹径19.3、底径14.6、高20厘米（图一三九，3）。

Ⅱ式　7件。斜平沿，尖圆唇，无颈，平折肩，最大径在肩部，平底，底部与口沿大小相等。M51：75，肩下绳纹间抹出凹弦纹一道，弦纹下饰绳纹至7厘米高处，以下抹平至底。口径10、底径11.8、肩径18.9、高18.1厘米（图一三九，8）。M51：40，侈口，平沿，圆唇，矮领，平折肩，腹部外鼓，平底，底大于口。腹部附加一泥条形耳，及腹中部和上部各饰二道凹弦纹。口径9.7、底径10、腹径16、高19厘米（图一三九，9）。

（6）甑　造型较多，选取其中24件。根据口沿、腹部和底部形态可分为四型。

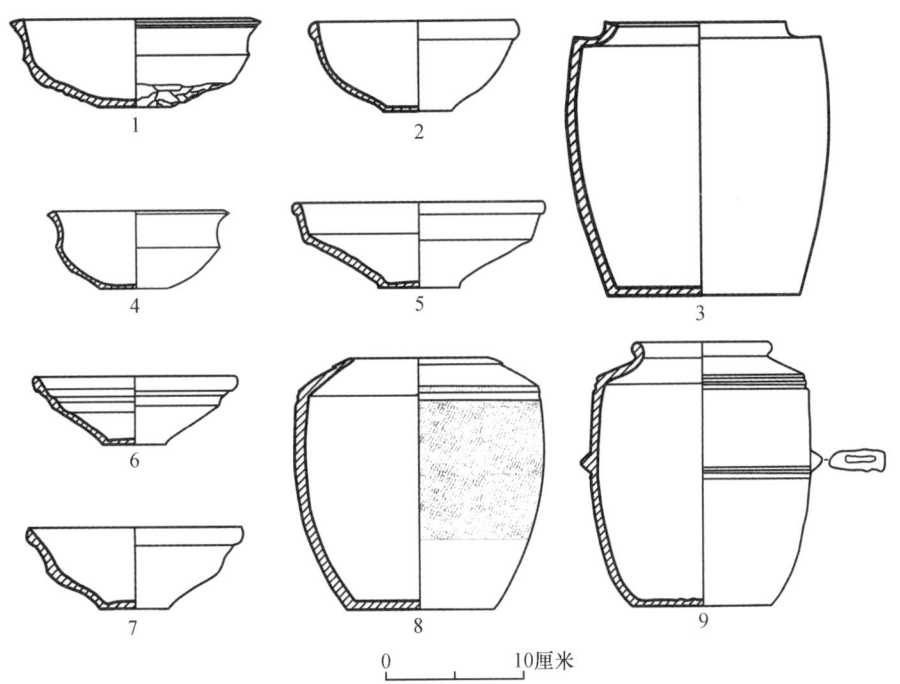

图一三九　营盘包汉墓出土的陶盆和陶仓罐

1. AⅠ式盆（M16：9）　2. BⅡ式盆（M27：37）　3. Ⅰ式仓罐（M27：14）　4. AⅡ式盆（M36：7）　5. BⅠ式盆（M32：11）　6. BⅠ式盆（M32：13）　7. BⅠ式盆（M27：41）　8. Ⅱ式仓罐（M27：27）　9. Ⅱ式仓罐（M51：75）

A型 9件。平沿，斜弧腹，腹较深，平底。分三式。

Ⅰ式 3件。器腹稍浅。M48∶9，底部正中有7个箅孔。口径9.7、底径3.4、高4.5厘米（图一四〇，1）。

Ⅱ式 4件。器腹深度增大。M32∶25，口腹部饰一周堆纹，底部正中有11个箅孔。口径13.5、底径4.8、高8厘米（图一四〇，3）。

Ⅲ式 2件。宽平沿，器腹进一步加深。M51∶76，平底内凹，底部正中有11个箅孔。口径30、底径14、高18.4厘米（图一四〇，6）。

B型 9件。敛口，斜弧腹，圜底。分二式。

Ⅰ式 7件。器腹较浅，斜弧收。M16∶14，方圆唇，底部正中有6个圆形箅孔。口径13.1、高5厘米（图一四〇，2）。M48∶7，平沿，上腹较直，下腹斜收，器腹加深。底部正中有7个箅孔。口径11.2、高5.5厘米（图一四〇，4）。

Ⅱ式 2件。截面似半圆形。M27∶5，斜沿尖唇，底部正中有5个小孔。口径15.5、高6.9厘米（图一四〇，7）。

C型 6件。侈口，外折沿，折腹，平底。M18∶44，平底微内凹。口径14、底径5.6、高6.6厘米（图一四〇，8）。M30∶3，方唇，侈口或微侈，圆折腹，平底。正底部有6个箅孔。

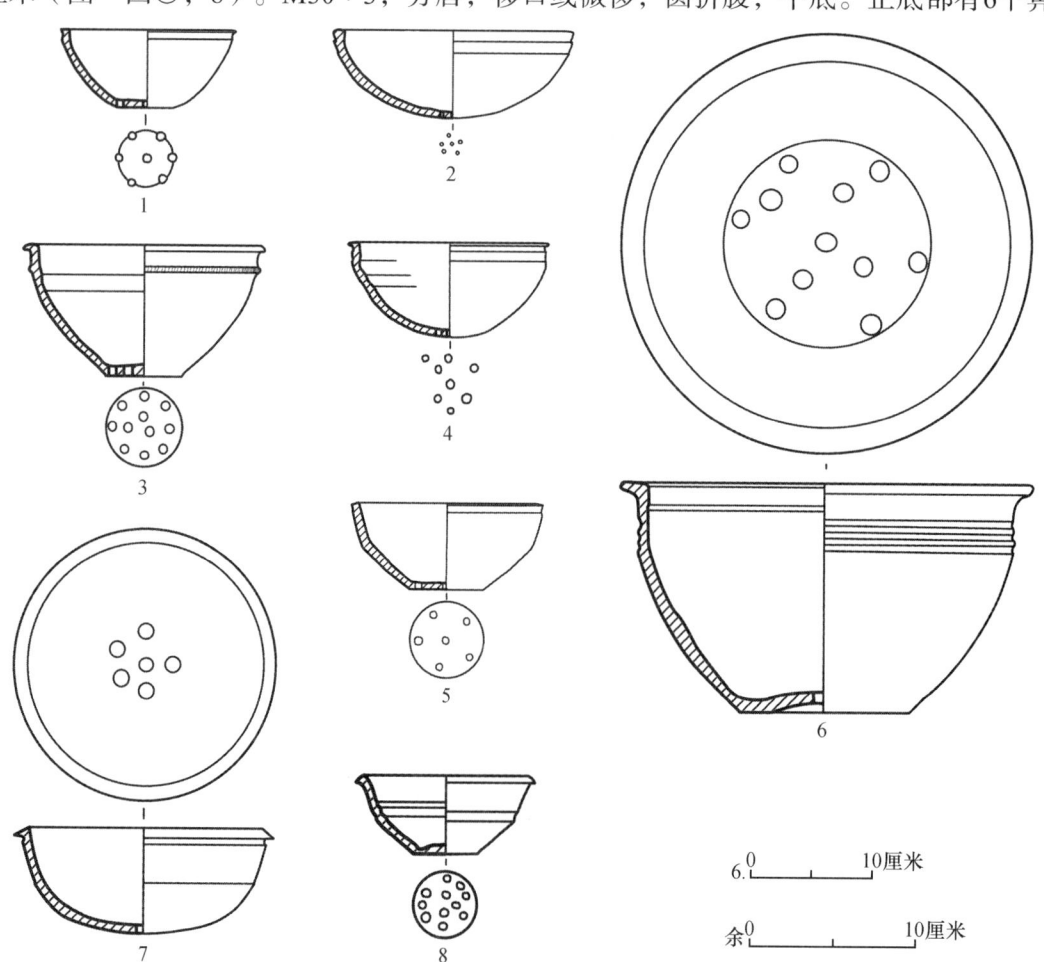

图一四〇 营盘包汉墓出土陶甑

1. AⅠ式（M48∶9） 2. BⅠ式（M16∶14） 3. AⅡ式（M32∶25） 4. BⅡ式（M48∶7） 5. D型（M30∶3） 6. AⅢ式（M51∶76） 7. BⅢ式（M27∶5） 8. C型（M18∶44）

口径10.5、底径4.4、高5厘米（图一四〇，5）。

（7）罐 有20余种，数量也大，选取其中比较典型的77件，分为六型。

A型 11件。直口，鼓腹，腹以下斜收，小平底。根据腹部形态可分为三式。

Ⅰ式 1件。方唇，扁腹，自腹部急斜收至底，平底或圜底近平。M6∶7，口径6.4、腹径11、高5.6厘米（图一四一，1）。

Ⅱ式 1件。M7∶2，平唇，短颈，扁圆腹，最大腹径偏上，腹向下斜弧内收。上腹有一对圆形器耳及一周凹弦纹，口径7.8、腹径12、底径4.2、高6.4厘米（图一四一，2）。

Ⅲ式 9件。直口，口沿和肩部转折明显，斜肩，斜折腹，最大腹径在中部。M51∶54，方唇，腹部有刀削痕。口径7.4、腹径12.9、底径5、高7.15厘米（图一四一，5）。M4∶19，方唇，直口较短，口沿和肩部转折明显，折腹较圆，转折幅度更大，最大腹径在中部，器物高度增加。带盖，盖顶扁方纽。口径7、底径4、腹径12.7、高9厘米（图一四一，7）。

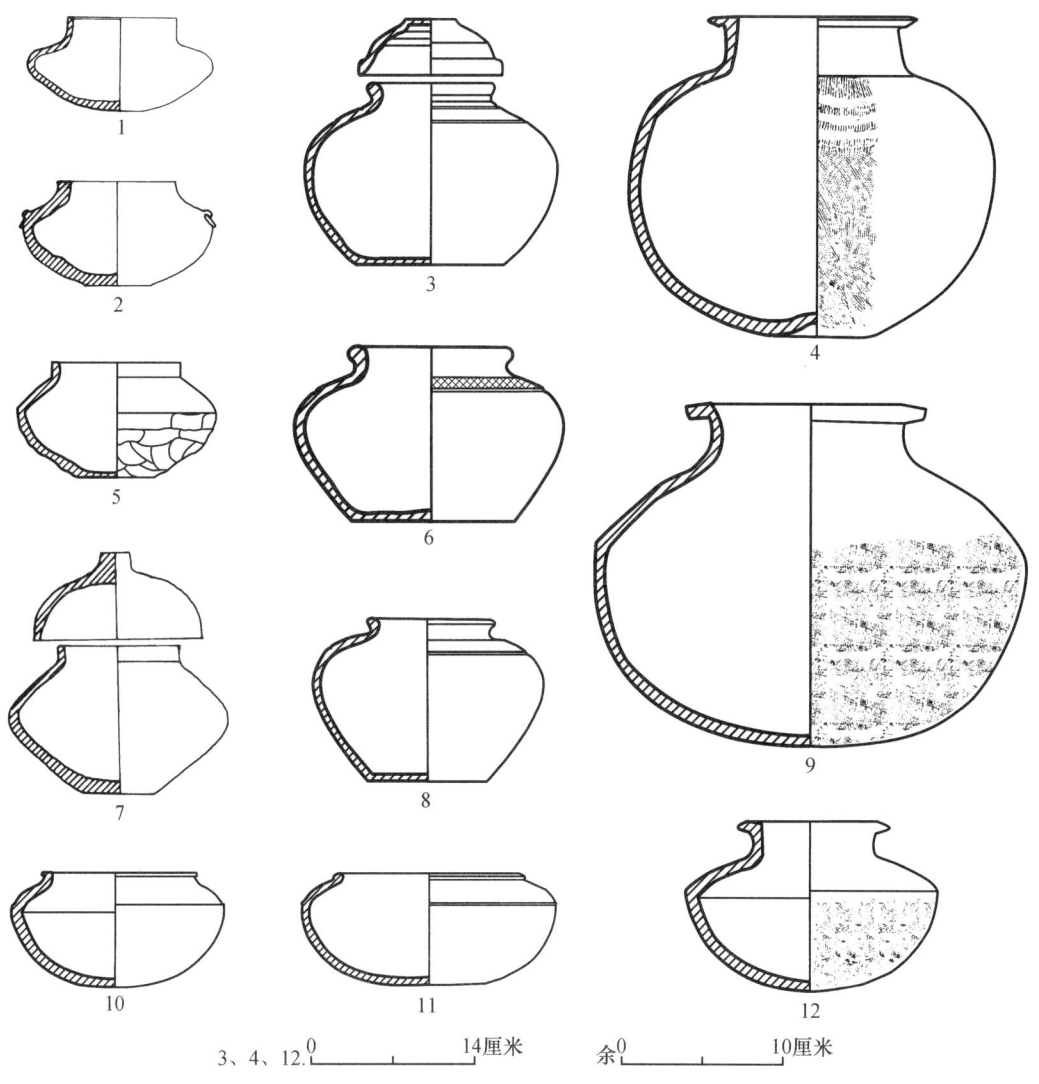

图一四一 营盘包汉墓出土的陶罐

1. AⅠ式罐（M6∶7） 2. AⅡ式罐（M7∶2） 3. BⅠ式罐（M18∶18） 4. CⅠ式罐（M20∶1） 5. AⅢ式罐（M51∶54） 6. BⅠ式罐（M27∶13） 7. AⅣ式罐（M4∶19） 8. BⅡ式罐（M51∶77） 9. CⅡ式罐（M41∶1） 10. DⅡ式罐（M36∶4） 11. DⅠ式罐（M16∶2） 12. CⅡ式罐（M27∶16）

B型　39件。侈口，卷沿圆唇，鼓腹，平底较大。分二式。

Ⅰ式　38件。矮领，溜肩，最大腹径在中部，腹径大于器高。M18∶18，肩部饰凹弦纹及网格纹组合。口径10、腹径23、底径13.6、高16厘米（图一四一，3）。M27∶13，丰肩，最大腹径在肩部，腹径大于器高。肩部饰弦纹和网格纹组合。口径10.5、底径10.8、肩径18、高11厘米（图一四一，6）。

Ⅱ式　1件。丰肩，器物高度增加，纹饰简化。M51∶77，肩上饰一道浅凹弦纹。口径10、底径10.2、肩径19.6、高13.7厘米（图一四一，8）。

C型　8件。平折沿，圜底。分二式。

Ⅰ式　2件。束颈，鼓腹较圆，圜底内凹。M20∶1，自肩中部以下至圜底饰绳纹。口径15.5、腹径33.5、底径8、高28厘米（图一四一，4）。

Ⅱ式　6件。束颈，肩部弧形，腹部圆润。M41∶1，自肩中部以下至圜底饰绳纹，纹饰不清晰。口径12、腹径27.5、高21厘米（图一四一，9）。M27∶16，细颈稍长，肩腹转折明显，圜底。腹上饰细绳纹，绳纹不甚清晰。口径11.5、肩径21.2、高14.5厘米（图一四一，12）。

D型　5件。无颈，圜底矮罐。分二式。

Ⅰ式　3件。口微侈，溜肩，鼓腹，圜底近平。M16∶2，肩、腹之间有一凸棱。口径11厘米，腹径16、高6.8厘米（图一四一，11）。

Ⅱ式　2件。窄平沿，折肩，圜底，肩、腹分界明显。M36∶4，口径8.5、肩径13.8、高7厘米（图一四一，10）。

E型　6件。折沿平底罐。平折沿，颈部较直。分二式。

Ⅰ式　1件。颈部较矮，丰肩，鼓腹，圜底微凹。M16∶3，肩部饰间断绳纹，腹部和底部饰绳纹。口径11、腹径31、高23.8厘米（图一四二，1）。

Ⅱ式　5件。颈部增高，溜肩，鼓腹，肩腹弧形转折较明显，平底或微凹。M15∶3，颈、肩交界处饰一道凹带纹。口径8.5、腹径16.3、底径8.8、高13.3厘米（图一四二，2）。M18∶17，颈略高，斜折肩，斜腹，平底。唇外一道凹弦纹，肩部饰两道凹弦纹，内壁有轮制弦纹。口径9、腹径16.6、底径9.6、高12厘米（图一四二，3）。

F型　8件。高领罐，圆折腹，小平底。分二式。

Ⅰ式　7件。方唇，高领，丰肩，颈部和肩部交界不明显，鼓腹，平底。M30∶7，侈口，腹部饰一周凹带文。口径5.5、腹径11.1、底径4、高9.5厘米（图一四二，5）。M18∶43，方唇，领较高，溜肩，颈部和肩部交界明显，尖圆鼓腹。侈口，腹部饰凹弦纹两周。口径9、腹径14.9、底径5.6、高11.7厘米（图一四二，4）。M32∶26，肩、腹之间对称附环形系，颈部和腹部各饰两道凹弦纹。口径8.3、腹径13、底径5、高9厘米（图六二，13）。

Ⅱ式　1件。方唇，短粗颈，溜肩，弧腹，平底。M34∶2，敞口，肩部饰凹弦纹一周。口径10、腹径15.5、底径7.5、高12.6厘米（图一四二，6）。

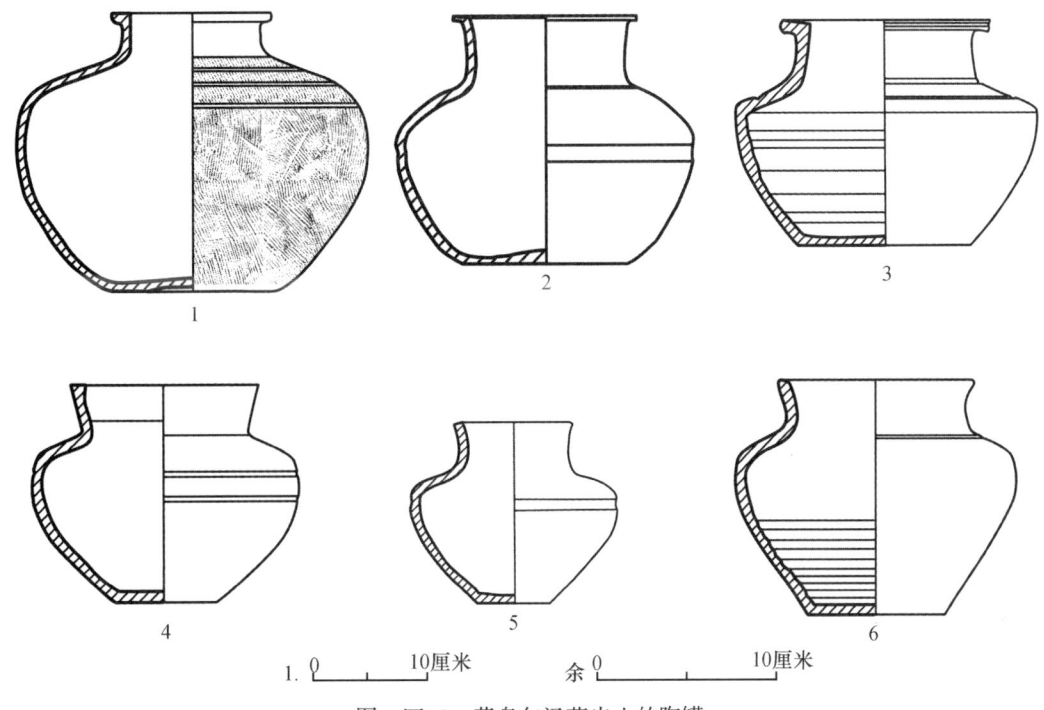

图一四二 营盘包汉墓出土的陶罐
1. E I 式（M16∶3） 2. E II 式（M15∶3） 3. E II 式（M18∶17） 4. F I 式（M18∶43）
5. F I 式（M30∶7） 6. F II 式（M34∶2）

第二节 墓葬分期和年代

营盘包墓地2003、2004和2005年发掘的55座墓葬中，存在打破关系的墓葬共10组，M8打破M9，M18打破M19，M22打破M31、M23和M25，M31打破M33，M34打破M36，M37打破M48，M40打破M42，M50打破M52。叠压打破关系虽然是判断墓葬相对早晚的重要依据，但也应认识到，有的具有打破关系的墓从埋葬习俗上看不出有什么差别，它们之间相距的时间并不是很远，不足以构成考古学期别上的不同，之所以形成打破关系，可能说明墓主人生前实际存在的血缘关系。当然这样的打破多是轻微的打破，如M50打破M52的情况。因此，依据以上打破关系的同时，结合随葬品组合及型式的变化、墓葬形制的演变和出土钱币的特征，参考三峡汉墓已有的研究成果，将2003、2004和2005年发掘的这批墓葬划分为六期（图一四三）。

第一期：属于本期的墓葬有M5、M19、M23。

墓葬形制：均为竖穴土坑墓，平面为长方形。

打破关系：M19被M18打破，M23被M22打破。

随葬品：随葬品种类包括陶器和铜铁器。陶器有泥质灰陶和泥质黑皮陶两类，陶器组合为鼎、敦、壶，还有一定数量的罐。器形有A I 式、B型鼎、A I 式壶。这一时期鼎的足较高，有深腹和浅腹两类。敦的器身与器盖形状相同，下有三足，盖上有与足对称的三个云纽。壶的最大腹径在上部，器形瘦长，壶盖上有云纽。罐均为高领。铜器主要为铜兵器及配饰，兵器有戈、矛、剑三类。铁器为铁锛。墓内未发现钱币。

第二期：属于本期的墓葬有M6、M9、M11、M12、M14、M20、M33。

墓葬形制：均为竖穴土坑墓，平面为长方形。

打破关系：M9被M8打破，M33被M31打破。

随葬品：随葬品种类包括陶器、铜器、铁器和玉饰件。陶器为泥质陶，器物组合为鼎、壶，包括一定数量的罐、甑等。器形有AⅡ式鼎、AⅡ式壶、AⅠ式罐、CⅠ罐、AⅠ式甑、钵等。这一时期的鼎为圜底，附耳，鼎足不发达。陶壶最大腹径偏上。罐作直口，扁腹，小平底。铁器有铁鍪、铁釜。鍪作圜底，两耳等大或一大一小，耳的位置均在器腹中部略偏上的位置。铜器较多，有鼎、钫之类的铜礼器，以及铜剑、配套的玉剑饰和其他铜饰件。本期出土的钱币均为汉代半两钱。

第三期：属于本期的墓葬有M7、M16、M17、M28、M31、M48。

墓葬形制：均为竖穴土坑墓，平面为长方形。

打破关系：M31被M22打破，M48被M37打破。

随葬品：随葬品种类包括陶器、铜器、铁器、石器、料器。陶器为泥质陶，器物组合以鼎、盒、壶为主，包括一定数量的罐、甑、盆、碗、灶等。陶器有C型鼎，AⅠ、BⅠ式盒，AⅢ式、D型壶，BⅠ式甑，AⅠ式盆，AⅡ、BⅠ、DⅠ、EⅠ式罐。这一时期的鼎均作子母口，鼎腹由深渐浅，鼎足简化。盒的器盖与器身形状相同，整体器形较圆或呈椭圆形。壶的最大腹径均偏上。甑的器腹均较浅。盆的腹部分上下两段，上腹的高度小于下腹的高度。罐型式较多，小口大底罐（BⅠ式）的最大腹径在中部或偏上，圜底矮罐（DⅠ式）为溜肩、鼓腹的造型，高领鼓腹罐（EⅠ式）的颈部和肩部交界不明显。灶有单眼和双眼之分，灶门均为半圆形，不接地，两侧均无挡火墙。这一时期的钱币既有半两钱，又有西汉五铢钱。铜器有铜镜、铜剑、带钩、铜削等。铁器有铁鼎。

第四期：属于本期的墓葬有M15、M18、M24、M25、M26、M30、M32、M35、M36、M37、M41、M42、M53。

墓葬形制：均为竖穴土坑墓，平面为长方形，带墓道的墓，有的墓道偏于一侧，平面呈刀形，有的墓道位于墓边中间，平面呈凸字形。

打破关系：M25被M22打破，M18打破M19，M36被M34打破，M48被M37打破，M42被M40打破。其中M37（北边）正好与被打破者（M48）的壁在一直线上，南壁也仅比M48宽出0.48米。打破M48的一边与M48的西壁也正好平行。

随葬品：随葬品种类包括陶器、铜器、铁器等。陶器多为泥质陶，器物组合发生变化，这一时期鼎已经不见，盒的数量也减少，以壶、罐、甑、盆、钵、熏炉等生活用具为主，包括一定数量的仓、灶、井之类的模型明器。陶器有BⅡ式盒，BⅠ式壶，AⅡ、BⅠ式盆，AⅡ式、B型甑，Ⅰ式仓罐，CⅡ、DⅡ、EⅡ、FⅠ式罐。这一时期的陶盒器形断面变长方，圆角，高度增加。壶多以盘口壶为主，最大腹径在中部，多为鼓腹。盆的上腹高度增加，超过下腹高度。甑的器腹深度增加。仓罐由直口变为斜沿，器壁出现一定弧度。罐的形式多样，平沿圜底罐（CⅡ式）的肩、腹转折明显，器底变尖圆；高领小平底罐（FⅠ式）的颈部和肩部交界明显；折沿平底罐（EⅡ式）的颈部增高，由鼓腹逐渐转变为斜折肩，斜腹。灶有单眼和双眼之分，制作较早期精致，灶门形式增多，有圆形、半圆形和方形，灶门不接地，两侧均无挡火墙。铜器包括铜鍪、铜镜、带钩、铜簪等实用器以及铜剑、矛等兵器。铜鍪的口沿增大，双耳位置上移。铁器主要为铁削。这一时期出土的钱币均为西汉五铢。

第五期：属于本期的墓葬有ⅡM2、M3、M8、M27、M34、M50、M52。

墓葬形制：有长方形竖穴土坑墓和砖室墓两类。

打破关系：M50打破M52。

随葬品：随葬品种类包括陶器、铜器等。陶器多为泥质陶，以生活用器为主，有罐、壶、盆、豆、耳杯等，模型明器增多，除仓、灶、井外，还有陶屋、陶俑等，陶俑分为人物俑和动物俑。器形有BⅡ式壶、BⅡ式盆、FⅡ式罐等。这一时期的壶圈足增高，腹部下垂。盆的上腹高度依然超过下腹高度。仓罐的造型无变化。高领罐颈部变短，微束。耳杯的两耳不再高翘，基本与口沿齐平或略高于口沿。陶屋结构较为简单，无椽头、斗栱之类的构件。陶俑的体量不大。铜器发现较少，为敞口鍪以及矛之类的兵器。这一时期出土的钱币既有西汉半两、五铢又有新莽时期的货泉、大泉五十，还有东汉五铢。

M50只发现货泉，似应属新莽时期的墓，但M50又打破M52，而M52出土货泉和东汉五铢，器物也带有西汉末到东汉初的特点，因此不应早于东汉早期，但两座墓的时代也不应相差太远，这种打破关系反映的早晚可能只是一个较大的考古学分期内部的差别。

M27为迁葬墓，一墓八棺，随葬品主要分两堆集中安置，从出土的陶器器形看，有BⅠ式盒，AⅢ式壶，BⅠ式盆，Ⅰ式仓罐，BⅡ式甑，BⅠ、CⅡ、EⅡ式罐。随葬钱币有半两、五铢和大泉五十。

第六期：属于本期的墓葬有M4、M10、ⅡM1、M21、M51。

墓葬形制：均为砖室券顶墓，部分墓葬在墓室前设甬道，墓葬整体呈凸字形。

随葬品：随葬品种类包括陶器、铜器等。陶器多为泥质陶，包括生活用器和大量的模型明器。生活用器有壶、罐、盆、甑、钵、魁、耳杯、勺等，另外还出现了一种造型不同于早期礼器的鼎和盒，模型明器有仓、灶、井、池塘、陶屋以及大量陶俑，包括人物俑、动物俑和镇墓兽。陶器C型盒，BⅡ式壶，Ⅱ式仓罐，AⅢ式甑，AⅢ、BⅡ式罐。这一时期的鼎为侈口束颈，三足短且小。盒不见子母口，上下两部分均平沿，器身扁圆，下部小平底。壶多扁圆腹或垂腹，圈足加高，重心下降。盆的上腹高度超过下腹高度，上腹外弧。仓由无颈发展为矮领，腹部外鼓。甑的器腹较深。直口小罐口沿与肩部交界明显，腹部转折的幅度较大。小口大底罐为丰肩，器物高度增加，最大腹径在肩部。这一时期新出现一种两端均有挡火墙的灶。陶屋有檐下五个椽头、中间一斗三升的斗栱和檐下六个椽头、左右各一个一斗三升的斗栱两种造型。俑的体量增大，制作较前期精细，类型增多，人物俑有侍俑、舞蹈俑、乐俑等，动物俑有鸡（子母鸡和公鸡）、狗、猪等。镇墓兽为踞坐，口吐长舌。这一时期出土的钱币多为东汉五铢，还有少量货泉和磨郭钱。

由于墓葬中没有发现纪年材料，因此通过与已有的墓葬材料、附近地区纪年墓相比较，结合时代特征较强的器物，例如钱币、铜镜等，来判断各期的历史年代。

第一期墓葬均为竖穴土坑墓，随葬品以铜礼器和仿铜陶礼器为典型器物，随葬品组合为鼎、敦、壶，带有明显的战国晚期楚式风格，还出土了带巴蜀符号的铜戈、巴式剑等兵器。

M5出土的陶罐（M5：1）与云阳李家坝M3出土的AⅢ式高领灰陶罐器形相近。李家坝罐直口微敞，窄平沿，小方唇，大平底，口径10.6、高17.5厘米，与营盘包M5：1大小亦相近，所不同的是李家坝高领罐的颈肩相接处为较圆滑的过渡，而非折线。李家坝AⅢ罐的年代推断为秦至西汉早期[1]。M51又与湖北当阳赵家湖楚墓出土的灰陶罐JM179：9大小及形制相似，该罐长颈扁腹，口径11.1、腹径14.3、高14.8厘米，不同之处是，该陶罐底微内凹，报告归入甲类七期十二段，属战国晚期早段[2]。综合考察，营盘包墓葬第一期的时代应为战国晚期，其中M5的时代要相对早一些。

第二期墓葬均为竖穴土坑墓，随葬品包括仿铜陶礼器和生活用器。随葬品组合为鼎、壶。墓中出土钱币均为西汉半两钱，时代应该为西汉早期。

第三期墓葬均为竖穴土坑墓，随葬品中仿铜陶礼器的组合仍以鼎、盒、壶为主，器形均有不同程度的简化，陶器种类增多有罐、甑、盆、碗等，新出现了灶之类的模型明器。出土的钱币均为西汉五铢，M18五铢钱为昭宣五铢。时代应该为西汉中期前后。

第四期墓葬均为竖穴土坑墓，仿铜陶礼器减少，仅余少量盒，壶成为生活用器的一部分，还包括罐、甑、盆、钵、熏炉等，发现比较完整的模型明器组合：仓、灶、井。M36出土了西汉武昭时期常见的连弧纹边乳钉纹镜，M42出土了西汉早期的蟠螭纹镜，虽然铜镜的时代在西汉中期或更早，但是铜镜断代的准确性不如钱币，而且其保存和使用时间都比较长。钱币均为西汉五铢钱。时代应该在西汉中晚期。

第五期新出现了砖室墓，随葬陶器以生活用器为主，有罐、壶、盆、豆等，以及耳杯、勺等祭奠用器。模型明器种类增多，除仓、灶、井外还有陶屋和陶俑。陶俑分为人物俑和动物俑。这一时期的陶俑造型比较简单且体量不大。墓中出土了大泉五十、货泉这类时代性明确的钱币，也包括西汉半两钱、五铢钱和东汉五铢钱等。该期时代应该在新莽至东汉早期。

第六期以砖室券顶墓为主，随葬品除生活用器外增加了数量众多的陶俑。早期的鼎、盒也有发现，但造型及功能已经全然不同。池塘、陶屋制作精致，陶俑中人物俑、动物俑和镇墓兽等多为模制，本地区汉墓陶俑也是如此，因此在造型上与同时期墓葬所出土的陶俑十分类似，如M51：4、M51：12舞俑与万州大坪墓地M10：11的舞俑造型一致，均为一臂上举，一臂在下。M51：31镇墓兽与万州大坪墓地M8：2镇墓兽造型一致，均为蹲踞口吐长舌[3]。出土五铢钱，钱文可辨者，朱头圆折，为东汉五铢特点，又有磨郭五铢。该期的时代应该在东汉中晚期。M10出土的双火门灶，两窄端有长方形的挡板，挡板内侧印有乳钉花纹，形制同巫山麦沱汉墓所出一样，该墓为东汉时期[4]。釉陶壶、俑类与万州松岭包东汉墓所出风格一致，特别是

---

① 四川大学历史文化学院考古系、云阳县文管所：《云阳李家坝巴人墓地发掘报告》，《重庆市库区考古报告集》（1998年卷），科学出版社，2003年。
② 湖北省宜昌地区博物馆、北京大学考古系：《当阳赵家湖北楚墓》，文物出版社，1992年，91、182、209页。
③ 重庆市文物局、重庆市移民局：《万州大坪墓地》，科学出版社，2006年。
④ 湖南省文物考古研究所、巫山县文管所：《巫山麦沱汉墓群发掘报告》，《重庆市库区考古报告集》（1997年卷），科学出版社，2001年。

镇墓兽（报告称为熊俑），吐长舌，狰狞可怖[①]。ⅡM1与M10同为凸字形墓，根据多年库区发掘资料，峡江地区的汉代砖（石）室墓（主要是东汉墓）以刀形为其特色，而从墓葬结构的发展来看，凸字形墓一般晚于刀形墓，东汉时期的凸字形墓可以看做是魏晋墓的先声。从形制结构、出土器物和五铢钱的特点等来看，这类墓皆可断为东汉晚期。

第三节 其他墓葬和地层遗物的年代归属

一、非典型墓葬的年代

M1、M13、M29、M43、M44、M45、M47、M49这9座墓葬均为无随葬品或随葬一两件器物的墓葬，对于其时代或期别只能进行简单推断。

M1，无出土物，墓葬花纹砖的风格与该区东汉时期墓砖一致，可定为东汉墓。

M13，长方形竖穴土坑墓，开口于近代扰乱层（第2层）下，长2.4、宽1.73米，墓穴深2.3米，仅见一段人骨。墓葬形制、深度与其相邻的M13相同，也属西汉墓无疑，但由于无葬品可资参考，无法确定其期别。

M29，长方形竖穴土坑墓，墓底一棺，单人仰身直肢葬，棺内东北角随葬陶罐1件，泥质灰陶，侈口，平折沿，高领束颈，溜肩折腹，大平底。口径7.5、底径8.2、高14厘米（图五五，1），应为汉墓。

M43，近方形竖穴土坑墓，墓底东侧置一棺，单人仰身直肢葬，棺内陶罐1件，墓底西侧一半空无一物。墓葬填土中出土铜带钩1枚。这座墓葬平面近方形，木棺置于墓底一侧的做法可能较早，大约为西汉早期。

M45，长方形竖穴土坑墓，墓内无随葬品，根据填土中所出泥质黑陶矮柄豆柄和泥质红陶细方格纹陶片分析，其时间早不过战国，可能为西汉早期。

M49，长方形竖穴土坑墓，墓底正中一棺，棺内单人侧身屈肢葬，仅随葬陶罐1件，陶罐形制与F型Ⅱ式罐相近，应为西汉晚期或新莽时期墓。

M44，长方形竖穴土坑墓，墓底中间偏东置棺，单人仰身直肢葬。无随葬品。M47长方形竖穴土坑墓，墓底正中一棺，骨架置于棺内偏西侧，单人仰身直肢葬。出土器物只有2件形制大小完全一样的铜饰件。两座墓时代可能在宋代以前。

M27，从墓砖、墓葬形制和铁棺钉以及墓底、墓壁涂石灰等情况来看，应属明清时期墓葬。

---

① 青海省文物考古研究所三峡工作队、万州区文物管理所：《万州松岭包墓地发掘报告》，《重庆市库区考古报告集》（1997年卷），科学出版社，2001年。

二、宋代墓葬

宋代墓发掘5座，均为小型墓，其中M40为土坑墓，其余为砖室墓。

宋墓的埋葬规律是，头向东北，墓室头端略宽，脚端即后壁流行立石；以方砖铺底，小砖砌壁。砖室墓以石灰涂抹墓底和内壁，有的有腰坑，坑中置1件器物。

M40墓坑后壁立石、略窄，尸骨周围有铁棺钉，为较为典型的宋墓。

M2砖室墓，方砖铺底，出土元丰通宝、建炎通宝，元丰为北宋神宗赵顼1078~1085年间年号，建炎为南宋高宗赵构1127~1130年间年号，墓葬年代为南宋初。

M46以大石板为后壁，前半段墓底以小砖平铺，后半段以方砖铺底，出土祥符元宝，为北宋真宗赵恒大中祥符（1008~1016年）间铸币。

M39以小砖铺底，脚端后壁挡以石板，两端立石柱，结构与M46相似，年代亦应相近。

M38未见立石或石板，方砖铺地，有腰坑，出土釉陶大口双耳罐等，为宋墓，具体年代不详。

三、地层中的遗物

地层中出土和采集品中的陶罐、鼎和仓罐皆为汉墓中常见的器物。2005年度地层所出褐釉执壶（T128①：1），类似器型还发现于河南等地的唐宋瓷窑遗址，唯该件器物流口紧贴器颈直上。登封宣化前庄唐宋瓷窑遗址出土的B型黄釉瓷执壶，盘口，直颈，短柱状流附于器肩上斜向外，执柄低于口沿，推测应为晚唐至五代时期之物[①]。

---

① 赵会军、张俊儒、李景洲：《登封宣化唐宋时期瓷窑遗址调查简报》，《中原文物》2008年第2期。

第四章　埋葬习俗与文化性质

通过营盘包墓地的发掘，我们对该地地层情况、墓葬的分布规律和早晚墓葬的分别有了较清晰的认识，并且发现了一些较为特殊的埋葬习俗，补充和丰富了重庆古巴地区战国两汉文化的资料，通过初步研究，可以发现巴、楚、汉文化演变和融会的过程，为今后三峡地区古文化的深入研究打下基础。

第一节　墓地布局和埋葬习俗

一、墓 地 布 局

营盘包墓地以两汉墓葬为主，从战国晚期至两汉，墓葬时代连续。但由于后世不断的破坏作用，我们今天已很难再现当初墓地布局的全貌，好在有白马小学的覆盖，使局部地段的墓葬得以留存。白马小学内及其近边集中了32座战国晚期至汉代的墓葬，其中汉代墓31座，方向大都以东南—西北向为主，极少例外，布局较有规律，应是家族墓地的体现。在家族墓地中，埋葬经过较为严格的规划，所以很少存在打破关系。白马小学内的汉墓有打破关系的只有4组，即M31→M33，M50→M52，M34→M36，M37→M48，前两组只是打破墓的边角，而从M48随葬器物和尸骨的摆放位置尚较完整来看，该墓被打破的部分不会太大。有严重打破关系的只有1组。两种情况可以区别看待。有轻微打破关系的墓，其打破可能是无意的，是规划中轻微的误差造成的。而有严重打破关系的墓可能时代相去较远，墓主间的关系也较疏远。M34打破M36的情况为特殊现象，也可能另有原因。

总之，营盘包墓地主体部分表现出汉代家族墓地的特点，其中又可能分为几个家族的墓，或者是一个大家族中血缘关系较为亲密的几个小家族，如M27、M32、M30、M26这4座墓东西并列，M27时代为新莽到东汉早期，其余3座墓为西汉晚期，与三峡地区家族墓地两种排列形式中的一种相同，即从右向左横向排列的方式[①]。这4座墓又与北边的M31、M33、M25、M24靠近，时代从西汉早期延续到东汉早期，可能也属血缘关系较近的家族墓范畴。

而5座宋墓有4座集中分布在白马小学操场东部，3座砖室墓，1座土坑墓，土坑墓脚端的墓壁（即后壁）立石板，与砖室墓做法相似。4座墓的方向、大小、结构及墓圹的深浅等均一致，为北宋到南宋初期一个家族墓地中现存的部分（图一四四）。

营盘包汉代墓葬有借圹现象。位于墓地东北部的M8和M9是两座土坑墓，M8打破M9，并

---

① 蒋晓春、李大地：《三峡地区秦汉时期家族墓初探》，《考古》2008年第4期。

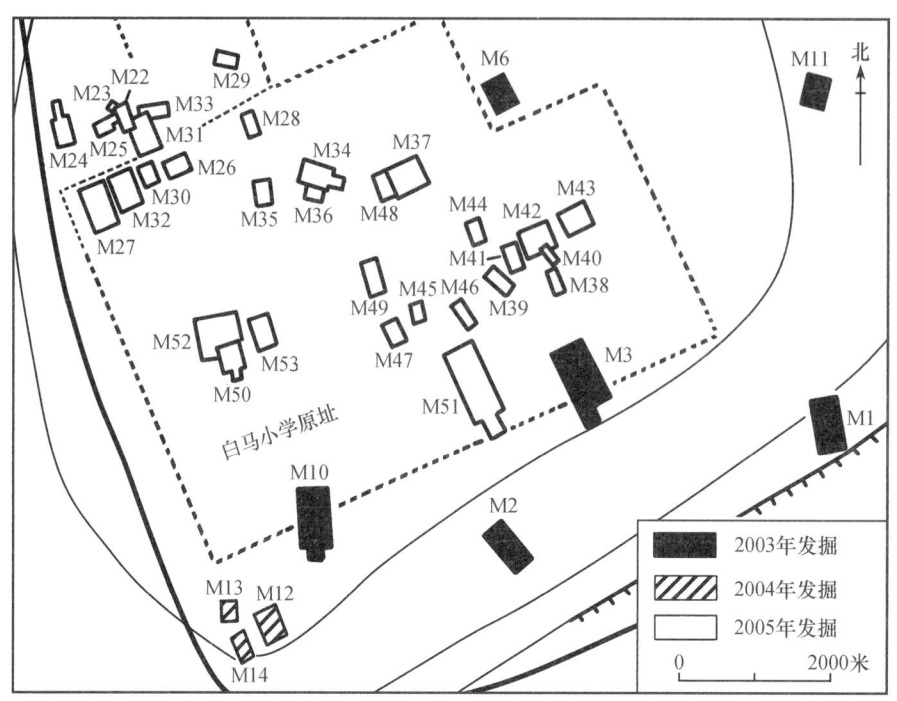

图一四四　白马小学及附近墓葬分布图

且可能完全利用了M9的上部墓圹。清理完M8以后，顺着墓壁直接向下挖就是M9，墓圹范围并未见变化。M8在上，埋葬较浅；M9在下，上部填土被M8打破，墓底器物完整留存。M8的上部本来还有1座墓，打破M8又被后来挖坑栽种橘树时打破，墓圹等迹象可能在当年植树时就已遭破坏，只是由于橘树根的保护残留了几件器物，无法判断该墓的墓圹与M8是否重合。这样三墓上下相叠，有两座墓圹范围完全一致，确是一种奇怪的现象，这种情况似乎难以用巧合来解释，我们称之为借圹或借边墓。借圹墓在江苏徐州后山也曾发现1例，为竖穴岩坑墓，上层为石椁墓。下层为木椁墓，位于石椁墓之下，墓圹四周另砌土质二层台。石椁墓年代为西汉末期，木椁墓为西汉早期[1]。是木椁墓遭到破坏以后石椁墓利用了其墓坑，还是石椁墓有意破坏木椁墓或营造墓坑时无意碰到并加以利用，又或者墓主存在某种关系，都无法做出判断。

相似的现象还见于M37与M48。M37打破M48，两座墓墓向、头向基本一样。M37平行打破M48，并且M37北壁（头端）与M48北壁在一直线上，前者较后者长0.45米，即M37南壁伸至M48南壁以南0.45米，将M48东部沿东西向打破，并继续向下挖了1.4米。从M48残存的部分看，打破的部分应该不大，但M37确是沿着M48的北壁向东延伸的，或者说两墓共用了一段北壁。M48和M37分别处于西汉中期和晚期，借边但又不将被打破墓的主体部分破坏，很可能是有意为之，是否借此说明二墓墓主之间存在的某种关系呢？

---

① 徐州博物馆：《江苏徐州后山西汉墓发掘简报》，《文物》2014年第9期。

二、埋葬习俗

1. 合葬和迁葬

营盘包墓地发现的明确的合葬墓有7座,另有几座应该是合葬形式,但由于尸骨无存,棺椁情况不明,无法进行说明。7座合葬墓分为二人合葬和多人合葬。

二人合葬墓有M7、M16、M18、M26、M32、M37、M41,皆为土坑墓。

M7,头向一致,东西并列,腰部各置一剑,左侧一人随葬带格、首的短剑,置于腰部左侧,右侧一人随葬柳叶形剑,置于腰部右侧,不能说明是否为夫妻,时代为西汉中期。

M16,一椁,椁内二棺东西并排相错,头向一南一北,头向南者为女性,头向北者为男性,年龄约在30~40岁,可判断为夫妻合葬。随葬器物全部出于西侧男性棺脚端的空间内,东侧女性棺脚端棺外的空间则空无一物。

M18,一椁二棺,二棺并列,头向一致,皆西向北。随葬器物置于南边墓壁之下和两棺中段,两棺中段器物压于墓主身、腹部位,可能原置于棺上。

M26,一椁二棺,两棺南北并列置于椁内南部,头皆向西。椁北部空间内偏西放置随葬器物,随葬器物破碎严重,杂乱堆积。西北角放置人头骨1个及肢骨3根,无葬具,肢骨间发现五铢钱2枚。此处头骨和肢骨疑为殉葬或从他处迁来合葬的捡骨葬。

M32,一椁二棺,二棺并列置于椁内北部,头向相反,南侧棺内骨架头向西,北侧棺内骨架头向东。随葬品置于椁内南部较大空间内。

M37,一椁,椁内东侧一骨架痕迹,头向北,腰部右侧置一铜剑。椁内西侧北端有头骨痕,应为二人合葬,头向一致。二骨架之间放置陶器等。

M41,一椁二棺,二棺南北向并列于椁内,头皆向北,随葬品置于右侧棺内死者脚端。

二人合葬墓皆二棺并置,有5座墓头向一致,2座墓头向相反。由于骨架保存状况较差,能够判断年龄、性别的只有头向相反的M16,可以确定为夫妻合葬。

从时代来看,M7、M16为西汉中期,其余皆为西汉晚期。由于墓太少,还不能说头向一致和相反所隐含的意义,但从数量上看,从西汉中期开始,合葬墓逐渐流行。

多人合葬有土坑墓M27、M52和砖室墓ⅡM1。

M27,长方形土坑墓,墓底中间从南向北并列八棺,有5具棺紧靠在一起,另3具之间稍有空隙。有5具头向西,2具头向东,1具无法判明。随葬陶器多数置于7、8号棺之间和6号棺内南侧,破碎不堪,本同属一件器物的碎片置于不同的地方,几乎看不到成形器,不像是原地挤压所致。

M52,长方形土坑墓,墓底并排四棺,每棺置一人骨架,仅存骨屑,头均朝北。1、2号棺之间和2、3号棺之间放置随葬器物,器物破碎严重。椁内南边有一具叠放的人骨架,骨头凌乱且已朽腐,如系殉葬,似应在椁外。

从随葬器物的放置和破碎情况分析，两座墓应为迁葬墓。M52的叠置人骨架也应是迁葬过来的。这两座迁葬墓均属新莽到东汉早期。山东微山岛汉墓M20为五人合葬，5个石椁东西并列，石椁的排放方式与营盘包M27、M52棺的排列十分相似，时代为新莽[①]。虽然不能明确说微山M20也属迁葬，但是这类多人合葬的形式可能反映了一个时期的风尚。

ⅡM1是一座平面呈凸字形的砖室墓，由于被盗扰，墓底东部仅见一头盖骨，人骨杂乱地散落于墓室西部、甬道和墓道内，根据头骨、盆骨及肢骨情况，该墓至少有6人合葬。这与土坑墓的迁葬有别，属于砖室墓中合葬例。2000年发掘的重庆巫山江东嘴东晋砖室墓共有5具人骨架，头皆朝向甬道方向。从墓底棺钉和板灰的分布情况来判断应有5具棺木，并各有就近摆放的随葬品。其中甬道内的尸骨下葬最晚，由于墓室已无足够的空间，只好将棺木的大部分自甬道推进墓室，有小半留在了甬道内，这可能也是墓室和甬道间无封门设施的原因[②]。营盘包ⅡM1的时代在东汉晚期，其时多人合葬已成大型砖室墓中较常见的现象。

2. 残（旧）物葬

碎物葬应指下葬时将器物有意打碎放置墓中的情况，早在新石器时代就已出现，其中打碎部分器物陪葬的主要见于长江中、下游地区[③]。先秦及以后各个历史时期，碎物葬俗在各地都不断有所发现。

营盘包汉墓中有一种相似的情况。M12仅出土1件铁鍪（釜）和1件铁凿，其中铁鍪出土时锈蚀严重，底部残失。观察铁鍪底部下的土，只有少许铁锈，未发现铁片等。对比铁鍪留存部分，可以判断该铁鍪的底部不是锈蚀掉的，而是下葬时即为无底的残器。这是典型的破物葬。

M36出土器物中有1件铜矛，仅存矛的前半部，后端及骸部残失，断开的茬口为绿锈包裹。这件铜矛在下葬时也是残破器。

同样，M52的1件铜矛，虽然基本完整，但在一侧刃上有一"V"形缺口，这个缺口也是下葬之前已有的。如果说这个小缺口还可以看做是生前的使用痕迹，那么M12的无底铁鍪和M36残断的矛就是有意为之的。这种残破器随葬的情况不同于一般的碎物葬，称为残物葬或旧物葬更合适。

随葬品可以分为实用器和明器等，用墓主生前使用的器物随葬是各个时期常见的现象，但是刻意用残破的器物随葬必然另有深意。

古人视死如生，但也生死有别。《礼记·丧大记》："大敛、小敛，祭服不倒，皆左衽，结绞不纽。"《仪礼·士丧礼》："乃袭，三称。"袭是为死者穿衣，郑玄注："凡衣，死者左衽，不纽。"祭服为助祭之服，不能倒置。人生时穿衣皆右衽，用左手系纽，而死后则左衽结绞，用带子系紧，不再用纽扣结，以示人死之后不复解之意。湖北江陵马山一号楚墓，

---

① 微山县文物管理所：《山东微山县微山岛汉代墓葬》，《考古》2009年第10期。
② 刘兴林、夏寒：《重庆巫山江东嘴晋墓的发掘》，《江汉考古》2010年第3期。
③ 黄卫东：《史前碎物葬》，《中原文物》2003年第2期。

穿在死者身上外面的一件绵袍，原是右衽，但穿时故意把里襟压在外襟之上，成了左衽①。东汉墓葬镇墓文中强调死生有别，"死生异路，毋相午（忤）"②，正是这种丧葬观念的延续和流变。

发掘中同当地人交谈，他们无意间随口说，人死了就不再食人间的烟火了，所以把锅打破了。这话给人以有益的点拨。过去北方地区乡间打架，或因事生仇，如果跑到对方家中丢块石头把饭锅打破，被视为非常严重的事件，是不让人活了。现在此观念依然流行，把事情办坏了叫作"砸锅"。M12的无底铁釜便是汉代人生死观念的反映。

用残断兵器随葬的例子更加多见，有学者专门对西周墓葬中的"毁兵"葬俗进行研究，认为是西周统治者"禁暴""戢兵"思想在地下的反映，是西周"礼治"观念的体现。同时，为了消除随葬兵器被重新掘出再加利用的隐患，西周统治者也会对全民进行灌输和强化葬前"毁兵"以佑死者地下安生，形成具有巫术色彩的思想意识③。

在春秋战国楚墓中，"毁兵"葬俗也多有发现，如将一把铜剑断为两截分置两处，或有意将铜镞尖弄断。有的只出半截铜剑，为剑柄至剑身中段，残断处经打磨，有皮鞘④。汉代墓葬也有发现。河南三门峡西汉墓出土6件残的三棱体铜镞，仅存镞身，后端残失⑤。这与营盘包M36随葬残矛的做法是一样的。毁兵以示不再使用，是疏远战争、向往和平的一种反映。

需要说明的是，营盘包发现两例毁器葬与以往所说的碎物葬区别之处在于，营盘包用的是破器、旧器，残掉的部分不再见于墓中，就像郧县乔家院楚墓的断剑一样。这种的残破器永无修复之日，也许较之用碎物随葬具有更为深远的生死之别。

还有一种只用器物部件随葬的情况，与破物葬既有联系又有区别。营盘包战国晚期墓葬M5随葬品中有1件青铜器盖，盖面隆起，盖顶正中有一桥形纽，出土时覆于棺的后端，初疑为铜镜，很像是铜壶的盖子。该墓未被盗扰，铜器盖覆置于棺木脚端的横挡板灰上，应是自棺上落下后的位置。为什么只用器盖而不用整件器物，这也是值得探究的问题。

3. 砖室墓的结构

此处发现的汉代砖（石）室墓皆不施铺地砖，多以黄色生土硬面为墓底。M1和M51的墓底铺有一层灰色的细沙。2005年发掘的桂井墓地与营盘包紧邻，唯一的一座东汉砖室墓也不用铺地砖⑥。与营盘包相距不远的奉节宝塔坪也有类似的情况⑦。重庆沿江其他地区汉代砖室墓一般

---

① 彭浩：《江陵马砖一号墓所见葬俗述略》，《文物》1982年第10期。
② 刘卫鹏、李朝阳：《咸阳窑店出土的东汉朱书陶瓶》，《文物》2004年第2期。
③ 井中伟：《西周墓中"毁兵"葬俗的考古学观察》，《考古与文物》2006年第4期。
④ 湖北省文物考古研究所等：《湖北郧县乔家院春秋殉人墓》，《考古》2008年第4期。
⑤ 三门峡市文物工作队：《三门峡市三里桥秦人墓发掘简报》，《华夏考古》1993年第4期。
⑥ 南京大学历史系考古专业等：《重庆市奉节县桂井战国秦汉墓地》，《考古》2011年第11期。
⑦ 吉林大学边疆考古研究中心等：《奉节宝塔坪2001年汉晋墓葬发掘简报》，《重庆库区考古报告集》（2001卷·上），科学出版社，2007年。

都有铺地砖，石室墓以石铺地，如丰都镇江汉墓①、万州青龙嘴汉墓②、万州瓦子坪汉墓③、巫山麦坨汉墓④等，有的也偶有一两座不铺底的，但不像营盘包汉墓那样一律不用铺地砖。而营盘包发现的宋代砖室墓均使用铺地砖。不施铺地砖可能只是本地汉代砖室墓流行的做法，值得注意。

汉代砖室墓中已开始使用灯台，灯台的位置各地不太一致。营盘包M51是一座带短甬道的凸字形墓，灯台设在墓室前壁、甬道口的两侧接近甬道的券顶处，东、西两边各用一砖纵向砌插在墓壁上，向墓室方向探出。我们2007年在忠县挑水沟发掘的一座东汉砖室墓，灯台也在前壁一侧，该墓平面为刀形，故灯台只有1个，在墓室前壁、甬道口一侧，也是一块向墓室内伸出的砖。2001年巫山发掘的东晋砖室墓与营盘包M51结构一样，但灯台设在墓室后壁，在1.04米高度左右各有一向内凸起的砖块作灯台，其中一个凸出部分已残断，完好的灯台上面搁置一青瓷碗，即灯具⑤。可见，重庆沿江地区汉代砖室墓，墓室内的灯台先设在前壁，以后才移至后壁的。陕西神木大保当东汉墓（96SDM2）是一座带甬道、分前后室的砖室墓，前、后室的四角约1.2米高度（即墓顶开始起券的位置）各嵌一砖灯台，共有8个灯台⑥，这可能是目前使用灯台最多的一座汉墓。

三、相关发现

1. 铁镈

营盘包M5在与铜矛相连的矜的印痕的末端有1件铁镈，长条状，中空，断面呈梯形，锈蚀严重，尾端微残，残长13、宽1.2~2.1厘米（图六，7）。在考古发现的兵器中，铜镈、铜鐏比较多见，而铁质的镈或鐏很少见诸报道，并且该件铁镈的形状也是前所未见的。镈又作镦，《说文·金部》："镦，矛戟秘下铜鐏也。""鐏，秘下铜也。"《淮南子·说林》："镈之与刃，孰先弊也。"高诱注："镈，矜下铜鐏也。"《广韵·队韵》："镦，矛下铜也。"皆以铜为之，从未见以铁称之者。考古发现的战国至东汉的镈或鐏也为铜质，或有鎏金者，但不见铁质的，营盘包M5的铁镈是较特别的一例，说明铁镈实际上也是存在的，只是相对稀少罢了。

---

① 白九江：《丰都镇江汉至六朝墓群》，科学出版社，2013年。
② 青海省文物考古研究所三峡考古队等：《万州大地嘴遗址青龙嘴墓地发掘报告》，《重庆库区考古报告集》（2001卷·中），科学出版社，2007年。
③ 山东省博物馆等：《万州瓦子坪遗址发掘报告》，《重庆库区考古报告集》（2001卷·中），科学出版社，2007年。
④ 湖南省文物考古研究所等：《巫山麦坨第三次发掘简报》，《重庆库区考古报告集》（2001卷·上），科学出版社，2007年。
⑤ 刘兴林、夏寒：《重庆巫山江东嘴晋墓的发掘》，《江汉考古》2010年第3期。
⑥ 陕西省考古研究所、榆林市文物管理委员会办公室：《神木大保当——汉代城址与墓葬考古报告》，科学出版社，2001年，40页。

M5铁镦的形状也是较为特别的，迄今未见有相似的发现。《礼记·曲礼上》："进戈者前其镦，后其刃。进矛戟者前其镦。"郑玄注："三兵镣镦虽在下，犹为首，锐底曰镣，取其镣地，平底曰镦，取其镦地。"《说文》"镣"段注："镣地，可入地，镦地，著地而已。"柲下铜析分有镦、有镣，主要区分点在于平底和尖圆底。《考工记·庐人》："凡兵，勾兵欲无弹，刺兵欲无蜎，是故勾兵椑，刺兵抟。"椑是椭圆，抟是浑圆，柲下铜套的形状也就有相应的不同。战国时期的戈的镦均为扁圆，而矛的镦则为浑圆。目前出土的先秦至两汉时期的实物以细尖圆底的镣为多，如湖北江陵九店楚墓出土的25件柲下铜器，平底的只有5件。无论平底还是细尖圆底，除1件正八棱形直筒状的铜镦銎口呈八边形外，上口横断面（即銎）都是一头大一头小的扁圆形[①]。营盘包M5梯形断面的铁镦的銎可能也是一头大一头小的扁圆形，只是由于铁镦锈蚀严重，銎内的形状无法呈现。铁镦外形一头粗一细，细端即末端微残，看不出尖圆趋势，因此应为镦属。

由于镦、镣位置均在兵器竹、木柄之末，用途是一样的，故《说文》镦、镣互训，浑言不分。《广雅·释器》："镦，镣也。"《说文》"镦"段注："矛戟之矜以积竹杖为之，其首非铜裹而固之恐易散，故有铜镣。"镣、镦亦有击打功能。

2. 铁半两钱

西汉早期M6出土半两钱173枚，其中夹有2枚铁钱，因锈结严重，无法与铜钱分开。此钱亦应为半两钱。

过去认为铁钱始于东汉公孙述铁五铢。公孙述，王莽时为导江卒正，治临邛（今四川邛崃）。西汉末年，王莽政权瓦解。公元24年，公孙述乘机占领成都，割据西川称蜀王，次年自封"成家皇帝"，设置铁钱官铸钱。《后汉书·公孙述传》："述废铜钱，置铁官钱。百姓货币不行。蜀中童谣曰：'黄牛白腹，五铢当复。'好事者窃言王莽称黄，述自号白。五铢钱，汉货也，言天下当并还刘氏。"既说"五铢当复"，公孙述所铸就不大可能是五铢。此时距汉武帝废止半两钱已有140余年，也不可能是半两钱。虽然史书未言公孙述所铸何钱，但这段文字是我国历史上官方正式铸铁钱的最早记录。

目前考古发现的最早的铁钱是两湖西汉墓出土的铁半两。1956年湖南衡阳凤凰山西汉墓发现铜铁合金的半两钱，其中M71出铁半两320枚，M14出150枚，有的还伴有少量铜半两；1959年长沙魏家大堆M3出土铁半两，有的与铜半两用铁丝串在一起；1960年，长沙南郊砂子塘M5出铁半两33枚，同时出土2枚铜半两；1971~1972年，湖北宜昌前坪战国两汉墓出铁半两10多枚；1979年湖南资兴汉墓M70出铁半两10枚，并出铜半两2枚。两湖地区是我国较早铸造铁钱地方[②]。营盘包M6发现的铁半两，又把早期铸造和使用铁钱的地区扩大到重庆库区。

[①] 湖北省文物考古研究所：《江陵九店东周墓》，科学出版社，1995年，234~236页。
[②] 周卫荣：《试论我国古代铁钱的起源》，《中国钱币》1999年第2期。

3. 印章

营盘包M20出土方形铜印1枚，印面阴刻小篆体的"赞印"二字。赞为人名，以单名入印在汉代比较少见。目前所见的私印多为四字印，如咸阳西汉晚期墓铜印"王容私印"[1]；徐州顾山西汉中晚期墓出土"兒忠（？）之印"[2]；洛阳西汉晚期张就墓出土铜印2枚，一为"张就之印"，一为"张就信印"[3]；2005年山东省胶州赵家庄汉墓出土铜印，印文"王何之印"，该墓为汉代土墩墓类型，时代不会早于西汉中期[4]。

单名印主要见于武帝以前，有以下几例：湖北云梦大坟头西汉早期墓出土方形玉印，鼻纽，印面阴刻篆书"遂"[5]；江陵凤凰山文帝时的汉墓M168墓主为五大夫"遂"，出土方形玉印，鼻纽，印面阴刻篆书"遂"[6]；荆州高台西汉初年墓有两座墓各出1枚覆斗形半环鼻纽铜印，1枚出土未刻字，1枚阳刻篆书"發"字[7]；名后带"印"的有河南三门峡汉墓出土的台形铜印，背呈三级台阶内收，鼻形纽，印面长方形，长1.6、宽1厘米，印文为阴刻的篆书"超印"二字。该墓同出西汉早期半两钱，时代为西汉初期[8]。目前所见，单名印和单名后带"印"字的印章只见于西汉早期，与湖北相近的奉节汉墓出土的单名印亦不当跨越西汉早期，这与其出土陶罐的分期也一致。

M20出土的铜印，印文笔画纤细、清晰，出土时置于铜镜的背面，共出漆器和精美鎏金银带钩各1件，墓主当为具有一定社会地位的人士。

4. 野猪牙

M42出土野猪牙1个，未发现其他的骨骼，因此可以判断只是用野猪牙而不是用野猪随葬，当具有特别的意义。湘西永顺不仁门发现野猪牙削成的牙锥，与营盘包相似。

5. 铅龙形件

宋代砖室墓M46出土铅龙形件1件，通长10.6厘米，以铅浇铸成龙形薄片，作昂首翘尾迈步向前状，表面极不光整，软而脆，出土于墓中一黑釉瓷罐中，出土时断成数截。该龙形件推测与镇墓铅人有关（图六七，6）。

---

[1] 咸阳市文物考古研究所：《陕西咸阳二〇二所西汉墓葬发掘简报》，《考古与文物》2006年第1期。
[2] 徐州博物馆：《江苏徐州市顾山西汉墓》，《考古》2005年第12期。
[3] 洛阳市第二文物工作队：《洛阳西汉张就墓发掘简报》，《文物》2005年第12期。
[4] 兰玉富等：《山东胶州赵家庄抢救性发掘汉代墓地》，《中国文物报》2006年1月20日第1版。
[5] 湖北省博物馆等：《湖北云梦西汉墓发掘简报》，《文物》1973年第9期。
[6] 湖北省文物考古研究所：《江陵凤凰山一六八号汉墓》，《考古学报》1993年第4期。
[7] 湖北省荆州博物馆：《荆州高台秦汉墓》，科学出版社，2000年，115页。
[8] 三门峡市文物工作队：《三门峡市司法局、刚玉砂厂秦人墓发掘简报》，《华夏考古》1993年第4期。

第二节　文化性质与意义

根据营盘包墓地发掘情况，可以反映战国、两汉、宋代是该地区古文化的几大兴盛期。

营盘包墓确认的战国墓只有3座，都是战国晚期的。M23出土的陶敦和M19出土的鼎、敦、壶组合都是湖北战国晚期楚墓中常见的，特别是鼎、敦、壶组合，常见于三峡一带的楚人墓，是比较典型的楚文化墓葬。M5随葬器物以兵器为主，5件兵器中，3件矛都是巴式，矛骸上的花纹虽不模糊不清，但可以判定为巴文化中常见的符号。带有虎纹印记的戈也是典型的巴文化的器物，在巴文化的氛围中出土了1件楚式的铜剑，唯一的1件陶器（罐），也与战国晚期巴文化墓和楚文化墓中出土的长颈鼓腹罐相似。M23、M19是楚墓，而M5则反映了巴、楚两种文化的交融。

营盘包及附近的桂井墓地[①]的所在地为巴国旧地，战国中期，楚一度占领重庆涪陵以东地区。据《史记·张仪列传》《集解》引徐广曰："巴郡鱼复县有扞水关。"唐司马贞《索隐》："扞关在楚之西界。"扞水关又称扞关，本为巴人所置，《水经注·夷水》说："昔廪君浮土舟于夷水，据捍（扞）关而王巴。"又《华阳国志》解曰："扞关，廪君浮夷所置也；弱关，在建平、秭归界。昔巴楚数相攻伐，借险置关，以相防扞。"扞关、弱关皆因江险而设，扞关可能就是瞿塘峡口，后又为楚所得。《史记·楚世家》："肃王四年，蜀伐楚，取兹方。于是楚为扞关以距之。"《集解》引李熊说："公孙述曰：'东守巴郡，距扞关之口。'"《索隐》按："《郡国志》巴郡鱼复县有扞关。"楚肃王四年为公元前376年，此时原来巴的扞关已为楚所有，当时奉节自然也为楚占。

据《史记·秦本纪》和《六国年表》，公元前316年（秦惠文王后元九年）巴与蜀灭国于秦。秦惠文王后元十一年（公元前314年）在巴地置巴郡，并在今奉节县城以东随置鱼复县，与原巴人上层共同统治，巴文化得以延续。《史记·苏秦列传》记，秦惠文王时，苏秦说楚威王说：楚"西有黔中、巫郡，……地方五千余里，带甲百万"，事在公元前337到公元前330年之间，其时奉节既不为楚地也不为秦地。战国晚期巴郡鱼复县与巫郡相邻，奉节成为秦、楚势力相接的地区。现在的营盘包和其西边的桂井墓地一带虽然在战国晚期或为楚所有，或为秦占领，但作为土著的巴文化却一直存续着，营盘包的楚文化墓和楚、巴文化共存的墓应是当时楚人与巴人以战争形式交流的遗存。

战国中期开始，三峡库区的忠县、万州、云阳、奉节、巫山等地都发现了大量的楚人士兵墓葬，随葬器物以鼎、敦、壶为基本组合，由于它们分布于出产盐卤的沿长江干流、支流的入江口和其他战略要地，故有人认为可能与控制盐的运输密切相关[②]。

M11出土鼎、壶组合，鼎虽然腹部特征尚略具战国楚文化的特色，深腹、平盖，但鼎足尖细、短矮，外撇程度大，总体上脱离了楚文化的风格。出土的两件陶壶尚具有从战国晚期楚文

---

① 南京大学历史系考古专业等：《重庆市奉节县桂井战国秦汉墓地》，《考古》2011年第11期。
② 白九江：《巴盐与盐巴——三峡古代盐业》，重庆出版社，2007年，22页。

化发展而来的特征，矮圈足或平底，与M19的两件陶壶的高圈足有明显的区别。而铜壶变化较慢，仍保留着高圈足，有着明显继承战国晚期楚器的风格。墓中唯一与巴文化有联系的是一件巴式的矛。至M17中出土的鼎、盒、壶就已经是完全的汉文化特色了。

从M5、M19到M11再到M17，反映的是战国文化到汉文化的转变过程，其中M11的过渡性特征比较明显。

战国文化包含了巴文化和楚文化，而以楚文化为主。巴文化因素主要反映在兵器上面，直到西汉中晚期，巴式的柳叶形短剑仍有出土。柳叶形剑，剑茎同剑身之间的过渡明显，剑身连接成斜肩状，剑茎扁平呈长方形，剑身正中微起脊，但不甚明显。如M15和M30两座西汉晚期墓各出一把巴式剑，巴式剑成为当地汉文化中的特色。

综合分析，营盘包墓地揭示的文化变迁是先由巴文化到楚文化为主，再由楚文化为主过渡到汉文化。这个转变的过程正与巴、楚文化在奉节地区交融的历史相一致。

汉代以后，营盘包一带可能存在较长时期的文化沉寂，至宋代复兴，这里集中发现了5座宋代小型墓葬，几座汉代砖室墓遭破坏也是在宋代，M10、M34墓顶遭破坏后，墓坑中填满了包含宋代陶瓷片、瓦当等，特别是三足带把陶器成为该地的特色器物，两座墓中都出土了大量的碎陶片、器足和长柄，陶片极薄，又破碎严重，仅修复了1件。这两座墓都是在宋代遭毁坏并成为真正的垃圾坑。

附表 营盘包墓葬登记表

墓号	类型	方向	形制	规格（米）	人骨与葬具	随葬器物	年代	备注
M1	砖室墓	160°	长方形券顶	墓口长3（残），宽2.9，墓穴深3.25		元丰通宝、建炎通宝1、花边钱1	东汉	仅存后部，前半塌于陡坎下
M2	砖室墓	325°	平面长方形	长2.66，宽1.54			宋代	仅存铺地砖
M3	石室墓	160°	甬道偏于墓室一侧，平面呈刀把形	墓室长6.56，宽2.4，甬道长1.68，宽1.4，墓穴深2.55		陶罐1、器盖2、五铢钱61、货泉1	新莽至东汉初期	
M4	砖室墓	225°	长方形券顶，墓门在墓室一端正中	上部残，墓室长5.97，宽2.7，墓穴深1.62		陶鼎1、陶罐14、陶钵7、陶盂2、陶杯1、陶豆2、陶甑6、陶厄1、小壶1、陶灯5、器盖3、仓形罐3、陶楼3、摇钱树座1、陶鸡2、陶狗1、铁刀1、铁构件1、铜钱22	东汉中晚期	
M5	土坑墓	325°	长方形	口大底小，长侧有低矮的生土二层台，墓口长3.7，宽2.55~2.65，底长3.2，宽2.2~2.3，墓穴深1.2~2.1	单人仰身直肢葬，有棺板木痕迹	陶罐1、铜戈1、铜矛3、铜剑1、铁镩1	战国晚期	
M6	土坑墓	325°	长方形	有生土二层台，墓口长4.8，宽3.25，底长3.3，宽2.5，墓穴深4.9	人骨，棺痕无存	铜鼎1、铜钫1、铜剑1、漆器铜附件4、玉剑饰2、陶罐3、陶钵1、陶环1、陶饰件1、陶器盖1、铜钱173	西汉早期	
M7	土坑墓	325°	长方形	有生土二层台，墓口长3，宽2.6，墓穴深0.6~1.1	二人合葬墓，各随葬青铜剑1把	陶罐2、陶盆2、陶甑1、陶壶1、铜剑2	西汉中期	
M8	土坑墓	145°	长方形	墓葬上半部破坏，墓口长3.2，宽2.18，墓穴深0.4		陶壶1、陶罐2、陶盆1、陶灶1、筒瓦1、铜钱36、铁刀1	新莽至东汉初期	
M9	土坑墓	335°	长方形	有熟土二层台，墓口长3.2，底长3，宽2.12，墓穴深2.6		铜鉴1、半两钱4	西汉早期	
M10	砖室墓	145°	凸字形，墓室平面长方形，带短甬道	墓口长3.4（残），宽2.8，墓穴深1.2		釉陶壶1、陶盆5、陶钵2、耳杯2、陶勺1、陶碟3、陶杯1、陶灯1、器盖1、陶灶1、陶倡8、水塘模型1、鎏金铜扣饰1、铜钱19、填土中出土柄形器及末代瓦代瓦当、滴水	东汉中晚期	

续表

墓号	类型	方向	形制	规格（米）	人骨与葬具	随葬器物	年代	备注
M11	土坑墓	345°	长方形，墓扩东南角向内弧成圆角	墓口长3.8、宽2.7~3、底长3.35、宽1.95~2.5、墓穴深2.4~3.5	单人仰身直肢葬	陶鼎2、陶壶2、铜釜1、铜壶1、铜勺1、骨锥1	西汉早期	
M12	土坑墓	335°	长方形	长3.2、宽2.5、墓穴深4.4~4.7	二人合葬，有木椁板灰痕	铁鍪1、铁器1	西汉早期	
M13	土坑墓	335°	长方形	长2.4、宽1.73、墓穴深2.3	仅见一段人骨		西汉早期	被盗
M14	土坑墓	330°	长方形	长2.01、宽1.75、墓穴深2.71	椁木朽痕，人骨无存	铁鍪1、铜钱（半两钱）1	西汉早期	
M15	土坑墓	210°	长方形	墓口长3.05、宽1.65、墓坑顺着斜坡西高东低，开口于表土层下，墓坑深1.7~2.3	单人仰身直肢葬，残存板灰痕	短剑1、陶罐1、铜镢1	西汉晚期	
M16	土坑墓	155°	长方形	墓口长4.05、宽2.2、墓穴深2.5	仰身直肢，一椁二棺二人合葬	陶鼎1、陶罐9、陶甑2、陶盒1、陶灶1、铜带钩1、铜饰件1、铜剑格1（半两47、五铢6）	西汉早期	
M17	土坑墓	210°	长方形	长4.05、宽2.3、墓口顺着斜坡西高东低、墓坑深2.5~6.1	一椁一棺，仅见儿截朽腐的人骨	陶鼎2、陶盒2、陶壶2	西汉中期	
M18	土坑墓	300°	墓室长方形，带斜坡墓道，平面凸字形	长3.9、宽2.6、斜坡墓道位于墓扩西端偏于南侧，宽1.3、墓道长3、墓底深2.19~2.23	一椁二棺并列，北侧棺稍小，二人仰身直肢，头向西，保存状况差	陶罐19、陶壶1、陶瓿6、陶盒1、熏炉1、陶灶1、陶饰件2、釉陶壶1、石黛板1、铜洗1、铜釜1、铜削1、（五铢）95	西汉晚期	
M19	土坑墓	243°	长方形	墓口长3、宽1.7、墓穴深3~4	一棺，单人仰身直肢，头向西面北，骨架保存状差	陶敦2、陶鼎2、陶壶2、铁剑1	战国晚期	
M20	土坑墓	250°	长方形，墓底有高0.6米的熟土二层台	墓口东西长4、南北宽2.8~3、东端稍窄。墓壁略内收，墓底长3.5、宽2.6	一椁一棺、单人葬，头向西，仅存几枚牙齿和右边一段腿骨，可判断仰身直肢葬	陶罐1、铜鼎1、铁削1、铜扣饰1、铜镜1、铜带钩1、玉塞1、铜串珠1、铜印1、料珠1	西汉早期	
M21	砖室墓	90°	长方形券顶，无甬道	墓室东西长3.16、南北宽1.72米、拱顶高1.42		陶罐5、陶盏1、铁带钩1、铜钱（五铢）35	东汉中晚期	被盗
M22	砖室墓	255°	长方形	南北长2.64、东西宽1.08、残高0.5	仅余8枚铁棺钉	随葬无存	新莽至东汉初期	仅存墓底部分

附表 营盘包墓葬登记表

续表

墓号	类型	方向	形制	规格（米）	人骨与葬具	随葬器物	年代	备注
M23	土坑墓		长方形	墓室残长0.68，宽0.76，墓坑深尚有0.5	人骨、棺痕无存	陶豩1	战国晚期	大部分被M22打破，仅残存一角
M24	土坑墓	345°	长方形带墓道，平面呈"凸"字形	墓道在墓圹北边，偏于一侧，长2、宽2.7、宽2.54、深1.7	一椁二棺，人骨无存，葬式不明	陶罐7、陶盘2、陶甑1、陶器盖1	西汉晚期	
M25	土坑墓	225°	长方形带墓道，墓道偏于一侧，平面呈刀把形	墓道长1.60、宽1.10，墓圹东北角被M22打破。墓室底与墓圹平，墓圹长2.66、宽1.8、深0.7~0.77	一椁一棺，仰身直肢，头西脚东	陶罐3、陶釜1、陶器盖1	西汉晚期	
M26	土坑墓	240°	长方形	墓口长3、宽2.8，墓壁垂直，口底同大，墓圹深3	一椁二棺，皆为仰身直肢葬，头向西，西北角放置头骨1个及肢骨3根，无葬具	陶罐11、陶盆4、陶壶1、陶盘2、陶甑2、陶灶1、铜钱（五铢）12	西汉晚期	
M27	土坑墓	336°	长方形	墓口南北长5.5、东西宽3.4，直壁，墓深1.7	墓底中间从南向北并列8棺，外有一大型木椁。可辨头骨2者，向东5棺，向东2棺，仰身直肢葬	陶罐11、陶仓3、陶器盖1、陶盆12、陶壶1、陶盒1、陶甑2、陶灶1、研磨棒1、铁鼎1、铜钱32（半两1、大泉五十16、五铢15）	新莽至东汉初期	
M28	土坑墓	330°	长方形	墓口东西长2.5、东西宽1.46，墓深1.48	一椁一棺，人架1具，仰身直肢，朽残	铁鼎1、陶罐1	西汉中期	
M29	土坑墓	285°	长方形	墓口东长2.75、宽1.5，墓深1.23	一棺，人架一具，仰身直肢，朽残	陶罐1	汉代	
M30	土坑墓	285°	长方形	墓口南北长2.7、东西宽1.6，墓深1.9	一椁一棺，尸腐朽，可辨单人仰身直肢葬	陶盆3、陶壶1、陶碗2、陶鼎1、陶灶1、铜剑1	西汉晚期	
M31	土坑墓	335°	长方形	墓口南北长4.2、东西宽3.3，墓深1.9	一椁，椁内西北角发现头骨痕迹	陶罐5、陶盆2、陶甑2、陶灶1、铁器1	西汉中期	

续表

墓号	类型	方向	形制	规格（米）	人骨与葬具	随葬器物	年代	备注
M32	土坑墓	240°	长方形	墓口南北长4.15、东西宽2.8、墓深1.8	一椁二棺，棺内骨架痕各一具，仰身直肢，头向一东一西	陶罐7、陶仓1、陶壶2、陶盆2、陶钵11、陶甑1、陶灶1、陶井台1、铜鍪1	西汉晚期	
M33	土坑墓	115°	长方形	墓葬被M31打破，墓口南北长2.7、东西宽1.6、墓深2	一棺，单人仰身直肢葬，尸骨朽腐，仅残存骨粉	铜镜1、剑首1、剑格1、陶罐1	西汉早期	
M34	砖室墓	75°	长方形带短甬道，平面凸字形，券顶无存	墓室东西长4.92、南北宽2.43、残高1.33、甬道长1.3、宽1.26		陶罐3、陶盆1、陶拍1、陶房1、陶俑5、鸡2其土中出土陶簋1、带把陶鼎1、釉陶罐1、青瓷碗13、青瓷盏2	新莽至东汉初期	被盗。墓顶无存
M35	土坑墓	340°	长方形	墓口南北长2.58、宽1.6、墓深2	棺痕一，单人仰身直肢	陶罐2	西汉晚期	
M36	土坑墓	335°	长方形	墓口南北长2.85、东西宽1.65、墓深1.93	一棺，单人仰身直肢葬，头向北	陶罐4、陶盆1、陶灶1、铜镜1、铜矛1、铁鍪1	西汉晚期	上部被M36打破
M37	土坑墓	335°	长方形	南北长3.15、东西宽2.7、墓深4.95	一椁一棺，棺痕不显，应为二人合葬，皆仰身直肢	陶灶1、陶罐1、铜剑1、铁鍪1、铜扣饰1	西汉晚期	
M38	砖室墓	340°	长方形	墓室南北长2.16、东西宽0.9~1.1、头端宽、脚端窄，残深0.3	仅余铁棺钉13枚，正中位置有人骨架一具，保存差，可辨为仰身直肢	釉陶罐1、陶灯1、铜饰件1、陶罐1	宋代	
M39	砖室墓	330°	长方形	墓底长2.6、宽0.9~1、头端宽、脚端窄	铁棺钉12枚，墓室内有一具人骨架，呈粉状，头朝北，仰身直肢	釉陶罐1、陶罐1、铁钱4	宋代	
M40	土坑墓	320°	长方形	墓口南北长2.2、宽0.8、残深0.2~0.45	11枚铁棺钉，一具人骨架，已朽成粉状，墓底有人骨架一具，头朝北，可辨为仰身直肢	铜钗1	宋代	

续表

墓号	类型	方向	形制	规格（米）	人骨与葬具	随葬器物	年代	备注
M41	土坑墓	335°	长方形	墓口南北长2.75、宽1.95、残深0.15	一椁二棺，棺内各有一具人骨架，保存较差，头向北，可辨为仰身直肢	陶釜6	西汉晚期	
M42	土坑墓	340°	长方形	墓口东西长3.5、南北宽2.7、墓深0.9	一椁，椁内棺及尸骨无存	陶罐8、陶盆5、陶瓿2、陶壶1、陶盒1、陶灶1、铜鍪1、铜镜1、带钩1、刷柄1、印章1、铜钱5、铁铫1、铁块1	西汉晚期	
M43	土坑墓	340°	长方形	墓口南北长2.75、东西宽2.55、墓深1.3	一棺，内置一人骨架，已朽成粉状，四肢骨骼存较好，头朝北，仰身直肢	陶罐1、铜带钩1	西汉早期	
M44	土坑墓	335°	长方形	墓口长2.4、宽1.4、墓深0.5	一棺，有骨架一具，头朝北，仰身直肢，两手平放于腹部	无葬品	不明	
M45	土坑墓	345°	长方形	墓口南北长2.05、宽0.7~0.8、墓底长与口等，宽0.7	未发现棺木痕迹，墓底中间人骨架一具，保存较好，但较凌乱	无随葬品，填土中出土泥质黑陶细方格纹陶片	西汉早期（？）	
M46	土坑墓	320°	墓底长方形，施地铺砖，一端立石板	墓底南北2.5、东西宽1.08	地砖上置人骨一具，已朽，头朝北，可辨仰身直肢	瓷罐2、瓷碗1、铜钗2、耳环（残）2、铜钱（宋"祥符元宝"）2、铁块1、铅龙形件1	宋代	
M47	土坑墓	320°	长方形	墓口南北长2.26、东西宽1.52、墓深0.95	一棺，骨架置于棺内偏西侧，已朽，可辨为仰身直肢，头朝北，两手放置于腹部	铜饰件2	不明	

续表

墓号	类型	方向	形制	规格（米）	人骨与葬具	随葬器物	年代	备注
M48	土坑墓	334°	长方形	墓口南北长2.7，东西残宽1.7	残存椁板痕迹，骨架成粉状，头朝北，可辨为仰身直肢	陶罐4、陶盆2、陶鼎1、陶盆1、陶甑2、陶壶1、陶灶1	西汉中期	墓葬东部被M37打破
M49	土坑墓	334°	长方形	墓口南北长2.6，东西宽1.56，北端开口距地表0.6，墓深0.95	一棺，骨架保存状况差，头向北，侧身曲肢，面向西，骨架长1.25	陶罐1	西汉晚期？	
M50	土坑墓	175°	长方形，一端（南端）带一短墓道，平面呈"凸"字形	墓圹南北长3.3，东西宽2.2，墓口距墓底深1.15	骨骼、葬具无存	铜钱（货泉）8	新莽至东汉初期	
M51	砖室墓	170°	长方形券顶，一端正中带甬道，平面呈"凸"字形	墓圹南北残长9.2，东西宽6.5，墓底南端至券顶3.15米，砖室墓底至券顶3.03，甬道位于墓室南端正中，长2.3，宽1.8，甬券顶高2.15		陶罐12、陶仓10、陶盒2、陶瓿2、博山炉3、釉陶盏1、釉陶钵1、釉陶盘1、釉陶盖1、釉陶壶1、釉陶豆1、釉陶勺1、陶灶2、釉陶魁1、人物俑16、陶鸡2、陶屋1、陶水塘1、陶耳杯1、陶狗4、陶猪1、镇墓兽1、铜耳杯1、铜钱（五铢）84	东汉中晚期	被盗
M52	土坑墓	354°	近方形	墓口东西长4.9~4.95，南北宽4.6，南壁稍宽于北壁	骨架凌乱且严重朽腐，应为迁葬	陶罐10、陶盆1、陶盘2、陶薰炉1、陶壶2、陶耳杯7、陶灶1、陶井1、铜矛1、铜鍪1、铜钱（五铢、货泉）84	新莽至东汉初期	
M53	土坑墓	342°	长方形	墓口南北长3.88，东西宽2.9，墓底与墓口同大，墓底距墓底深0.65~0.9	一椁一棺，骨架已腐朽已粉状，可辨为单人仰身直肢，头朝北	陶罐2、陶甑1	西汉晚期	
ⅡM1	砖室墓	287°	长方形，一端带短甬道，平面呈"凸"字形	墓室长6.6，宽2.7，甬道长2，宽1.1，墓穴深0.8（残）	6人合葬	陶俑6、陶灯2、陶盂1、陶壶1、陶楼1、陶仓1、陶罐3、陶鸡1、陶猪1、陶灶1、陶甑1、五铢钱43	东汉中晚期	被盗。券顶无存
ⅡM2	土坑墓	10°	近长方形，一端稍宽	墓口长3.3，宽2.1~2.6，墓穴深0.66	单人仰身直肢葬	铜鍪1、铜刀1、铜勺1、大泉五十2	新莽至东汉初期	

附录　奉节桂井墓地发掘报告

桂井墓地位于重庆市奉节县桂井村，地处长江北岸的缓坡地带，西距奉节县城约4千米，东距老县城2.5千米，中心地理坐标东经109°30′09.0″，北纬31°02′15.2″，海拔高度156～170米（图一）。墓地中间被冲沟分为东西两部分，东部紧邻原奉节县自来水厂，隔厂址即为营盘包墓地。发掘前地表为柑橘树林、菜地和拆迁后的房基。因三峡工程建设需要，作为库区地下文物保护规划项目之一，2005年10～11月，南京大学历史系考古专业受重庆市文化局三峡办委托对墓地进行了发掘，共发掘土坑墓6座，砖室墓1座（图二），墓葬大部分未经盗扰，墓葬结构、埋葬情况和出土遗物对于认识巴、楚文化的关系以及巴文化向汉文化的转化有着重要的意义，现将该次发掘收获报告如下。

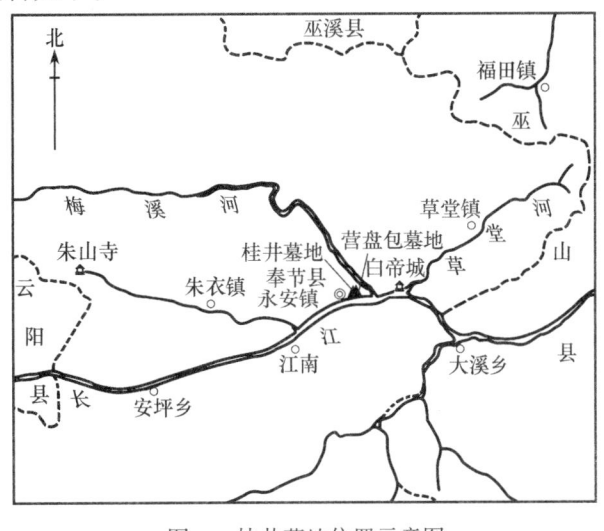

图一　桂井墓地位置示意图

一、土　坑　墓

竖穴土坑墓6座（M1～M4、M6、M7），皆为单人葬，长方形或近方形竖穴土坑墓，南北向条状分布，海拔158～172米，方向基本一致，以长方形小型土坑墓为主，长度多在3米左右，大型的只有1座。墓葬均开口于第1层表土之下，直接打破生土，整个坡地经过了长时间的冲刷和利用之后，墓葬原来的开口处可能受到不同程度的破坏，也就是说，墓坑的深度并不是其原始深度。位于北部海拔较高的墓葬，墓坑一般较深，上部被后世破坏得较少，而位于南端较低位置的墓，墓坑都较浅，上半部均被冲刷或削掉。土圹皆直壁平底，个别墓有低矮的生土二层台。

为了完整地反映各墓形制结构及埋葬情况，我们对每座墓进行单独的全面介绍，最后再做综合的分析。

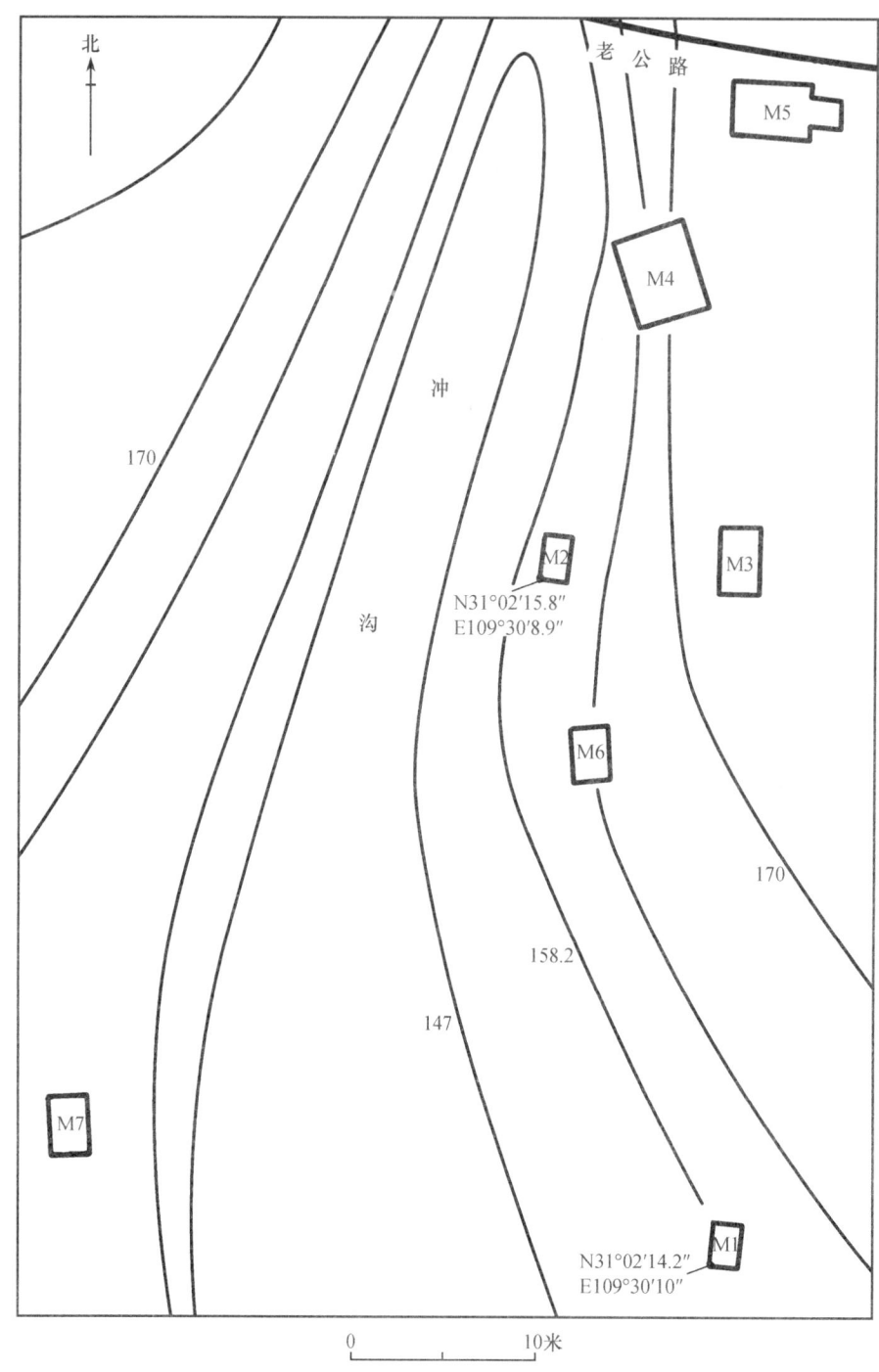

图二　桂井墓葬分布图

（一）M1

1. 墓葬结构与埋葬情况

M1位于墓地最南端，方向357°，墓口西南角坐标：N31°02′14.2″，E109°30′10″。墓口长3.3、宽2.1米，墓口顺着斜坡南低北高，深0.8~1.3米。墓壁垂直光滑，加工规整，墓壁近墓底处遇杂石分布，石块较大，墓坑至此劈石下挖，石壁面平整。填土灰褐色杂有黄色斑点，土质较疏松，未见夯打现象。根据板灰痕迹，可知墓底中央置木棺1具，棺长2.45、宽1.1米，置棺处低于四周0.1米，形成类似生土二层台的现象。棺底骨架保存状况极差，仅余躯干部分骨痕，可辨为单人仰身直肢葬。

随葬品主要置于棺内西南角、墓主脚端右侧，紧靠棺壁呈南北向条状布置，从南向北依次为鼎、壶、罐，壶、罐之间的碎陶片下压有半两铜钱7枚。墓主骨盆位置的左侧有铜璜7件，铜璜上有料珠2个，棺内东北角、头端左前方有料珠1个。棺底散落铁棺钉8个，分布于墓主两侧和头端（图三）。

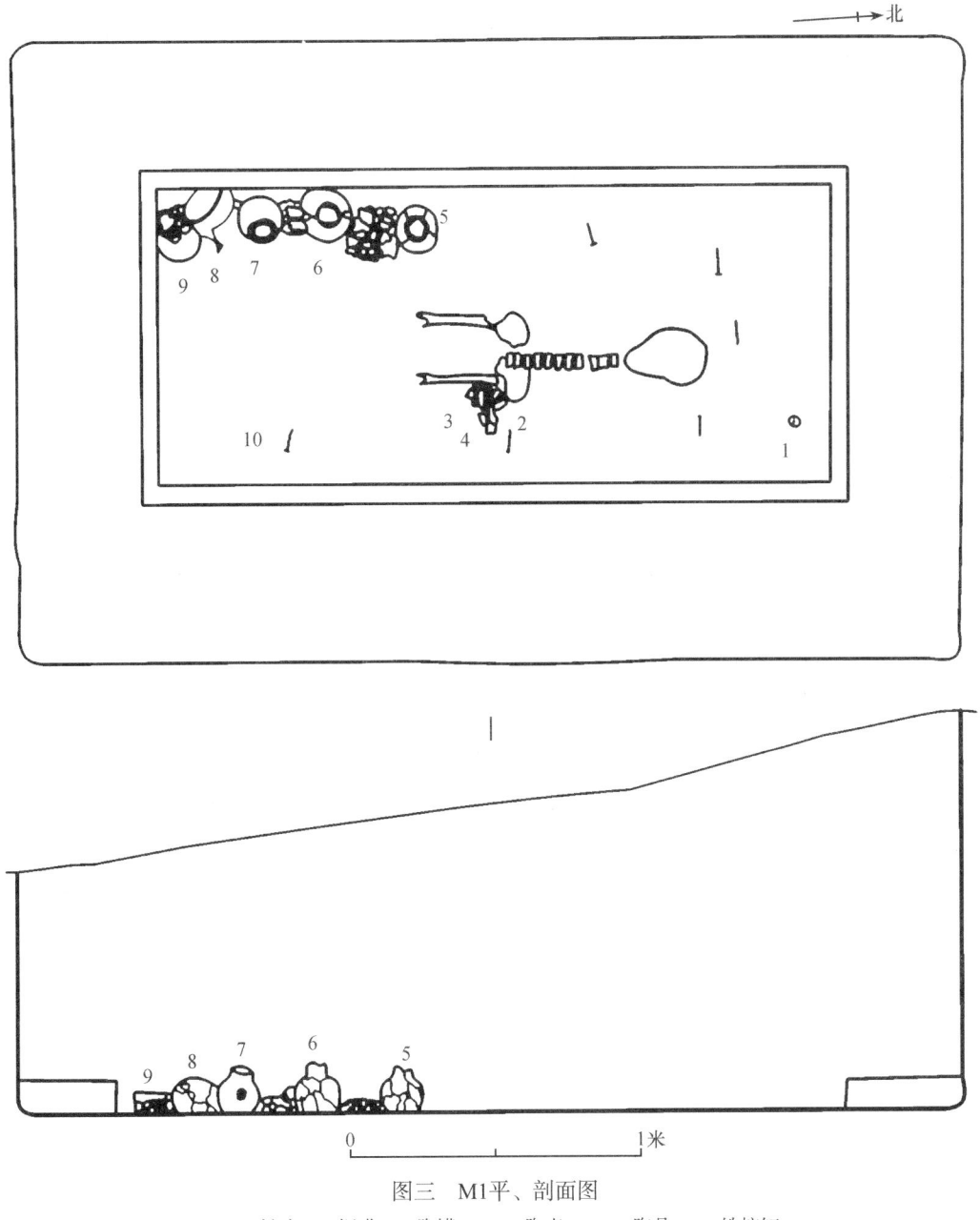

图三　M1平、剖面图

1~3.料珠　4.铜璜　5.陶罐　6、7.陶壶　8、9.陶鼎　10.铁棺钉

2. 出土器物

M1共出土器物16件（组），有陶器5件，铜器7件，铜钱一组7枚，料珠3个。另外，墓底发现的铁棺钉也是很有学术价值的文物。

（1）陶器 5件，皆泥质陶，多素面无纹，烧造火候不高，易破碎。分别为陶鼎2件，陶壶2件，陶罐1件（彩版一五，1）。

鼎 2件。M1∶9，泥质灰陶，子母口，腹较深，尖圆底，附耳斜向外翻，蹄形足外撇，断面略呈六边形。盖呈弧形，向下折沿套于鼎口之上，盖顶三纽。器底有模糊绳纹。口径15.5、通高17厘米（图四，1）。M1∶8，泥质褐陶，子母口，腹较深，圆底，两附耳皆失。蹄形足，瘦长，外撇，断面呈六边形。器盖弧顶，弧壁，顶上无纽，盖直径与鼎口相比略显小。腹部及底部饰细绳纹。口径15.5、通高18.5厘米（图四，2）。

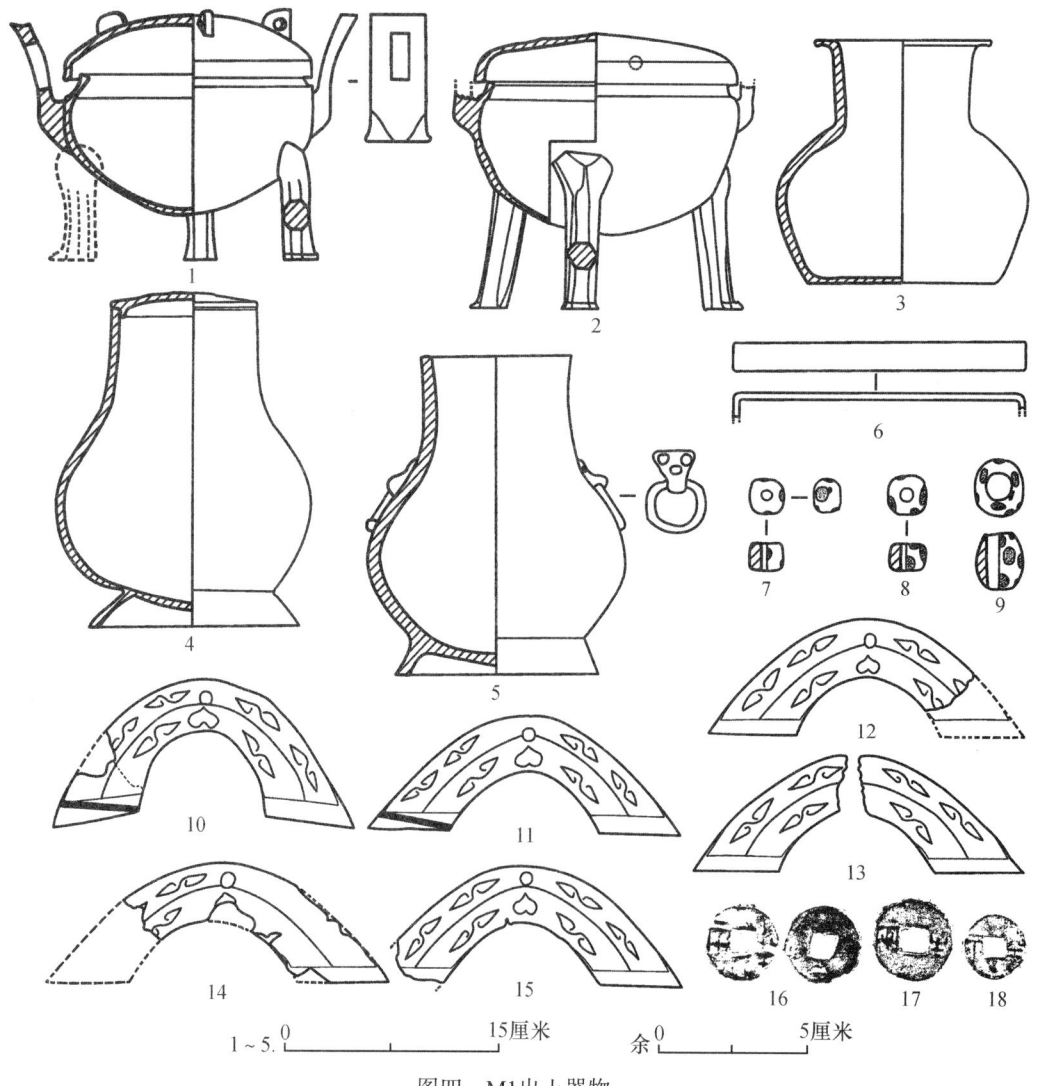

图四 M1出土器物

1、2. 陶鼎（M1∶9、M1∶8） 3. 陶罐（M1∶5） 4、5. 陶壶（M1∶6、M1∶7） 6. 铁棺钉（M1∶10） 7~9. 料珠（M1∶2、M1∶3、M1∶1） 10~15. 铜璜（M1∶4-5、M1∶4-1、M1∶4-6、M1∶4-4、M1∶4-7、M1∶4-3） 16~18. 铜钱（M1∶11-1、M1∶11-2、M1∶11-3）

壶　2件。形制相似。M1∶6，泥质灰陶，直口，长颈，溜肩，鼓腹，圈足外撇，内底弧状。盖呈饼状，子口，盖顶微弧，盖顶残存三纽痕。腹部局部隐约可见绳纹。口径9.2、腹径18、底径14.8、通高22.2厘米（图四，4）。M1∶7，泥质褐陶，直口，方唇，长颈近直，斜肩，鼓腹，圈足外撇，内底弧状，肩部对称附饰铺首衔环一对。无盖。素面无纹。口径9、腹径17.6、底径14、高21厘米（图四，5；图版四六，4）。

罐　1件。M1∶5，泥质灰陶，侈口，向外折为宽平沿，高领，溜肩，鼓腹斜收为大平底。素面无纹。口径9.8、腹径17、底径12.8、高16.1厘米（图四，3）。

（2）铜器　有铜璜和铜钱两种，共14件。

璜　7件。璜形弧状，大小相近，背部（弧顶）有一穿孔，两面各饰两排阳线表示的勾连云纹，外侧排列四个纹样单元，内侧两个，内外之间以线纹相隔。背穿之下、内侧云纹之间有一心形纹饰（图版四七，1）。根据铜璜弧曲的程度不同可分为两型。

A型　1件（M1∶4-5）。弧曲较大，略具半圆形，两足底边不在一直线上，自璜的外缘向内朝上倾斜，弧背上有一小圆孔，面、背饰相同的勾连云纹。一端背部稍残。长10.5、高4.9、背宽1.8、足宽3、厚0.15厘米（图四，10）。

B型　6件，4件残。弧曲稍小，两足底边在一水平线上，弧背正中一穿孔，面、背饰相同的勾连云纹（同A型），厚0.15厘米。M1∶4-1，长10.9、高3.9、背宽2、足宽2.9厘米（图四，11）。M1∶4-2与M1∶4-1同。M1∶4-6，一端残失，局部残留有织物裹痕。残长9、高3.9、背宽1.9、足宽3厘米（图四，12）。M1∶4-4，自中间（背部）断为两截，穿孔部位无存。高3.9、足宽2.9厘米（图四，13）。M1∶4-7，一端残失近1/3，另一端稍残。残长9.2、高3.9、背宽2、足宽3.1厘米（图四，14）。M1∶4-3，一端稍残，残长9.9、高3.9、背宽1.8、足宽2.9厘米（图四，15）。

铜钱　7枚。皆"半两"钱，钱文"半两"，背平夷，周边不整，穿孔不正，钱体较薄，大小不一，直径2.1～2.6厘米。M1∶11-1，钱文高凸、隐起，"半"字中间笔画不清，"两"字内画省笔作"十"。直径2.4、穿边0.9厘米（图四，16）。M1∶11-2，钱体不圆，"半"头和末笔下端不清，"两"字头横画不清，内画作相连的"山"形。直径2.7、穿边0.9～1厘米（图四，17）。M1∶11-3，"半"字头两短笔外分呈"八"形，下半部省作二横一竖，"两"字上横较长，内部省作一竖画。直径2.1、穿边0.7～0.8厘米（图四，18）。

（3）料器

料珠　3颗。中有穿孔。M1∶1，灰色，穿孔较大，表面外弧，多处磨成平面，外表不光滑，有密集小凹坑。高1.8、外径1.6、孔径0.9厘米（图四，9）。M1∶2，算珠形，浅蓝色，表面光滑，有蜻蜓眼。高0.9、外径1.2、孔径0.3厘米（图四，7）。M1∶3，算珠形，浅蓝色，有蜻蜓眼，外观欠规整。高0.9、外径1.2、孔径0.4厘米（图四，8）。

（4）其他

铁棺钉　8枚。均残，为扁平窄铁条两端作直角弯曲而成的铁钯钉，长6～10厘米。M1∶10，钉尖部分残失。长10、宽0.9、厚0.3厘米（图四，6）。

（二）M2

1. 墓葬结构与埋葬情况

M2位于墓地中段，地势东高西低，西面是大冲沟。方向345°，墓口西南角坐标：N31°02′15.8″，E109°30′08.9″。墓口长3、宽1.7米，深2.5~2.8米，直壁。墓内填土较疏松，夹黄沙颗粒，向下近墓底处填土黏湿。根据板灰痕迹判断，墓底中央置木棺1具，棺长2.4、宽1.1米。骨架置于棺内一侧偏左（东）位置，单人仰身直肢，保存状况差。

随葬品较少，墓主头骨上有料珠1颗，盆骨右侧置铜剑1把，头骨右前方铜矛头1件，脚端遗有铁棺钉1个（图五）。

2. 出土器物

M2出土器物3件，有铜剑、铜矛、料珠各1件，另有铁棺钉1件。

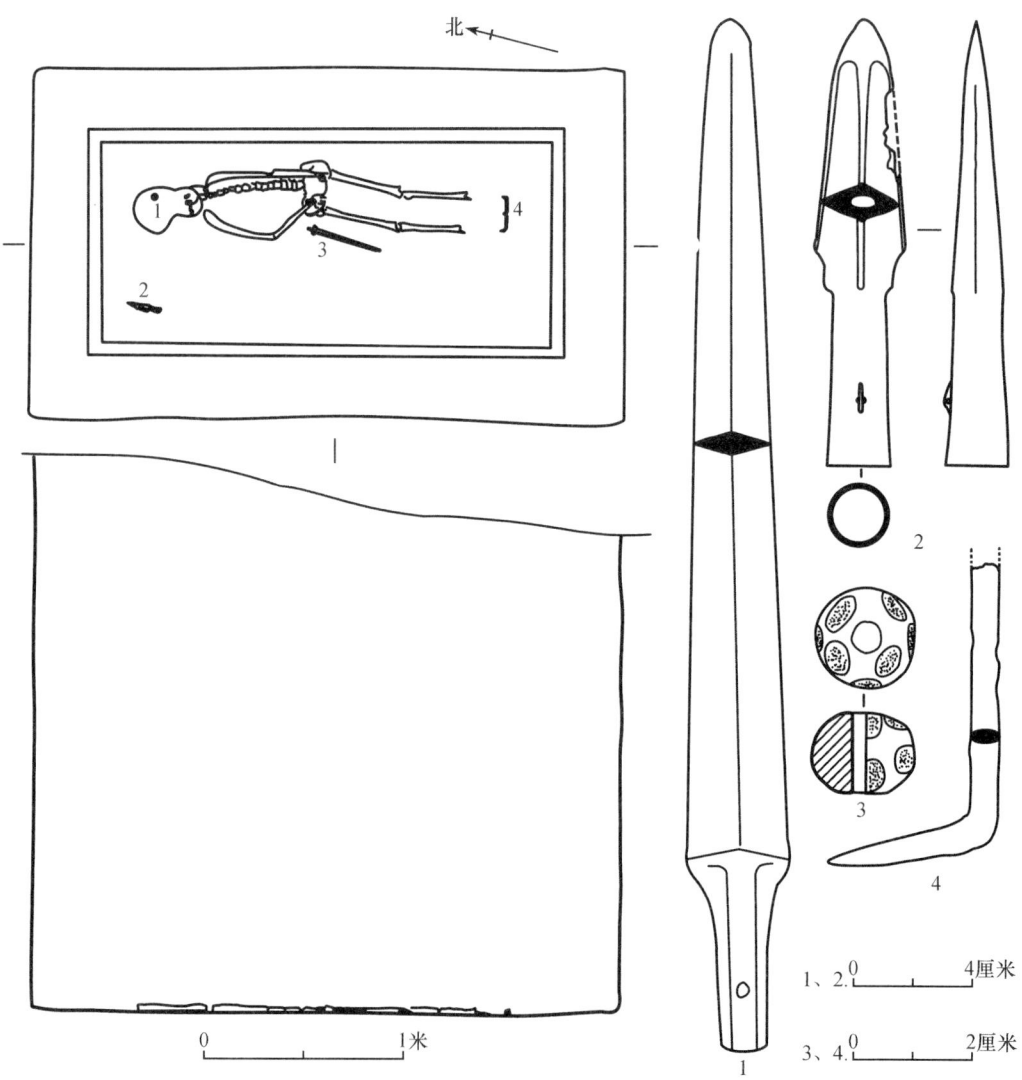

图五　M2平、剖面图及出土器物
1. 铜剑（M2∶3）　2. 铜矛（M2∶2）　3. 料珠（M2∶1）　4. 铁棺钉（M2∶4）

（1）铜器

剑　1件。M2:3，柳叶形剑，剑锋尖圆，剑身断面略呈菱形，剑脊不明显，较圆，剑身自锋向格逐渐加宽，剑茎扁平细长，近末端中间有一圆孔，圆形窄脊，扁茎较窄较短，为典型的巴式铜剑。出土时剑格位置有竹木残痕，整个铜剑包裹在竹木剑鞘朽腐后形成的黑灰中。通长34厘米，剑身、茎相接处宽3.4厘米（图五，1）。

矛　1件。M2:2，矛身扁平中空，两侧刃部锐利，中脊尖凸，断面呈菱形。圆骹，骹正面附一小纽。一侧刃部稍残。通长14.5、最宽处3.1厘米，骹末端直径2.1厘米（图五，2）。

（2）料器

料珠　1个。M2:1，扁圆球状，中有一穿孔，外表磨有12个小平面，不光滑，浅灰色，间有蓝色。高1.3、外径1.7、孔径0.5厘米（图五，3）。

（3）其他

铁棺钉　1件。M2:4，断面呈扁圆形，钉尖弯折，另一端残失。残长5厘米，尖头弯折部分2.9厘米。

（三）M3

1. 墓葬结构与埋葬情况

M3位于墓地中段，西边与M2相距14米，方向345°。墓口长3.6、宽2.1米，墓壁稍内收，墓底长3、宽1.7米，墓深1.6～1.7米，墓内填土灰黑色，土质较疏松，与墓壁交接处脱落明显，墓壁光滑。一椁一棺，仅残余板灰。椁长2.75、宽1.3米，棺长2.5、宽0.9米。骨架保存极差，仅余上半身骨痕，可判断为单人仰身直肢。

随葬品置于棺内，墓主右侧（西）紧靠腿骨置铜剑1把，剑表有竹木鞘朽腐后留下的黑灰，剑锋向后，柄端指向头骨方向。棺内东南角紧靠棺的东壁置陶器一排，自北向南依次为陶壶2件，陶鼎2件（图六）。

2. 出土器物

M3出土器物共5件，有陶器4件，铜器1件。

（1）陶器　有陶壶2件，陶鼎2件（彩版一五，2）。

壶　2件。M3:2，泥质灰陶，弧形盖，子母口。壶身母口外侈，成含纳盖舌之母口，长束颈内弧，溜肩，鼓腹，圈足外撇，肩颈相接处饰二圈凹弦纹，肩部对称两个桥形纽，小纽孔。顶上3个高突的云纽。口径7.9、腹径16、底径8.5、通高28厘米。盖口径6.3、高4.6厘米（图七，3；图版四六，1）。M3:3，泥质灰陶，形制同M3:2。颈、肩交接处饰三道凹弦纹，腹部至盖顶均涂有红彩绘，颈部清晰，其余难辨。口径8.2、腹径16.4、底径10.2、通高28.6厘米。盖口径5.4、高5.4厘米（图七，4；图版四六，2）。

鼎　2件。M3:4，泥质灰陶，带盖，子母口，深腹，圜底，附耳外撇，鼎足断面呈六棱形，下腹部至底饰模糊绳纹。盖顶近平，圆折壁，直口方唇，顶部饰两道凸弦纹，中央凸出

图六 M3平、剖面图
1.铜剑 2、3.陶壶 4、5.陶鼎

一圆纽,盖顶及上腹部彩绘,大部脱落。口径13.8、通高18.8厘米。盖口径16.9、高4厘米(图七,2;图版四六,3左)。M3:5,泥质灰陶,形制与M3:4相似。子母口,深腹(较M3:4稍浅),圜底,腹下部至底饰绳纹。口径13.8、通高18.5厘米。盖口径19.9、高4.5厘米(图七,1;图版四六,3右)。

(2)铜器

剑 M3:1,柳叶形剑,剑锋圆钝,剑身断面略呈菱形,剑脊无棱,较圆,无格,剑茎扁平,近末端中间有一圆孔,剑身四周有木朽痕,为典型的巴式铜剑。通长30.6、最宽3.2厘米(图七,5)。

(四)M4

1. 墓葬结构与埋葬情况

M4位于墓地北部,地势较平坦,方向335°。墓口距地表0.4~0.5米,长7、宽6米,墓壁微内收,光滑。墓底长6.5、宽5.3米,深3.2~3.5米。墓内填土灰黑,土质较疏松,未见夯打

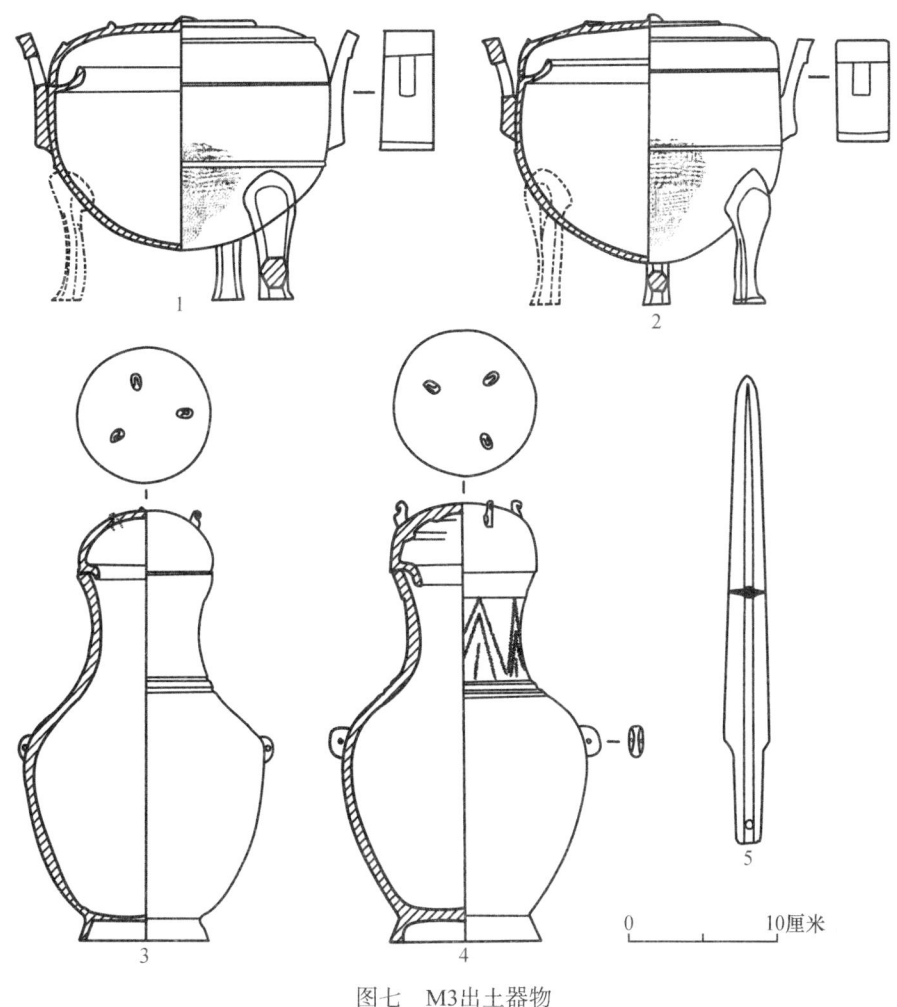

图七　M3出土器物

1、2.陶鼎（M3∶5、M3∶4）　3、4.陶壶（M3∶2、M3∶3）　5.铜剑（M3∶1）

现象，墓边脱落明显。墓中有盗洞3处，中部两处在表土以下，填土松软，可能为近期所为。西南角一盗洞距地表2米，土质稍硬，其上原植有柑橘树，说明是种树前所为。盗洞出土碎陶片，有鼎足、鼎耳、陶环及腹片等。距墓底0.5米处发现不少扰上来的人骨碎块。墓底中央残余木椁板灰，椁长4.7、宽3.2米。椁下有两条平行的枕木槽横向排列，槽宽0.36～0.54厘米。骨架及棺痕无存，葬式不明。

该墓经严重盗扰，墓底出土随葬品甚少。铜凤首一对相向排列于椁内一侧，凤首边上排列有盖弓帽3个，皆为车上饰物。另有盖弓帽6个和铜带钩、铜勺及小型玉器杂件零散置于椁内的另一侧，南端枕木槽上发现大量碎陶片，与盗洞中所见一致。这些陶片虽来自一些大型器物，但破碎严重，可见是人为刻意破坏所致（图八）。

2. 出土器物

随葬器物有陶器、玉器、铜器和骨器。经清理和修复，陶器中修复的完整器只有1件鬲，其余因破碎缺失严重，无法复原，仅可以据形状大致推测墓葬当时所用葬品的器类，无法估计较为准确的数量。铜、玉、骨器皆为小件器物，为盗墓者所遗漏。

图八 M4平、剖面图

1.带钩 2、6.玉璜 3.玉璧 4.骨管 5.玉牌 7.铜件 8、10~13.盖弓帽 9.铜勺 14、15.铜凤首

（1）陶器

以泥质灰陶为主，其次为黑陶。多大型器，素面，部分陶片上见有红色的彩绘纹饰。器类有鼎、鬲、豆、盆、罐等。

鬲　1件。M4：20。泥质灰陶，素面无纹。侈口，宽折沿，束颈极短，腹微鼓，浅裆，足端尖圆，三足约自裆部以上至口沿饰附加堆纹。修复，口径19、腹径18.4、高14.5厘米（图九，1；图版四六，5）。

豆　4件。有高柄和短柄两种。M4：79，泥质黑陶，胎芯褐色，子口（原应有盖），圆唇，折肩，直腹，腹中部二道凹弦纹，至下部内收，底、柄残失。口径14.8、腹径17.4、残高8.5厘米（图九，2）。M4：78，泥质灰陶，圈足外撇，器外涂有彩绘，模糊不清。豆盘残失。足径4.2、残高5.2厘米（图九，3）。M4：4，泥质灰陶，高柄，中下部有凸棱一圈。喇叭形足残高15厘米（图九，4）。M4：81，泥质黑陶，胎芯褐色。细高柄，中部二道凹弦纹。残高10.9厘米（图九，5）。

盆　泥质灰陶，数量较多，均无法复原。M4：115，圆唇，沿外附有实心器耳，鼓腹，大口，腹下斜内收。残高9.7厘米（图九，6）。M4：102，平折沿，广口，腹斜收。残高12、残宽33.6厘米（图九，8）。M4：110，方唇直口，弧腹。残高3.8、残宽8.6厘米（图九，11）。M4：75，折沿平唇，沿下残存耳痕，弧腹。残高4.9、残宽10厘米（图九，12）。

罐　数量较多，无法复原。M4：117，泥质灰陶，侈口，高领，束颈，鼓腹，颈、肩交接处饰凹弦纹一圈，腹部自上而下纵向饰三道附加堆纹，间距一致。腹径15、残高14厘米（图九，7）。

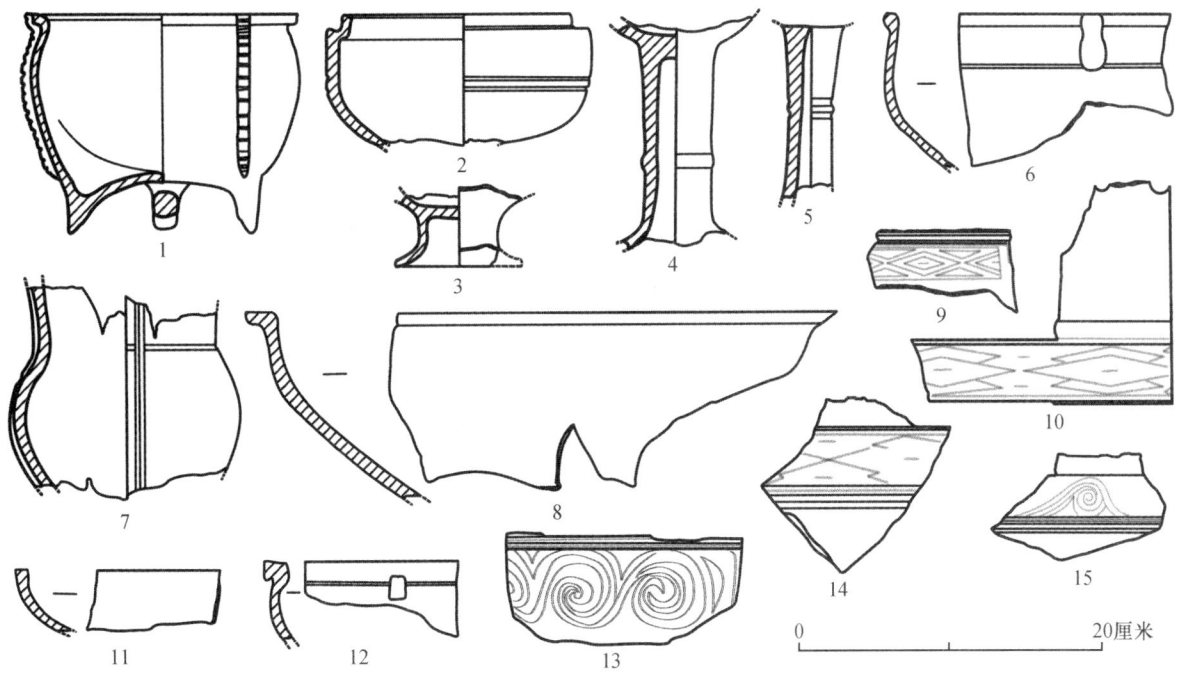

图九　M4出土陶器

1.鬲（M4：20）　2~5.豆（M4：79、M4：78、M4：4、M4：81）　6、8、11、12.盆（M4：115、M4：102、M4：110、M4：75）　7.罐（M4：117）　9、10、13~15.彩绘陶片（M4：118、M4：112、M20：121、M4：113、M4：114）

彩绘陶片　出土陶片上多见彩绘纹，泥质灰陶，以红彩为主，又以菱形纹和圆涡纹最为常见。菱形纹又分三种。M4∶118，平行线间连续排列红彩双线菱形纹，菱形中间填水平短线，相邻单元菱形纹间填饰对顶等腰三角形纹，残高9.4、残宽5.1厘米（图九，9）。M4∶112，红彩，在两道平行线之间饰菱形组成的耳杯纹，二方连续排列，单元纹样之间和大菱形中又以短红色点饰。残长17、残高14厘米（图九，10）。M4∶113，二方连续菱形纹，与标本M4∶112基本一样，形似耳杯，唯不见大菱形与小菱形间的叠压效果。残长12.6、残宽11厘米（图九，14）。

圆涡纹有两种。M4∶121，二道平行线纹下方饰二方连续排列的圆涡纹，每个圆涡纹单元五到六层弧线旋成，主题纹饰红色，隐约可见蓝地。残长16、残宽7厘米（图九，13）。M4∶114，圆涡纹附于弧顶山形纹下形成一个纹样单元，纹样下为平行线纹。残高7、残宽11.7厘米（图九，15）。

鼎　出土鼎的残件数量众多，以泥质灰陶为主，多见灰皮褐芯，明显有火候不高的迹象。主要为足、耳、口沿及附饰等。

鼎足　规格、形制多样，在盗洞和墓底所见甚多，根据其形制特征可以发现，这些鼎足代表了大小两组（套）完整的鼎，每组7件。根据总体形制大小和足上端有无点饰分为二型，每型从大到小依次分为七个亚型。

A型　上粗下细，圆形中空，或断面略呈"V"形，足上端与器身相接处朝外的一侧有点窝状装饰，大致呈纵向排列，外侧正中一凸起的扉棱状的装饰，下端一短的横向条状脊，脊下不再有点窝装饰。根据形制从大到小分为七个亚型。

Aa型　2件。M4∶22，泥质灰陶，足断面呈圆形，内侧稍平，中空，下段残。残高31.3、最宽14.2厘米（图一〇，1）。

Ab型　2件。M4∶23，泥质黑皮陶，胎芯褐色，足断面呈圆形，内侧呈窄平面，中空，下段残。最宽10.2、残高24厘米（图一〇，2）。

Ac型　3件。M4∶25，泥质黑皮陶，胎芯褐色，圆形中空，内侧平，足下端外撇略呈蹄足。足高26、宽6.6～9.6厘米（图一〇，3）。

Ad型　2件。M4∶28，泥质灰陶，足外侧圆弧，断面呈"V"形，向内侧开口，足下端外撇略呈蹄足，一侧残。足高23.8、宽5～8.4厘米（图一〇，4）。

Ae型　2件。M4∶30，泥质灰陶，足外侧圆弧，断面呈"V"形，向内侧开口，足下端外撇略呈蹄足，足高23.5、宽4.2～8厘米（图一〇，5）。

Af型　3件。M4∶32，泥质灰陶，足外侧圆弧，断面呈"V"形，向内侧开口，下端残。残高19.2、最宽7.6厘米（图一〇，6）。

Ag型　3件。M4∶35，泥质灰陶，足外侧圆弧，断面呈"V"形，向内侧开口，足下端外撇略呈蹄足。足高22.2、宽4～7厘米（图一〇，7）。

B型　整体上都较小，足上端外侧正中有一凸起的扉棱状的装饰，下端一短的横向条状脊，无其他装饰。根据形制大小分为七个亚型。

Ba型　1件，M4∶38，泥质灰陶，仅余足的上端。宽6、残高7.6厘米（图一〇，8）。

Bb型 2件。M4:40,泥质灰陶,足外侧圆弧,断面呈"V"形,向内侧开口,下段残。宽5.6、残高10厘米(图一〇,9)。

Bc型 3件。M4:41,泥质灰陶,足外侧圆弧,断面呈"V"形,向内侧开口,足下端外撇略呈蹄足。足高17.8、最宽5.2厘米(图一〇,10)。

Bd型 2件。M4:44,泥质灰陶,足外侧圆弧,断面呈"V"形,向内侧开口,下端残。最宽9.2、残高16厘米(图一〇,11)。

Be型 1件。M4:46,泥质灰陶,断面圆形,实心,下端残。最宽4.3、残高10.2厘米(图一〇,12)。

Bf型 1件。M4:47,泥质黑皮陶,胎芯褐色,足外侧圆弧,断面呈"V"形,向内侧开口,足下端外撇略呈蹄足,上端残。最窄2.4、残高8.4厘米(图一〇,13)。

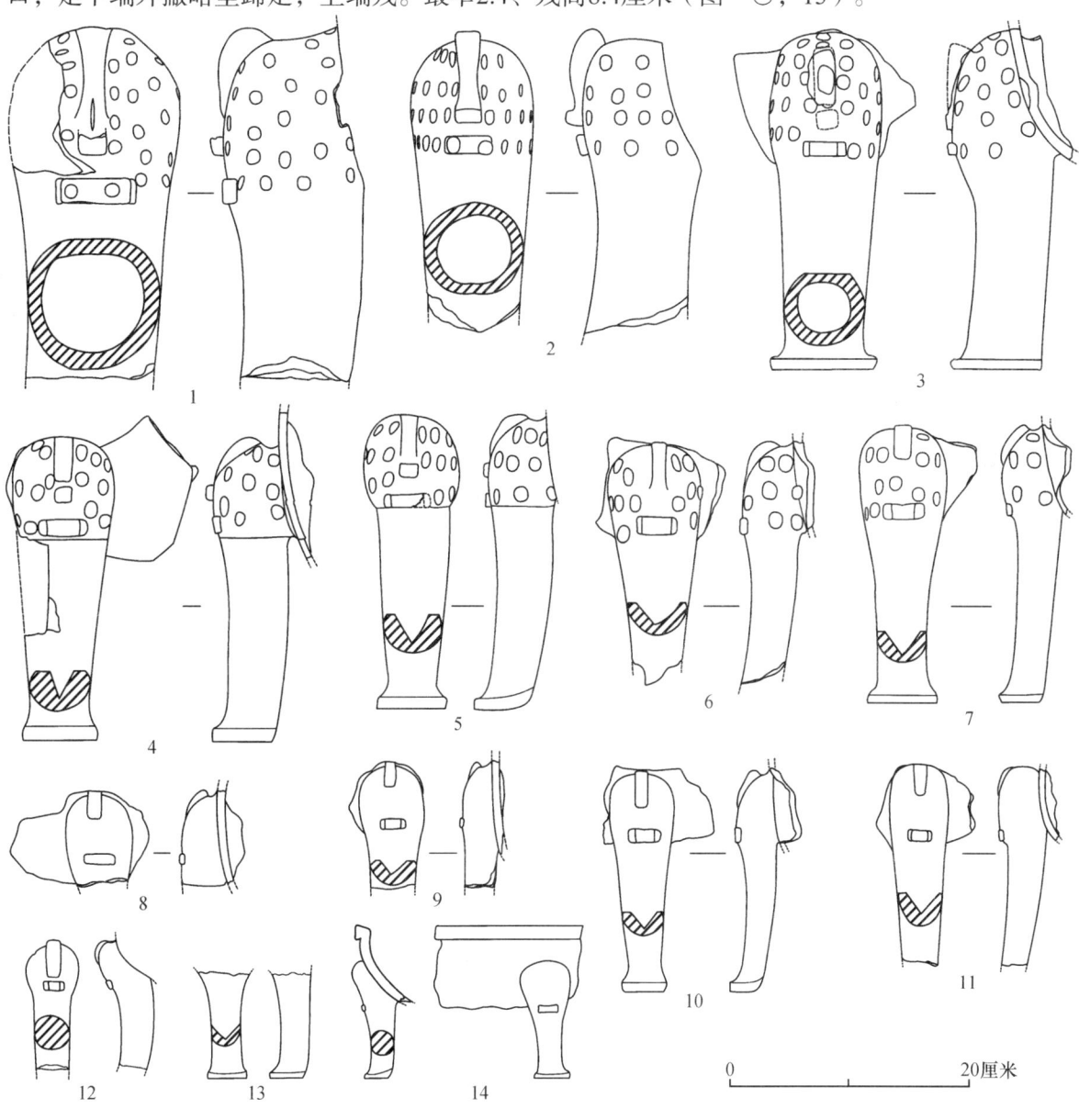

图一〇 M4出土的陶鼎足

1. M4:22 2. M2:23 3. M4:25 4. M4:28 5. M4:30 6. M4:32 7. M4:35 8. M4:38 9. M4:40 10. M4:41
11. M4:44 12. M4:46 13. M4:47 14. M4:48

Bg型 2件。M4:48，泥质灰陶，断面圆形，实心，足下端外撇略呈蹄足，附有鼎的腹部与口沿，侈口折沿尖唇，浅腹。足高9.2、宽2~4厘米（图一〇，14）。

鼎耳 7件，根据形制和附着方式分为三型。

A型 3件。立耳，长方形，微外撇，耳边断面长方形，下端有榫头以便插入鼎的口沿上，榫头断面圆形。M4:50，泥质灰陶，耳宽15.6厘米，榫端残，残高19.6厘米（图一一，1）。M4:51，泥质灰陶，仅余一半，带榫高25.3厘米（图一一，2）。

B型 共3件。附耳，长方形，微外撇，附于鼎的口沿下方。M4:55，泥质黑皮陶，胎芯褐色。耳宽10.6、高14.2厘米（图一一，3）。M4:83，泥质灰陶，仅余耳的一半，上端亦

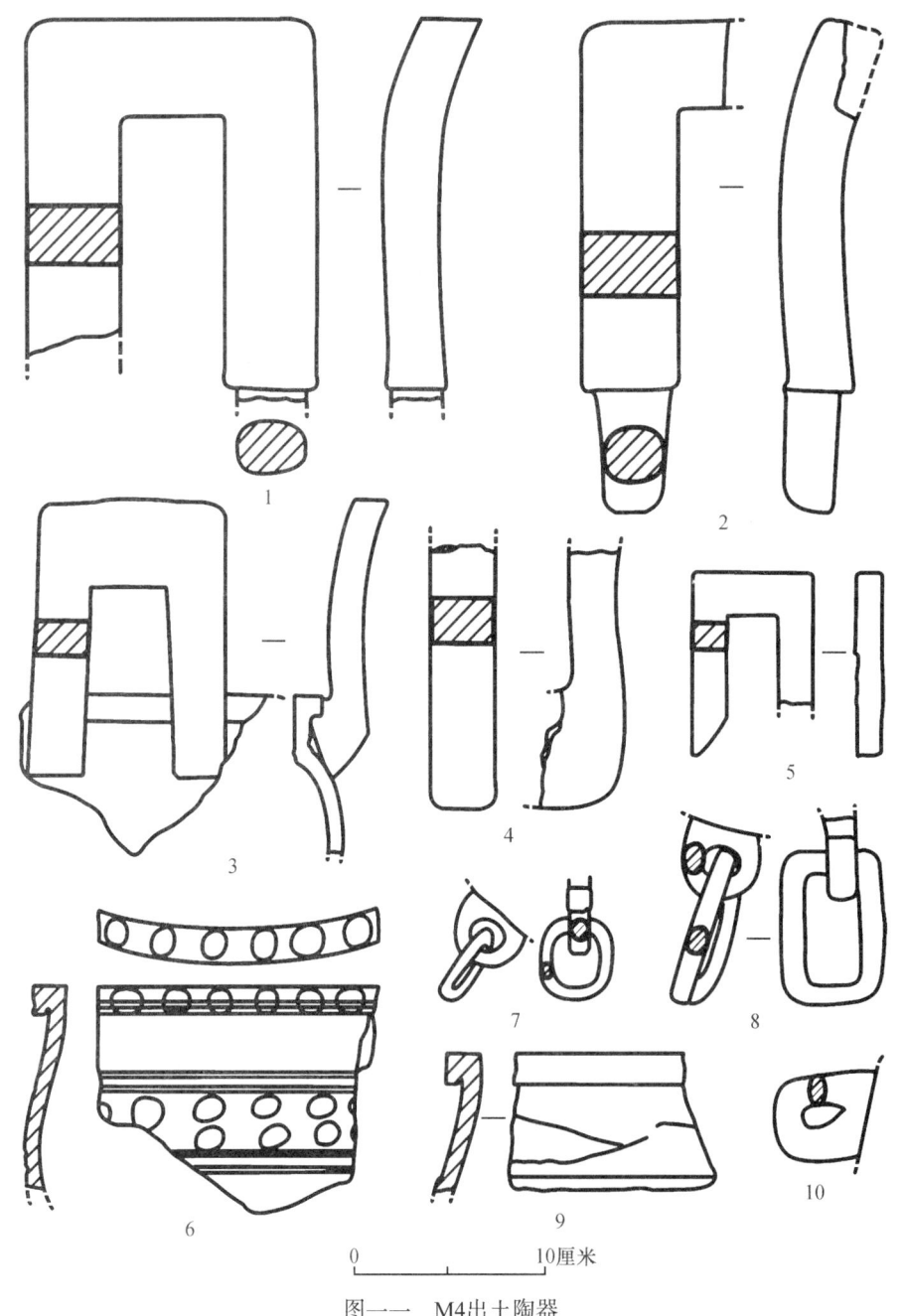

图一一 M4出土陶器

1~5. 鼎耳（M4:50、M4:51、M4:55、M4:83、M4:58） 6、9. 鼎口沿（M4:67、M4:66）
7、8、10. 鼎纽（M4:95、M4:91、M4:92）

残。残高13.5厘米（图一一，4）。

C型　1件。M4∶58，泥质灰陶，长方形直耳，与鼎身相接处残。残高9.4、宽6.4厘米（图一一，5）。

鼎口沿　发现甚多，可分为二型。

A型　5件。泥质灰陶，卷沿平唇，沿外侧下卷。M4∶67，口沿外侧中间一圈凹弦纹，口沿下至腹部饰二道凹弦纹，二道弦纹之间点饰二排红彩圆圈，口沿面及口沿外侧各点饰一排红彩圆圈。残高11.6、残宽15厘米（图一一，6）。

B型　4件。泥质灰陶，折沿平唇，沿外侧下端略向上斜收，形成近似卷沿的效果。M4∶66，沿下方有不规则刻划。残高7、残宽11厘米（图一一，9）。

纽系（耳）　10件。分为二型。

A型　2件。一系附于器身，系与一活动环相套。M4∶95，泥质灰陶，胎心红。系内径1.6、环内径2.6厘米（图一一，7）。M4∶91，泥质灰陶，环近方形。系内径1.8、环高7.6、宽5.4厘米（图一一，8）。

B型　8件。附贴于器身，无衔环，外形有圆和近方等形。M4∶92，泥质灰陶，长4.8、宽3.9厘米（图一一，10）。

（2）铜器

M4被多次盗掘后仅余小件铜器，有铜勺、带钩、盖弓帽、铜凤首等，根据盖弓帽、车饰凤首和铜器残片来看，该墓原随葬有车马器和其他各类铜器，且数量甚多。

勺　1件。M4∶9，勺体椭圆形，勺柄接于勺体长径一侧，与柄相对的勺体一端微尖凸。勺柄作龙首吞物状，龙首朝向勺体，龙首所吞含的勺柄部分断面为圆形，柄末端成长方形銎。龙首背面（柄的正面）和两侧面有对称镂孔花纹，表现龙体纹饰、龙吻、鼻、眼睛、额头和凸出于柄外的龙角等，生动形象。出土时方銎内残余少许木痕。勺体长径6.6、短径4.4厘米，勺深2.8厘米，柄长12.8厘米，龙首长7.5、勺通长13.9厘米（图一二，1；图版四七，4、5）。

带钩　1件。M4∶1，钩首为鹅首形，嘴、目清晰，以细长的鹅颈为带钩的器身，钩身下端变宽，作向两边展开的鹅翅，左右对称，又似花瓣形。通长4.8、宽2.9厘米（图一二，2）。

盖弓帽　9个。管型，有钩，大小一致。M4∶8，长3.4、孔径0.8厘米（图一二，3）。

饰件　1件。M4∶7，长方形，中空，一端开口，另一端封闭，中间一小圆孔。横断面长方形，一长边略向外弧，可能为竹木剑鞘的端饰。长1.8、宽2.3、断面厚0.7厘米（图一二，7）。

铜片　盗洞内发现铜器残片1件，极薄，锈蚀严重，上有凸弦纹一道，应为一大型铜容器的腹片。残长7.7、残高4.7厘米（图一二，5）。

凤首　2个，形制相同。首顶长冠向上凸起又向后方飘扬似火焰，颔下附环为系，长颈，中空，以颈为銎，当用为马车部件的端饰。有圆孔。用于装饰。共2件，M4∶14，长11.8、高7.3厘米，颈直径2.3厘米（图一二，10）。

（3）玉器　有璜、璧和牌、管形器，皆小件器物。

璜　2件，形制大小同。灰白色，质软，弧背正中有一小圆孔。M4∶2，灰色带褐色斑点。长11.2、宽2.2、厚0.4厘米（图一二，6）。M4∶6，大小相同（图版四七，3）。

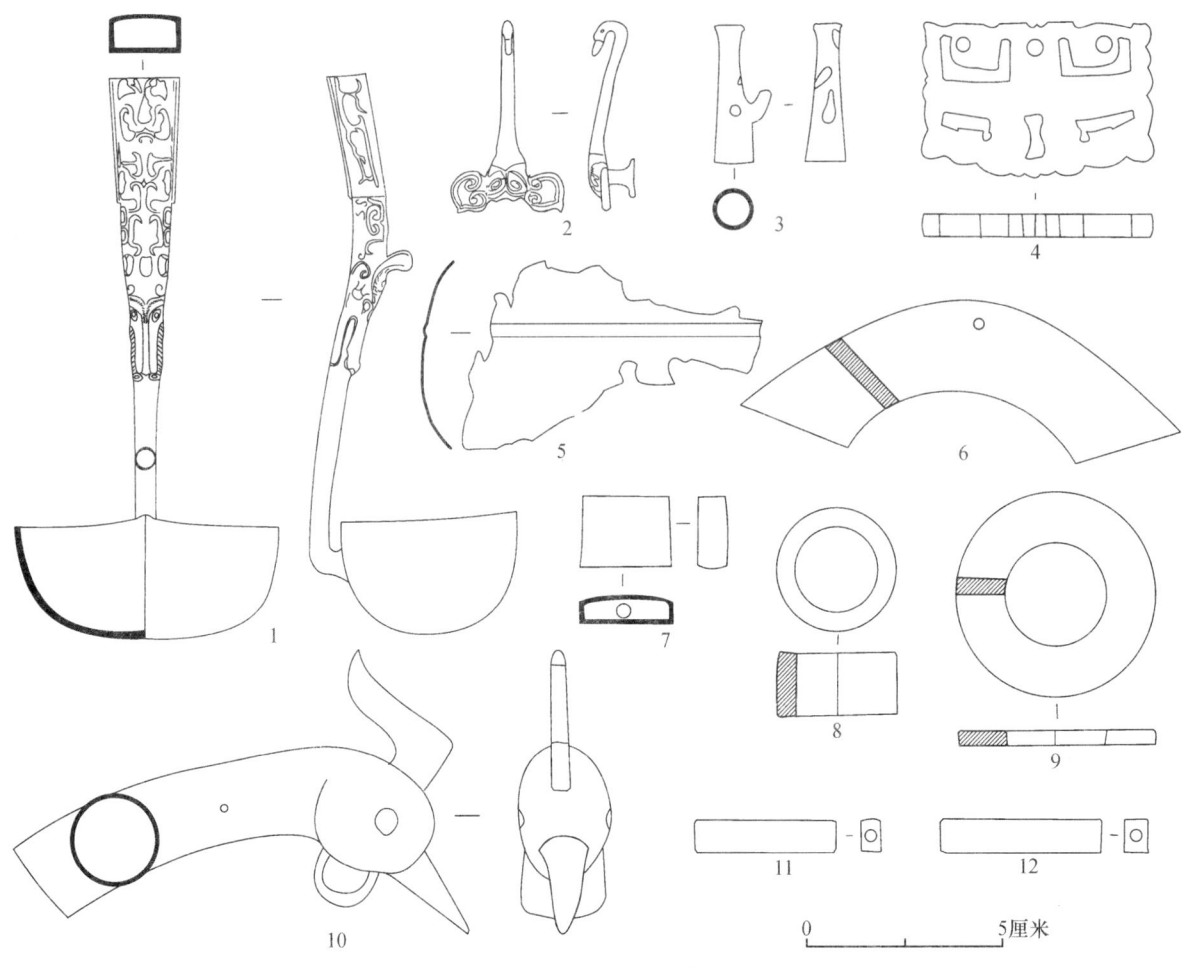

图一二 M4出土器物

1. 铜勺（M4：9） 2. 带钩（M4：1） 3. 盖弓帽（M4：8） 4. 玉牌形饰（M4：5） 5. 铜片 6. 玉璜（M4：2）
7. 铜饰件（M4：7） 8. 骨管（M4：4） 9. 玉璧（M4：3） 10. 铜凤首（M4：14） 11、12. 玉管（M4：17、M4：18）

璧　1件。M4：3，灰绿色，半透明。直径5、好径2.6、肉宽1.2、厚0.4厘米（图一二，9；图版四七，2）。

牌形饰　1件。M4：5，深灰色，扁平，长方形，一长边向外弧凸，器表光滑，中轴对称镂孔纹饰，似兽面。长5.8、宽3.8、厚0.55厘米（图一二，4）。

管　3件。长条状，断面长方形，灰黑色，中间有细孔。M4：17，长3.6、宽0.8、厚0.5、孔径0.28厘米（图一二，11）。M4：18、M4：19，大小一样，长4.1、宽0.8、厚0.6、孔径0.3厘米（图一二，12）。

（4）骨器

管　1件。M4：4，外形圆柱状，中空，为胫骨截成，断面整齐，外表有裂纹。直径3、高1.5、孔径2.1厘米（图一二，8）。

（五）M6

1. 墓葬结构与埋葬情况

M6位于墓地斜坡的中段，长方形竖穴土坑，方向335°，墓口长3.2、宽1.74米，距地表0.3～0.45米，墓口顺着斜坡南低北高，直壁，墓深10.5～1.25米。墓底中间一棺，仅残余板灰。木棺痕长2.4、宽0.9米。骨架保存状况差，仅余零星骨痕，可辨为单人仰身直肢葬。墓主头北足南，随葬器物仅有左侧盆骨边的巴式铜剑1把（图一三）。

2. 出土器物

墓主左侧腰部下方随葬铜剑1把，未见其他物品。

铜剑　1件。M6:1，柳叶形剑，剑身薄而窄长，中间起脊，断面略呈菱形，剑锋圆钝，扁茎较短，茎上有双孔。身、茎相接处最宽3厘米，通长28.4厘米（图一三，1）。

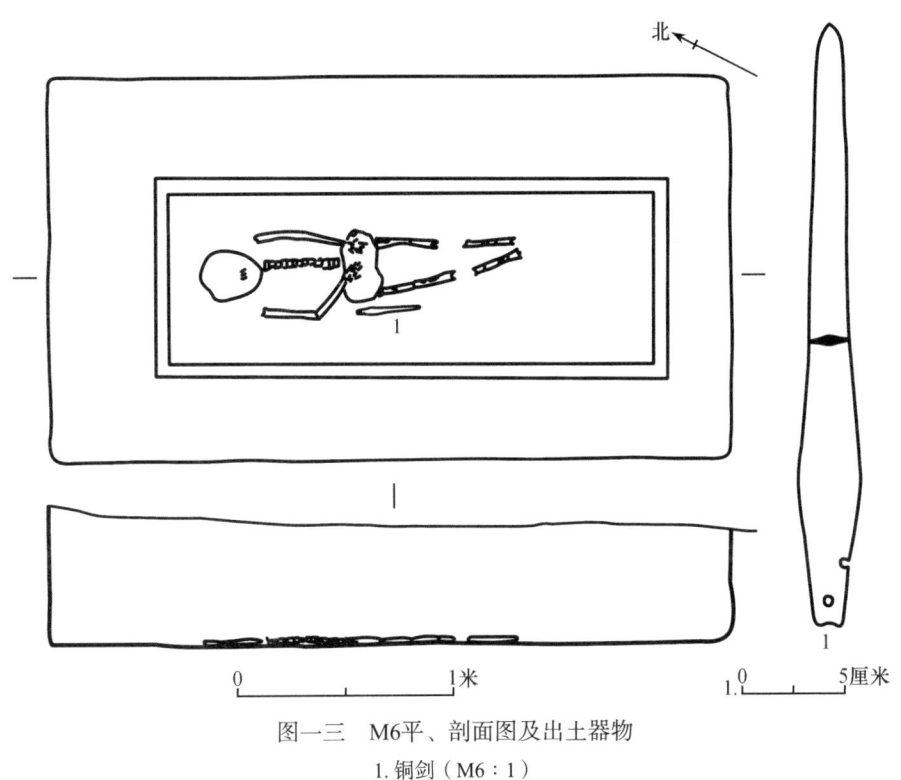

图一三　M6平、剖面图及出土器物
1. 铜剑（M6:1）

（六）M7

M7位于桂井墓地的最西端，与其他几座墓之间隔一通向长江的大冲沟，为长方形竖穴土坑墓，方向355°，墓口距地表0.45米，墓口长3.7、宽3.3米，直壁，深2.05～2.25米。墓内填土黄褐色，夹杂质，土质较疏松，未见夯打现象。墓内被盗一空，尸骨、棺痕无存，仅发现五铢钱8枚及碎陶片（图一四）。

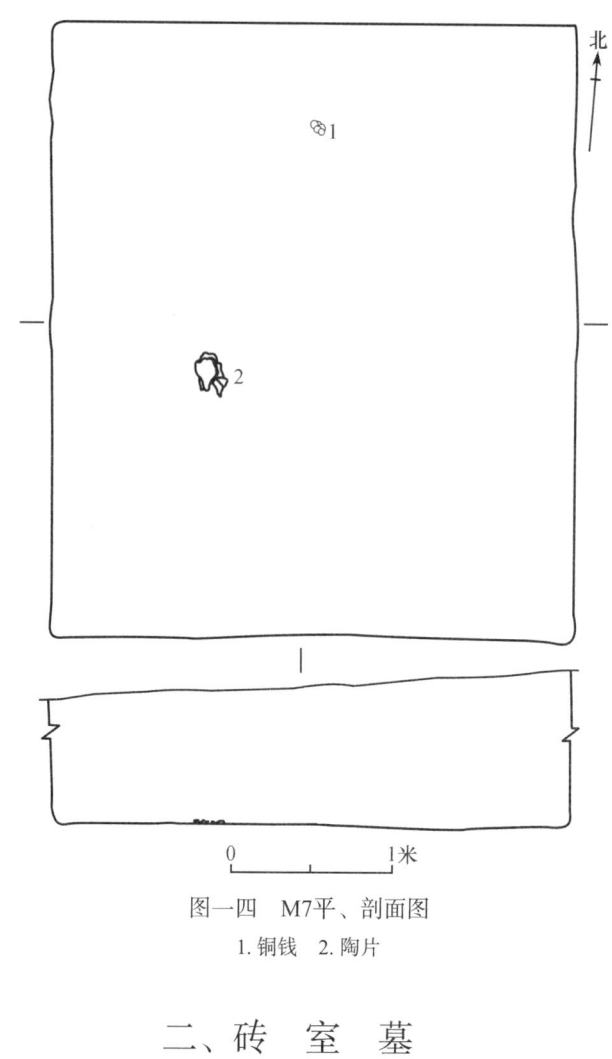

图一四 M7平、剖面图
1. 铜钱 2. 陶片

二、砖 室 墓

砖室墓只有1座（M5），位于墓地最北端，奉节老公路的南侧，地表原为房址，现为菜地，薄薄的一层覆土下面即为碎砖等建筑垃圾。砖室墓上部券顶部分早年即被破坏，墓室内为墓顶碎砖和黏湿的灰黑土填充。

1. 墓葬结构与埋葬情况

长方形墓室，前端正中带短甬道，平面呈凸字形，方向140°。墓室和甬道上部券顶无存，墓砖至地表0.3米，墓壁残存21层砖。墓室残高1.4～1.8米，墓底长7.7、宽2.9米。墓底不施铺地砖。甬道底长2.1、宽2、残高0.8～1米。墓内棺木无存，仅见零星残骨。

墓室后壁下出土陶水塘1方，墓底前端一侧有残摇钱树座1件，近甬道处有陶灯具1件，其他陶器、俑类等杂乱放置，均非原始位置（图一五）。

附录　奉节桂井墓地发掘报告

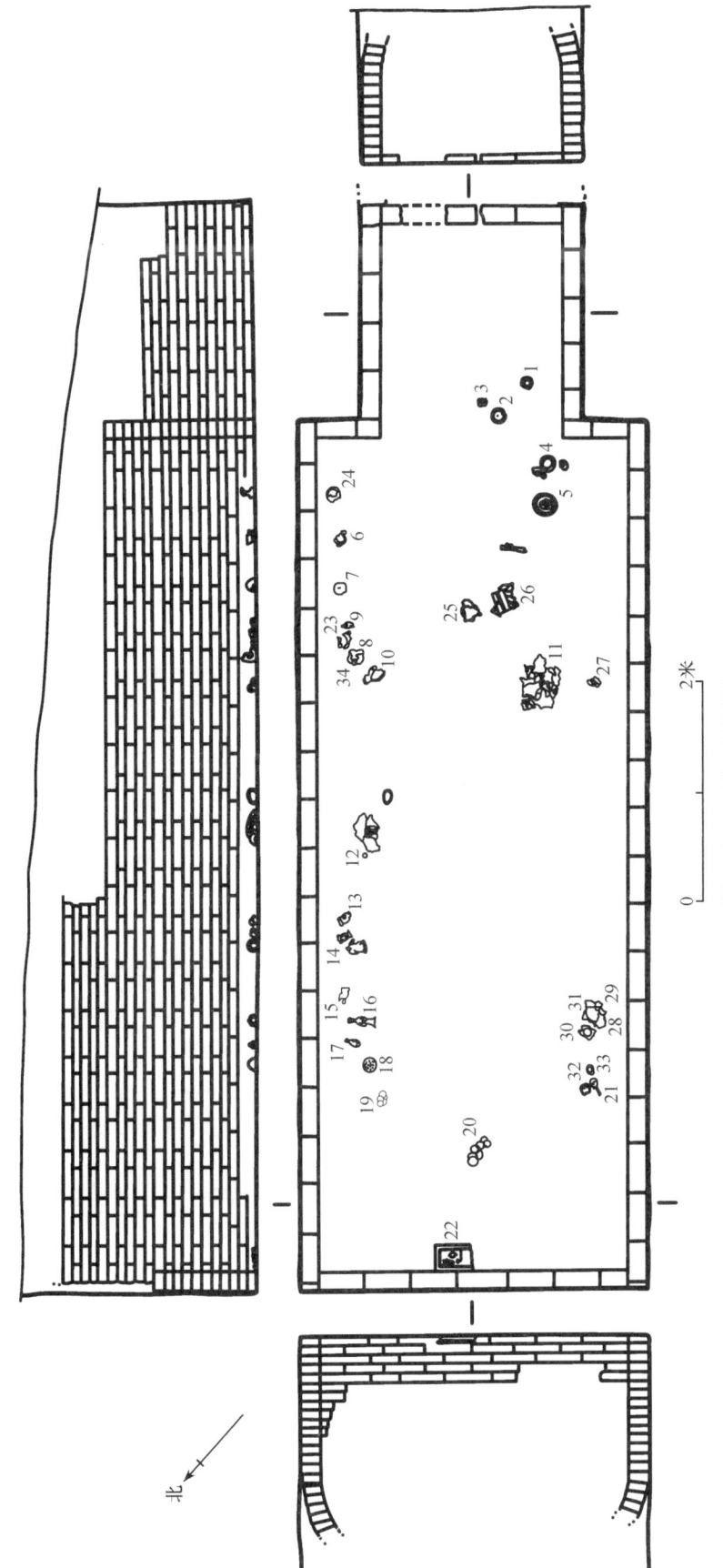

图一五　M5平、剖面图

1、25、30、31. 釉陶盆　2、24、27. 陶俑　3. 铜钱　4. 陶罐　5. 陶灯座　6. 陶钵　7. 器盖　8、9. 陶俑　10. 陶狗　11. 摇钱树座　12. 指环　13、14. 陶俑头　15～17. 陶俑　18. 熏炉盖　19. 釉陶盆　20. 铜钱　21、33. 陶勺　22. 陶水塘　23. 陶马腿　26. 陶壶　28. 陶钵　29. 釉陶钵　32. 博山炉　34. 陶马嘴

2. 出土器物

墓室虽经盗扰，但仍出土陶器、铜钱、银指环等物，经修复整理，有些器物完整或基本完整，并具有重要的学术价值。

（1）陶器　有陶盆、陶罐、陶壶、陶灯、器盖、陶俑、摇钱树座、陶勺、水塘模型等，除陶勺出土时完整外，其余残或经修复。以泥质灰陶为主，其次为红陶，有施釉现象，弦纹或素面无纹。

宽沿盆　3件。宽折沿，平底，有平沿和斜沿两型。

A型　2件。宽平沿，平底较大，上腹斜收，腹下部弧收至底。M5:25，侈口，宽平沿，沿及器内施黄褐釉，器外口沿以下局部带釉，大部已脱落，腹部饰两道凹弦纹，内底不平，有两道同心凹弦纹。口径19.5、底径8、高9.2、沿宽2厘米（图一六，7）。M5:31，侈口，平沿，大平底，底中心稍内凹，红胎，内施黄釉，外部釉已脱落，腹部饰一道凸弦纹，内壁二道轮旋纹。口径10.3、底径4.8、高4.6、沿宽1厘米（图一六，6）。

B型　1件。M5:24，仰折沿，沿较宽，直壁折腹，小平底，侈口，内外施黄釉，外部仅及沿下及上腹部。器内折腹处一周凹弦纹。口径20.1、底径5.2、高6.5、沿宽2.1厘米（图一六，2）。

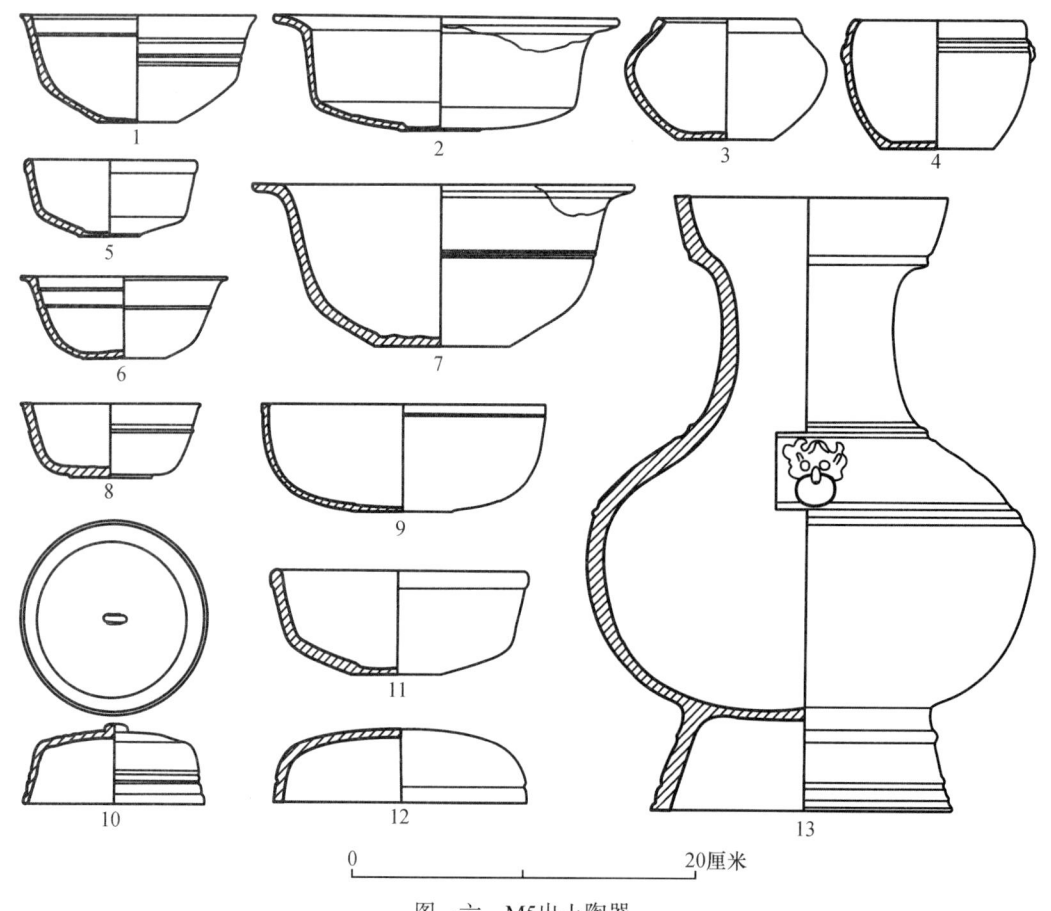

图一六　M5出土陶器

1、2、5～9、11.盆（M5:30、M5:24、M5:6、M5:31、M5:25、M5:2、M5:28、M5:29）
3、4.罐（M5:4、M5:1）　10、12.器盖（M5:7、M5:27）　13.壶（M5:26）

无沿盆　5件。小型器为主，分折腹和弧腹两型。

A型　3件。折腹，小平底，方唇或圆唇。M5：6，泥质灰陶，侈口，圆唇，折腹，上腹部近直，下腹部斜收，有轮修时自轮上切割时形成的类似薄饼的小平底。口径10.2、底径3.5、高4.3厘米（图一六，5）。M5：29，泥质灰陶，侈口，圆唇，上腹部近直，下部折收至底。口径14.6、底径5.2、高6.1厘米（图一六，11）。M5：30，泥质灰陶，方唇，尖沿外凸，侈口，下腹折收至底，小平底，上腹部饰三道凹弦纹。口径15.6、底径5.6、高7.4厘米（图一六，1）。

B型　2件。弧腹，小平底，方唇。M5：2，泥质红陶，侈口方唇，器腹上部向内斜收，近底处弧收至底，小平底，腹部饰凹、凸纹各一道。器内施满黄釉，器外釉已脱落。口径9.2、底径4.6、高4.2厘米（图一六，8）。M5：28，直口方唇，微敛，浅腹小平底，下腹近底处弧收至底，腹上部饰一道凹弦纹，通体施黄釉，器外大部已脱落。口径16.4、底径6、高6.1厘米（图一六，9）。

罐　2件。M5：4，泥质灰陶，敛口方唇，溜肩鼓腹，下腹弧收至底，平底。口径8、腹径11.7、底径5.8、高6.8厘米（图一六，3）。M5：1，釉陶，大口，方唇，弧腹，大平底，腹上部附对称实心系，饰两道凹弦纹。外施黄釉大部已脱落。口径8.9、腹径10.6、底径6.6、高7.2厘米（图一六，4）。

壶　1件。M5：26，盘口，方唇，长颈较粗，溜肩，鼓腹，高圈足，颈下部、腹部及圈足下部各饰两道凹弦纹，肩部两侧附对称兽面铺首衔环一对，通体施绿釉，圈足上釉已脱落。口径14.8、腹径26、底径17.5、高34.6厘米（图一六，13；图版四八，1）。

器盖　2件。M5：7，泥质灰陶，圆唇，折壁，顶近平，顶正中有一扁形纽，口上部饰三道凹弦纹。口径10、高4.5厘米（图一六，10）。M5：27，方唇，弧顶，近口处饰凹弦纹一周，外施黄釉，大部分已脱落。口径14.6、高4厘米（图一六，12）。

熏炉　2件。M5：32，泥质灰陶，座、盖皆残，盖表隐约可见博山纹，盖顶有凸起的实心纽，炉盘较浅，高柄，喇叭形足，柄、足交界处饰两道凹弦纹，器表施黄釉，已有多处脱落。炉盘口径7、足径7.3、通高16.7厘米（图一七，1）。M5：18，熏炉盖，泥质红陶，器表博山状，盖顶有小纽。口径10.9、高3.7厘米（图一七，6）。

勺　2件。M5：21，泥质红陶，勺体近圆形，侈口，圜底，曲柄似鹅颈，断面圆形。勺口径5.5、通长14.6厘米（图一七，3）。M5：33，泥质红陶，口微敛，弧腹，平底，底稍厚，形同薄饼形。一侧有柄，柄残失。似魁。口径4.6、底径3.3、高2.2厘米（图一七，5）。

陶灯　1件。M5：5，泥质灰陶，高圈足，细柄中空，柄上残余两片向外凸出的扉棱与底面平行。上半部灯盘等皆残失。底径17.5、残高17厘米（图一七，4）。

水塘模型　1件。M5：22，泥质灰陶，平面长方形，宽折沿，长边各有三个三角形支撑构件与底相连，宽边有两个支撑构件与底相连，塘中央有坝中分，坝略低于塘边，其一端留较大通口，塘一边有鱼、甲鱼、田螺的堆塑造型，简约而生动。水塘一短边残缺。残长34.2、宽24.2、塘深3.8、沿宽4.4厘米（图一七，2；图版四八，5）。

摇钱树座　1件。M5：11，泥质红陶，器中空，器表凸起的立体装饰分上下两层布置，两层各有一狮。底层四轮，轮上有不规则分布的小圆圈，座两侧各有一怪兽作人立状扶前轮，狮

208　奉节营盘包墓地

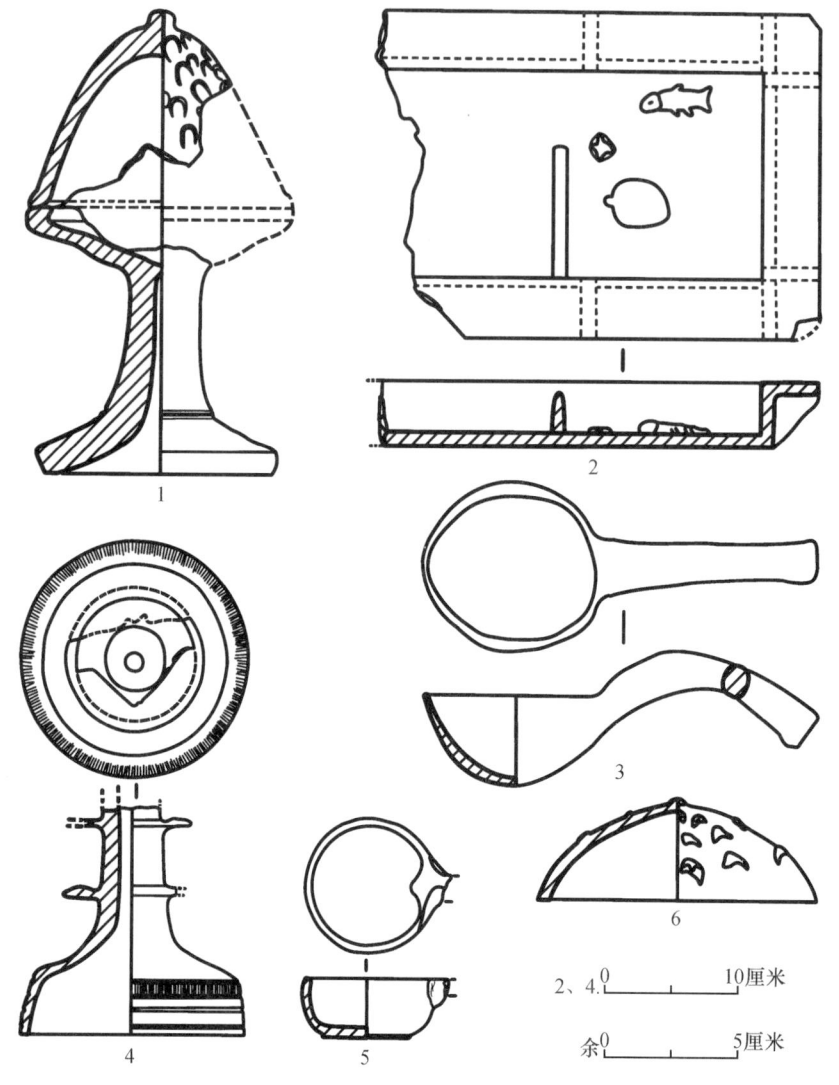

图一七　M5出土陶器

1. 熏炉（M5∶32）　2. 水塘模型（M5∶22）　3、5. 勺（M5∶21、M5∶33）　4. 灯（M5∶5）　6. 熏炉盖（M5∶18）

子在四轮之上，后腿蹬着后方的两轮。上层狮背上驮銮，用于插摇钱树的干，狮两侧似有翼形。上层狮后半残失。銮上有凸起的圈箍一道，座底有宽带一圈，用于加固树座。底呈椭圆形。通高46.5、底长径31.2、短径29.3厘米（图一八；彩版一六）。

陶俑　俑类有人物和动物模型，人物有舞俑、坐俑、立俑等形式，动物有狗、马等，多残破，少数可以修复。

击鼓俑　1件。M5∶8，泥质红陶，着交领宽袖长袍，跪坐于地，膝前置鼓，右臂绾袖露手持槌举于胸前作欲击状，左手下垂于鼓边。头部残缺，残高12.5厘米（图一九，1；图版四八，3）。

舞俑　1件。M5∶15，泥质红陶，头束巾，着高领广袖长衣，右手提裙于腰间，左手上举，面带微笑，双腿微曲作舞蹈状，裙及下摆有百折花边。高23.4厘米（图一九，5；图版四八，4）。

立俑　3件。M5∶9，泥质红陶，光头，仅头顶正中到额头一撮高起，示意头发，戴项

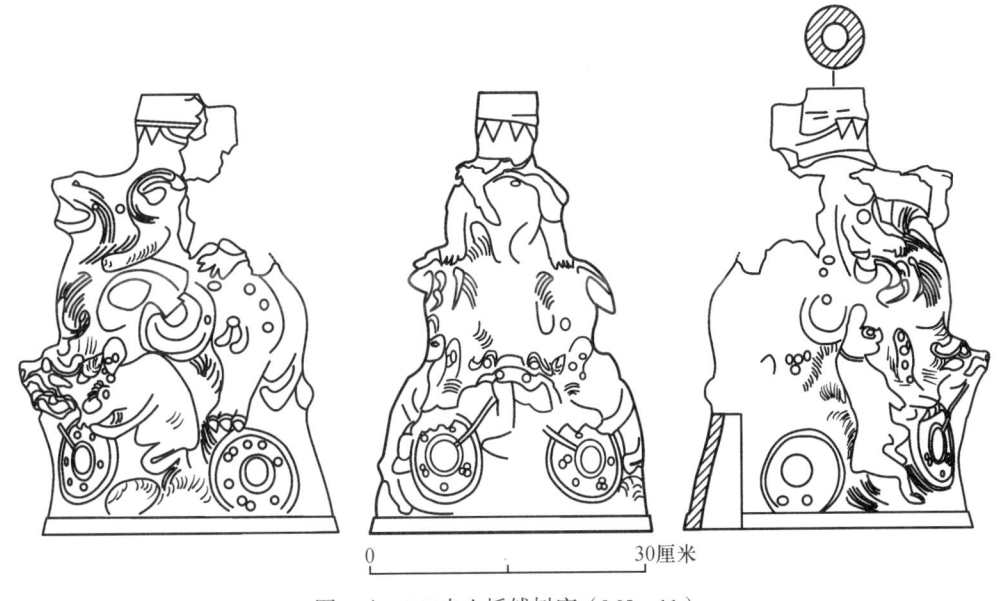

图一八 M5出土摇钱树座（M5∶11）

圈，着交领长衣，两手拢于胸前藏于袖内，形态端庄，面目安详，若有所思。一侧臂膀至底残破。高16.5厘米（图一九，2）。M5∶16，泥质灰陶，头挽并排三道高髻，束巾，着右衽长袖衣，长衣及地，双手拱握拢于袖中，袖口下垂至腰下。高20.4厘米（图一九，6；图版四八，2）。M5∶17，泥质红陶，头戴尖顶圆冠，外着交领广袖长袍，两手拢于胸前，长袖阔口及于腰下，右衽。有明显前后两半合成的范线。下部稍残。残高16.8厘米（图一九，7）。

俑头　2件。M5∶13，泥质红陶，头戴圆冠，顶微弧，面露微笑，男性，颈以下残。残高9.2厘米（图一九，3）。M5∶14，泥质红陶，头正中挽高髻，两侧发髻略低，束巾，一侧有发垂下，面带微笑，女性，颈以下残。残高10厘米（图一九，4）。

狗　1件。M5∶10，泥质红陶，昂首张口竖耳，龇牙咧嘴，尾上翘反卷贴于背，神态凶恶，颈上及腰间各系宽带，四肢和尾部残缺。残长18.7、残高16.7厘米（图一九，8）。

马　2件。M5∶34，马嘴的一半，泥质红陶，有一鼻孔，可见辔头与节约，口内牙齿排列整齐，作张口嘶鸣状。残长7厘米（图一九，9）。M5∶23，马的右后腿，泥质红陶，足下端如马蹄状，上部连及马臀。残高25.5厘米（图一九，10）。两件标本应属于一件陶马的个体。

（2）银器

指环　1枚。M5∶12，环形，断面圆形，一边扁平，略宽于环体，形成指环的戒面。外径2.2、内径1.9厘米（图二〇，11；图版四八，6）。

（3）铜钱

墓葬发现五铢钱10枚，面文五铢，面无内郭，外轮较细，"五"字交叉两笔曲交，"朱"头向上圆折，文字风格软弱。根据外郭阔、细情况分为二型。

A型　5枚。M5∶3-1~5，外郭较宽，穿孔较大。直径2.4~2.5、穿边1~1.05厘米（图二〇，1~5）。

B型　5枚。M5∶6~10，外郭较细，穿孔稍小。直径2.3~2.45、穿边0.85~1.02厘米（图二〇，6~10）。

图一九 M5出土陶俑
1.击鼓俑（M5:8） 2、6、7.立俑（M5:9、M5:16、M5:17） 3、4.俑头（M5:13、M5:14）
5.舞俑（M5:15） 8.狗（M5:10） 9、10.马（M5:34、M5:23）

三、墓地时代和性质的初步分析

桂井墓地的几座土坑墓出土的器物都有着明显的楚文化的特点，给判断该墓的时代提供了基本的证据。

M1出土楚式鼎、壶组合，在湖北江陵九店楚墓中，M1陶鼎属B型Ⅶ式，时代在战国晚期的晚段[1]。该墓又有汉初半两钱出土，木棺使用铁钯钉，因此，该墓的年代线索较为清晰，应

---

① 湖北省文物考古研究所：《江陵九店东周墓》，科学出版社，1995年，158、356、415页。

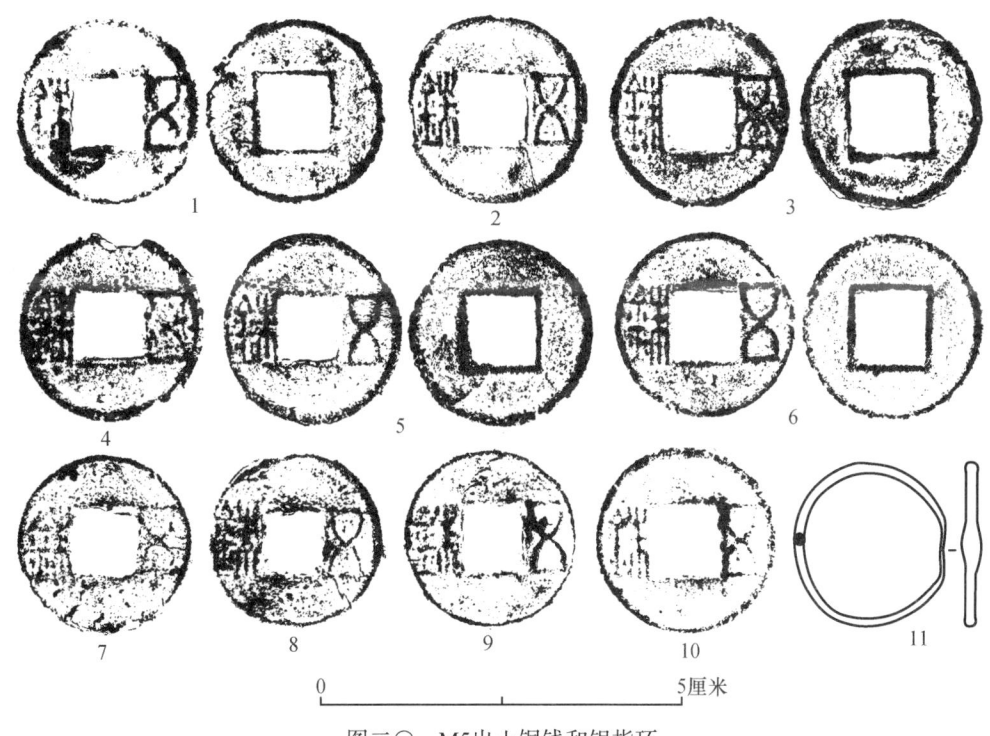

图二〇　M5出土铜钱和银指环

1~10.铜钱（M5∶3-1~10）　11.银指环（M5∶12）

为西汉前期。该墓出土的高颈罐与营盘包2003年发掘之M5出土的罐十分相似，大小也一致，营盘包M5同时出土楚式剑1把、巴式矛3件和铁锛1个[①]。据此也可把M5的年代确定下来。

M2出土巴式铜剑和矛，使用铁棺钉，时代可能为西汉前期。

M3出土巴式剑和楚式的鼎、壶，时代与M1相近，应为战国晚期到西汉前期。

M6只出土1件巴式铜剑，形制与M2、M3出土相同，时代也应在战国晚期至西汉前期。

值得注意的是M4，该墓在桂井墓地中显得十分突出。M4的墓口长7、宽6米，墓底长6.5、宽5.3米，墓深3.2~3.5米（这还不是该墓的原始深度），墓底留下两条较宽的椁室枕木槽，在峡江地区属于大型墓一类。虽然该墓被严重盗扰，但仍出土了大量珍贵的遗物。盗墓者掠走了墓中的铜器、玉器等物，陶器并未取走，但被悉数打碎，散乱地弃置盗洞和墓底等处，我们收集到的陶鼎足应该能说明当时用鼎的个体情况。根据鼎足的大小和形制，分析为大、小两组，每组的鼎足各代表了7件陶鼎，根据鼎足的形式和装饰风格，这两组鼎应为大小依次递减的列鼎。这是陶鼎的情况。墓底遗落有车马器铜构件，有盖弓帽和铜凤首。以车马器零件代表整套车马是楚墓常见的文化传统。墓中又见玉璧、玉璜、玉管等物，这些都反映了该墓的所具有的规格，被盗前墓中铜器包括铜鼎的数量也一定十分可观。

墓葬中列鼎而葬在战国中期以后已经很少出现，至西汉时期绝迹。陶片中整理出高柄豆的柄2件，高柄豆多见于汉代以前。M4出土陶片又拼对出陶鬲1件，而鬲只出见于汉代以前，出土陶片中也未发现模型明器的标本，据此可以判断墓葬的年代应在西汉以前。

---

① 见本书第9页。

用车马随葬到西汉前期只见于少数贵族王侯大墓，如北京大葆台西汉墓、山东曲阜鲁王墓、山东章丘洛庄汉墓、广西贵港罗泊湾汉墓等，但此时的车、马一般都埋在墓室或墓道，而不是像以前那样在墓外另设车马坑（罗泊湾汉墓、洛庄汉墓是极个别的例子）。西汉中期以后不再用真车、真马殉葬，而是用木制或陶制的车马模型代替。但是车马的模型早在战国晚期就已使用，1980年秦始皇帝陵西侧出土的两具铜车马，就是按真车马大小1/2制造的。M4出土的车马构件按其大小和墓室的容积看应属模型类，而不是真车马。结合鼎、鬲等的出土，我们初步把M4的年代定在战国晚期应是比较谨慎的。

那么，这座战国七鼎大墓的墓主是谁呢？

2005年春，重庆市考古研究所在桂井以西约2千米的奉节旧县城发掘一座战国大墓，出土铜器140多件，有大量兵器和鼎等礼器（报告待发），发掘者判断该墓年代为战国中晚期。桂井M4和奉节旧县城战国墓是目前所见该地区最大的战国墓。战国晚期，奉节地方属巴地，西汉时期奉节属鱼复，两座大墓的发现为寻找巴地贵族葬地和葬俗提供了有用的资料。如果奉节旧县城战国墓的墓主身份属王一级，那么桂井M4有可能是王室的主要成员，或者就是一代王侯，其意义自然不可小视。

桂井所在地为巴国旧地。据《史记·秦本纪》和《六国年表》，公元前316年（秦惠文王后元九年）巴与蜀灭国于秦。秦惠文王后元十一年（前314年）在巴地置巴郡，并在今奉节县城以东随置鱼复县。《史纪·苏秦列传》记，秦惠文王时，苏秦说楚威王说：楚"西有黔中、巫郡"。奉节成为秦、楚势力相接的地区。据《史记·张仪列传》《集解》引徐广曰："巴郡鱼复县有扞水关。"唐司马贞《索隐》："扞关在楚之西界。"桂井一带在战国晚期或为楚所有，或为秦占领，而作为土著的巴文化却一直存续着，以上5座土坑墓皆有楚文化或巴文化的特征，正反映了战国晚期至西汉初期楚文化在该地区与巴文化融合的情况。

M5据出土五铢钱和器物的分析，为东汉时期。从墓葬中出土的大型陶摇钱树座看，该墓是一座较高层次的墓，墓主人富有且拥有较高的地位。座上怪兽扶轮的图案是以往发现的树座上少见的。墓葬出土了陶马残块，从长而整齐牙齿和圆泡钉覆盖的节约，可以清楚地看出是马嘴部分。汉墓中极少见以陶马随葬，尤其在西南地区汉墓中，除家禽类的鸡之外，动物俑中以狗居多，其次为猪，尚不见汉墓以马随葬例。该墓出土的陶马残块是个值得注意的现象，它对于研究该地区汉墓葬俗有着一定的意义。

总之，桂井墓地发现的6座土坑墓与南部江边相距较近，其中有5座比较集中，它们与另一座墓（M7）之间隔一巨大冲沟，原来应该属于同一墓地。土坑墓分布的地区是一处战国晚期至西汉初期的墓地，墓葬有着浓厚的楚文化的因素，具有巴、楚文化交融的特点。出土的器物中，铜兵器4件，3件为巴式剑，1件为巴式铜矛。陶器鼎和壶（壸）又明显为楚式的。M4出土的鼎足也有细长型的，具有楚式鼎的特点。总体上看，该墓地楚文化的因素占有主要地位。在巴、楚文化的交流过程中，到战国晚期，巴文化的特色逐渐淡化，墓地文化因素变化正与墓地的时代相吻合。根据出土钱币判断，M7的年代在西汉中期以后。

M5是东汉时期的一座砖室墓，在桂井墓地显得十分特殊。该墓位置在桂井墓地的最北端，与其他墓之间时代跨度大，属于不同时期、不同性质的墓地。在M5之北到新公路之间的陡坡之上，为现代民居和奉节县永安镇幸福中学所在地，为非拆迁地带，地下情况不明，根据沿江地带时代越晚分布位置越高的规律，结合M5的地点，我们判断M5之上（北）很可能是另一处汉墓群，因此，在现在发掘的桂井墓地中，M5应单独看待。

附记：本次考古发掘的领队为刘兴林，参加发掘人员有陈厚清、刘芳芳、刘建安、王金亮、韩长明、王海平，照相、录像刘兴林，研究生张玮、吴昊等参加了后期电脑描图工作。

执笔者：刘兴林、陈厚清

附表　桂井墓葬登记表

墓号	类型	方向	形制	规格（米）	人骨与葬具	随葬器物	年代	备注
M1	土坑墓	357°	长方形	墓口长3.3、宽2.1、深0.8~1.3	头向北，木棺，仅残余板灰。棺长2.45、宽1.1米。墓底散落铁棺钉8个	陶壶2、陶鼎2、陶罐1、铜蟥7、半两钱7、料珠3	战国晚期	
M2	土坑墓	345°	长方形	长3、宽1.7、深2.8~2.8	侧身直肢，头向北，棺痕长2.4、宽1.1	铜剑1、铜矛1、料珠1	西汉早期	
M3	土坑墓	345°	长方形	墓口长3.6、宽2.1、深1.7	仰身直肢，一椁一棺，椁痕长2.75、宽1.3，棺痕长2.5、宽0.9	陶壶2、陶鼎2、铜剑1	战国晚期到西汉早期	
M4	土坑墓	335°	近方形	长7、宽6、深3.2~3.5	一椁，仅残余木椁板灰，椁下有两条横向的枕木槽，棺痕无存	铜带钩1、铜凤首2、玉璜2、玉璧1、骨管1、玉牌1、玉管3、铜勺1、盖弓帽6、铜饰件1、陶鬲1	战国晚期	严重盗扰
M5	砖室墓	140°	长方形墓室，一端带短甬道，平面呈凸字形	墓室长7.7、宽2.9、甬道长2.1、宽1.25		陶罐2、陶壶1、器盖8、熏炉2、陶勺2、陶灯座1、陶水塘模型1、摇钱树座1、陶甬7、银指环1、铜钱10	东汉	被盗，券顶残
M6	土坑墓	335°	长方形	长3.2、宽1.74、深1.05~	仰身直肢，一棺，棺痕长2.4、宽0.9	铜剑1	战国晚期到西汉早期	
M7	土坑墓	355°	长方形	长3.7、宽3.3、深2.05~2.25		五铢钱8	西汉	严重盗扰

后 记

1997年全国文物系统支援重庆库区三峡文物抢救保护工作协调会在刚刚成为直辖市的山城重庆召开，与会的31家单位与重庆市文化局三峡文物保护工作领导小组办公室签定发掘、保护协议，开始了新中国成立以来最大规模的考古会战。南京大学历史系考古专业（今历史学院考古文物系）自1998年开始承担重庆三峡库区考古发掘项目，由张之恒老师带队，从1999年春天到2002年秋对巫山大昌镇张家湾遗址、巫峡镇江东嘴和下沱遗址、云阳打望包汉墓群进行发掘。我全力配合张老师工作，同时也从中学到不少新东西。2003年张老师荣退，又加以身体原因需要休养，我开始全面主持南京大学重庆库区的考古工作，这年秋天就承担了奉节营盘包汉墓群的发掘，直到2007年发掘完忠县鸡骨梁、汪家院子和乌杨镇挑水沟墓群，有始有终，顺利完成所承担的文物抢救工作。

奉节营盘包墓地的发掘是我队从2003年至2005年承担的三年连续考古项目，累计发掘面积6000平方米，发掘墓葬55座，出土各类文物688件（组），是我队进峡以来承担的最大也是收获最大的项目。三年中，有三届研究生随我参加了营盘包墓地的发掘，他们在营盘包考古工地受到锻炼，学到知识，培养起对考古的更大热情。营盘包墓地是学生理想的实习场所。参加2003年发掘的有博士研究生魏女，研究生夏晓伟、周俊、崔世平，本科生王蒙、程绍栋；钻探、修复技工钱常有、王海平、韩双林。张之恒老师带病在工地坚持了半个月。2004年因墓地所在的白马小学未能按期拆迁，由我同研究生周俊、刘建安和技工王海平、韩光纯进行了为期38天的发掘，未进行修复。2005年，白马小学拆迁，大规模发掘开始，参加发掘的有博士生孙彦，研究生刘建安、陈刚、刘芳芳，钻探、修复技工韩长明、王海平、王金亮、韩希林、吴静波、韩树军。奉节县白帝城文管所陈厚清自如至终与我们相伴，除参加发掘外，还帮我们协调解决工作和生活中遇到的困难。2006年秋，我们在瞿塘峡口左岸的文管所所属夔门古象馆进行了为期3个月的器物集中修复、照相和绘图，陈厚清和研究生许志强参加器物照相和初步的整理工作。

在后期室内资料整理过程中，在校研究生周俊、刘建安、刘芳芳、许洁、吴昊、张仁杰、张玮、周津任、吴晓阳、陈曦、雷智、陈婧、王婷、唐来恩、孙剑秋等参加了线图的清绘工作，王婷、贾立宝同学为第三章的器物排图做了一定的基础性工作。通过对营盘包墓地材料的整理，他们大都熟练掌握了电脑绘图和排图的技巧。

报告由我具体执笔完成，同时也是集体劳动的成果。奉节县白帝城文管所陈厚清代表协作单位参加营盘包墓地考古工作，负责了第一章第一节和第二章第四、五节的编写。

奉节桂井墓地与营盘包墓地相邻，中间只隔白马水厂，水厂以东、以南为营盘包，以西即为桂井，相距不足200米，两地发掘的墓葬有些时代相近且文化面貌一致。本来在水厂建设以前，这两个地方是连成一片的，虽然它们曾分属于不同的村社，但在古文化研究中不当分别对待。考虑到研究者查看资料的方便，我们将桂井发掘报告附录于营盘包报告之后，一并发表。

发掘工作得到奉节县地方政府、奉节县文化局、白帝城文管所、文化稽查队和兄弟考古队的大力支持与帮助；发掘期间，国家文物局专家组、重庆市文化局三峡办、重庆考古研究所（现重庆市文化遗产研究院）等部门专家和领导来工地检查指导，给予肯定和支持；中国文化遗产研究院对考古发掘进行监理；吉林大学边疆考古研究中心魏东老师鉴定16号墓的人骨；南京大学历史系给予大力支持，时任系领导陈谦平、陈祖洲、朱瀛泉、张生先后亲赴工地指导、慰问。在此一并致谢！

最后对引领我进入三峡库区考古的恩师张之恒教授致以诚挚的敬意。想起1999年进峡考古时，他像年轻人一样健步如飞，遇事常常走在前头，为大家加油鼓劲，对学生们的学习、工作和生活全身心、全方位关心、照顾。2010年12月28日张老师不幸因病辞世，我和大家都深切地怀念他！

刘兴林

2014年8月于南京大学仙林校区和园

彩版一

1. 营盘包墓地发掘前地貌（北—南）

2. 营盘包墓地中心——待拆迁的白马小学（北—南）

营盘包墓地发掘前

彩版二

1. 发掘工地现场（2003年）

2. 发掘工地现场（2004年）

营盘包墓地工作场景

彩版三

1. M5（南—北）

2. 铜戈（M5∶5）

3. 铜戈上的虎纹

4. 铜剑（M5∶8）

营盘包战国墓（M5）及出土器物

彩版四

1. M19（南—北）

2. M19出土陶器

营盘包战国墓（M19）及出土器物

彩版五

1. 铜剑 (M6:3)

2. 玉剑璏 (M6:1)

3. 玉剑珌 (M6:2)

4. 铜剑 (M7:1)

5. 铜剑 (M7:7)

营盘包汉墓出土器物

彩版六

1. 铜壶（M11∶5）

2. 铜勺（M11∶3）

3. 铜矛（M11∶6）

4. 骨锥（M11∶7）

5. 陶鼎（M11∶1）

6. 陶壶（M11∶8）

营盘汉墓（M11）出土器物

彩版七

1. M16（南—北）

2. M17二层台出土器物

营盘包汉墓及出土器物

彩版八

1. M18（东—西）

2. 釉陶壶、釉陶盒（M18：7、M18：25）

营盘包汉墓（M18）及出土器物

彩版九

1. 铜带钩（M20∶6）

2. M32（东—西）

营盘包汉墓及出土器物

彩版一〇

1. 铜镜（M33∶1）

2. 铜镜（M36∶9）

3. 铜镜（M42∶6）

4. 研磨棒（M27∶22）

5. 铜带钩（M42∶5）

6. 铜印（M20∶9）

营盘包汉墓出土器物

彩版一一

1. 陶屋（M4：1）

2. 陶屋（M4：2）

3. 陶屋（M4：6）

4. 陶狗（M4：4）

5. 陶鸡（M4：34）

6. 陶鸡（M4：64）

营盘包汉墓（M4）出土器物

彩版一二

1. 陶摇钱树座 (M4:3)

2. 陶屋 (M51:1)

3. 陶屋 (M51:24)

4. 陶盆 (M51:44、M51:50、M51:55、M51:58)

营盘包汉墓出土器物

1. M51墓室（北—南）

2. 镇墓兽（M51∶31）

3. 陶狗（M51∶2）

营盘包汉墓（M51）及出土器物

彩版一四

1. M51出土人俑

2. 陶屋（ⅡM1：2）

3. 陶屋（ⅡM1：3）

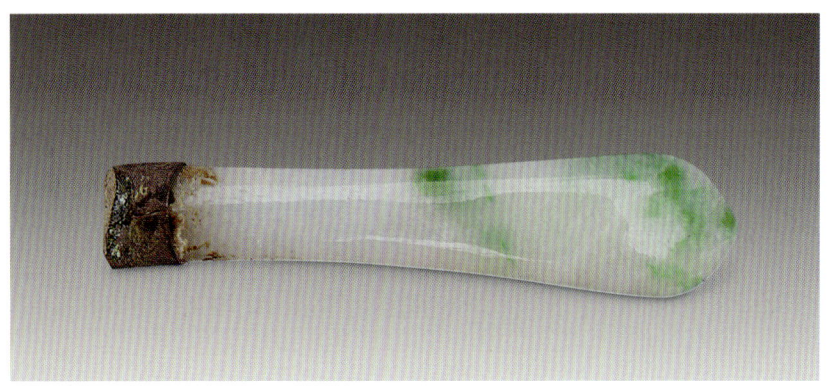

4. 翡翠饰（T25②：2）

营盘包汉墓出土器物

彩版一五

1. 桂井M1出土器物

2. 桂井M3出土器物

桂井战国墓出土器物

彩版一六

1. 摇钱树座（M5：11）

2. 摇钱树座正面（M5：11）

桂井汉墓（M5）出土摇钱树座

图版一

1. M5兵器出土情况

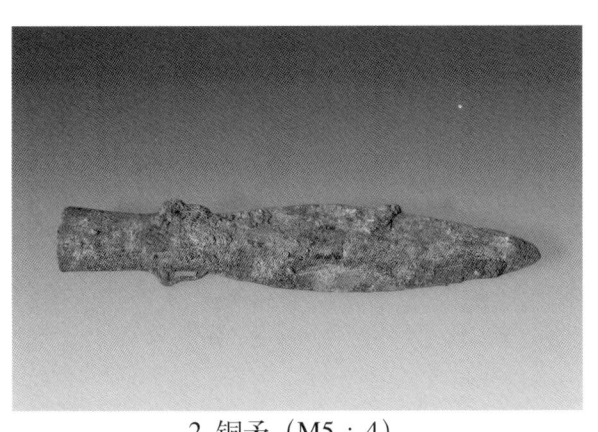

2. 铜矛（M5∶4）

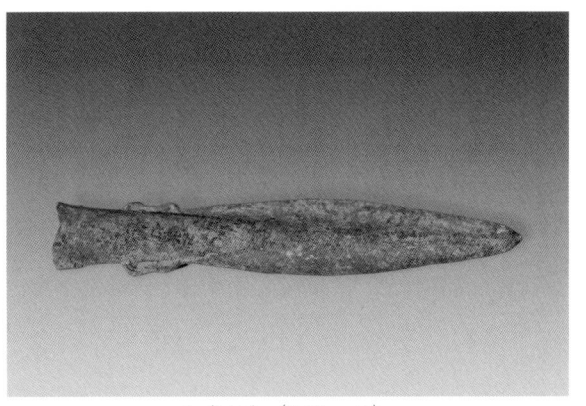

3. 铜矛（M5∶6）

4. 铜矛（M5∶7）

5. 铁锛（M5∶3）

营盘包战国墓（M5）出土器物

图版二

1. 陶鼎 (M19∶3、M19∶6)

2. 陶敦 (M19∶1、M19∶2)

3. 陶壶 (M19∶4、M19∶5)

营盘包战国墓 (M19) 出土陶器

图版三

1. 铁剑（M19∶7）

2. 陶敦（M23∶1）

3. 铜鼎（M6∶6）

4. 铜钫（M6∶5）

5. 陶环（M6∶9）

6. 陶器盖（M6∶12）

营盘包战国、汉代墓出土器物

图版四

1. 陶釜（M8∶1）

2. 陶壶（M8∶2）

3. 筒瓦（M8∶9）

4. 铜鍪（M9∶2）

5. 铁凿（M12∶2）

6. 铁鍪（M14∶1）

营盘包汉墓出土器物

图版五

1. M11器物出土情况

2. 陶鼎（M11:4）

3. 陶壶（M11:9）

4. M15铜剑（M15:2）出土时

营盘包汉墓（M11）出土器物

图版六

1. 铜剑（M15:2）

2. 剑格（M15:2）

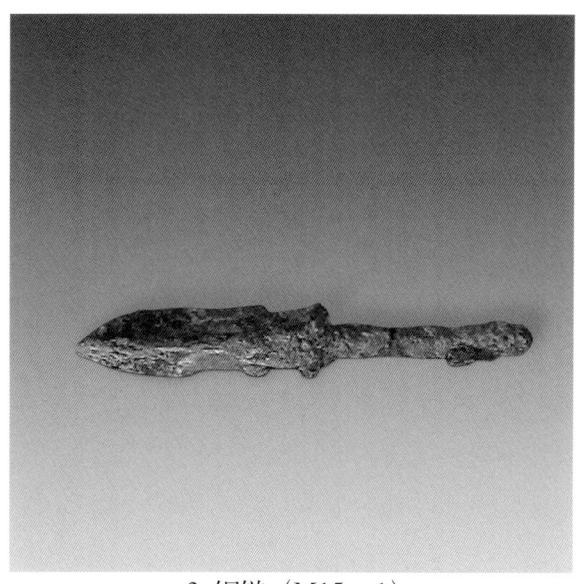

3. 铜镞（M15:1）

4. 陶鼎（M16:1）

5. 陶罐（M16:3）

6. 陶罐（M16:13）

营盘包汉墓出土器物

图版七

1. M16器物出土情况

2. M16东侧墓主

营盘包汉墓（M16）

图版八

1. 陶盒（M16：21）

2. 陶罐（M16：2）

3. 陶灶（M16：6、M16：15）

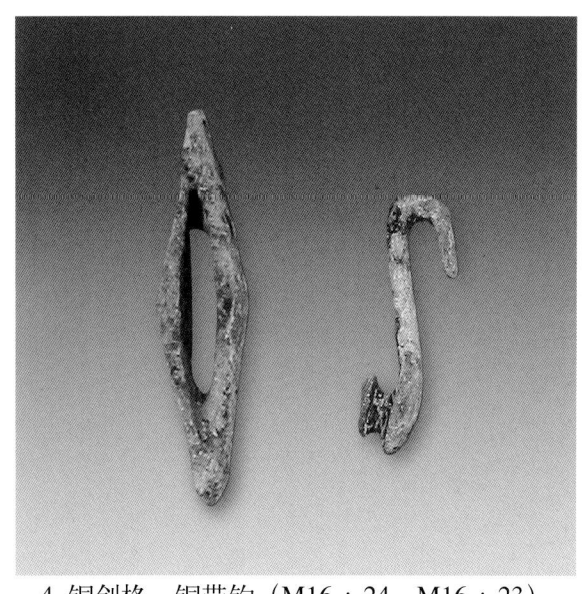

4. 铜剑格、铜带钩（M16：24、M16：23）

5. 五铢钱（M16：22）

营盘包汉墓（M16）出土器物

图版九

1. 陶鼎（M17：1、M17：2）

2. 陶盒（M17：3、M17：4）

3. 陶壶（M17：5、M17：6）

营盘包汉墓（M17）出土陶器

图版一〇

1. 陶罐（M18∶5、M18∶10、M18∶13、M18∶15）

2. 陶罐（M18∶11、M18∶43、M18∶46）

3. 陶罐（M18∶17）

4. 陶壶（M18∶2）

营盘包汉墓（M18）出土器物

图版一一

1. 釉陶壶（M18:7）

2. 釉陶壶盖上的堆塑（M18:7）

3. 陶熏炉（M18:36）

4. 陶灶（M18:24）

5. 铜洗（M18:16）

6. 铜鍪（M18:9）

营盘包汉墓（M18）出土器物

图版一二

1. M24（南—北）

2. 陶罐（M24：2）

3. 陶罐（M20：1）

营盘包汉墓及出土器物

图版一三

1. M26（东—西）

2. M26出土器物

营盘包汉墓（M26）及出土器物

图版一四

1. 陶仓罐（M26∶9）

2. 陶罐（M26∶11）

3. 陶盒（M26∶10）

4. 陶壶（M26∶2）

5. 陶罐（M25∶2）

6. 陶罐（M25∶3）

营盘包汉墓出土陶器

图版一五

1. M27（东—西）

2. M27出土陶罐

营盘包汉墓（M27）及出土器物

图版一六

1. 陶仓罐（M27：14）

2. 陶仓罐（M27：15）

3. 桶形罐（M27：27）

4. 陶盒（M27：6）

5. 陶灶（M27：20）

6. 陶罐（M28：2）

营盘包汉墓出土器物

图版一七

1. M30（东—西）

2. 陶壶（M30：1）

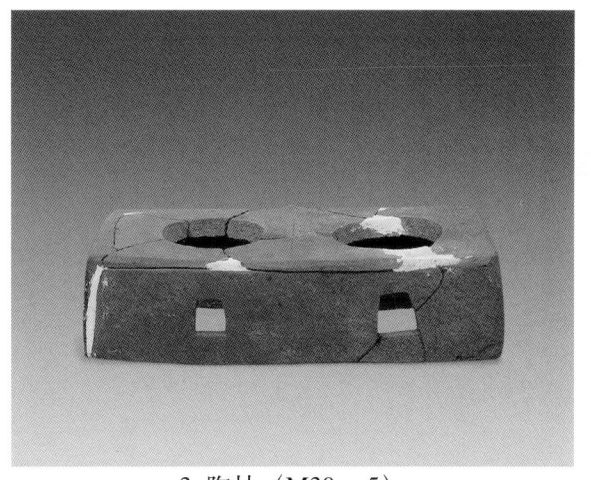

3. 陶灶（M30：5）

4. 铜剑（M30：2）

营盘包汉墓（M30）及出土器物

图版一八

1. M31出土器物

2. 陶罐（M31∶6）

3. 陶灶（M31∶2）

4. 陶盆（M31∶1）

5. 陶碗（M31∶3、M31∶10）

营盘包汉墓（M31）出土器物

图版一九

1. 陶盒（M32：20）

2. 陶盒（M32：28）

3. 陶壶（M32：9）

4. 陶壶（M32：10）

5. 陶罐（M32：4）

6. 陶罐（M32：5）

营盘包汉墓（M32）出土器物

图版二〇

1. 陶仓罐（M32∶8）

2. 陶井台（M32∶7）

3. 陶盆（M32∶24）

4. 铜鍪（M32∶22）

5. M32出土的陶钵和陶罐

营盘包汉墓（M32）出土器物

图版二一

1. M33（北—南）

2. M36（北—南）

3. 铜剑首、剑格（M33：2、M33：3）

4. 铜矛头（M36：10）

5. 陶灶（M36：5）

6. 陶罐（M35：2）

营盘包汉墓及出土器物

图版二二

1. M37（西—东）

2. 铁鍪（M37：2）

3. 陶罐（M37：5）

4. 铜剑（M37：1）

营盘包汉墓（M37）及出土器物

图版二三

1. M41（北—南）

2. 陶罐（M41:2、M41:3、M41:4、M41:5）

营盘包汉墓（M41）及出土器物

图版二四

1. M42（西—东）

2. M42器物出土情况

营盘包汉墓（M42）

图版二五

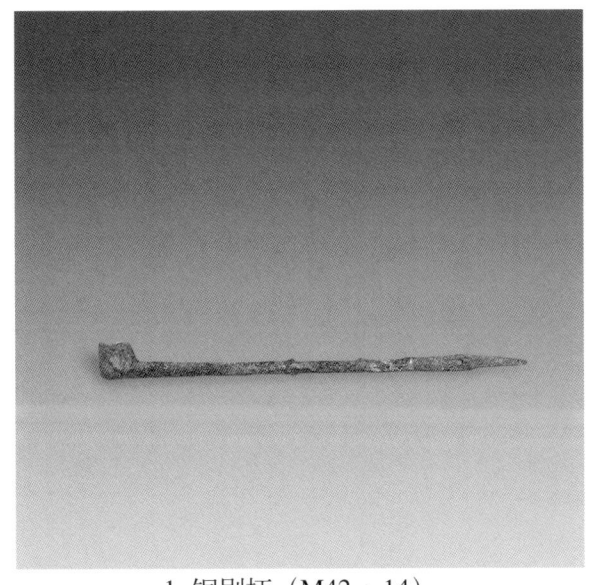

1. 铜刷柄（M42∶14）

2. 铜印（M42∶7）

3. 陶罐（M42∶8、M42∶10、M42∶17、M42∶22）

4. 陶罐（M42∶9）

5. 陶罐（M42∶25）

营盘包汉墓（M42）出土器物

图版二六

1. 陶壶（M42：2）

2. 陶盒（M42：30）

3. 陶灶（M42：28）

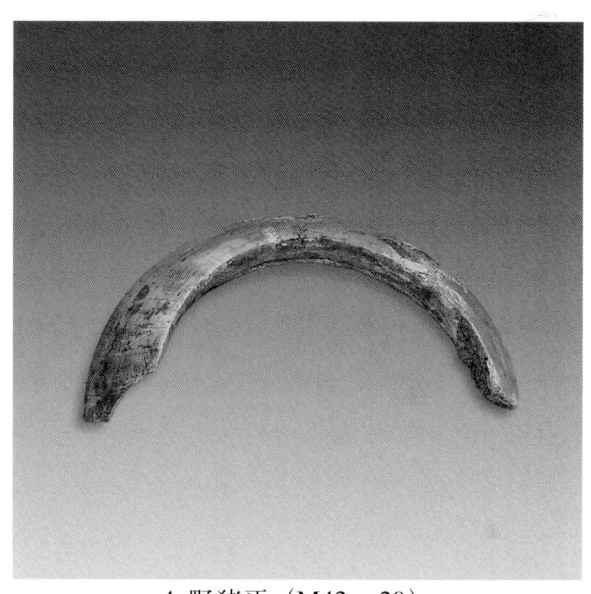

4. 野猪牙（M42：20）

5. 陶罐（M43：2）

6. 铜带钩（M43：1）

营盘包汉墓出土器物

图版二七

1. M43（西—东）

2. M48（西—东）

营盘包汉墓

图版二八

1. 陶鼎（M48：2）

2. 陶盒（M48：1）

3. 陶壶（M48：3）

4. 陶灶（M48：11）

5. 陶罐（M49：1）

6. 陶罐（M52：6）

营盘包汉墓出土陶器

图版二九

1. M49（南—北）

2. M52（北—南）

营盘包汉墓

图版三〇

1. 陶罐（M52∶10、M52∶11、M52∶12）

2. 陶壶（M52∶15）

3. 陶壶（M52∶14）

4. 陶耳杯（M52∶21、M52∶22、M52∶23、M52∶24、M52∶26）

营盘包汉墓（M52）出土陶器

图版三四

1. 陶甑（M4:67）

2. 陶盆（M4:58）

3. 陶壶（M4:40）

4. 陶鼎（M4:51）

5. 陶壶（M10:5）

6. 陶杯（M10:10）

营盘包汉墓出土器物

图版三三

1. 陶罐（M4：28）

2. 陶罐底部刻画（M4：28）

3. 陶罐（M4：15）

4. 陶罐（M4：20）

5. 陶盂（M4：24）

6. 陶仓罐（M4：7）

营盘包汉墓（M4）出土陶器

图版三二

1. M4（西—东）

2. 陶罐（M4：8）

3. 陶罐（M4：19）

4. 陶灯盏（M4：43）

5. 陶灯盏（M4：59）

营盘包汉墓（M4）及出土器物

图版三一

1. 陶灶（M52∶20）

2. 陶仓罐（M52∶29）

3. 铜矛（M52∶1）

4. 铜钱（IIM2∶2）

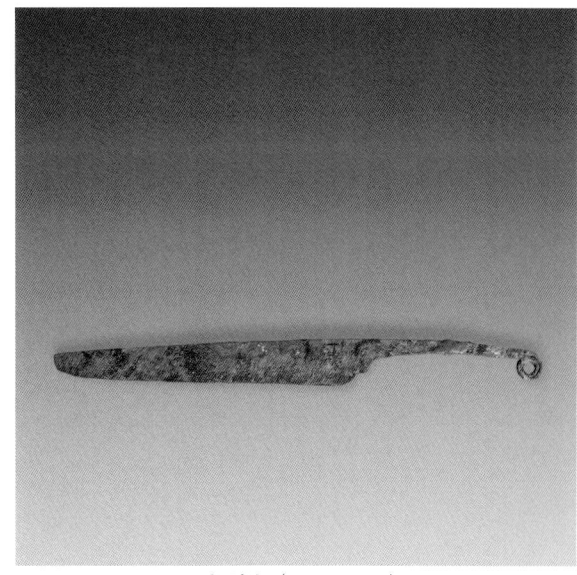

5. 铜削（IIM2∶1）

6. 铜勺（IIM2∶4）

营盘包汉墓出土器物

图版三五

1. 陶勺 (M10:9)

2. 陶耳杯 (M10:12、M10:11)

3. 舞俑 (M10:2)

4. 陶俑 (M10:29、M10:28)

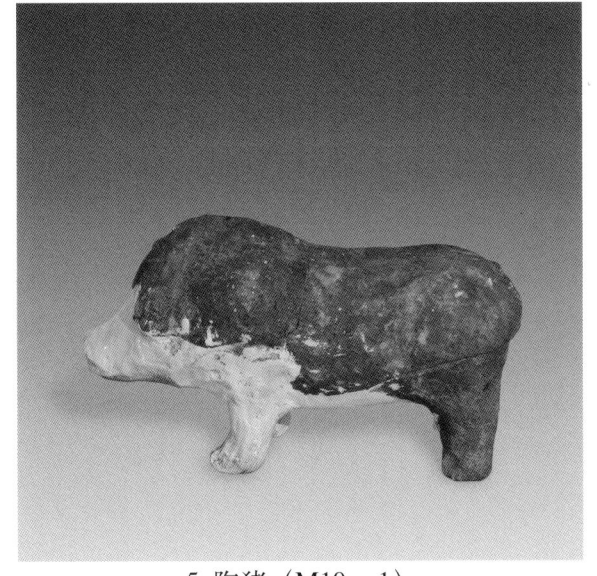

5. 陶猪 (M10:1)

6. 镇墓兽 (M10:4)

营盘包汉墓 (M10) 出土器物

图版三六

1. 带把陶鼎（M34∶16）

2. 陶罐（M34∶15）

3. 陶簋（M34∶14）

4. 瓷盏（M34∶20）

5. 瓷碗（M34∶28、M34∶29、M34∶30、M34∶31）

营盘包汉墓（M34）填土出土器物

图版三七

1. M21出土陶器

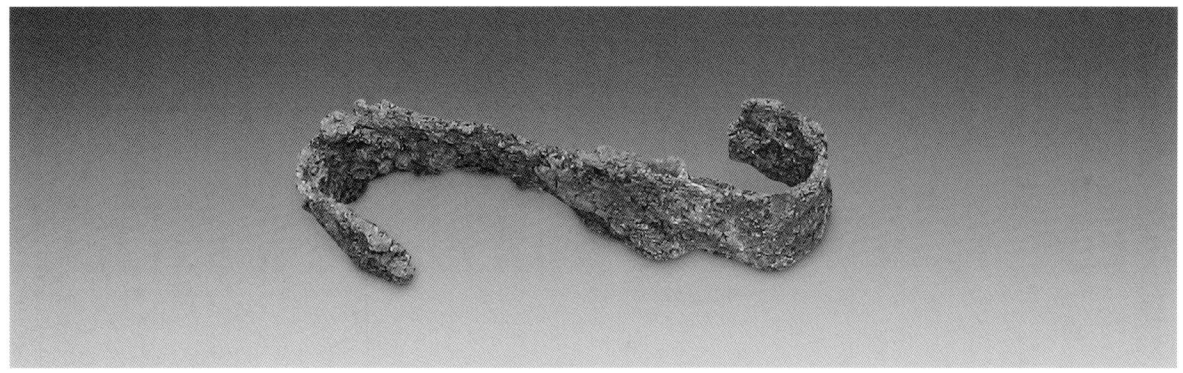

2. 铁带钩（M21：2）

3. 陶屋（M34：1）

4. 陶屋背面（M34：1）

营盘包汉墓出土器物

图版三八

1. 陶罐（M34：12）

2. 陶罐（M34：13）

3. 陶罐（M34：2）

4. 陶拍（M34：10）

5. 坐俑（M34：11）

6. 陶俑（M34：5、M34：8）

营盘包汉墓（M34）出土器物

图版三九

1. M51墓室西北角器物出土情况（东南—西北）

2. M51墓室西壁下器物出土情况（东—西）

营盘包汉墓（M51）

图版四〇

1. 陶仓罐（M51∶40、M51∶78）

2. 陶盂（M51∶23）

3. 陶豆（M51∶19）

4. 陶壶（M51∶26）

5. 釉陶魁（M51∶67）

6. 陶盒（M51∶69、M51∶70）

营盘包汉墓（M51）出土器物

图版四一

1. 陶水塘（M51:6）

2. 陶盆（M51:46）

3. 陶灶（M51:13）

4. 陶罐（M51:77）

5. 陶甑（M51:76）

6. 陶甑底部（M51:76）

营盘包汉墓出土器物

图版四二

1. 陶鸡（M51：10、M51：3）

2. 铜耳杯（M51：72）

3. 陶俑（M51：4）

4. 陶俑（M51：17）

5. 铜钱（M51：22）

营盘包汉墓出土器物

图版四三

1. 陶灯（IIM1：1）

2. 陶仓罐（IIM1：4）

3. 陶壶（IIM1：11）

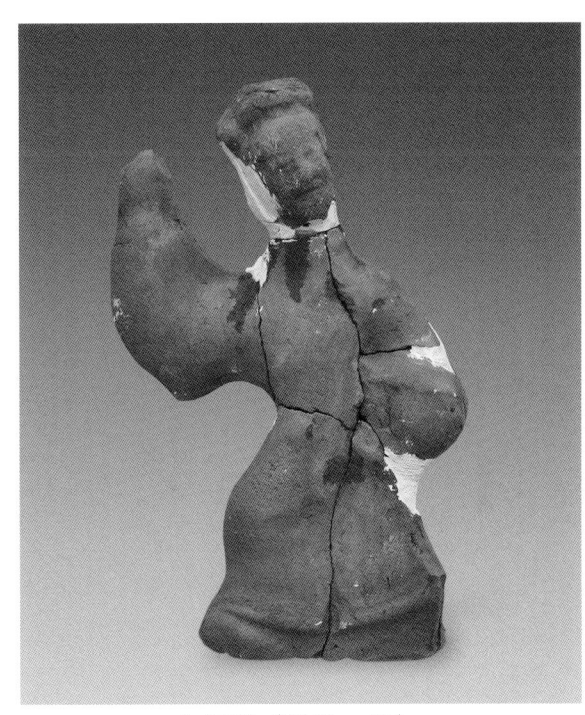

4. 舞俑（IIM1：19）

5. 陶灶（IIM1：12）

6. 陶猪（IIM1：22）

营盘包汉墓出土器物

图版四四

1. 釉陶罐（M39:2）

2. 黑釉瓷罐（M46:1）

3. 釉陶罐（M46:8）

4. 花边钱（M2:3）

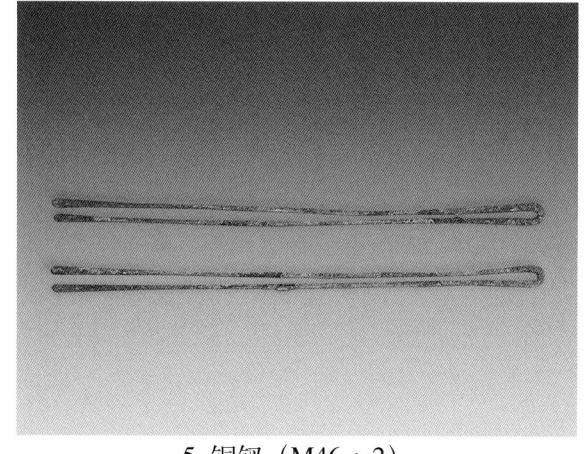

5. 铜钗（M46:2）

6. 铅件（M46:9）

营盘包宋墓出土器物

图版四五

1. 陶壶（T128①：1）

2. 酱釉瓷碗（采：1）

3. 玉璧（T25②：1）正、背面

4. 纺轮（T13②：1）

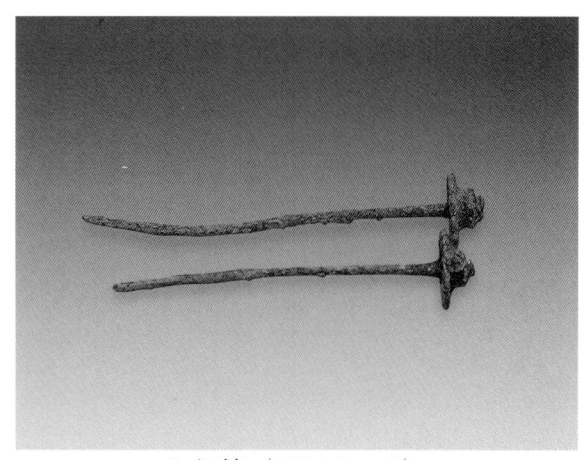

5. 铜簪（T124①：1）

营盘包地层出土器物

图版四六

1. 陶壶（M3:2）

2. 陶壶（M3:3）

3. 陶鼎（M3:4、M3:5）

4. 陶壶（M1:7）

5. 陶鬲（M4:20）

桂井战国墓出土器物

图版四七

1. 铜璜（M1∶1-7）

2. 玉璧（M4∶3）

3. 玉璜（M4∶6）

4. 铜勺（M4∶9）

5. 铜勺柄部纹饰（M4∶9）

桂井战国墓出土器物

图版四八

1. 陶壶（M5∶26）

2. 陶俑（M5∶16）

3. 陶俑（M5∶8）

4. 陶俑（M5∶15）

5. 陶水塘（M5∶22）

6. 银指环（M5∶12）

桂井汉墓（M5）出土器物

(K-2442.01)
ISBN 978-7-03-049683-6

定价：320.00元